# 全面深化农村改革
# 与小康社会建设

COMPREHENSIVELY DEEPENING
RURAL REFORM AND
BUILDING MODERATELY PROSPEROUS SOCIETY

主　编／魏后凯　彭建强

副主编／于法稳　耿卫新　谭秋成

社会科学文献出版社
SOCIAL SCIENCES ACADEMIC PRESS (CHINA)

# 序 言

李培林

当前,我国经济发展进入新常态,新型工业化、信息化、城镇化、农业现代化持续推进,农村经济社会深刻变革,农村改革涉及的利益关系更加复杂、目标更加多元、影响因素更加多样,任务也更加艰巨。2015年11月,中共中央办公厅、国务院办公厅印发了《深化农村改革综合性实施方案》,从全局的高度,对"十三五"期间如何深化农村改革进行了战略部署。在新形势下,农村改革难度将会更大,更需要加强智库建设,相关智库应通过对农村改革重大问题的深入调查研究,更好地发挥作用。

全国社科农经协作网络大会是全国社科院系统农经研究者学术交流与合作的平台,已经成功召开了10届。为继续保持这一传统,更好地发挥全国社科农经协作网络的作用,加强社科院系统各兄弟单位之间的合作,共同探讨中国农村发展中面临的重大现实问题,共同提升社科农经协作网络的研究水平和智库服务功能,2015年,中国社会科学院农村发展研究所与河北省社会科学院联合主办了"深化农村改革智库论坛暨第十一届全国社科农经协作网络大会",我认为举办这样的会议具有重要意义。

首先,全国社科农经网络协作大会作为社科院系统的年会,每一次都确定一个与农村改革和发展紧密联系的主题展开深入研讨,研究成果对于政府决策具有重要参考价值。其次,系列年会为中国社科院系统联合打造新型智库提供了有效途径。最后,系列年会为全国社科院系统从事农村发展研究的同志提供了一个交流和研讨的有效平台。

围绕着全面深化农村改革,实现同步小康,我认为以下问题值得重视。

第一,正确认识当前我国农村存在的问题。在国家一系列惠农政策实施之后,农业农村工作取得了显著成效,但存在的问题依然非常尖锐。特别是在新常态下，农村改革和发展面临的环境更加复杂、面临的困难与挑战增多。工业化、信息化、城镇化对同步推进农业现代化的要求更为紧迫，保障粮食等重要农产品供给的要求与资源环境承载能力的矛盾日益尖锐，经济社会结构深刻变化对创新农村社会管理提出了亟待破解的难题。对于这些问题，要展开深入调查研究，探讨解决这些问题的途径，为国家提出政策性建议。

第二，探讨全面深化农村改革问题要立足国情，立足发展阶段。无论是土地问题，还是城镇化问题的解决，都要从我国的基本国情以及发展阶段出发。城镇化是解决我国"三农"问题的一个重要途径，但是，城镇化面临的一个重要问题就是土地问题，这也是全面深化农村改革必须要解决的问题。在推进城镇化的过程中，要立足中国的国情，立足中国所处的发展阶段，同时也要考虑不同区域之间的差异。城镇化不是简单地实现农村居民户籍的城镇化，而是包含了丰富的内涵，在解决户籍问题的同时，更要解决住房、就业、社会保障等一系列问题，这样才能实现农民在城市中"进得起、稳得住、能持续"。农民进城之后，如果没有稳定的就业，就有可能成为城市贫民。为转入城市的农民提供社会保障等方面的基本公共服务，是政府的应有责任，也是农民的应有权利，不应该以农民的土地、宅基地等作为交换条件。

第三，深入研究精准扶贫、精准脱贫的理论与实践问题。2015年6月，习近平总书记在贵州省考察时，强调要科学谋划好"十三五"时期扶贫开发工作，确保贫困人口到2020年如期脱贫，并提出扶贫开发"贵在精准，重在精准，成败之举在于精准"。10月16日，习近平在"2015减贫与发展高层论坛"上强调，中国扶贫攻坚工作实施精准扶贫方略，增加扶贫投入，出台优惠政策措施，坚持中国制度优势，注重六个精准。11月27日至28日，中央扶贫开发工作会议在北京召开，吹响了消除绝对贫困、决胜小康社会的最强劲号角。由此可见，精准扶贫、精准脱贫是"十三五"时期国家的一项重要的战略任务，也是全面建成小康社会的根本要求。为此，从事农村经济研究的学者应该围绕着精准扶贫、精准脱贫的理论与实践问题，开展全面深入的研究，发出农村经济学界自己的声音，为推动我国精准扶贫、精准脱贫工作做出应有的贡献。

《全面深化农村改革与小康社会建设》是第十一届全国社科农经协作网络大会的重要成果。本书以深化农村改革及"十三五"农村发展为主题，分别围绕农村改革、城乡发展一体化战略、新型农业经济组织发展、农村环境保护和资源可持续利用等重大现实问题进行了理论探讨，介绍了地方在精准扶贫、现代农业发展、乡村治理、土地制度改革等方面的大量实践经验。本书研究的是事关国家现代化建设和农村发展大局的长期和重大问题，研究成果具有非常强的针对性，对于决策具有重要参考价值，也可以对解决"三农"问题、促进国家发展和提高人民福祉产生重要影响。

# 目 录

## 城乡一体化发展与精准扶贫

新常态下中国城乡一体化格局及推进战略 …………………… 魏后凯 / 003
中国城镇化发展的原动力
　　——基于1978~2012年数据的推断和检验 …………… 张辰利 / 026
浙江推进统筹城乡发展的改革实践与成效 …………………… 闻海燕 / 038
普惠型市民化与落户型市民化：兼论居住证制度的完善 …… 王春蕊 / 046
京津冀协同发展背景下河北省精准扶贫路径研究 …………… 魏宣利 / 058
江苏"十三五"扶贫开发重点片区全面达小康研究
　　………………………………………………… 包宗顺　赵锦春 / 069
革命老区产业扶贫模式、存在问题及破解路径
　　——以赣南老区为例 ………………………… 李志萌　张宜红 / 088
城乡一体化背景下青海藏区创新社会治理的差异化路径
　　…………………………………………………………… 苏海红 / 098
现代化农村治理方式研究 ……………………………………… 耿卫新 / 109
青县模式：一种我国村庄治理的创新机制 …………………… 翁　鸣 / 120

## 农业创新发展理论与机制

家庭农场发展：理论、问题及对策研究 ……………………… 王新志 / 135
美国农业合作社发展演进中的"踏轮"效应研究及启示
　　…………………………………………………………… 娄　锋 / 144
城郊失地农民的征地补偿满意度与冲突意愿 ………………… 李　岩 / 169
安徽省金寨县山区特色农业发展的调查 ……………………… 陈艳丽 / 179

粮食主产区现代农业创新发展研究
　　——以山东省禹城市为例 ……………………………………… 樊祥成 / 190
京津冀农业生产经营的协同发展问题研究
　　…………………………………………… 石冬梅　牛建高　佟　磊 / 205
诚信观与农村信用体系建设研究 ……………………… 李军峰　牛建高 / 214

## 农业可持续发展与资源基础

水土资源：中国农业可持续发展的生态基础 ………… 于法稳　杨　果 / 225
我国违法占用耕地与耕地保护政策执行效果研究
　　…………………………………………… 薛凤蕊　薛　颖　赵密霞 / 236
农村集体土地收益功能分析与平等分配机制构建 …………… 穆瑞丽 / 247
粮食主产区利益补偿现状调查与思考
　　——以黑龙江省为例 ……………………………………… 赵　勤 / 257
农户参与农业环境政策意愿的实证研究 ……………………… 王　哲 / 269
安徽转变农业发展方式问题研究 ……………………………… 谢培秀 / 279
河北省农村社会资本存量及其对农民合作的影响
　　——基于720个农户的调查 ……………………… 张素罗　赵兰香 / 290

## 农村深化改革的区域实践

成都试验区推进城乡要素自由流动体制机制改革的探索与思考
　　………………………………………… 郭晓鸣　张克俊　高　杰 / 307
新疆新型农业合作经济组织发展探析 ………………………… 宋建华 / 321
重庆市农地"三权分离"环节中的社会化服务问题研究
　　……………………………………………………………… 朱莉芬 / 332
河北省"十三五"时期深入推进农村改革重点问题研究
　　……………………………………………………………… 张　波 / 343
河北省新型农业经营主体建设研究 …………………… 唐丙元　赵然芬 / 353
深化农村改革背景下山东农业发展研究 ……………………… 许英梅 / 360
河北省农地流转现状、问题及对策分析 ……………… 马彦丽　窦丽琛 / 373
甘肃现代农业体系中新型农业经营主体的培育与发展
　　………………………………………………………李振东　潘从银 / 381

# 城乡一体化发展与精准扶贫

# 新常态下中国城乡一体化
# 格局及推进战略

魏后凯[*]

**摘　要**：在中国经济进入以"增速减缓、结构优化、动力多元、质量提升"为基本特征的新常态阶段后，未来城乡一体化格局将呈现新的趋势，即城镇化增速和市民化意愿下降、城乡差距将进入持续缩小时期、要素从单向流动转向双向互动、政策从城市偏向转向农村偏向。新常态是一把双刃剑，既给城乡一体化发展提供了良好机遇，也将使推进城乡一体化面临严峻挑战。这种挑战包括：农民增收和市民化难度加大，"农村病"综合治理刻不容缓，资源配置亟待实现城乡均衡，城乡二元体制亟须加快并轨。在新常态下，推进城乡一体化需要采取系统集成的一揽子方案，而不能采取零敲碎打的办法。当前重点是全面深化城乡综合配套改革，构建城乡统一的户籍登记制度、土地管理制度、就业管理制度、社会保障制度以及公共服务体系和社会治理体系，促进城乡要素自由流动、平等交换和公共资源均衡配置，实现城乡居民生活质量的等值化，使城乡居民能够享受等值的生活水准和生活品质。

**关键词**：新常态　城乡一体化　格局　战略

当前，中国经济发展已经进入了新常态。在新常态下，中国城乡一体化格局将出现新的特点和趋势，并面临新的机遇与挑战。可以说，目前中国城乡一体化已经进入适应新常态的新阶段。在这一新的发展阶段，推进城乡一体化需要有新的思路、新的机制和新的举措。特别是，如何促进城

---

[*] 魏后凯，中国社会科学院农村发展研究所。

乡要素自由流动、平等交换和均衡配置，构建一个适应新常态的新型城乡关系和可持续的城乡一体化长效机制，推动形成以城带乡、城乡一体、良性互动、共同繁荣的发展新格局，使农村与城市居民共享现代化成果，实现权利同等、生活同质、利益同享、生态同建、环境同治、城乡同荣的一体化目标，将是新时期推进城乡一体化的关键和重点所在。

## 一 新常态下中国城乡一体化格局与趋势

自改革开放以来，中国经济获得了30多年的持续高速增长，创造了"中国的奇迹"（林毅夫等，1999）。1979~2011年，中国GDP年均增长9.9%，其中，1991~2011年年均增长10.4%，呈现出高速增长的态势。伴随着中国经济的持续高速增长，中国经济综合实力明显增强，发展水平显著提高，人民生活条件大幅改善。从发展水平看，2010年中国人均GDP达到4434美元，越过了世界银行划分的上中等收入经济体的门槛；2014年则达到7595美元，表明中国已经稳步迈入上中等收入经济体行列。从工业化阶段看，按照钱纳里等（1989）将工业化划分为初期、中期和后期三个阶段的划分方法，目前中国已经整体进入工业化后期阶段（黄群慧，2014），今后的重点是推进产业转型升级，全面提升工业化质量。从城镇化阶段看，2011年中国城镇化率超过50%，2014年达到54.8%，已经稳定进入城镇化中期快速推进的减速阶段，未来中国城镇化的重点是全面提升城镇化质量（魏后凯，2011）。

伴随着经济总量的不断扩大和发展阶段的转变，从2012年起，中国经济开始进入以"增速减缓、结构优化、动力多元、质量提升"为基本特征的新常态。这种新常态是中国经济发展进入新阶段后的必然结果，它符合世界经济发展的一般规律。中国经济新常态的主要特征是"从高速增长转为中高速增长""经济结构不断优化升级""从要素驱动、投资驱动转向创新驱动"（习近平，2014）。作为新常态的首要特征，增速减缓主要是一种结构性减速（李扬，2015）。在新常态下，2012~2014年，中国经济平均增速已从过去的10%以上下降到7.6%。城乡一体化是经济社会发展到一定阶段的产物，也是解决"三农"问题的根本途径。在中国经济进入新常态后，推进城乡一体化将成为"稳增长、调结构、转方式、提质量"的重要战略途径。同时，新常态下中国城乡一体化格局将呈现新的趋势和特点。具体说来，这种新格局主要体现在以下几个方面。

## （一）城镇化增速和市民化意愿下降

自 2011 年中国城镇化率越过 50% 的拐点之后，城镇化推进的速度已经逐步减缓，呈现出减速的趋势。2001～2005 年，中国城镇化率年均提高 1.35 个百分点，2006～2010 年年均提高 1.39 个百分点，而 2011～2014 年已下降到 1.21 个百分点。尤其是在经济较发达的东部地区，城镇化速度由 2006～2010 年的 1.58 个百分点下降到 2011～2014 年的 0.98 个百分点。预计在 2030 年之前，中国城镇化速度将进一步下降到 0.8～1.0 个百分点。据预测，2011～2020 年中国城镇化速度为 1.04 个百分点，2021～2030 年为 0.81 个百分点（魏后凯，2014a）；而据联合国的预测，中国城镇化速度 2011～2020 年为 1.18 个百分点，2021～2030 年为 0.77 个百分点（United Nations，2014）。很明显，推进速度下降、全面提升质量将是未来中国城镇化的新常态。值得注意的是，近年来，随着城乡一体化的快速推进，农业转移人口市民化意愿也开始呈现下降趋势。据有关统计部门调查，自 2014 年以来，除常州、郑州等地区外，许多地区农业转移人口市民化意愿较低，通常只有 30%～50%。譬如，在所调查的农民工中，广东中山只有 41.5% 希望落户城镇，哈尔滨为 40.8%，烟台为 41.1%，涪陵为 34.5%，鄂尔多斯为 51.6%，广安为 45.6%，陕西为 46.2%（见表 1）。在城乡福利悬殊的吸引下，过去农民强烈希望进城，却因城乡二元户籍、

表 1 2014 年各地农民工市民化意愿调查

| 调查单位 | 调查地点 | 样本数（人） | 进城意愿（%） |
| --- | --- | --- | --- |
| 国家统计局中山调查队 | 中山市 | 82 | 41.5 |
| 国家统计局常州调查队 | 常州市市区 | 152 | 82.9 |
| 国家统计局哈尔滨调查队 | 哈尔滨市八区、六县（市） | 341 | 40.8 |
| 国家统计局烟台调查队 | 烟台市 5 区 | 90 | 41.1 |
| 国家统计局郑州调查队 | 郑州市 | 120 | 75.0 |
| 国家统计局涪陵调查队 | 涪陵新城区和 26 个乡镇街道 | 84 | 34.5 |
| 国家统计局鄂尔多斯调查队 | 鄂尔多斯市一区、三旗 | 186 | 51.6 |
| 陕西省统计局 | 户县、耀州、陇县、临渭、华阴、蒲城、宝塔、略阳、西乡、绥德、洛南等县区 | 1100 | 46.2 |
| 广安市统计局城乡调查队 | 广安市六区（市、县） | 500 | 45.6 |

资料来源：根据统计部门发布的相关数据整理。

社会保障等体制和政策障碍而进不来；现在全国各地除少数特大城市外大都取消了农业户口和非农业户口的区分，实行城乡统一的户籍登记制度，尤其是中小城市大都放开了户籍，积极倡导农民进城落户，但农民却不太愿意进城，市民化意愿不高。之所以会出现这种转变，主要是由于中央明确赋予农民更多的财产权以及农村公共服务水平提高，农民的选择机会多了，观念也在发生变化。

### （二）城乡差距将进入持续缩小时期

随着经济发展和城镇化的推进，国内城乡收入差距通常会经历从扩大到缩小的"倒 U 形"转变（董敏、郭飞，2011；余秀艳，2013）。譬如，美国城乡居民收入比从 19 世纪初的 1.7 倍扩大到 1930 年的 3.0 倍，1970 年又下降到 1.4 倍；日本从 1950 年的 1.19 倍扩大到 1960 年的 1.44 倍，1975 年又下降到 0.91 倍；韩国则从 1960 年的 0.997 倍扩大到 1970 年的 1.49 倍，1980 年又下降到 0.96 倍（余秀艳，2013）。自改革开放以来，中国城乡居民收入差距出现了 1984~1994 年和 1998~2003 年两次大的提升，在经历一段时期的基本稳定后从 2009 年开始出现稳定下降的趋势（见图 1）。从 2009 年到 2014 年，中国城镇居民人均可支配收入与农民人均纯收入之比从 3.33 倍下降到 2.92 倍，这一比值平均每年下降 0.08。与 1979~1983 年和 1995~1997 年两次下降相比，这次城乡收入差距下降的幅度有所减少。之所以会出现这种情况，主要是由于农业生产成本不断提高以

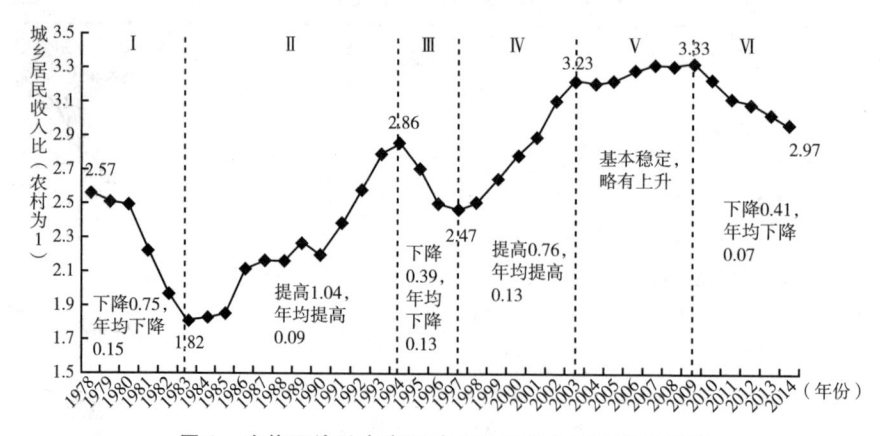

**图 1　改革开放以来中国城乡居民收入差距变动趋势**

资料来源：根据《中国统计摘要（2015）》和 2013~2014 年全国统计公报整理。

及农产品价格日益接近"天花板",农民增收主要依靠工资性收入和转移性收入的增加,随着城镇化和市民化的加快,农民增入的难度将越来越大。目前,中国城乡收入差距水平仍然处于高位,远高于改革开放以来1983年的最低水平,更远高于各发达国家的水平。即使按人均可支配收入计算,2014年城乡居民收入比也高达2.75倍。然而,可以肯定的是,随着中国经济进入新常态,近年来这种城乡收入差距的缩小将是一种长期的稳定趋势,而非像前两次那样只是一种短期波动。也就是说,目前中国已经进入城乡差距持续缩小的时期,越过了城乡差距"倒U形"变化的拐点。

### (三)要素从单向流动转向双向互动

城乡关系从二元分割转向一体化是经济社会发展的必然结果。在城乡一体化格局下,城乡发展需要遵循平等、开放、融合、共享的理念,实现城乡要素自由流动、平等交换和均衡配置。长期以来,受传统二元体制和城市偏向政策的影响,中国城乡要素流动是单向的,即农村人口、资源和资金等要素不断向城市集聚,而城市人口被禁止向农村迁移,城市公共资源向农村延伸、城市人才和资本向农村流动也处于较低水平。近年来,在各地推进城乡一体化的实践中,城市公共资源和公共服务向农村延伸的步伐明显加快,人才、资本和技术下乡也取得了较大进展。特别是在北京等发达城市地区,目前资本下乡、技术下乡和人才下乡均已达到一定水平,正处于双向城乡一体化初期阶段(罗来军等,2014)。北京等地的经验预示了中国未来城乡一体化的方向。2014年,中国人均GDP已超过7500美元,城镇化率超过50%,其中,天津、北京、上海人均GRP超过1.5万美元,城镇化率超过80%;江苏、浙江、辽宁、福建、广东人均GRP超过1万美元,城镇化率超过60%。这表明,当前中国尤其是沿海发达地区已经具备推动双向城乡一体化的条件,城乡要素双向流动将成为中国城乡一体化发展的新常态。在新常态下,城乡人口迁移速度将趋于减缓,城市资本、技术、人才下乡的进程将加快,最大的难点将是在深化农村产权制度改革的前提下允许城市居民按照自己的意愿选择到农村居住和生活。

### (四)政策从城市偏向转向农村偏向

从工业化战略看,随着工业化水平的提高,各国政策大都经历了从"农业支持工业、农村服务城市"的城市偏向到"工业反哺农业、城市支持农村"的农村偏向转变。从代表性国家或地区的经验看，如果采用名义支持率（NRA）和相对支持率（RRA）两个指标，实现这种政策转变的时点分别约在人均 GDP 为 1850 美元和 1958 美元时（李明等，2014）。各国把社会养老保险制度从城市向农村延伸，大都是在工业化中期阶段向成熟阶段过渡的时期（杨翠迎、庹国柱，1997）。早在 2004 年，中央就提出中国已经进入"以工补农、以城带乡"的发展阶段，并逐年加大了对农业、农村的投入。但是，从机会均等和均衡配置的角度看，目前中国的公共政策仍然是一种城市偏向的政策，农村居民所获得的机会和人均占有的公共资源仍远低于城市居民。这种城市偏向既是一种大城市偏向，也是一种行政中心偏向（魏后凯，2014b）。其结果是，那些远离大城市和高等级行政中心的小城镇和农村地区的发展机会和公共设施投入少，公共服务严重落后，处于被剥夺、被挤压的状况。如果以 2013 年村庄人均市政公用设施建设投资为 1，则乡为其 2.0 倍，建制镇为其 3.8 倍，县城为其 10.7 倍，而城市为其 16.1 倍（见表 2）。正是由于这种投入的差异，城乡居民点市政公用设施水平悬殊，甚至是天壤之别。目前，中国建制镇、乡、村庄燃气普及率、污水处理率、生活垃圾处理率都极低，公共设施和公共服务十分落后。在新常态下，城乡居民能否享受均等化的基本公共服务和等值化的生活质量，将成为结构优化和质量提升的关键所在。要实现这种公共资源的均衡配置，需要政府在投入和政策支持上改变过去长期实行的城市偏向做法，转向农村偏向，将更多的公共资源投向广大镇村和农村地区。

表 2　2013 年市政公用设施建设情况

| 分类 | 用水普及率（%） | 燃气普及率（%） | 污水处理率（%） | 生活垃圾处理率（%） | 人均市政公用设施投资[c] 金额（元） | 以村庄为 1 |
|---|---|---|---|---|---|---|
| 城　市 | 97.56 | 94.25 | 89.34 | 95.09 | 3774.4 | 16.1 |
| 县　城 | 88.14 | 70.91 | 78.47 | — | 2511.1 | 10.7 |
| 建制镇 | 81.73 | 46.44 | 18.9[a] | — | 878.0 | 3.8 |
| 乡 | 68.24 | 19.50 | 5.1[a] | — | 465.8 | 2.0 |
| 村　庄 | 59.57 | 19.76 | 9.1[a] | 36.6[b] | 233.9 | 1.0 |

注：a 是对生活污水进行处理的建制镇、乡、村庄的比例；b 是对生活垃圾进行处理的村庄的比例；c 是按城市城区人口、县城人口、建制镇和乡建成区户籍人口、村庄户籍人口加上暂住人口计算的。

资料来源：根据《中国城乡建设统计年鉴（2013）》整理。

## 二 新常态下推进城乡一体化面临的挑战

新常态意味着发展阶段的转变，是中国经济发展的必然阶段。新常态发展阶段将是全面推进城乡一体化的阶段。在新常态下，无论是结构优化还是质量提升，都要求各级政府统筹城乡发展，把更多的机会和公共资源投向农业、农民和农村，构建从根本上解决"三农"问题的长效机制，推动形成"以城带乡、城乡一体"的新型城乡关系和一体化格局；而对创新驱动的追求将推动人才、资本、技术下乡的进程，由此提升农村公共服务水平，增强农业竞争力和农村可持续发展能力，最终形成农业增效、农民增收、农村繁荣的新型发展格局。但是，应该看到，新常态是一把双刃剑，既给城乡一体化发展提供了良好机遇，也将使推进城乡一体化面临严峻挑战。这种挑战与长期积累的各种问题和矛盾相互交织在一起，呈现出综合、复杂、多维的特点。

### （一）农民增收和市民化难度加大

农民增收是缩小城乡收入差距的关键。2010~2013年，中国农村居民人均纯收入年均增长10.6%，2014年，农村居民人均可支配收入比上年增长9.2%，均比城镇居民的高2.4个百分点（见图2）。但从农民增收的构成看，2014年农村居民人均可支配收入中有39.6%来自工资性收入，17.9%来自转移净收入，来自经营净收入的占40.4%。这表明近年来农民增收主要依靠非农产业，农业对农民增收的贡献在不断下降。在新常态下，进入城镇务工的农民工较大部分将逐步转变为市民，成为城镇居民的一部分，这样一来工资性收入和转移净收入对农民增收的贡献将会大幅下降，农民增收将更多地依靠经营性收入和财产性收入。从农民家庭经营性收入看，随着工资、租金、农资等要素成本的不断上涨，以及近年来农产品价格"天花板"效应凸显，农产品涨价和盈利的空间都日益受到限制。在这种情况下，农民增收的难度将日益加大，其潜力主要集中在两个方面：一是依靠发展现代农业来提高农业生产率和竞争力；二是通过加快农村产权制度改革，赋予农民更多的财产权利，不断增加农民的财产性收入。

同时，新常态下农民工市民化和融入城市的难度也将逐步加大。一方面，当前需要市民化的农民工规模大，市民化程度低、成本高、难度大。

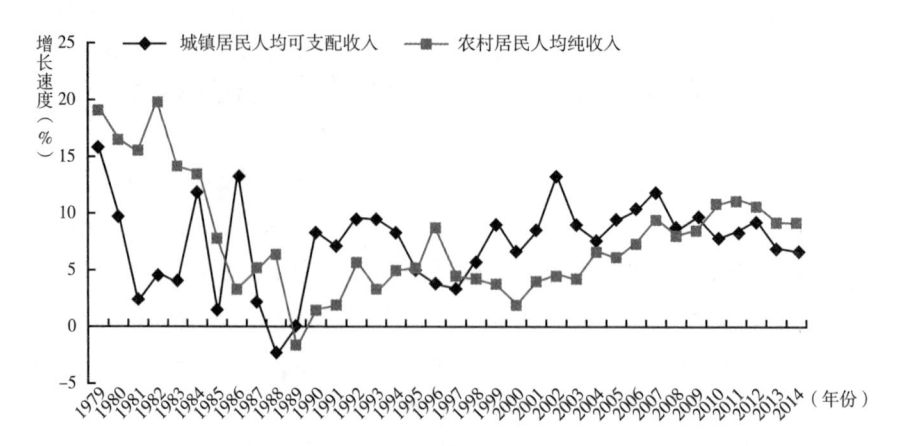

**图 2　改革开放以来中国城乡居民收入增长趋势**

注：2014 年农村居民为人均可支配收入增长速度。

资料来源：根据《中国统计摘要（2015）》和 2013~2014 年《国民经济和社会发展统计公报》整理。

按常住人口城镇化率与户籍人口城镇化率的差额计算，目前中国常住城镇的农业转移人口约有 2.34 亿人，其市民化程度只有 40% 左右（魏后凯、苏红键，2013）。据估算，这些农业转移人口实现市民化的人均公共成本平均约为 13 万元，其中需要在短期内集中投入的约为 2.6 万元（单菁菁，2013）。另一方面，在新常态发展阶段，经济增速减缓将使就业压力加大，并对农民工就业产生重要影响。很明显，农民工就业难题破解和全面融入城市将是一个长期的艰巨过程。

## （二）"农村病"综合治理刻不容缓

近年来，随着城镇化的快速推进，农村人口老龄化、村庄"空心化"、劳动力质量退化、农村"三留守"和环境污染等问题日渐突出，形成了"农村病"。①农村人口老龄化。由于大量青壮年劳动力到城市打工和安家落户，一些老人留守在农村，农村人口老龄化现象严重。2013 年，中国乡村 60 岁以上老龄人口比重为 17.1%，65 岁以上老龄人口比重为 11.2%，分别比城市高 4.3 个和 2.8 个百分点（见表 3）。②村庄"空心化"。随着城镇化的快速推进，农村人口大批向城镇迁移，使许多村庄人去房空，形成"空心村"。在四川，许多地方农村房屋闲置率已接近 40%（杨遂全等，2015）。③劳动力质量退化。大量青壮年劳动力外出务工经商，留在农村的大多是老人、妇女和儿童，农村劳动力质量退化严重，中国的农业正在成为"老人农业"。④农村"三留守"问题。目前中国农村有近5000万留守老人、近5000万留守妇女，有留守儿童6102.55万人，占农村全部儿童的37.7%。"三留守"问题已经成为当前农村突出的社会问题。例如，留守老人缺乏关爱、缺乏生活照料和精神慰藉、失能无靠等问题突出；留守儿童更容易遭到歧视和意外伤害，经常感到烦躁、孤独、闷闷不乐等，他们比非留守儿童存在更多的心理问题。⑤环境污染问题。由于环卫设施严重落后，生活垃圾和污水处理率极低，加上过量使用化肥、农药和大量使用农用地膜，造成农村环境污染日趋严重。如何加强对"农村病"的综合治理，促进城市与农村共同繁荣，已经成为新常态下推进城乡一体化面临的严峻挑战。

表3 2013年全国城镇与乡村老龄人口比重

单位：%

| 老龄人口 | 全国 | 城市 | 镇 | 乡村 |
| --- | --- | --- | --- | --- |
| 60岁以上 | 14.9 | 12.8 | 13.3 | 17.1 |
| 65岁以上 | 9.7 | 8.4 | 8.5 | 11.2 |

资料来源：根据《中国人口和就业统计年鉴（2014）》计算整理。

## （三）资源配置亟待实现城乡均衡

实现城乡公共资源的均衡配置，是推进城乡一体化的核心内容。近年来，随着新农村建设和城乡一体化的快速推进，各级财政加大了农村公用设施和公共服务投入，农村公共投资增速明显高于城市。然而，从人均占有资源看，由于原有基数较低，目前农村地区人均公共投资仍然低于城市，有的甚至相差很大。譬如，在医疗卫生方面，目前中国医疗卫生资源的80%左右集中在城市，尤其是先进医疗卫生技术、设备和优秀人才高度集中在城市大医院，而农村医疗卫生设施落后，医疗技术和人才缺乏，且普遍存在医疗人员年龄老化、专业水平低的情况。自2007年以来，农村人均卫生费用获得了快速增长，其相当于城市人均卫生费用的比例显著提高，2013年该比例也只有39.4%（见图3）。在社会保障方面，虽然目前农村常住人口比重仍接近一半，但国家对农村社会保障的投入只有城市的1/8，农民人均占有国家社会保障投资仅为城镇居民的

1/30（刘畅，2011）。2010 年，农村社会救助人均转移支付只有 452.92 元，仅相当于城市的 8.9%，二者相差 11 倍多（朱常柏，2012）。因此，要实现城乡公共资源的均衡配置，今后仍有很长的路要走。在新常态下，公共资源配置需要继续坚持向农村倾斜，依靠增量调整，促进存量相对均衡。这里所讲的城乡公共资源均衡配置只是一种相对均衡而不是绝对均衡。一方面，随着城镇化的快速推进，农村常住人口将逐渐减少，农村基础设施和公共服务建设需要考虑到人口迁移因素，公共服务设施布局要与未来城乡人口分布格局相适应；另一方面，有相当部分农村人口虽然居住在农村，但却在城市进行公共服务消费，尤其是教育文化、医疗卫生等方面的公共服务。

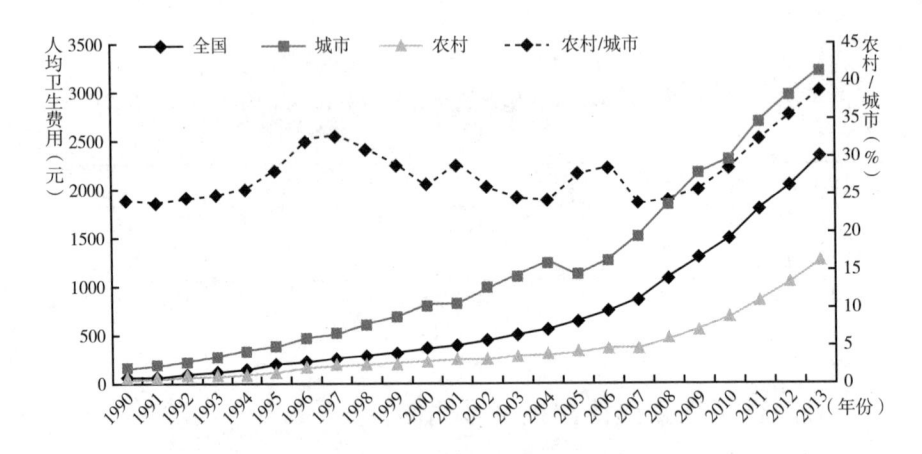

图 3　中国城市与农村人均卫生费用比较

资料来源：根据《中国卫生和计划生育统计年鉴（2013）》绘制。

## （四）城乡二元体制亟须加快并轨

城乡二元结构是制约城乡一体化的主要障碍。虽然近年来各级政府在破解城乡二元结构方面做出了很大努力，但迄今为止，在城乡土地、公共服务、社会保障、社会治理等诸多领域，城乡分割的二元体制依然根深蒂固。在土地管理方面，城市土地所有权归国家所有，由国家或城市进行集中统一管理，农村土地所有权归集体所有，使用权和经营权归农民所有，由集体经济组织或村民委员会经营、管理。这种城乡二元的土地管理制度，导致了城乡土地市场的分割和地政管理的分治，严重影响了城乡一体化进程。特别是，由于农村集体建设用地还不能直接入市交易，需要通过政府征地才能变为城镇建设用地，因而容易引发社会矛盾。在社会保障方面，城乡居民社会保障双轨运行、差距较大，城乡接轨和跨区域转移接续的任务仍十分艰巨。以最低生活保障为例，在城乡有别的社会救助制度和政策下，农村社会救助标准、水平和资金投入普遍低于城市，而且缺乏制度化。2013年，城市低保平均标准仍然是农村的1.41倍，平均支出水平是农村的1.75倍（见表4）。在新常态下，推进城乡一体化不仅需要实现城乡各项体制的全面并轨，变城乡二元分治为城乡并轨同治；而且要解决区域间转移接续问题，加快全国统筹的力度，推进全国基本公共服务均等化和社会保障一体化进程。显然，由于地区间发展差异较大，要实现城乡和全国并轨，需要中央加大对农村和落后地区的转移支付力度。而随着中国经济由高速增长转变为中高速增长，财政收入增长速度也将逐步放慢，在这种情况下中央和落后地区将面临较大的财政压力。

表4 中国城乡最低生活保障平均标准和平均支出水平

单位：元/（人·月）

| 指标 | 年份 | 2006 | 2007 | 2008 | 2009 | 2010 | 2011 | 2012 | 2013 |
| --- | --- | --- | --- | --- | --- | --- | --- | --- | --- |
| 最低生活保障平均标准 | 城市 | 169.6 | 182.4 | 205.3 | 227.8 | 251.2 | 287.6 | 330.1 | 373.3 |
| | 农村 | 70.9 | 70.0 | 82.3 | 100.8 | 117.0 | 143.2 | 172.3 | 264.2 |
| | 城乡比 | 2.39 | 2.61 | 2.49 | 2.26 | 2.15 | 2.01 | 1.92 | 1.41 |
| 最低生活保障平均支出水平 | 城市 | 83.6 | 102.7 | 143.7 | 172.0 | 189.0 | 240.3 | 239.1 | 2433.9 |
| | 农村 | 34.5 | 38.8 | 50.4 | 68.0 | 74.0 | 106.1 | 104.0 | 1393.5 |
| | 城乡比 | 2.42 | 2.65 | 2.85 | 2.53 | 2.55 | 2.26 | 2.30 | 1.75 |

资料来源：根据《中国民政统计年鉴（2014）》计算整理。

## 三 新常态下推进城乡一体化的总体战略

城乡一体化是一个综合性问题，涉及内容十分广泛。在新常态下，推进城乡一体化需要采取系统集成的一揽子方案，而不能采取零敲碎打的办法。当前重点是全面深化城乡综合配套改革，建立和完善城乡统一的户籍登记制度、土地管理制度、就业管理制度、社会保障制度以及公共服务体系和社会治理体系，促进城乡要素自由流动、平等交换和公共资源均衡配置，实现城乡居民生活质量的等值化，使城乡居民能够享受等值的生活水准和生活品质。可以说，建立城乡统一的四项制度和两大体系，是推进城乡一体化的根本保障。

## （一）建立城乡统一的户籍登记制度

城乡二元户籍制度是造成城乡二元结构的重要制度基础。近年来，按照中央、国务院的统一部署，全国各地加快了户籍制度改革的步伐，相继取消了农业户口和非农业户口划分，并不同程度地放宽了农村人口落户城镇政策，绝大部分省份都建立了居住证制度和城乡统一的户口登记制度。但总的看来，当前户籍制度改革仍停留在放开户籍层面，并未触及深层次的社会福利制度改革，各项配套制度改革严重滞后。在新常态下，必须进一步深化户籍制度改革，建立和完善城乡统一的户籍登记制度，为消除城乡二元结构、促进城乡一体化提供制度保障。

**1. 明确户籍制度改革的终极目标**

推进户籍制度改革，就是要打破城乡分割，按照常住居住地登记户口，实行城乡统一的户籍登记制度，同时剥离户籍中内含的各种福利，还原户籍的本来面目。户籍制度改革的关键是户籍内含各种权利和福利制度的综合配套改革，户籍制度改革只是"标"，而其内含各种权利和福利制度的改革才是"本"。户籍制度改革必须标本兼治、长短结合，其目标不是消除户籍制度，而是剥离户籍内含的各种权利和福利，取消城乡居民的身份差别，建立城乡统一的户籍登记制度，实现公民身份和权利的平等。

当前，国家已经明确提出，"到2020年，基本建立与全面建成小康社会相适应，有效支撑社会管理和公共服务，依法保障公民权利，以人为本、科学高效、规范有序的新型户籍制度"，这就为"十三五"期间推进户籍制度改革指明了方向。然而，现有的户籍制度改革方案仍把着力点放在户口迁移政策的调整方面，并按照建制镇和小城市、中等城市、大城市、特大城市的次序，实行从宽到严的差别化落户政策。这种新型户籍制度虽然以经常居住地登记户口为基本形式，但仍然把合法稳定住所和合法稳定职业作为户口迁移的基本条件。显然，这种做法沿袭了现有的"放宽落户条件"的思路，并非户籍制度改革的终极目标，而只能是一种中短期的过渡性目标。从长远来看，户籍制度改革的最终目标只能是按照常住居住地登记户口这一唯一标准，实行城乡统一的户籍登记制度。

**2. 分阶段稳步推进户籍制度改革**

从目前的情况看，中国的户籍制度改革应采取双轨制的办法。所谓双轨制，就是一方面按照现有的"放宽落户条件"的思路，实行存量优先、分类推进，逐步解决有条件（如有合法稳定住所和合法稳定职业）的常住农业转移人口落户城镇的问题；另一方面，通过剥离现有户籍中内含的各种福利，逐步建立均等化的基本公共服务制度以及城乡统一的社会保障、就业管理、土地管理制度和社会治理体系，以常住人口登记为依据，实现基本公共服务常住人口全覆盖。前者实质上是一种户籍政策调整，后者才是真正意义上的户籍制度改革。因此，从根本上来讲，户籍制度改革最终能否成功，关键在于能否建立均等化的基本公共服务制度和城乡一体的体制机制。一旦这种城乡一体的体制机制形成，"放宽落户条件"的改革思路也就失去了意义。在这种情况下，两条改革路径将最终接轨。

推进户籍制度改革是一项长期的艰巨任务，必须长短结合，明确各阶段的目标、任务和具体措施，制订切实可行的实施方案，分阶段稳步推进。从全国来看，力争在2025年前，以常住人口登记为依据，逐步建立城乡统一的户籍登记制度、城乡一体的体制机制和均等化的基本公共服务制度，实现城乡发展一体化。

近期，分类剥离现有户籍制度中内含的各种福利，在全国推行居住证制度，对城镇常住外来人口统一发放居住证，持证人可享受本地基本公共服务和部分公共福利，如政治权利、劳动权益、就业培训、义务教育、基本社会保障等，切实保障农业转移人口的基本权益，基本实现基本公共服务城镇常住人口全覆盖。同时，对于符合一定条件的农业转移人口，如有固定住所和稳定收入来源、就业或居住达到一定年限等的人口，应优先予以落户。

中期，通过强化综合配套改革，完全剥离户籍内含的各种权利和福利，逐步建立城乡统一的户籍登记制度、社会保障制度和均等化的基本公共服务制度，到2020年基本实现基本公共服务城乡常住人口全覆盖。实现城乡居民在常住居住地依照当地标准，行使公民的各项基本权利，享受各项公共服务和福利，包括选举权、被选举权和公共福利享有权等。

远期，进一步深化综合配套改革，力争经过10~15年的努力，推动形成全国统一的社会保障制度和均等化的基本公共服务制度，在全国范围内实现社会保障一体化和基本公共服务常住人口全覆盖,确保农业转移人口在政治、经济、社会和文化等领域全面融入城市,公平地分享改革发展成果,平等参与民主政治。

## (二) 建立城乡统一的土地管理制度

长期以来,中国实行的是城乡二元的土地管理制度。加快推进城乡一体化,必须打破这种二元管理体制,从根本上消除土地制度障碍,建立城乡统一的土地管理制度,严格规范土地管理秩序。

**1. 健全土地统一登记制度**

实行统一的土地权属登记,以法定形式明确土地使用权的归属和土地使用的用途,是建立城乡统一的土地管理制度的基础。当前,要针对土地分级多头管理的状况,尽快修订《土地管理法》及相关法律,建立健全城乡土地统一登记制度。首先,要明确土地行政主管部门为唯一的土地权属登记机构,对城乡土地进行统一确权、登记和颁证。其次,要统一土地登记标准。无论是城镇国有土地还是农村集体土地,无论是耕地、林地、草地还是非农建设用地,都要纳入统一的土地登记体系,发放统一的土地登记簿和权利证书,建立城乡统一的土地登记信息系统。最后,以土地为核心,把目前分散在各部门的土地、房屋、草原、林地和海域等不动产统筹起来,建立不动产统一登记制度。

**2. 实行城乡地政统一管理**

在地政管理方面,目前中国对城镇和农村土地采用不同的管理方式和手段,实行城乡分治。因此,打破城乡分治的局面,实行城乡地政统一管理势在必行。一是加强地籍调查。结合土地调查,以"权属合法、界址清楚、面积准确"为原则,以农村地籍调查尤其是农村集体土地所有权和建设用地使用权地籍调查为重点,全面摸清城乡每一宗土地的利用类型、面积、权属、界址等状况。二是建立统一的地籍信息中心。在地籍调查的基础上,整合各部门相关资源以及城乡土地图形数据和属性数据,建立城乡统一、全国联网的地籍信息中心,并向全社会开放,实现资源共享。三是建立统一的土地统计制度。由土地行政主管部门和统计部门负责,建立城乡统一的土地分类标准、统计口径和指标体系,统一发布土地数据,改变目前统计数字不实、不准的状况。四是对城乡地政实行统一管理。土地的地政管理权限不能分散,更不能以城乡差别、权属性质和土地上附着物的不同为"分治"的依据。城乡地政业务应依法由土地行政主管部门实行统一管理，国有的森林、草地和农业用地也只能由土地行政主管部门代表国务院颁发土地使用证，区别只是土地使用的类型不同而已。

**3. 建立城乡统一的土地市场**

第一，要统一城乡建设用地制度。尽快抓紧修订《土地管理法》《物权法》《担保法》《城市房地产管理法》等相关法律，对阻碍农村集体经营性建设用地同等入市的条文进行修改，加快建立统一、规范的建设用地制度。对于《宪法》第十条关于"城市的土地属于国家所有"的规定，也应根据新形势进行修订。第二，坚持同等入市、同权同价。允许农村集体经营性建设用地在符合规划和用途管制的前提下，可以与国有建设用地以平等的地位进入市场，享有与国有建设用地相同的权能，在一级市场中可以出让、租赁、入股，在二级市场中可以租赁、转让、抵押等（姜大明，2013）。"小产权房"因不符合规划和用途管制，目前其建设、销售和购买均不受法律保护，应尽快研究制定分类政策措施，提出"小产权房"的具体处置办法。第三，规范农村集体经营性建设用地流转。在吸收广东、浙江等地经验的基础上，尽快制定出台《农村集体经营性建设用地流转条例》，对农村集体经营性建设用地流转的前置条件、交易方式和程序、土地收益、法律责任等进行统一规范。要将农村集体经营性建设用地交易纳入统一的交易平台，并采取招标、拍卖、挂牌方式进行交易。第四，切实保障农民宅基地用益物权。宅基地属于非经营性建设用地，目前暂未被纳入"同等入市"的范围。但从长远看，应通过试点积累经验，将农民宅基地逐步纳入城乡统一的建设用地市场。第五，建立城乡统一的土地交易平台。在确权登记发证的基础上，将农民承包地、集体建设用地、宅基地、林地使用权等纳入统一的土地交易平台，规范交易程序，促进农村集体土地合理有序流转。

## （三）建立城乡统一的就业管理制度

建立城乡统一的劳动力市场和就业管理制度，是促进城乡一体化的重要保障。近年来，在中央的统一部署下，各地城乡就业一体化取得了显著成效，农民工就业歧视问题已得到初步解决。但是，劳动力市场的城乡分割状况至今仍未根本消除，城乡就业不平等问题依然突出。为此，必须深化劳动就业制度改革，促进城乡区域间劳动力自由流动，彻底消除对农民工的各种就业限制和歧视，以促进城乡平等、充分就业为目标，建立城乡统一的就业失业登记制度和均等的公共就业创业服务体系，推动形成平等竞争、规范有序、城乡一体的劳动力市场。

**1. 消除影响城乡平等就业的一切障碍**

长期以来，城乡分割的二元户籍制度和劳动力市场造成了严重的城乡就业歧视。最为突出的是对农民工的就业歧视问题。这种歧视主要表现在两个方面：一是就业机会不平等。直至今日，一些地方对农民工就业的行业和工种仍设有准入限制，一些岗位往往以户籍为准入条件；二是就业待遇不平等。主要表现为农民工劳动报酬权、休息休假权、劳动保护权、社团待遇不平等，非法强迫劳动时有发生，就业补贴存在差别，社会保障程度较低。与城镇国有单位职工相比，劳动时间长，工资待遇低，各项福利保障缺失，相关权利无法保证，这是农民工面临的普遍问题。为此，要进一步深化体制改革，彻底消除影响城乡平等就业的一切障碍，尤其是对农民工的各种就业限制。各单位要面向城乡劳动者统一招聘，禁止各种形式的对农民工的就业歧视，赋予和保障农民工同等的就业权益，依法保障农民工同工同酬和同等福利待遇，建立和完善城乡平等的一体化就业政策体系，包括就业机会、创业支持、职业培训、劳动保护和就业管理等方面的政策。

**2. 建立城乡统一的就业失业登记制度**

自20世纪80年代初以来，中国实行的一直是城镇就业失业登记制度，而没有把农村劳动力纳入就业失业登记范畴。各级政府的就业援助和就业服务政策也主要针对城镇劳动者制定和实施。这种城乡二元的就业管理制度将农村有就业能力和就业要求但没能将就业的劳动者排除在外，既是对农村劳动者的歧视，也难以真实反映全社会的就业失业状况，不利于宏观调控和社会稳定。迄今为止，有关部门仍只发布城镇新增就业人数和城镇登记失业率数据。由于未包括进城务工的农村劳动力，加上并非所有城镇失业人员都愿意去登记，所以城镇登记失业率数据往往偏低，不能较好地反映社会总体失业状况（杨宜勇、顾严，2011）。为此，应借鉴江苏、山东青岛、四川成都等地的经验，尽快在全国范围内推广建立城乡统一的就业失业登记制度，将农村劳动力统一纳入就业失业登记范围，统一发放《就业失业登记证》，定期发布城乡统一的社会登记失业率。在条件成熟时，要采用调查失业率指标取代登记失业率指标。

**3. 完善城乡均等的公共就业创业服务体系**

当前，应坚持城乡一体、公平公正的原则，以农村地区为重点，以公共服务平台建设为突破口，统筹城乡就业创业，建立城乡均等的公共就业创业服务体系。首先，要对劳务市场、人才市场等各类劳动力市场进行整合，将城乡分割、行业分割、部门分割的劳动力市场统一起来，构建城乡统一、公平开放、规范有序的公共就业服务体系。其次，打破城乡界限，在求职登记、职业介绍、就业指导、就业训练、创业支持等公共就业创业服务方面，对城乡劳动者同等对待，实行统一的标准。要加大资金投入力度，加强对农业转移人口的职业培训，并将其纳入国民教育培训体系。最后，要将失地农民、农村失业和就业困难人员等统一纳入就业扶持和就业援助范围，在各种社会保险补贴、失业保险金、创业补贴等就业援助政策和就业困难人员认定方面，要实现城乡全覆盖和无缝对接。

## （四）建立城乡统一的社会保障制度

近年来，虽然中国城乡居民基本养老保险和基本医疗保险总体实现了全覆盖，以养老、医疗、低保为重点的基本社会保障体系框架基本建成（胡晓义，2012），但还存在着统筹层次不高、城乡发展不平衡、转接机制不完善、农村保障水平低等诸多问题，长期形成的社会保障城乡分割状况尚未根本改变。当前，应坚持广覆盖、保基本、多层次、可持续的方针，以增强公平性和适应流动性为重点，着力完善机制，扩大覆盖面，提高保障水平和统筹层次，分阶段逐步建立"全民覆盖、普惠共享、城乡一体、均等服务"的基本社会保障体系，最终实现人人享有基本社会保障的目标。

**1. 建立城乡统一的基本医疗保险制度**

目前，中国已经实现了社会医疗保险制度的全覆盖。但是，制度全覆盖并不代表城乡居民都参加了医疗保险，而且现行制度城乡二元、群体分割，呈现出"碎片化"的特征。三项基本医疗保险制度参保人群不同，管理机构有别，筹资方式、保障水平、运作模式、报销比例等也各异，城乡互不衔接。城镇职工基本医疗保险和城镇居民基本医疗保险由人力资源和社会保障部门主管，而新型农村合作医疗保险由卫生计生部门管理。这种"碎片化"状况，既带来了城乡居民之间和不同群体之间的不公平，还造成了居民重复参保、财政重复投入、管理上互相掣肘等问题。为此，必须加大力度整合资源，统筹城乡医疗保障，建立城乡统一的基本医疗保险制度，使城乡居民享受均等化的基本医疗保障服务。总体上看，大体可以分三步走：第一步，逐步取消各级机关、事业单位职工公费医疗，将机关、事业单位职工和农民工全部纳入职工基本医疗保险，建立统一的城镇职工基本医疗保险制度；第二步，整合城镇居民基本医疗保险制度和新型农村合作医疗保险制度，建立统一的城乡居民基本医疗保险制度；第三步，整合城乡居民基本医疗保险制度和城镇职工基本医疗保险制度，建立城乡统一的基本医疗保险制度，实现城乡居民在制度上的公平和公共资源上的共享。

**2. 建立城乡统一的基本养老保险制度**

目前中国基本养老保险制度城乡分割，不同群体保险待遇悬殊，各种保险统筹层次差别大，政府财政负担沉重，不可持续的风险加大。特别是，在参保方式、筹资和缴费模式、资金来源、统筹层次、待遇水平、享受资格条件等方面，城乡养老保险制度存在巨大差距（邵文娟、刘晓梅，2013）。从公平、公正的角度看，整合各类养老保险项目，建立城乡统一的基本养老保险制度将是今后改革的大方向。自2013年以来，国家已将新型农村社会养老保险和城镇居民社会养老保险合并，并明确在2020年前全面建成公平、统一、规范的城乡居民基本养老保险制度。新合并的城乡居民基本养老保险基金筹集采取个人缴、集体助、政府补的方式，中央财政按基础养老金标准，对中西部地区给予全额补助，对东部地区给予50%的补助。从长远发展看，还必须打破职业界限，突破"养老双轨制"，加快机关事业单位基本养老保险制度改革，构建由机关事业单位、城镇职工和城乡居民三项保险构成的基本养老保险体系，并在此基础上适时整合三项保险制度，最终建立全国统筹、城乡统一的基本养老保险制度，使全体人民公平地享有基本养老保障。

**3. 完善城乡统一的社会救助制度**

加快推进基本社会保障服务均等化，必须按照均等化的要求，打破城乡界限和制度壁垒，尽快建立和完善城乡统一的社会救助制度。首先，统一城乡社会救助政策。除了少数具有城乡特色的救助项目，如农村五保供养、城市流浪乞讨人员救助等，城市与农村应按照统一的制度框架，实行统一的标准和政策，建立涵盖基本生活、医疗、教育、住房、就业、法律等救助在内的社会救助体系，为城乡困难群众提供均等化的社会救助服务。尤其要加快建立城乡统一的最低生活保障制度和医疗救助制度。其次，统一城乡社会救助对象。要按照统一的标准，并考虑到城乡的特殊性，统一确定城乡社会救助的对象。要进一步完善临时救助制度，将常住非户籍人口和外来务工人员等流动人口统一纳入社会救助范围。最后，加大对农村的支持力度。中央和各级地方财政要加大对农村社会救助的投入力度，进一步落实和完善农村医疗救助、教育救助、就业救助、住房救助、法律救助等，不断提高农村社会救助标准和水平，促进城乡社会救助资源配置均衡化。

## （五）建立城乡统一的公共服务体系

城乡公共服务一体化是统筹城乡发展的内在要求，也是促进城乡协调发展的重要保障。现阶段，推进城乡公共服务一体化，重点是加快农村公共服务体系建设，推动城市公共服务向农村延伸，实现城乡基本公共服务均等化，逐步缩小城乡公共服务水平差距。当前必须以城乡公共服务资源均衡配置为方向，加快推进城乡基本公共服务均等化，逐步形成城乡一体、可持续、公平的公共服务体系。

### 1. 加快城镇基础设施向农村延伸

加快推进城乡基础设施一体化，重点和难点都在农村地区。促进城镇基础设施向农村延伸，建立和完善农村基础设施建设投入长效机制，是推进城乡基础设施一体化的关键环节。在统筹城乡发展的过程中，一定要把新型城镇化与新农村建设有机结合起来，按照城乡基础设施联网对接、共建共享的思路，加快推进城镇交通、信息、供电、供排水、供气、供热、环卫、消防等基础设施向农村延伸、向农村覆盖，加强市、镇、村之间道路和市政公用基础设施无缝对接，逐步形成城乡一体的基础设施网络。

在交通方面，要按照"路、站、运一体化"的思路，大力加强农村公路和客运站点建设，分期分批逐步完善中心城区至县、县至乡镇、乡镇至建制村三级客运网，实行统一站点、统一排班、统一票价、统一车辆标识、统一结算，构建通乡达村、干线相通的公路网络和完善便捷、城乡一体的客运网络；同时，不断提高城市公交的覆盖面，优化线路和站点布局，逐步将公交延伸到郊区和周边乡镇、村庄，促进城乡公交一体化。

在信息方面，重点是推进城乡邮政、通信和信息服务设施一体化。要调整优化农村邮政网点布局，促进乡镇邮政普服网点全覆盖，按照统一标准、统一标识、统一设施稳步推进"村邮站"建设，加快城乡邮政一体化步伐，构建覆盖城乡、惠及全民、水平适度、可持续发展的邮政普遍服务公共体系；要将电信基础设施纳入城乡建设规划，加快电信管网、基站等设施建设，推动光纤通信、无线通信网络向农村延伸，实现城乡无缝全覆盖，提高通信质量和水平；加快农村信息服务设施建设，完善乡镇、村网站和信息服务中心设施，推动城市各种信息资源和信息服务向农村延伸，构建城乡一体的信息服务体系。

在市政公用设施方面，要重点推进城乡供电、供水、供气、供热、环卫等一体化。在供电方面，要统筹城乡电网规划，加快农村电网改造升级，积极推进农网标准化建设，不断提高农网供电能力和供电质量，实现城乡供电一体化和服务无差别。在供水方面，按照"统一调配、统一供给、统一核算、统一核价、统筹营亏"的思路，以中心城市和县城为依托，加快乡镇供水管网建设，实现城乡"联网、联供、联营、联管"，推动形成城乡供水"同源、同网、同质、同价"的一体化格局。在有条件的地区，还应积极推进城乡供气、供热等一体化。此外，还应按照一体化的理念，推动城市环卫、消防等基础设施和公共服务向农村延伸。

**2. 构建城乡一体的公共服务体系**

推进城乡基本公共服务均等化，是构建城乡一体化公共服务体系的核心。基本公共服务均等化是指全体公民都能公平可及地获得大致均等的基本公共服务，其核心是机会均等。这里所指的均等化，主要包括城乡之间、地区之间和居民之间均等化三个方面。其中，城乡基本公共服务均等化是最为核心的内容。目前，国家已经提出到2020年"基本公共服务均等化总体实现"的目标。国际经验表明，实现城乡基本公共服务均等化是一个长期过程（樊丽明、郭健，2012）。从中国的实际出发，要实现高水平、可持续的基本公共服务均等化目标，大体可以分三步走：第一步是到2015年基本实现城镇基本公共服务均等化，把城镇常住的农业转移人口覆盖在内；第二步是到2020年基本实现城乡基本公共服务均等化，把农村人口全部覆盖在内；第三步是到2030年在全国范围内实现高水平、可持续的基本公共服务均等化目标。

以城乡基本公共服务均等化为核心构建城乡一体的公共服务体系，首先要加大政府投入力度。各级政府不仅要加大公共服务的财政投入，而且应将公共财政资源向农村倾斜。要充分发挥财政资金的导向和杠杆作用，积极引导民间资本参与城乡公共服务建设。其次，改变过去以GDP论英雄的做法，尽快将公共服务体系建设全面纳入政府考核指标体系。要建立综合评价指标体系，加强对各地基本公共服务水平和进程的监测评价，并根据评价结果提出改进措施。再次，推进城市公共服务向农村延伸，促进城乡公共服务接轨和一体化。尤其要加快推进城市文化、体育、教育、医疗卫生、环卫等公共服务向农村延伸和覆盖，推动城乡社会保障政策和制度全面接轨。最后，整合城乡公共服务资源。根据城乡人口的变动趋势，有效整合城乡资源，调整优化设施布局，将分散的单一服务整合为集中的综合服务，实现公共服务供给的规模化，提升城乡公共服务供给效率和水平。

## （六）建立城乡统一的社会治理体系

长期以来，中国实行的是城乡分治的管理体制。所谓城乡分治，就是按照城乡人口或城乡地域标准，在人口登记管理、规划建设、公共服务、社会保障、财政体制、行政管理等方面实行二元治理。这种城乡分治既是当今中国"三农"问题的重要根源，也是阻碍中国经济社会持续健康发展和城乡一体化的关键因素。促进城乡发展一体化，必须打破这种城乡分治的二元体制，清除各种制度壁垒，建立城乡统一的行政管理制度，从城乡分治转变为城乡同治，推动形成公平公正、规范有序、高效便民、城乡一体的新型治理格局。

### 1. 从城乡分治转变为城乡同治

近年来，为有效推进城乡统筹工作、协调各部门之间的关系，许多地方相继成立了城乡统筹发展办公室。但统筹城乡发展涉及方方面面，并非单个部门能够解决的。从长远发展看，应将城乡统筹的理念融入经济社会发展的各个领域和全过程，把城乡统筹的职能融入各级部门的常规职能中，形成既管城又管乡的长效机制，实现覆盖城乡的全域规划、全域服务、全域管理，促使行政管理从城乡分治向城乡同治转变。要改变过去"重城轻乡"的传统观念，打破"城乡分治""镇村分治"的体制障碍，按照全域规划、全域管理、城乡同治的思路，把各级政府部门的管理职能由城镇向农村延伸和覆盖，尤其要把规划、土地、交通、通信、科教、文化、环卫、防疫、城管、水务、安全、消防等经济社会管理和公共服务职能由城镇向农村延伸，实行统一规划、建设、保护和管理，制定覆盖城乡的统一政策，推动形成权责一致、分工合理、决策科学、执行顺畅、监督有力的城乡一体的行政管理体制。在推进城乡发展一体化过程中，今后新出台的政策，除与土地承包、集体经济、农业生产、城镇建设等直接相关的外，均应取消城镇与农村的区分，实行统一标准、统一政策、统一管理、统一服务。

**2. 建立城乡一体的社区治理体系**

城乡社区作为一个基层自治组织，在社会治理体系中发挥着基础作用。长期以来，受城市偏向政策的影响，中国城市社区建设成效较为显著，而农村社区建设严重滞后。当前，农村社区普遍存在经费投入不足、公共设施落后、专业人员缺乏、管理体制不顺等问题。在促进城乡发展一体化过程中，必须抛弃过去那种"重城轻乡"的思想，调整城市偏向的社区政策，着力统筹城乡社区发展，建立城乡一体的社区治理体系，加快城乡社区管理服务一体化进程。现阶段，重点是加强农村新型社区建设，促进农村社区化管理。在推进农村社区建设中，要尊重农民意愿，不能强迫农民上楼，搞大拆大建。有条件的地区，可按照地域相近、规模适度、有利于整合公共资源的原则，因地制宜、积极稳妥地推进"撤村建居"，分类分批建立农村新型社区，稳步推进镇村体制向社区体制转变。要借鉴城市社区的管理模式和服务理念，加强农村社区规划建设，加大公共服务设施投入力度，建立和完善社区服务中心和"一站式"服务大厅，不断增强社区服务功能，逐步把社区服务延伸到自然村落，切实提高农村社区综合服务能力和水平。全面推行城乡社区网格化服务管理，推动社会管理权力下放、资金下拨、人员下沉、服务下移，实现"定人、定位、定责、定时"的精细化管理。

**参考文献**

［1］习近平：《谋求持久发展共筑亚太梦想》，《人民日报》2014年11月10日，第2版。

［2］刘畅：《收入分配视角下的城乡一体化社会保障体系》，《宏观经济管理》2011年第2期。

［3］朱常柏：《包容性增长与社会救助城乡二元特征的一体化——基于机会平等的视角》，《求索》2012年第12期。

［4］余秀艳：《城市化与城乡收入差距关系——倒"U"型规律及其对中国的适用性分析》，《社会科学家》2013年第10期。

［5］李扬：《中国经济新常态不同于全球经济新常态》，《人民日报》2015年3月12日，第7版。

[6] 李明、邵挺、刘守英：《城乡一体化的国际经验及其对中国的启示》，《中国农村经济》2014年第6期。

[7] 杨宜勇、顾严：《建议在"十二五"规划纲要中采用城镇调查失业率为约束性指标》，《中国发展观察》2011年第3期。

[8] 杨遂全、张锰霖、钱力：《城乡一体化背景下农村闲置房屋的出路》，《农村经济》2015年第1期。

[9] 杨翠迎、庹国柱：《建立农民社会养老年金保险计划的经济社会条件的实证分析》，《中国农村观察》1997年第5期。

[10] 邵文娟、刘晓梅：《我国城乡居民社会养老保险制度体系的整合研究》，《长春大学学报》2013年第11期。

[11] 单菁菁：《农民工市民化的成本及其分担机制》，载潘家华、魏后凯主编《中国城市发展报告No.6——农业转移人口的市民化》，社会科学文献出版社，2013。

[12] 林毅夫、蔡昉、李周：《中国的奇迹：发展战略与经济改革》，上海人民出版社，1999。

[13] 罗来军、罗雨泽、罗涛：《中国双向城乡一体化验证性研究——基于北京市怀柔区的调查数据》，《管理世界》2014年第11期。

[14] 姜大明：《建立城乡统一的建设用地市场》，《人民日报》2013年12月19日。

[15] 胡晓义：《加快推进社会保障城乡统筹》，《社会保障研究》2012年第1卷。

[16] 钱纳里、鲁宾逊、赛尔奎因：《工业化和经济增长的比较研究》，上海三联书店，1989。

[17] 黄群慧：《新常态、工业化后期与工业增长新动力》，《中国工业经济》2014年第10期。

[18] 董敏、郭飞：《城市化进程中城乡收入差距的"倒U型"趋势与对策》，《当代经济研究》2011年第8期。

[19] 樊丽明、郭健：《城乡基本公共服务均等化的国际比较：进程与经验》，《中央财经大学学报》2012年第7期。

[20] 魏后凯：《我国城镇化战略调整思路》，《中国经贸导刊》2011年第7期。

[21] 魏后凯：《走中国特色的新型城镇化道路》，社会科学文献出版社，2014a。

[22] 魏后凯：《中国城市行政等级与规模增长》，《尘世与环境研究》2014年第1期b。

[23] 魏后凯、苏红键：《中国农业转移入口市民化进程研究》，《中国人口科学》2013年第5期。

[24] United Nations, "World Urbanization Prospects: The 2014 Revision", New York, 2014.

[25] World Bank, "World Development Report 2012: Gender Equality and Development", Washington, DC: World Bank, 2011.

[26] World Bank, "World Development Report 2014: Risk and Opportunity—Managing Risk for Development", Washington, DC: World Bank, 2013.

# 中国城镇化发展的原动力[*]

## ——基于1978~2012年数据的推断和检验

### 张辰利[**]

**摘　要：** 通过对1978~2012年中国城镇化率数据进行未知断点结构性变化检验，发现在1996年后我国城镇化水平发生了趋势性变化。经过分析1996年影响城镇化发展的历史经济背景，发现经济体制改革尤其是国有企业改革以及相关的企业职工下岗分流再就业过程为农村劳动力在城市中就业提供了比原来更大的空间；同时，国企改革以及市场化的深入促进了第二产业和第三产业的快速发展，吸纳了大量的农村劳动力。第二、第三产业的快速发展和市场化水平的提高是中国城镇化发展的决定力量。通过用城镇化率对中国第二、第三产业比重，以及樊纲等（2011）以中国各省份的市场化指数做加权平均计算的历年结果衡量的中国市场化水平进行回归，结果得到了较好的验证，分省份的检验结果与全国的检验结果也具有高度的一致性。

**关键词：** 产业结构　市场化　城镇化

## 一　引言

改革开放以来，中国城镇化水平已经由1977年底的17.6%增加到2013年底的53.73%（国家统计局，2014），如图1所示。36年合计增加

---

[*] 本文是河北农业经济发展战略研究基地、河北省科技厅软科学基地资助项目、2014年度河北省社科联民生调研课题项目"环京津对河北省城镇化影响机制研究"（编号：201401208）的阶段成果。

[**] 张辰利，河北农业大学经济贸易学院。

了36.13个百分点，平均每年以超过1个百分点的速度递增。是什么力量促进了城镇化水平的快速提高？我们没有采用先验的假定其影响因素然后再行验证的方式，而是通过对中国城镇化数据（1978～2012年全国城镇化率）的生成过程（DGP）进行观察和分析，发现1996年以后城镇化水平出现明显加快的趋势性变化，为什么会发生这种结构性变化呢？通过进一步分析1996年当时的经济社会背景和相关事件，发现当时国企改革的深化和市场化进程的加快极大地促进了工业和服务业的发展，城市经济的进一步改革给农村劳动力提供了更多的就业空间。城镇就业需求的增加和城乡壁垒的松动相结合，给城镇化的发展提供了更大的动力，概括地说，就是生产技术水平提高所导致的产业结构变化和市场化深化是近年来中国城镇化快速发展的根本原因。

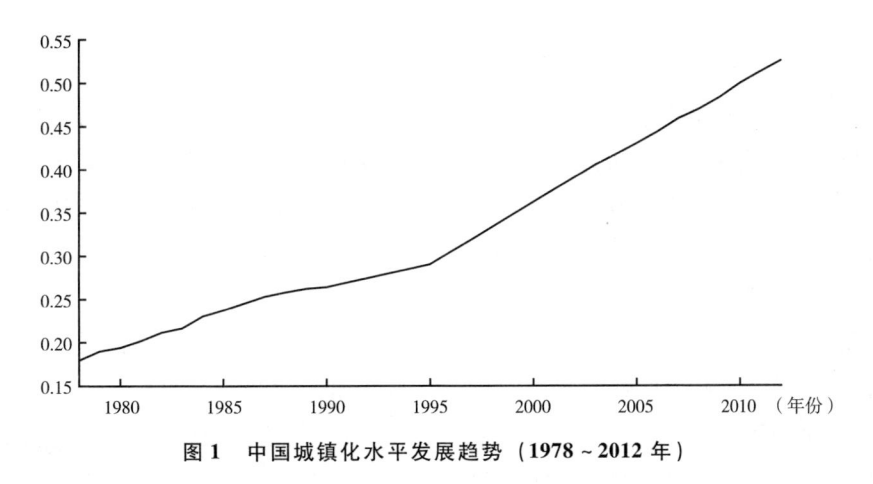

图1 中国城镇化水平发展趋势（1978～2012年）

生产技术水平决定了人类的生产和生活方式，也是决定城镇化的内在力量。随着工业化的不断深入，生产效率不断提高，第一产业比重不断下降，第二、第三产业比重不断上升，农村劳动力不断从农业转移到城市工业和服务业，城镇化程度也就随之不断提高；进一步展望，随着后工业化时代的到来，信息技术、交通运输技术的发展使得生产布局又不断呈现出空间分散化的特点，一些工业化国家已经出现了所谓的逆城市化现象。从英国、比利时、芬兰到意大利，从俄罗斯、哈萨克斯坦到中国，城市收缩现象已无处不在，收缩地带正在全球蔓延（蒲实，2013）。这一切无一不是技术变迁的力量使然。

在经历了多年的市场化改革之后，中国城乡二元制度的一些问题和矛盾，如流动限制的逐渐解除、农业税的取消，赋予了农村劳动者就业选择越来越多的自由，农村多年累积的剩余劳动力短时间得到释放，这也是近年来城镇化迅速发展的主要原因之一。

产业结构的变迁和市场化的深化促进了中国城镇化的发展进程，我们用第二、第三产业的比重和中国市场化指数（樊纲等，2011）分别代表产业结构和市场化指标，用其分别对全国和各省份进行了实证检验，并得到了显著的检验结果。

## 二 文献研究

由于发展中国家情况千差万别，关于发展中国家城镇化影响因素的研究也十分丰富，研究角度多元化。概括起来有如下几个方面。

### （一）国外学者的研究

城乡收入差距。具有代表性的有 Lewis（1954）二元经济结构下的劳动力无限供给模型，认为工农业部门的工资差异是导致劳动力从农村向城市流动的决定因素。Fei 和 Ranis（1964）拓展了 Lewis 模型，赋予其更多的动态化发展特征。Jorgenson（1961）从农产品的低需求弹性角度，提出农产品剩余的出现导致劳动力迁移，迁移的前提也是工业部门存在相对较高的工资水平。Todaro（1969）将城市失业和农业劳动力在城市中找到工作的可能性纳入研究范畴，认为城乡预期收入的差异也会诱导迁移的发生。

推拉理论。Lee 等把人口迁移因素总结为两个方面的作用：在流入地能够改善移民生活条件的因素就成为人口流入的拉力；相应的，流出地不利的社会经济条件就成为人口流出的推力。流出地推力和流入地拉力的共同作用形成人口迁移。

宏观经济因素。Kuznets 等将农业劳动力的迁移和经济增长、产业结构、就业结构以及收入水平的变化联系起来，从更为宏观的角度研究了迁移的规律性变化。

新迁移经济学角度。Stark 和 Levhari 等将劳动力迁移的原因归结为家庭集体的决策，迁移的原则是家庭最小化风险、最大化预期收入并降低被剥夺感。

### （二）国内学者的研究

经典研究将城镇化视为农村劳动力从农业部门转移到城市现代工业部

门的一种自然流动过程。但中国农村剩余劳动力长时间内不具备自由流动的制度条件，直到1984年，农村劳动力到城市就业的限制才放开。所以，关于中国农村劳动力流动的研究起步较晚也具有中国特色。

农村劳动力个人或家户追求经济收益最大化动机因素。代表性研究有胡斌（1996）、庾德昌（1996）、杜鹰和白南生（1997）等。

宏观经济因素。程名望和史清华（2007）认为1978年以来中国总体经济增长对农村劳动力转移有较大的促进作用，而城市服务业则是中国农村劳动力转移的主要去向。刘盛和等（2007）认为自然资源环境、经济发展水平以及国家区域发展政策影响劳动力迁移。欧阳崝和张杰飞（2010）认为非农产品消费比重提高是农村劳动力转移的根本动因，迁移成本下降将促进农村劳动力转移。黄国华（2010）认为城镇失业率对迁移负面影响最大，城乡收入差距的正向影响最大，非农产业生产总值比例和城乡消费支出比例对农村劳动力转移也有一定程度的影响。

推拉理论。陈吉元等（2000）认为科技进步是农业劳动力转移的基本动力，科技进步促进新产业的出现，进而吸收农业劳动力。张佑林（2004）指出影响我国农民进城的因素主要有三个：农村的推力因素、城市的拉力因素以及农民的迁移成本。程名望等（2006）指出城镇的拉力，特别是城镇工业技术进步，是农村劳动力转移的根本动因。祁新华等（2012）构建了"乡村拉力—城市拉力"概念模型，且认为乡村拉力作用强度远大于城市拉力。在这个来源于乡村的动力机制的作用下，当地居民出于个人比较利益最大化的考虑更倾向于选择就地转型，由此导致了与西方传统城市化模式迥异的就地城镇化现象。

制度因素。李勋来、李国平（2005）研究发现制度因素是阻碍农村劳动力转移的主要因素之一。盛来运（2007）认为城乡二元结构及其相关的制度变革对中国农村劳动力流动产生了根本影响。孙文凯等（2011）则认为当前的户籍制度改革在引导农民工流动方面的作用有限。

上述研究的一个共同特点是大都停留在对农村劳动力这种生产要素流动现象层面上，并未涉及对造成这种现象背后决定因素的研究。另外普遍基于先验假定的研究方法，因果之间的必然联系缺乏坚实的逻辑基础。这些问题导致对城镇化问题的研究更多地停留在解释层面，难以达到对其趋势性的预测和把握。

## 三 推断和检验

### (一) 城镇化发展的原动力研究

**1. 基于城镇化率时间序列数据的分析**

(1) 稳定性检验

ADF 方法在样本容量不大或真实模型比较接近单位根的情况下检验功效较差,并且犯第一类错误的概率较高,因此我们采用准确性较高的 KPSS 平稳性检验方法进行检验。经检验,城镇化率($ubr$)在 5% 的显著性水平上为稳定序列,检验结果见表 1。

表 1　变量 $ubr$(1978~2012 年)稳定性检验

| 检验方法 | 检验方程选项 | LM 统计量 | 1% | 5% | 10% | 结论 |
| --- | --- | --- | --- | --- | --- | --- |
| KPSS | (C,T)* | 0.1772 | 0.2160 | 0.1460 | 0.1190 | 稳定(5%显著水平) |

注:*C 表示截距项,T 表示趋势项。

(2) 数据生成过程检验

我们通过观察城镇化率数据生成过程(DGP)的变化情况,进一步探查其变化原因,从而发现影响并决定城镇化发展的因素。

根据样本的自相关图和偏自相关图的拖尾和截尾特点,发现其具有典型的 AR 特征,确定其为 AR(1)过程。AR 模型设为式(1):

$$ubr_t = \alpha \times ubr_{t-1} + \varepsilon_t \tag{1}$$

估计结果为:

$$ubr_t = 1.0314 ubr_{t-1}$$
$$t = (606.3812) \quad R^2 = 0.9989 \quad n = 25 \tag{2}$$

根据式(2)的特征方程为 $\lambda - 1.0314 = 0$,特征根 $\lambda = 1.0314 > 1$,所以方程不平稳。

表 2　方程 2 残差序列相关检验

| 方法 | F 统计量(P 值) | $n \cdot R^2$(P 值) | 结论 |
| --- | --- | --- | --- |
| 序列相关 LM 检验 | 5.4411(0.0094) | 8.8034(0.0123) | 不稳定 |

残差序列相关检验结果（见表2）也表明这并不是一个稳定的过程。从图1也可以看出其有明显的趋势变化。为了准确地确定结构变化的时点，我们采用多种结构稳定性检验方法。

采用Quandt-Andrews未知断点检验、Chow断点检验和GUSUM检验三种不同的检验方法对式（2）式进行结构检验，三种方法结果一致表明，城镇化率（ubr）的数据生成过程在1996年发生了明显变化（见表3）以1996年为转折点，对两个时间段分别再次进行估计，结果见表4。

表3 中国城镇化率AR（1）模型参数稳定性检验

| 检验方法 | Quandt-Andrews 未知断点检验 | Chow 断点检验 | GUSUM 检验 |
| --- | --- | --- | --- |
| 结果 | 1996年 | 1996年 | 1996年 |
| P值 | 0.4233 | $F = 3.6955(P = 0.0635)$<br>似然对数比率 $3.7158(P = 0.0539)$<br>Wald 统计量 $= 3.6955(P = 0.0546)$ | 5% |

表4 中国城镇化率AR（1）模型分段估计及参数稳定性检验

| 时间段 | 拟合方程 | 残差为0检验 | 残差序列相关LM检验 | 结论 |
| --- | --- | --- | --- | --- |
| 1978～1996年 | $ubr = 0.0170 + 0.9561 \cdot urb(-1)$<br>$t = 3.8282 \quad 51.7655 \quad R^2 = 0.9944$ | $t = -2.48E-14$<br>$(P = 0.9999)$ | $F = 0.2712(P = 0.7666)$<br>$n \cdot R^2 = 0.6809(P = 0.7114)$ | 稳定 |
| 1996～2012年 | $ubr = 0.0158 + 0.9951 \cdot ubr(-1)$<br>$t = 8.8486 \quad 227.2961 \quad R^2 = 0.9997$ | $t = -1.60E-13$<br>$(P = 0.9999)$ | $F = 2.3872(P = 0.1309)$<br>$n \cdot R^2 = 4.5664(P = 0.1020)$ | 稳定 |

通过对1996年前后两个时间段分别进行检验，发现以1996年为转折点，前后两段都是稳定的方程结构。后一段方程的截距项小于前一段，而斜率大于前一段，表明1996年后，城镇化发展速度明显加快了。

**2. 结果讨论**

通过观察和检验城镇化数据的生成过程，我们发现，中国城镇化率在1996年以后发生了明显的趋势性转变，原因分析如下。

1978年，改革由农村开始，但城市经济体制改革尚未启动，当时国家严格限制农村劳动力向城镇转移。在乡镇企业迅速发展的背景下，国家倾向于"离土不离乡"的农村劳动力就地转移政策，农村劳动力迁移呈现小规模、小范围的特征。随着农村家庭联产承包责任制的普遍实施和人民公社的撤销，农村劳动力的流动性大大增强了。20世纪80年代中期以后，随着经济体制改革开始由农村转向城市,以及城镇就业对农村劳动力的逐渐开放,农村劳动力开始向城镇地区流动,城镇化水平开始提高。但由于 80 年代后期至 90 年代中后期城市经济的过热和调控,农村劳动力向城镇流动的政策出现很大程度的波动和反复,影响了农村劳动力向城镇的持续快速稳定流动。图 1 中相应段落斜率较小而且波动幅度较大就是这种情况的反映。

1996 年,"九五"计划开启了第一个中国社会主义市场经济条件下的中长期计划,经济结构开始调整,国有企业改革深入进行,非国有经济开始迅速发展。尤其是国有企业兼并重组和破产导致大量职工下岗,以及从 1996 年开始全面实施再就业工程,各级政府采取多种政策措施增加就业岗位,同时鼓励下岗职工到非公有制经济单位就业和自己创业。这一系列措施形成了市场导向的就业机制,使就业领域市场化倾向明显增强,劳动力市场逐渐活跃,为农民工在城市的就业打开了较之以前更为广阔的市场空间。

同时,市场导向的经济结构调整和国有企业改革,使传统产业普遍得到先进技术的改造,技术创新和产品更新加快,加之农村劳动力近乎无限制的充裕供给,我国加工制造业的优势开始在全球显现。第二产业比重迅速上升,带动相应的第三产业迅速发展,第三产业比重也开始逐渐上升。同时,第二、第三产业的发展又再次吸引更多的农村劳动力进入城镇就业。

综上所述,我们认为 1996 年以来市场化改革的加快,尤其是国有企业改革所引致的就业市场的活跃、非公有经济的发展以及第二、第三产业的更快发展等因素,是城镇化较之以前发展加快的主要原因。

## (二) 对推论的验证

**1. 计量模型**

根据前面的论述,我们把城镇化率(城镇常住人口占全部人口比重,ubr)与第二产业产值比重(scnd)、第三产业产值比重(trtr)和中国市场化指数(mkti)之间的关系表示为式(3):

$$ubr_t = \alpha + \beta_1 scnd_t + \beta_2 trtr_t + \beta_3 mkti_t + \varepsilon_t \tag{3}$$

**2. 数据**

城镇化率(ubr)与第二产业产值比重(scnd)、第三产业产值比重(trtr)数据均来自历年《中国统计年鉴》,中国市场化指数(mkti)来自《中国市场化指数——各地区市场化相对进程 2011 年报告》(樊纲等,

2011），由于该报告只给出了 1997~2009 年的各省份市场化指数数据，我们利用式（4），以各省 GDP 的比重为权重，利用对各省数据加权平均的方法计算出全国市场化指数，来代表中国的市场化进程。

$$mkti_t = \sum_i \frac{mkti_{it} \times GDP_{it}}{\sum_i GDP_{it}} \quad (4)$$

其中，$t$ 为年份，$t = 1997, 1998, \cdots, 2009$；$i$ 为省市序号，$i = 1, 2, \cdots, 31$。

### 3. 对全国城镇化水平决定因素的验证

（1）时间序列数据的稳定性检验

表 5　变量数据样本（1997~2009 年）稳定性检验

| 变量 | 检验方法 | 检验方程包含项 | LM 统计量 | 结论 |
| --- | --- | --- | --- | --- |
| $ubr$ | KPSS | C | 0.5472** | 稳定(5%) |
| $scnd$ | KPSS | C, T | 0.4615* | 稳定(1%) |
| $Trtr$ | KPSS | C | 0.4043*** | 稳定(10%) |
| $mkti$ | KPSS | C | 0.5152** | 稳定(5%) |

LM 统计量判值（含 C 项）：1% level* = 0.7390；5% level** = 0.4630；10% level*** = 0.3470
（含 C, T 项）：1% level* = 0.2160；5% level** = 0.1460；10% level*** = 0.1190

注：C 表示截距项，T 表示趋势项。

经检验，$ubr$、$scnd$、$trtr$ 和 $mkti$ 分别在显著水平 5%、1%、10% 和 5% 上为稳定序列，所以可以将四者进行回归。

（2）估计变量之间的关系

用 1997~2009 年的数据对式（3）进行回归，结果如式（5）所示：

$$ubr_t = 0.1774 scnd_t + 0.2379 trtr_t + 0.0310 mkti_t \quad (5)$$
$$t = (6.2747)(3.6165)(10.4292) \quad n = 13 \quad R^2 = 0.9600$$

对回归结果的残差进行稳定性检验，以判断式（5）的稳定性。检验结果见表 6。

表 6　方程 5 残差稳定性检验

| 方法 | 包含项 | t 统计量 | P 值 | 1% | 5% | 10% | 结论 |
| --- | --- | --- | --- | --- | --- | --- | --- |
| ADF | 无 | -2.2705 | 0.0279 | -2.7719 | -1.9740 | -1.6029 | 稳定(5%) |

由于残差的稳定性,可以判断式(5)表示的变量间的长期关系是存在的。

(3)对结果的解释

由于数据可获得性原因,选取样本较少,仅为1997~2009年13年的数据,但变量间的关系也得到了较好的拟合。结果表明,第二和第三产业的发展以及市场化水平的提高,都对城镇化水平的提高有促进作用,而且检验结果都非常显著。值得注意的是,第二产业比重和第三产业比重对城镇化的促进效果不尽相同,第二产业比重的回归系数0.1774小于第三产业比重的回归系数0.2379,表明第三产业的发展对城镇化的拉动作用比第二产业更强。因为市场化指数的单位不同,所以系数的大小与其他两项无法比较,但相对来说,其统计检验却最为显著。

**4. 稳健性检验**

在全国数据检验的基础上,再次通过对分省份数据的检验,证明结论的稳定性和一致性。

采用与全国城镇化决定因素分析过程相同的方法,对全国除西藏、香港、澳门外的30个省、直辖市、自治区进行了类似检验,检验结果见表7。由检验结果可以发现,各省份估计方程的常数项、第二和第三产业比重及市场化指数系数的统计显著性略有差别,结果对不显著的变量做了剔除。结果显示,系数统计显著性的检验大都在1%的水平上显著,说明第二产业和第三产业比重的增加以及市场化水平的提高,在促进城镇化水平提高方面具有显著而普遍的影响。所以,可以认为,无论是从全国角度还是分省份来看,城镇化的发展很大程度上取决于第二、第三产业的发展以及市场化水平的提高,从国家整体到地方局部具有高度的一致性。

表7 城镇化决定因素分省份检验系数估计结果

| 地区 | 常数项 | 第二产业比重 | 第三产业比重 | 市场化指数 | 地区 | 常数项 | 第二产业比重 | 第三产业比重 | 市场化指数 |
| --- | --- | --- | --- | --- | --- | --- | --- | --- | --- |
| 北京 | — | — | 0.02 ***<br>(17.54) | 0.03 ***<br>(3.80) | 河南 | -0.94 ***<br>(-6.40) | 0.02 ***<br>(16.06) | 0.01 ***<br>(2.88) | — |
| 天津 | — | — | 0.01 ***<br>(10.25) | 0.04 ***<br>(8.82) | 湖北 | -0.84 ***<br>(-3.91) | 0.01 ***<br>(3.65) | 0.01 ***<br>(4.20) | 0.02 *<br>(1.68) |
| 河北 | -3.11 ***<br>(-6.81) | 0.05 ***<br>(7.83) | 0.03 **<br>(2.52) | — | 湖南 | -0.66 ***<br>(-5.81) | 0.01 ***<br>(4.45) | 0.01 ***<br>(7.89) | 0.02 ***<br>(5.14) |

续表

| 地区 | 常数项 | 第二产业比重 | 第三产业比重 | 市场化指数 | 地区 | 常数项 | 第二产业比重 | 第三产业比重 | 市场化指数 |
|---|---|---|---|---|---|---|---|---|---|
| 山 西 | — | — | 0.01*** (13.19) | 0.04*** (15.29) | 广 东 | — | — | — | 0.06*** (35.23) |
| 内蒙古 | — | 0.005** (2.75) | 0.004** (2.58) | 0.016* (2.01) | 广 西 | -0.97*** (-8.32) | 0.02*** (8.62) | 0.01*** (6.79) | — |
| 辽 宁 | -1.71*** (-3.96) | 0.02*** (4.39) | 0.02*** (4.96) | 0.02*** (3.30) | 海 南 | — | — | — | 0.07*** (25.93) |
| 吉 林 | — | 0.01*** (67.62) | — | — | 四 川 | -1.26*** (-3.92) | 0.02*** (3.12) | 0.02*** (4.26) | 0.02* (2.06) |
| 黑龙江 | — | 0.005*** (6.12) | 0.008*** (6.05) | — | 贵 州 | -0.60*** (-4.91) | 0.01*** (4.51) | 0.01*** (5.54) | 0.02* (1.96) |
| 上 海 | — | 0.004*** (4.25) | 0.009*** (7.23) | 0.018*** (6.38) | 云 南 | — | 0.005** (2.45) | 0.009** (2.66) | 0.026** (2.24) |
| 江 苏 | -2.50*** (-9.67) | 0.03*** (8.80) | 0.03*** (6.20) | — | 陕 西 | -1.41*** (-5.71) | 0.02*** (10.58) | 0.02*** (4.61) | — |
| 浙 江 | 2.58** (2.73) | 0.05** (2.79) | — | 0.06*** (6.11) | 甘 肃 | -0.32* (-2.24) | 0.01** (2.67) | 0.01** (2.81) | 0.02** (2.77) |
| 安 徽 | — | — | 0.003*** (3.40) | 0.036*** (6.50) | 青 海 | — | 0.006*** (21.40) | 0.003*** (8.14) | — |
| 福 建 | — | 0.01*** (2.58) | 0.09*** 6.34 | — | 宁 夏 | — | 0.003*** (3.10) | 0.002** (2.47) | 0.036*** (11.05) |
| 江 西 | — | 0.01** (2.29) | 0.01*** (3.09) | 0.09*** (4.75) | 新 疆 | — | 0.01*** (15.68) | 0.01*** (3.11) | — |
| 山 东 | -2.37*** (-5.49) | 0.03*** (9.08) | 0.04*** (4.33) | — | 重 庆 | 与四川合并计算 | | | |

注：①括号内数值是 t 检验结果；② ***、**、* 分别表示在 1%、5%、10% 水平下显著。

## 四 政策建议

要提高城镇化的发展速度和水平，落实到政策操作层面就是要不断鼓励技术创新，继续推进新型工业化的深入发展；不断开创新的商业模式和服务方式，从而不断创造出新的岗位和就业领域，为农村劳动力提供更多具有包容性的高质量就业机会；同时，大力推进市场化改革，逐渐化解以户籍制度为核心的城乡二元体制形成的长期阻碍城镇化发展规模扩大和质量提高的人为因素，尽快打破城乡身份的制度壁垒。

## （一）鼓励技术创新，推进新型工业化的发展，开创新的商业模式和服务方式

目前的城镇化问题，已不再是农村剩余劳动力的被动迁移问题，而已经转变为农民主动的就业选择问题。当城镇就业机会少、工资低，而且就业不稳定、工作条件差时，农村剩余劳动力就有可能不发生迁移而是选择在农村非农业部门就业。农村非农部门就业机会对于农民来说迁移成本较低，但是季节性强、工作环境差、用工不规范、缺乏基本保障等，其对农民来说只能是一种次优选择；而城镇经济相对来说具有规模化、市场化和规范化的优势。在工业化深化发展的基础上，应不断鼓励创新，促进新型工业化的发展，不断开创新的商业模式和服务方式，为农村劳动力在城镇地区提供更多高质量的就业机会。

## （二）深化市场化改革

城镇化需要农村劳动力向城镇聚集，而城镇化最大障碍是基于户籍制度的城乡劳动力的歧视待遇。但是，即便是在存在户籍制度约束的条件下，渐进地市场化改革依然可以起到促进城镇化发展的效果。所以，在国家户籍制度短期内难以取消的前提下，各级城镇政府管理机构可以不断规范就业市场，使就业逐渐与户籍身份脱钩，弱化福利制度与户籍身份的关系，逐步实现劳动者身份的平等，削弱户籍制度的实质壁垒性质，从而在一定程度上促进城镇化的快速发展。

**参考文献**

[1] 胡斌：《农村劳动力流动动机及其决策行为——兼析外出与不外出打工劳动力收入逆差的形成》，《经济研究》1996年第9期。

[2] 庾德昌：《农民贫富探源：农户经济性行为分析》，中国财政经济出版社，1996。

[3] 杜鹰、白南生：《走出乡村——中国农村劳动力流动实证研究》，经济科学出版社，1997。

[4] 程名望、史清华：《经济增长、产业结构与农村劳动力转移：中国案例与解释（1978~2004）》，《经济学家》2007年第5期。

[5] 刘盛和、蒋芳、张擎：《我国城市化发展的区域差异及协调发展对策》，《人口研究》2007年第3期。

[6] 欧阳峣、张杰飞：《发展中大国农村剩余劳动力转移动因——一个理论模型及来自中国的经验证据》，《中国农村经济》2010年第9期。

[7] 黄国华：《成本与市场双重约束下农村劳动力转移影响因素研究》，《中国农村观察》2010年第1期。

[8] 陈吉元、彭建强、周文斌：《21世纪中国农业与农村经济》，河南人民出版社，2000。

[9] 张佑林：《二元经济结构下的农村剩余劳动力流动探析》，《农业经济问题》2004年第12期。

[10] 程名望、史清华、徐剑侠：《我国农村劳动力转移动因与障碍的一种解释》，《经济研究》2006年第4期。

[11] 祁新华、朱宇、周燕萍：《乡村劳动力迁移的"双拉力"模型及其就地城镇化效应——基于中国东南沿海三个地区的实证研究》，《地理科学》2012年第1期。

[12] 李勋来、李国平：《经济增长中的农村富余劳动力转移效应研究》，《经济科学》2005年第3期。

[13] 盛来运：《中国农村劳动力外出的影响因素分析》，《中国农村观察》2007年第3期。

[14] 孙文凯、白重恩、谢沛初：《户籍制度改革对中国农村劳动力流动的影响》，《经济研究》2011年第1期。

[15] 樊纲、王小鲁、朱恒鹏：《中国市场化指数——各地区市场化相对进程2011年报告》，经济科学出版社，2011。

[16] 国家统计局：《2013年末中国城镇人口占总人口比重升至53.73%》，2014年1月20日，http://www.stats.gov.cn/。

[17] 蒲实：《底特律的死与生：城市收缩的样本》，《三联生活周刊》2013年第51期。

[18] Lewis, W. Arthur, "Economic Development with Unlimited Supplies of Labor", *Manchester School of Economic and Social Studies* (22) 1954.

[19] Fei, John, C. H. and Gustav Rannis, *Development of the Labor Surplus Economy: Theory and Policy*, 1964.

[20] Jorgenson, D. W., "The Development of a Dual Economy", *Economic Journal* (6) 1961.

[21] Todaro, P. Michael, "A Model of Labour Migration and Urban Unemployment in Less Developed Countries", *The American Economics Review* (1) 1969.

# 浙江推进统筹城乡发展的改革实践与成效

闻海燕[*]

**摘　要**：浙江省委、省政府从浙江已全面进入以工促农、以城带乡发展新阶段的实际出发，以大力推进城乡一体化的体制机制创新为重点，实施统筹城乡发展方略。全省总体进入了"城乡融合发展"的新阶段，农业现代化水平和统筹城乡发展水平保持全国领先。文章总结了浙江推进统筹城乡发展的改革举措与成效。

**关键词**：统筹城乡　浙江　改革

自 2002 年浙江省委、省政府从浙江已全面进入以工促农、以城带乡发展新阶段的实际出发，把大力实施统筹城乡发展方略、推进新农村建设作为重大战略任务来抓，先后制定了《统筹城乡发展推进城乡一体化纲要》和《关于全面推进社会主义新农村建设的决定》，出台了一系列统筹城乡兴"三农"的政策，创造性地开展了城乡统筹的实践与探索，浙江城乡统筹由此从"基层自发"进入"党政自觉"阶段。历届政府按照统筹城乡发展的要求，坚持把"三农"工作作为重中之重，大力推进理念创新、政策创新、制度创新和工作创新，基本形成了强农惠农富农的政策体系，初步建立了城乡一体化的制度框架，全省总体进入了"城乡融合发展"的新阶段，农业现代化水平和统筹城乡发展水平保持全国领先。

浙江以大力推进城乡一体化的体制机制创新为重点，着力推进统筹城乡发展的各项改革。

---

[*] 闻海燕，浙江省社会科学院区域经济研究所。

## 一 从在全国率先推进农村税费改革到农村综合改革

### （一）在全国率先推进农村税费改革

早在2001年，浙江省就停征了25个欠发达县的农业特产税。2002年7月，中共浙江省委、浙江省人民政府下发了《关于全面进行农村税费改革的通知》，提出用两年时间在全省范围内全面完成以"减调改稳、合理负担、转移支付、配套进行"为主要内容的农村税费改革。税费改革的内容是全面停征农业特产税，并对361个欠发达乡镇停征农业税；同时实行"三取消"政策，即取消乡统筹等面向农民征收的政府性收费和集资，取消屠宰税，取消农村劳动积累工和义务工，按村民认可的办法向全体村民合理收取一定的资金形成村内公益事业开支。2005年宣布全面停征农业税，使这项延续了几千年专门面向农民征收的税种退出了历史舞台。农民负担逐年削减，人均负担从2001年的92元下降到2004年的14元。接下来几年，浙江省又在全国率先建立对涉农收费部门进行农民负担专项考核的制度，在全省范围内建立农民负担监测网络，使农民负担呈现持续减轻的好势头（顾益康等，2009）。

### （二）全面推进农村综合改革

2005年1月，浙江省人民政府发出了《关于进一步做好深化农村税费改革工作的通知》（以下简称《通知》），在部署全面免征农业税工作的同时，对各项配套改革做出部署，以巩固农村税费改革成果。《通知》提出继续推进乡镇机构改革，进一步精简机制，防止农民负担反弹等。这实际上已经涵盖了农村综合改革"三改革、一化解、一建立"的内容。各级政府按照浙江省委、省政府的要求，建立健全面向城乡的公共财政体制，逐步加大对乡镇政府的转移支付，健全义务教育经费保障机制，提高基层组织的公共服务能力。2005年6月，浙江省选择区域经济各具一定代表性的绍兴、嘉善、北仑、开化四县（区）开展农村综合改革试点。到2005年底，试点工作顺利进行，取得了初步成效，基本建立了基层组织新的运行机制，农民负担反弹的根源逐步得以消除，事实上已走出了"黄宗羲定律"的怪圈。从此，农村综合改革在全省铺开。

## 二 整体推进城乡配套改革，着力形成统筹城乡发展的新机制

根据浙江省微观经济体制比较完善和经济社会发展阶段相对领先的优势，浙江省按照习近平同志提出的统筹城乡发展的要求，深化征地、户籍等城乡配套改革，给农民平等的发展机会。逐步扩大公共财政在农村的覆盖面，加大财政转移支付的力度，增加对农村的公共产品供给和农村公共服务。以增加农民收入、提高农民生活质量和维护农民权益、增进农民利益为核心，不断深化城乡二元体制改革，建立健全以工促农、以城带乡的机制。

### （一）深化强县扩权改革

浙江省委、省政府按照"能放就放"的原则，多次向县级放权。在1992年、1997年、2002年曾三次向强县扩权。特别是，2002年省里把313项属于地级市的经济管理权限下放给20个县（市、区），涵盖计划、经贸、外经贸、国土资源、交通、建设等12个大类，切实增强了县域经济发展活力。"十一五"时期，第五轮扩权强县、强镇扩权改革全面启动实施。2008年5月，省委、省政府确定在杭州开展综合配套改革试点，在嘉兴、义乌开展统筹城乡发展综合配套改革试点。在管理体制上，从扩权强县的改革向放权强镇的改革深化，特别是通过以"中心镇培育"为重点的放权强镇改革，尝试将城乡统筹的节点从县城进一步前移到乡镇，以此强化乡镇政府的社会管理和公共服务职能，逐步建立起精干高效的农村基层行政管理体制。

### （二）深化农村产权制度改革

2001年9月，中共浙江省委办公厅、浙江省人民政府办公厅下发了《关于积极有序推进农村土地经营权流转的通知》，坚持"条件、自愿、依法、规范、引导、管理"的基本原则，可以采取转包、反租倒包、股份合作、租赁等多种形式积极鼓励、有序推进农村土地经营权流转。各地土地流转和规模经营稳步推进。到2013年，已建立土地股份合作社4000多家，土地流转面积累计达57.67万公顷，占家庭承包耕地总面积的45.0%，流

转率达到 44.5%，高出全国 23 个百分点①。

2012 年，根据中共浙江省委、浙江省人民政府《关于深入推进统筹城乡综合配套改革积极开展农村改革试验的若干意见》，按照"面上改革创新"和"点上改革试验"的要求，全面深入推进统筹城乡综合配套改革，扎实开展农村改革试验，农村土地制度创新有序推进。耕地保护补偿试点范围扩大至每市的 1 个国家级或省级基本农田保护示范区。有序推进农村宅基地跨社置换、有偿退出、有偿使用机制等方面的探索实践，积极开展农村宅基地使用权和房屋所有权确权登记发证工作。宅基地跨社置换、有偿退出和有偿使用试点稳妥开展。2014 年，浙江启动实施"三权到人（户）、权跟人（户）走、带权进城"改革试点。部分县市已全面完成"三权到人（户）"工作，个别县已实现三个 100% 确权，通过组建村土地股份合作社，将农村土地所有权、承包权、经营权"三权分置"。按照"一户一宅、建新拆旧"原则，对农村宅基地和农房进行分类处理，对于超出面积采用"虚线划定"等方式提高发证率，让所有宅基地 100% 确权。将村级集体经营性资产量化到人，村级经济合作社完成股份合作制改革。温州市率先全面推进农房所有权、林地使用权等 12 类农村产权交易改革，允许持有集体土地使用证和房产证的农村房产在本市金融机构抵押，以及在本市农业户籍人口之间转让。

### （三）全面推进农村金融体制创新

针对农民贷款难长期得不到解决的问题，借鉴发达国家发展农村合作金融的经验，浙江省自 2003 年启动新一轮农村金融体制改革，构建了一个既符合市场经济规律，又适应"三农"发展特点的农村金融合作新体制。新型农村金融组织数量增加、规模扩大、覆盖扩面。2013 年，全省已有小贷公司 314 家、农村商业银行 19 家、村镇银行 64 家；已有 541 家融资性担保机构，亿元以上担保机构上升到 117 家。农房抵押贷款余额达到 108 亿元。"丰收小额贷款卡"和"丰收创业卡"分别发放 149 万张、2.3 万张。启动实施"便农支付工程"、农信社"金融普惠工程"，基本消除金融空白乡镇②。丽水市作为中国人民银行批准的全国唯一的农村金融改革试点，紧

---

① 资料来源：浙江省农业厅。
② 资料来源：浙江统计信息网（http://www.zj.stats.gov.cn）。

紧围绕解决"三农"需求大、融资难，城乡差距大、普惠难的"两大两难"问题，全面深化农村金融改革创新。通过创新农村信用体系建设、建立小额取款便民服务体系、"政银保"助农贷款体系、"三权"抵押融资体系，率先构建了完整的农村产权融资框架体系，全面激活农民的"沉睡"资产，实现了农民基本产权全部可抵押融资，在推动农民财产资本化的实践中取得了先行经验，同时为实现农村金融服务均等化提供了良好的范式。

### （四）不断深化土地征用制度改革，建立安置失地农民长效机制

针对城市化加速推进中征地矛盾日益突出的问题，浙江省在现行土地制度框架下，以加强土地征用监管和保障农民土地权益为主要内容，对农用土地征用制度进行了一定程度的改革。2002年12月，浙江省政府印发了《关于加强和改进土地征用工作的通知》，对征地制度改革提出明确意见。

第一，浙江省建立土地征用补偿"区片综合价"制度，提高征地补偿标准。一是提高耕地征用补偿标准。浙江省政府根据《浙江省实施〈中华人民共和国土地管理办法〉办法》规定和效益农业发展、农民增收的实际情况，提高了征用耕地年产值标准，并要求随着经济发展进行适时调整。二是建立城镇规划区内征用土地的"区片综合价"制度。规定城镇建设征用农村集体土地由市、县政府根据不同地段、地类、人均耕地和经济发展水平等情况，划分区片，进行评估，在充分听取有关方面特别是农民意见的基础上统一制定分片的"征地综合补偿标准"，并根据经济社会发展等情况做必要的调整。三是明确征地补偿费用支付时间。浙江省政府规定，征地补偿费没足额到位之前，被征地农村集体经济组织可以拒绝交地。这一制度初步建立了土地出让增值的农民共享机制，切实提高了农民土地出让价值。

第二，建立被征地农民基本生活保障制度。2003年，浙江省建立了被征地农民基本生活保障制度。保障资金来源：政府不低于30%，在土地出让金中列支，集体和农民70%，其中集体承担部分从土地补偿费中列支，个人承担部分在征地安置补助费中抵交。到2005年底，全省所有县（市、区）都建立了被征地农民基本生活保障制度，并实行"即征即保"，将180

万被征地农民纳入了不同形式的社会保障（邵峰，2006）。

第三，采取多种措施，拓宽被征地农民就业途径。一是对被征地农民实施素质培训制度。采取免费培训形式促进被征地农民就业。二是建立留地安置制度。即将10%左右的被征用土地留给被征用村集体经济组织和农民，在统一规划下，由农民自建自用或由村集体经济组织开展物业经营，发展第二、第三产业。给予免收土地出让收入和配套费用等政策。三是允许入股参与开发建设。允许农村集体组织采用土地入股等形式，参与营利性水电、交通等项目的开发建设，鼓励企业以合股形式与农村集体经济组织合作，使农民获取长期稳定的收益。

### （五）首创政策性农业保险的共保经营模式

针对农业种养大户投入增多、风险增大的趋势，浙江省首创政策性农业保险的共保体经营模式。从2006年开始到2013年运行7年来，浙江省农业农房险累计为5657.4万户提供10193.8亿元的风险保障，累计有33.7万户受灾农户得到11.12亿元赔款。农户自缴保费不断下降，保障程度不断提高。以水稻为例，2006年农户自负保费比例为50%，2013年自负比例仅为7%，每亩只需交3.15元，受灾最高能获得600元赔偿。参保品种逐年扩大，已开办了30余个农业保险品种，参保农户从试点初期的1.38万户发展到211万户，保险保障资金从5.1亿元提高到2013年的319亿元。政策性农业保险大户参保率达71%，农房险参保率达98%；渔业互保平稳运行。农业抗风险能力显著增强，较好地解决了"多年致富，一灾致贫"的问题，同时也促进了农业产业结构调整，促进了农业专业化、集约化发展①。

### （六）以公共服务均等化为抓手，促进城乡社会均衡发展

率先制订《浙江省基本公共服务体系"十二五"规划》，统筹推进城乡生活、发展、环境和安全四大基本服务，积极推广教育集团化办学模式，深入推进医疗资源"双下沉、两提升"，教育、卫生资源城乡配置更加均衡高效。深化城乡基本公共服务均等化体制改革，率先完成城镇居民医疗保险和新农合制度并轨，推进城乡居民社会养老保险制度与老农保、

---

① 资料来源：浙江统计信息网（http://www.zj.stats.gov.cn）。

职工基本养老保险、被征地农民基本生活保障等社会保障制度之间的衔接转换，促进覆盖城乡的社会保险、救助和福利体系加快形成，社保待遇水平进一步提高。"十二五"时期，城乡居民领取养老金年均增速、最低生活保障水平年均增速均在10%以上，全省医保参保率稳定在97%以上。

### （七）以美丽乡村建设为载体，促进城乡环境整体优化

2010年，"美丽乡村建设行动计划（2011~2015）"在浙江展开。该计划明确提出了建设美丽乡村要围绕规划科学布局美、村容整洁环境美、创业增收生活美、乡风文明身心美的"四美"总体要求，推进农村生态人居、生态环境、生态经济、生态文化的"四个体系"建设。其出发点是促进农村地区人与自然的和谐相处、提升农民生活品质，目的是形成有利于农村生态环境保护和可持续发展的农村产业结构、农民生产方式和农村消费方式。"美丽乡村"是在村庄整治"千万工程"基础上提出的新目标，可以说是"千万工程"的提升发展，是"千万工程"的升级。为推进美丽乡村建设，2013年全省各级共投入建设资金93.5亿元，其中各级财政61.5亿元、村集体19.8亿元、农民投工89.5万工。

"十二五"时期以来，全省全面实施美丽乡村建设5年行动计划，推进人居建设、环境提升、经济推进、文化培育四大行动，取得显著成效。有序实施以农村危旧房改造为重点的人居建设，解决50余万户农民建房用地，完成农村困难家庭危房改造逾5万户。深入推进以"三改一拆""四边三化"为重点的环境整治，完成环境整治村2.7万个，村庄整治率达到94%，推出美丽乡村创建先进县35个。积极发展以农家乐为特色的乡村经济，全省累计发展农家乐旅游点近3000个，建成特色精品村落300多个，农家乐从业人员逾10万人，2014年直接营业收入近100亿元。扎实推进以文化惠民工程为抓手的文化培育，加快农村文化礼堂建设，加大送戏下乡力度，加强历史名镇名村保护，助力乡村历史文明、传统文化及特色人文风情薪火传递。

### （八）以小城市和特色小镇建设为推动，促进城乡要素集聚创新

基于对浙江城乡要素高密度均质化分布格局下，乡镇经济实力强劲、基础设施完善、区位条件优越、集聚能力较强的科学判断，省委、省政府

做出小城市培育战略决策。自 2010 年启动首批 27 个小城市培育试点以来，试点镇作为连接城乡的纽带，引领城乡统筹发展的地位与作用日趋增强。截至 2013 年，首批 27 个试点镇，以占全省建制镇 4.3% 的数量，集聚了全省建制镇 10.3% 的人口、13.1% 的财政总收入、13.3% 的农村经济总收入，助推乡村地区要素集聚集约和高效配置。第二批小城市试点已于 2014 年启动实施，新增 16 个试点镇（重点生态功能区县城），带动作用更加凸显。2015 年初，省委、省政府提出规划建设一批特色小镇的战略部署，致力于培育具有产业竞争力、历史文化吸引力、生态休闲承载力的平台载体，有利于发挥乡村特色优势，通过创业创新，全面增强乡村经济社会转型升级新动力。

"十三五"时期浙江省深入推进统筹城乡发展的总体思路是，落实"四个全面"战略布局，以"八八战略"为总纲，贯彻以人为本、全面协调可持续的科学发展观，积极把握建设"两富""两美"浙江以及推进新型城市化的有关要求，着力统筹建设、统筹制度、统筹经济，促进城乡健康融合发展，努力把浙江建设成为全国新型城市化先行区、全国农业现代化示范区、全国城乡体制创新样板区，实现城市与乡村的特色化、一体化发展，力争使浙江成为全国城乡一体化发展水平最高的省份，为率先全面建成更高水平的小康社会提供坚实支撑。

## 参考文献

[1] 中共浙江省委：《关于积极有序推进农村土地经营权流转的通知》（浙委办〔2001〕53 号）。

[2] 浙江省人民政府：《关于进一步做好深化农村税费改革工作的通知》（浙政发〔2005〕7 号）。

[3] 中共浙江省委：《统筹城乡发展推进城乡一体化纲要》（浙委〔2006〕28 号）。

[4] 中共浙江省委：《关于全面推进社会主义新农村建设的决定》（浙委〔2006〕28 号）。

[5] 顾益康、邵峰等：《农民创世纪》，浙江大学出版社，2009。

[6] 邵峰：《均衡浙江——统筹城乡发展新举措》，浙江人民出版社，2006。

[7] 中共浙江省委：《关于深入推进统筹城乡综合配套改革积极开展农村改革试验的若干意见》（浙委〔2012〕90 号）。

# 普惠型市民化与落户型市民化：
# 兼论居住证制度的完善

王春蕊[*]

**摘　要**：居住证管理制度作为户籍制度改革的一项"过渡性"工具，通过"累积赋权"配置社会福利资源，为有条件、有能力的农业转移人口定居并落户城市开辟了通道。本文通过分析上海"居住证积分+条件转户"的管理模式和广州"保基本+积分入户"管理模式，发现大城市的积分指标体系和积分标准仍具有"人才"偏好，普惠性赋权范围还相对"保守"，单个城市过度重视积分指标"时间连续性"与缺少"跨区域指标赋权转移"衔接机制的矛盾，将会导致农业转移人口流动的区域固化。应顺应普惠型市民化和落户型市民化趋势，不断完善积分赋权指标体系，通过建立积分指标可替代机制、动态性公共服务配置机制和跨区域指标赋权转移衔接机制，让进城农民更好地享有城市社会福利资源。

**关键词**：普惠型市民化　落户型市民化　居住证制度　功能定位

　　中央城镇化工作会议提出，"要以人为本，把促进有能力在城镇稳定就业和生活的常住人口有序实现市民化作为首要任务。"2014年《政府工作报告》中强调，新型城镇化要解决好三个"一亿人"问题。其中，促进一亿农业转移人口落户城镇成为重要内容。深化以户籍为核心的制度及相关配套制度改革，创新赋权模式，让更多有条件和能力的进城农民定居并落户城市，已成为加快新型城镇化进程的必然趋势。

---

[*] 王春蕊，河北省社会科学院农村经济研究所。

## 一 户籍属地福利下农业转移人口市民化路径

人口作为城乡之间最活跃的要素,其迁移流动对构建新型城乡关系意义重大。受历史和现实因素的制约,我国城乡之间、区域之间、城市之间发展不平衡,形成了资源要素空间配置的差序化格局,不同类型城市产生的层级磁力,对农业转移人口产生不同强度的吸引力。大城市产业基础好,经济发达,社会福利高,为了提升自身竞争力,更愿意引入高端人才,而不是作为普通劳动者的农民工,农民工很难通过"转户"享有市民化待遇,而处于"居而未转"的状态。中小城市和小城镇产业基础相对薄弱,城乡社会福利差距较小,对农民工的吸引力不强,进城农民更倾向于长期就业和定居城市而不转户,处于"居而不转"状态。还有一部分群体仅在农闲时间临时到城市务工,是长期往返于城乡之间"两栖"流动人口。在城市经济吸引力、制度排斥力以及农村核心权益吸引力的多重作用下,尤其是随着农村土地预期收益增值的普遍高涨,农业转移人口在定居城市过程中面临着"转户"和"不转户"两种选择。与之相对应,农业转移人口市民化进程中将会形成两种路径:"转户式"市民化和"常住式"市民化。在以人为本的新型城镇化理念指导下,应进一步创新体制机制,让更多长期就业定居城市的农民工落户城市,仍需要以户籍为核心的制度改革及其配套制度改革的联动,通过制度改革的利益导向促使有条件、有能力的农业转移人口彻底融入城市,提高城镇化质量。

中国户籍制度不仅是人口管理制度,也是利益分配制度。户籍改革的最终目标是使其回归到基本的人口信息登记功能,实现公民自由迁徙和公民身份以及基本福利的平等化(彭希哲等,2014)。为顺应新形势,合理分配公共资源,让进城农民享有均等化公共服务,我国新一轮户籍制度改革提出,要建立城乡统一的户口登记制度,实行差别化落户政策,作为临时性人口登记管理的暂住证制度将退出历史舞台,兼具人口管理和公共服务资源配置功能的居住证制度应运而生。居住证的主要思想是通过"累积赋权",分层、分步配置城市社会资源,让留城时间长、融入能力强的进城农民享有更多的城市公共服务资源,逐步淡化户籍制度属地福利功能。可以说,居住证制度是消除外来农民工不能享有与城市户籍从业人员或人才类居住证获得者同等机会和待遇的排斥性体制（顾海英等，2011），近几年来，这项制度已在上海、深圳、成都、广州、郑州、南宁、长沙、武汉等城市实施，目前正在全国范围内普遍铺开，各地将建制探索的重点聚焦农民工群体，注重人口信息登记、管理与服务供给相结合（王阳，2014）。然而，由于城市之间的经济发展水平、流入人口规模和承载能力各不相同，各地在居住证赋权条件和标准设定上存在差别。一些中等城市为了发展经济、吸引资金和人才，出台了地方性政策，不同程度地降低了户口的迁入门槛。一些特大城市为了调控人口流动，虽然也把没有正规就业和低收入群体纳入了居住管理范围，但制度改革目标仍重视人才，忽视了作为外来人口主体的农民工（谢宝富，2014）。这种制度导向将会导致城市新二元结构的生成，加剧城市内部社会阶层分化和贫富差距的扩大。

户籍制度改革需要覆盖多层群体和设定多重目标。如何适应新型城镇化趋势，科学设定农业转移人口市民待遇的赋权门槛和条件，让进城农民能够在城市长久定居、落户，提高他们的生活质量，仍需要进一步深入探讨。在现有研究的基础上，本文对比分析当前我国一些大城市居住证制度的申领条件、积分标准和赋权范围，以及存在的问题，提出相关对策建议，为进一步完善居住证制度提供理论参考。

## 二　国内不同类型居住证管理模式分析

从当前来看，国内大、中、小城市纷纷出台了居住证管理制度以及相应的"积分入户"管理办法，通过阶梯式赋权和人口调控，使有意愿和有能力的农业转移人口落户城市。由于户口的"含金量"不同，特大城市居住证的积分赋权条件和门槛仍然较高，较为典型的是上海的"居住证积分+条件转户"模式和广州的"保基本+积分落户"模式。

### （一）上海市"居住证积分+条件转户"管理模式

**1. 申领条件**

上海市居住证管理制度，通过对本市合法稳定居住和合法稳定就业的持证人进行积分，将其个人情况和实际贡献转化为相应的分值，并为取得相应分值的外来人口提供相应的公共服务待遇。从政策规定看，上海市申领居住证需满足两个基本条件：在本市合法稳定居住；在本市合法稳定就业，参加本市职工社会保险满6个月，或者因投靠具有本市户籍亲属、就读、进修等需要在本市居住6个月以上。只要满足基本条件，外来人员便可申领居住证。

**2. 积分标准和福利配置**

上海市居住证积分制度是通过设置包括加分指标、减分指标、一票否决指标的积分指标体系，按照持证人的年龄、学历、就业等基本情况，设定不同的积分标准，持证人根据积分情况享有相应的公共服务。积分标准如表1所示。

根据2013年7月1日起实施的《上海市居住证管理办法》规定，上海市居住证除了具有人口信息登记管理功能外，积分达到标准分值的持证人，可享受的待遇包括子女义务教育、社会保险、证照办理、住房、基本公共卫生、计划生育、资格评定及考试和鉴定等公共服务。

子女教育方面，达到标准分值的持证人可以为其同住子女申请在本市接受义务教育，由居住地的区（县）教育行政部门按照本市有关规定安排就读；在本市参加全日制普通中等职业学校自主招生考试、全日制高等职业学校自主招生考试；在本市参加高中阶段学校招生考试、普通高等学校招生考试。社会保险方面，持证人按照国家和本市有关规定参加本市社会保险的，享受相关待遇；其配偶和同住子女可以按照本市有关规定参加本市社会保险，享受相关待遇。证照办理方面，持证人可以按照国家和本市有关规定，在本市申领机动车驾驶证、办理机动车注册登记手续，申请办理普通护照、往来港澳通行证、往来台湾通行证及各类签注。住房方面，持证人可以按照本市有关规定，申请本市公共租赁住房，在本市缴存和使用住房公积金。基本公共卫生方面，持证人的同住子女可以按照国家和本市有关规定，在本市享受国家免疫规划项目的预防接种等基本公共卫生服务，免费享受基本项目的计划生育技术服务。资格评定、考试和鉴定方面，持证人可以按照国家和本市有关规定，参加本市专业技术职务任职资格评定或者考试、职业（执业）资格考试、职业（执业）资格注册登记，参加各类非学历教育、职业技能培训和国家职业资格鉴定，可以参加本市有关评选表彰。

表 1  上海市居住证积分标准

| | | |
|---|---|---|
| 标准分值 120 分 | 持证人年龄 | 56~60 岁,积 5 分;55~44 岁,每小 1 岁加 2 分;43 岁及以下,积 30 分 |
| | 持证人学历 | 专科,积 50 分;本科,积 60 分;本科+学士,积 90 分;硕士,积 100 分;博士,积 110 分 |
| | 专业职称和技术等级 | 五级,积 15 分;四级,积 30 分;三级,积 60 分;二级或中级,积 100 分;一级,积 140 分 |
| | 社保积分 | 3 分/年 |
| 加分项 | 紧缺专业积分 | 30 分(紧缺专业名录内) |
| | 投资创业积分 | 最高 100 分(年均每纳税 10 万元或年均雇用上海籍员工 10 人,积 10 分,最高 100 分) |
| | 社保基数 | 社平的 80%~1 倍,25 分;1 倍~2 倍,积 50 分;2 倍以上,积 100 分;备注:连续 3 年缴纳 |
| | 特定公共服务领域 | 4 分/年(满 5 年后,计入总分) |
| | 远郊服务积分 | 2 分/年(满 5 年后,计入总分,最高 20 分) |
| | 全日制应届高校生 | 10 分 |
| | 表彰 | 市部委办局专项,积 30 分;市部委办局综合,积 60 分;省部级及以上,积 110 分 |
| | 本市配偶 | 4 分/年(结婚每满 1 年积 4 分,最高分值 40 分) |
| 减分项 | 提交虚假材料 | 扣 150 分/次(3 年内) |
| | 行政拘留记录 | 扣 50 分/条(5 年内) |
| | 一般刑事犯罪记录 | 扣 150 分/条(3 年内) |
| 否决项 | 违反计生政策 | 严重刑事犯罪 |

注:按照上海市上海市政府印发《上海市居住证积分管理试行办法》的通知(沪府发〔2013〕40 号)整理。

## 3. 居住证转常住户口的条件设定

《上海居住证转常住户口试行办法实施细则》规定,持证人员申办上海市常住户口应当同时符合 5 个条件:持有《上海市居住证》满 7 年;持证期间按规定参加上海市城镇社会保险满 7 年;持证期间依法在上海缴纳所得税;在上海被聘任为中级及以上专业技术职务或者具有技师(国家二级以上职业资格证书)以上职业资格,且专业及工种对应;无违反国家及上海市计划生育政策规定行为、治安管理处罚以上违法犯罪记录及其他方面的不良行为记录。上海市对持证人员申办常住户口实行年度总量调控,符合条件的持证人员按规定排队轮候办理。超出当年调控人数总额的,依次转入下一年度办理。同时,为了鼓励有条件和有能力的持证人转为常住户口，还设定了一系列激励条件，如同等条件下，对本市经济社会发展有重大贡献，投资纳税额和雇用本市户籍人口比较多的持证人，可以优先申办常住户口。

### （二）广州市"保基本＋积分入户"管理模式

为合理控制人口规模，促进人口与经济、社会、资源、环境的协调发展，2014 年广州市积分制入户工作正式启动，以期通过实施"积分入户制"解决外来人口入户城镇的需求问题。

**1. 申领条件**

针对外来人口的流动性特点，广州居住证分为 6 个月以内的短期居住证和 6 个月至 3 年的中长期居住证。按照居住时间长短不同，申请条件有所差别。短期居住证办理手续较为简单，只需申请人持个人身份证去相关窗口办理即可，主要面对临时性外来人员，类似暂住证。办理中长期居住证，申请人需要在居住地就业、经商 6 个月以上，并提交就业登记证明、劳动合同、营业执照、纳税凭证和村（居）委会或用人单位开具的证明，经审核确定后方可领取。

**2. 居住证功能**

与上海市居住证类似，广州市居住证的功能之一是人口信息的登记管理。作为持证人在本市居住的证明，居住证可记录持证人基本情况、居住地变动情况等人口管理所需的相关信息，办理和查询个人积分，办理卫生、计划生育、社会保险等方面的个人相关事务。

由于广州市居住证分为短期和中长期两种，短期居住证主要承担流动人口信息的登记与管理功能，持证人基本享受不到本地的公共服务待遇。中长期居住证更侧重社会福利供给，广州市中长期居住证持有者可在本地依法参加社会保险，享受职业技能培训和公共就业服务，办理出入港澳地区商务签注手续，申领机动车驾驶证、办理机动车注册登记手续，接受法律服务和法律援助，实行计划生育的育龄夫妇可享受国家规定的基本项目计划生育技术服务，享受传染病防治和儿童计划免疫保健服务，参加居住地任职资格评定或考试、职业（执业）资格考试、职业（执业）资格登记，享受居住地人民政府提供的其他服务。这种"居住时间＋福利"捆绑供给模式，体现出了外来人口享有服务与贡献的对等。

### 3. 积分入户条件

积分入户是指经由广州市政府确定的积分指标体系，对申请入户人员的条件进行指标量化，并对每项指标赋予一定分值，当指标累计积分达到规定分值时，可申请入户。申请积分入户人员应同时具备以下基本条件：年龄在20~45周岁，具有初中以上学历，在本市有合法住所，持本市有效的《广东省居住证》，在本市就业或创业并缴纳社会保险满4年，符合计划生育政策，无违法犯罪记录。

广州市积分入户办法设5项积分指标，总积分为各项指标的累计得分，申请人总积分满60分可申请入户（见表2）。积分入户政策规定，申请人达到相应条件后，结合当年广州入户指标总量，按照持证人社会医疗保险、失业保险参保时间长度进行轮候入户。

表2 广州市积分入户标准

| 项目 | 积分标准 |
| --- | --- |
| 文化程度 | 本科（60分），大专或高职（40分），中技、中职或高中（20分），只取最高分，不累计加分。高中以下学历不计分 |
| 技术能力 | 中级职称（60分），高级工、事业单位工勤技术工岗位三级（40分），中级工、事业单位工勤技术工岗位四级（20分），只取最高分，不累计加分 |
| 职业资格或职业工种 | 专业技术类职业资格或职业工种符合广州市积分职业资格及职业工种目录（20分）。以广州市积分职业资格及职业工种目录为准 |
| 社会服务 | 近5年内，参加献血（每次积2分）或志愿者（义工）服务（每满50小时积2分）。以上各项1年内积分不超过2分，单项累计最高不超过10分 |
| 纳税 | 申请当年的上三个纳税年度，在广州市依法缴纳个人所得税净入库税额累计达到10万元或以上（20分） |

与之前的积分入户政策相比，新的积分入户政策不再将学历、房产等核心要件作为入户门槛，通过设定"文化程度""技术能力""职业资格或职业工种""社会服务""纳税"5项指标，扩大积分入户条件，使更多低技能、低学历的普通劳动者能够跨过"落户门槛"。与此同时，广州市将之前的"按分排名"轮候入户转变为以累计缴纳社会医疗、失业保险时间长短排序，为在广州市有稳定工作且长期居住的外来人口落户打开了畅通的渠道。

## 三 两种居住证管理模式的比较

居住证制度是户籍制度改革进一步深化的产物。通过分析上海、广州两地的居住证管理模式，可以发现，二者在管理思想上遵循着城市社会福利的普惠性原则，但在落户方面依然遵循严格的遴选机制，这种管理模式在普惠外来人口的同时，也存在一定的局限性。

### （一）赋权的"权利"范围较窄，难以满足进城农民多元化服务需求

现阶段城市社会一个较为突出的矛盾就是居民对公共服务的需求与政府供应能力之间的矛盾。尤其是对于外来人口流入较多的特大城市和大城市来说，如何平衡二者之间的关系始终是城市管理者关注的重要问题。尽管居住证管理制度的实施，能够将外来人口纳入城市公共服务保障范畴，但供给的水平和层次仍然偏低。从上海的情况看，达到标准积分的持证人，可享有参加社会保险、就业服务、办理各种证件、基本卫生服务、参评职称和奖励、住房保障，以及子女在本地接受义务教育、参加高考等权利，但具体落实政策规定并没有明确，仍需参照居住地各区（县）的具体规定执行。广州市居住证持证人虽可通过"积分入户"享有市民化待遇，但未能达到"入户"标准的持证人仅能享有就业、社会保险、基本卫生服务项目等基本公共服务待遇，住房保障、子女义务教育等重要权益并未被纳入服务范围，更多的社会福利还需"入户"之后才能享有。可见，对于没有达到标准分值的普通持证人而言，其享有的公共服务资源相对薄弱，而这部分群体往往从事级别较低的职位或者非正规就业，尽管他们在城市居住生活时间长，也会因积分不达标而享受不到相应的社会福利资源。长此以往，这种政策导向会导致外来人口享有权益的分化，造成流动人口内部阶层的分化（赵德余、彭希哲，2010）。

### （二）"累积赋权"的渐进方式，偏重"人才"和"常住"性选择

居住证制度通过阶梯式赋权扩大城市社会福利覆盖范围，符合大城市人口调控的趋势和要求，是社会福利公平性分配的逐步体现，为进城农民享有市民化的公共服务提供了政策依据。例如，上海和广州都将具有"合法稳定居住、合法稳定就业"的外来人口纳入服务管理范围，并通过各项指标累计积分，获得相应的公共服务，将城市公共服务资源覆盖到更多的非户籍人口。但从转户层面看，居住证管理更加注重持证人的实际作用和

贡献程度，外来人口实现"居转常"或"居转户"仍面临较高的制度门槛。在转户条件设定上，两个城市对持证人连续就业、缴纳社会保险的时间，以及申请人的年龄、学历及职称等级进行了明确规定，并对这些指标赋予更高的积分标准，体现出"择优遴选"的原则，低学历、低技能和年龄较大的外来人员将会被排斥在外。一定意义上讲，居住证是一种根据户籍人口总量调控目标建立起的筛选机制。作为户籍制度改革的"过渡性工具"，居住证赋权条件设定上虽然具有普惠性，但阶梯式赋权则是将覆盖范围主要聚焦在有能力、有学历、有技能的"人才"群体，具有明显的"选择性"排斥。因此，居住证制度更主要的是考虑区域经济社会发展客观需求的一种制度安排（郭秀云，2010），体现出区域人口调控的偏好性。

### （三）积分赋权的"时间连续性"，限制了农业转移人口的跨区域流动

从国家政策取向看，户籍制度改革导向是政府人口管理的职责由户籍地向居住地转变，公共服务待遇的提供依据逐渐由户籍向"合法稳定就业、合法稳定居住"转变（刘同辉等，2014）。居住证制度迎合了户籍制度改革的"普惠性"趋势，但在实际操作中，由于每个城市的发展水平不同，积分赋权的门槛和条件也各不相同。越是人口流入多的大城市，其赋权条件和落户门槛越高，虽然城市管理者主要依据外来人口的贡献和能力对其赋权，但对"就业、居住时间连续性"的若干规定，一定程度上固化了外来人口的地域流向，阻碍了流动人口的跨区域流动。比如，广州中长期居住要求外来人口连续就业、经商6个月至3年时间，且累计积分达到标准值后，在本地连续就业和缴纳社会保险4年以上才能落户。上海居住证持证人积分达到标准分值后，仍需要在本地连续就业、经商7年后，才具备转为常住户口的条件。"时间连续性"强调了持证人在务工城市具备谋生能力和立足能力，以及对城市的实际作用和贡献程度，客观上为激励有意愿、有能力的进城农民落户城市开辟了道路，但无形中也增加了他们向其他地区流动的机会成本。当前，我国居住证制度管理的统筹范围仅限于省级层面，"带权"跨省迁移流动还没有对应的衔接机制。这种强调"时间连续性"的"积分赋权"容易导致流动人口迁移就业的"区域固化"。

## 四 双重"市民化"路径下完善居住证制度的建议

居住证管理制度作为人口管理和福利供给的过渡性措施，如何适应当前农业转移人口市民化趋势，达到人口社会福利资源分配效率与公平的平衡，需要中央政府的统筹调控和地方政府的科学设计，不断完善居住证的积分体系和标准，发挥其人口流动的导向效应，更好地促进城镇化发展。

### （一）完善积分体系和标准，逐步放大城市社会福利保障范围

居住证管理制度将"柔性"赋权与"刚性"落户互为补充，为在大城市长期稳定就业居住的农业转移人口建立了公开、稳定、可及的预期，但积分指标体系和标准仍体现出"人才"偏好。应针对不同特点、不同类型的外来人口，设定多元化积分指标体系和积分标准，更好地满足农民工群体的需求。一是居住证积分指标体系应增加就业年限、居住年限等指标。这些指标能够反映进城农民的就业时间和居住时间，留城时间越长，他们的生活方式和行为市民化程度越高，越应该享有城市提供的各项基本公共服务。二是合理调整积分标准。根据外来人口的年龄、学历、就业、技术、社保、纳税、居住时间等基本情况，平衡设定各项指标的积分标准，弱化学历、职业技术等级指标的积分标准，能够让从事低端职业的广大农民工群体有机会享有城市基本公共服务资源，增强公共服务供给的普惠性，扩大公共服务覆盖面。三是建立外来人口不同条件间的积分可替代机制。居住证积分指标体系是整个居住证积分管理的核心，其设计原则是以个人"贡献"为主要衡量标准供给社会福利，对于长期务工的农民工群体，可适当考虑当地的产业发展需求、人口结构、政策衔接等相关因素，设计不同指标间的替代机制，为他们畅通公共服务资源通道，实现"积分赋权"的柔性管理。

### （二）普惠性"扩权"，放大受益群体的覆盖范围

居住证制度虽然将广大外来务工人员纳入了城市基本公共服务供给范畴，但由于城市之间的社会福利水平存在很大差距，城市在积分"赋权"

方面仍有所保留，应进一步扩大城市公共服务资源供给范围，更好地发挥城市福利的普惠性效应。一是依据梯度赋权的思路，逐步增加城市基本公共服务项目，将城市低保、医疗救助、住房保障等事关民生发展的公共服务纳入普惠性服务范畴。结合积分赋权的管理模式，依据积分情况适当划定累积分值档次，设定基本档和提升档，基本档主要针对农民工群体最为关心的就业、教育、医疗、卫生等公共服务供给，实现外来人口全覆盖；提升档按照持证人累计积分情况，提供城镇保障性住房、住房公积金、医疗救助、低保等市民化公共服务，让贡献更多的农民工群体享有更好的公共服务资源。二是对于从事低技能、低收入职业的农民工群体，应逐步增加教育、职业培训、社会救助服务，通过城市公共服务的"帮带"，增强他们在城市就业和定居的能力。三是建立外来人口公共服务配置动态调整机制。根据城市经济社会发展趋势，适时优化和提高每个梯度的公共服务待遇水平，最终形成以居住证为载体"保基本+持续赋权"的多层次赋权模式，不断扩大受惠群体的覆盖范围和保障水平，让进城农民更好地融入城市。

### （三）强化区域改革的同步性，引导农业转移人口合理流动

当前，我国区域经济水平和社会福利差距较大，在统筹合理控制人口规模与外来人口公共服务水平同时，要立足区域之间社会福利水平差异，通过构建区域联动机制，实现城市之间公共服务水平供给与需求的相对平衡，避免公共服务供给过高带来人口涌入的"虹吸效应"。一是建立城市主城区与近郊、远郊积分赋权协调性机制。对于单个城市而言，应通过积分指标体系设计，体现出主城区、近郊、远郊外来人口的积分指标条件和标准差异，以表征指标积分赋权的"区位性"，引导外来人口在城市内部的合理流动。二是建立不同城市之间积分赋权管理的联动机制。大中小城市公共服务待遇水平存在很大差距，应重点考虑城市可持续发展对人口总量和结构优化的适度控制，通过区域之间积分赋权体系的联动改革，放宽中小城市居住证积分赋权标准和条件，提高公共服务待遇水平，增加落户"含金量"，引导人口向中小城市流动；同时，在普惠性公共服务供给的基础上，严把大城市"落户关"，防止大城市"福利拉动型"的过度人口迁入，以免生成各种社会问题，保持户籍人口总量的合理增长，使政府的公共财政和公共服务能力与城市经济发展动力、人口承载力相适应。三是建

立居住证积分赋权条件跨区域转移衔接机制。积极探索地区积分指标体系的转化方式，建立体现农民工城市融入能力的就业年限、职业技能、缴纳社会保险时间等指标积分赋权的跨区域转移衔接机制，让农民工"带权"转移，促进人口区域之间的合理流动。

**参考文献**

[1] 彭希哲、万芊、黄苏萍：《积分权益制：兼顾户籍改革多重目标的普惠型制度选择》，《人口与经济》2014年第1期。

[2] 顾海英、史清华、程英、单文豪：《现阶段"新二元结构"问题缓解的制度与政策——基于上海外来农民工的调研》，《管理世界》2011年第11期。

[3] 王阳：《居住证制度地方实施现状研究——对上海、成都、郑州三市的考察与思考》，《人口研究》2014年第3期。

[4] 谢宝富：《论实行居住证积分入户应遵循的原则》，《理论与改革》2014年第5期。

[5] 赵德余、彭希哲：《居住证对外来流动人口的制度后果及激励效应——制度导入与阶层内的再分化》，《人口研究》2010年第6期。

[6] 郭秀云：《"居住证"离户籍有多远？——基于广东地区的分析兼与上海比较》，《南方人口》2010年第3期。

[7] 刘同辉、丁振文、毛大立：《上海市居住证积分指标体系研究》，《社会科学》2014年第10期。

# 京津冀协同发展背景下河北省精准扶贫路径研究

魏宣利[*]

**摘　要：** 站在京津冀协同发展的大背景下，认真梳理河北省贫困区致贫因素，遵循"精准扶贫、精准脱贫"原则，以京津冀合力助推河北省贫困地区发展，是京津冀率先全面建成小康社会的根本保障。有序推进生态资源资产化进程，通过建立区域生态补偿制度、完善区域碳汇交易市场、生态工程产业化，精准对标，有效破解生态涵养区贫困问题；不动产登记制度下，重视贫困家庭个人资产保值增值溢出效益，拓展个人资产保值增值途径，提高贫困群体自我发展的能力；做实精准扶贫大数据平台，整合扶贫资源，做实企业扶贫，确保精准定标、精准施策。

**关键词：** 京津冀　扶贫　生态资源　不动产

## 一　河北省农村反贫困历程及成效

新中国成立以来，中国政府一直致力于消除农村贫困问题。河北是农业大省、农业人口大省，在中央扶贫工作总体部署下，因地制宜开展各项扶贫工作，反贫困取得显著成效。

救济式反贫困阶段（1949~1978年）。新中国成立初期，由于贫困人口数量庞大，财政状况又较为困难，这一时期的反贫困主要采取的是救济式（输血式）策略，即依托自上而下的民政救济系统，对贫困人口

---

[*] 魏宣利，河北省社会科学院农村经济研究所。

实施生活救济。到 1978 年，河北省农村贫困人口 1570 万，占农村人口总数的 1/3。

体制改革推动反贫困阶段（1978～1986 年）。1978 年，党的十一届三中全会召开，我国推行了以家庭联产承包经营为基础、统分结合的双层经营体制，极大地解放了农村的生产力，农村贫困人口数量大幅度减少。1986 年，河北省共有贫困人口 900 万人。

开发式反贫困阶段（1986～1994 年）。以 1986 年 5 月国务院贫困地区经济开发领导小组及其办公室成立为标志，以国家级贫困县为扶贫重点，我国大规模、目标明确的扶贫开发工作全面铺开，通过安排专项资金，出台优惠政策，加大基础设施建设和特色产业培育，增强其自我发展能力，建立"造血"机制。到 1994 年，河北省贫困人口已降至 706 万人。

攻坚式反贫困阶段（1994～2000 年）：1993 年，中国政府向全世界庄严宣布：用进入新世纪之前的 7 年时间，基本解决当时中国农村 8000 万贫困人口的温饱问题，即实施著名的"八七"扶贫攻坚计划。此项计划目标明确、措施得力、投入宏大、参与广泛、效果显著。到 2001 年，河北省 327 万人未解决温饱，还有初步解决温饱但容易返贫的低收入人口 243 万人。

构建大扶贫格局、推动反贫困阶段（2000～2010 年）。2001 年 5 月，中央扶贫开发工作会议召开，指出这一时期中国农村扶贫开发工作立足"城市支持农村，工业反哺农业"的大背景开展，以尽快解决剩余贫困人口的温饱问题，巩固扶贫成果，进一步改变贫困地区经济、社会、文化落后的状况，为农村小康社会的建设创造条件。以实施《中国农村扶贫开发纲要（2001～2010 年）》为标志，河北省的扶贫开发进入了解决温饱与巩固温饱成果并重的新阶段。到 2009 年，河北省贫困人口 390 万人。

全面攻坚扶贫阶段。以《中国农村扶贫开发纲要（2011～2020 年）》的颁布为标志，反贫困进入全面攻坚阶段。2011～2015 年，扶贫工作从转变经济发展方式、增强扶贫对象自我发展能力、推动基本公共服务均等化等多方介入，加快推动贫困地区经济社会更好、更快发展。河北省 2011 年～2014 年平均每年减贫 100 万人左右，三年累计减少 395 万贫困人口。2014 年底，全省有 10 个重点县脱贫出列，100 万农村贫困人口实现稳定脱贫。截至 2014 年底，河北省还有 62 个贫困县、7366 个贫困村、485.5 万贫困人口，主要集中在燕山—太行山片区、黑龙港流域和环首都地区。2015年10月23日，中央政治局会议提出："把精准扶贫、精准脱贫作为基本方略，坚持扶贫开发和经济社会发展相互促进，坚持精准帮扶和集中连片特殊困难地区开发紧密结合。"2015年10月26日，十八届五中全会提出了全面建成小康社会新的目标要求，指出"到2020年我国现行标准下农村贫困人口实现脱贫，贫困县全部摘帽，解决区域性整体贫困"。这标志着打好新一轮扶贫开发攻坚战，确保全国人民共同实现全面小康已成为全党全民共识，河北省扶贫工作进入全面攻坚阶段。

## 二 当前河北省贫困现状及扶贫攻坚面临的问题

到2020年解决河北区域贫困问题，全面建成小康社会，还存在如下问题。

### （一）贫困地区与生态涵养区高度契合，产业扶贫受限

一方面，河北省燕山—太行山贫困片区与京津冀生态涵养区高度契合。受生态区功能制约，在产业选择中，多数带动能力强、就业岗位多的行业发展受限。而可以发展的生态产业，又由于培植难、发展投入大，而进展缓慢，直接影响生态涵养区贫困地区脱贫。二是部分生态涵养区也是生态脆弱区。区内土地贫瘠、自然灾害频发，自然经济特征显著，不适度开发容易引起生态退化。

### （二）贫困地区自我发展能力弱，反贫困缺乏中坚力量

一是贫困地区农村青壮劳动力净外流。一段时期以来，贫困地区将劳务输出作为缓解贫困的重要手段。尽管劳动力的转移给众多贫困家庭带来了可观的收入，也在一定程度上缓解了其贫困状况，但随着单向、长期的外流，贫困地区村落的空心化和村民的原子化凸显，丧失了反贫困攻坚中的生力军，仅靠外源动力的推动，贫困地区农村发展举步维艰。二是职业教育脱离农村发展。当前农村教育，尤其是职业教育，无论是在课程设置上还是在教学内容上都脱离了农村发展，导致新型农民缺失，适应不了现代农业发展需求，产业扶贫缺乏人力支撑。

### (三) 社会参与不足，扶贫政策设计有待完善

当前减贫举措分为两大部分：一是开发性扶贫，通过提升贫困人口的谋生能力来减少贫困；二是通过财政的转移支付，包括建立健全社会的保障体系等方式来减贫。长期以来，政府在扶贫进程中承担着主体责任，在政策设计过程中，缺乏对社会力量参与扶贫的足够认识，未能充分考虑如何利用市场和私营部门以及社会力量的作用来更有效地实现减缓贫困。在精准扶贫政策设计中，需要有效引导社会力量参与扶贫，矫正市场行为和解决政府再分配不足等问题。

### (四) 农民生产生活保障体系不完善，扶贫成效待巩固

从20世纪80年代中期开始实施的以区域经济发展为导向的开发式扶贫战略，其核心是依托经济增长来缓解贫困，让经济增长的丰硕成果带动贫困地区脱贫。这一扶贫开发战略在早期取得了巨大的成功，但随着社会的进步、经济的发展，以效率为导向的开发式扶贫存在的社会经济条件已发生了根本性转变。一方面，剩余贫困人口受自身条件限制难以从普惠式区域扶贫中受益，而农村土地的直接经济收益低、财产性收入严重不足，其社会保障功能持续下降。另一方面，农村社会保障体系不健全，农业保险制度覆盖面窄，贫困地区农民利用财政扶贫资金发展起养殖业、种植业后，在面临"读书""看病""遇灾"等诸多问题时选择放弃。这也是扶贫成果不稳定，因病返贫、因灾返贫一个重要的原因。

## 三 当前农村精准扶贫工作需要重点关注的几个问题

当前，我国扶贫开发已经从以解决温饱为主要任务的阶段转入巩固温饱成果、改善生态环境、提高发展能力、缩小差距、全面实现小康社会的新阶段。

### (一) 要按照建设美丽乡村的要求，推进贫困地区农村全面发展

贫困地区农村是社会主义农村大家庭的一员，未来扶贫工作应按照

"环境美、产业美、精神美、生态美"的要求，推动贫困地区从以物质脱贫为主体的方式向物质、精神、文化等全方位的脱贫方式转移。只有通过全方位的发展，才能充分调动贫困地区农民自建家园、自力更生的积极性和主动性，也只有这样才能巩固脱贫成效。

### （二）贫困地区扶贫开发必须以生态文明为统领，走可持续发展道路

贫困地区是扶贫攻坚的主战场，更是生态文明建设的潜力区。要将生态文明建设与精准扶贫结合好，利用好乡村资源，合理调配人力、物力，大力发展乡村旅游业、高效生态农业、民俗手工业等生态型产业，让扶贫工作在"望得见山，看得见水，记得住乡愁"中得到落实。

### （三）要注意扶贫政策的整合

在北京举行的减贫与发展高层论坛上，习近平总书记在主旨演讲中指出，"发挥中国制度优势，构建了政府、社会、市场协同推进的大扶贫格局，形成了跨地区、跨部门、跨单位、全社会共同参与的多元主体的社会扶贫体系"。当前，扶贫攻坚已成为全党全民共识，部门主导的专项扶贫不断推出，"产业扶贫""金融扶贫""教育扶贫""旅游扶贫""电商扶贫""光伏扶贫"等扶贫政策不断涌现，呈现出多元化、多领域、多层次的扶贫格局。"千条线、一根针"要想实现精准对标、精准扶贫、精准脱贫，必须加大扶贫政策的整合力度，搭建扶贫政策整合平台，重组、优化各级各类扶贫政策。

### （四）要注意发挥京津冀协同发展优势

在京津冀协同发展的大背景下，河北的贫困问题已成为影响京津冀协同发展目标实现极为关键的一环。《京津冀协同发展规划纲要》明确提出"扶持贫困地区发展"的战略部署，指出要加大政策支持。因此，解决河北的贫困问题必须站在京津冀协同发展全局和战略高度，精准对接中央及京津支持政策，在贫困地区生产生活基础设施配套、农村生态环境整治、农村生态产业培植等方面实现突破，破除贫困地区发展障碍。

## 四 精准扶贫框架下扶贫政策的优化路径

### （一）先行先试，推进京津冀生态涵养区生态资源环境的资产化进程

贫困地区生态环境是创造财富的要素之一。只有通过实现生态涵养区生态资源存量转变为资本增量，才能形成生态资源保护、经济建设、社会发展的多赢。党的十八届三中全会指出"要处理好政府和市场的关系，使市场在资源配置中起决定性作用和更好发挥政府作用"。生态涵养区与贫困叠加地区发挥市场在生态资源配置中的作用，推动生态富民的反贫困工作是一个有益的探索。

**1. 率先出台京津冀区域生态补偿条例，建立生态补偿式扶贫长效机制**

长期以来，京津冀区域的"谁开发谁保护，谁受益谁补偿"的利益调节格局没有真正形成，区域生态补偿长效机制尚未建立，存在补偿范围偏窄、补偿标准偏低、补偿资金来源和方式单一等问题，不仅影响保护者的积极性，更严重的是制约了生态供给区的良性发展。其根本原因是我国还没有生态补偿的专门立法，现有涉及生态补偿的法律规定分散在多部法律之中，缺乏系统性和可操作性。京津冀协同发展已经成为重要的国家战略，京津冀生态建设的紧迫性与环京津贫困带的现实存在性决定了解决京津冀生态涵养区贫困问题需要从法律层面实施突破。要发挥先导示范作用，建立京津冀区域内可操作性强的生态补偿法规体系，按照"谁保护，谁获偿""谁受益，谁补偿"的原则，构建区域一体化的生态补偿制度，从法律上明确各生态主体的权利和义务、生态补偿范围、生态补偿标准、生态补偿金使用范围等。

**2. 完善京津冀跨区域碳排放交易市场，填补市场化生态补偿空缺**

尽管2014年12月北京市发改委、河北省发改委、承德市政府率先启动了全国首个跨区域碳排放权交易市场建设，通过京冀碳汇拥有量的差异，建立京冀区域碳汇交易机制，使生态服务从无偿走向有偿，激活了市场化的资源向资本的转化路径，这在一定程度上弥补了生态涵养贫困区发展资金不足的问题，但同时也可以看出，目前北京市域内的碳汇交易（50元/吨）与京冀间碳汇交易（38元/吨）定价尚存在差异，天津加入意愿

不强。三地碳交易市场在配额、标准等多方面都存在较大差别，这在一定程度上给跨区域碳交易的实现带来多重障碍，基础数据的缺失也使得碳交易市场的跨区域合作困难重重。要立足京津冀三地实际，加快推进京津冀区域碳交易体系建设。一是尽快出台跨区域碳交易的行政法规，为京津冀碳交易的实施提供法律保障；二是建立域内一体化的各行业碳排放核算体系，全面推动京津冀三地排放核算、核查、配额核定，逐步建立一体化总量控制条件下的碳交易平台。三是借鉴浙江临安经验，加快推动京津冀农户森林经营碳汇交易体系建设，为企业搭建了一个自愿减排、扶贫惠农的公益平台，让生态涵养区农户直接获得森林生态经营的货币收益。

**3. 有序推动生态工程向生态产业转化**

无论是生态补偿还是碳汇交易，相对于巨大的生态建设直接投入和间接投入而言，其收益都是有限的，在逐步完善生态补偿制度、深化碳汇交易体系的同时，更重要的是生态产业的培植，避免因简单的生态建设将生态涵养区继续锁定在价值链的最低端。京津冀地区生态建设投入巨大，各种形式的生态修复工程接踵而至，仅从2000年开始实施的京津风沙源治理和退耕还林工程，国家累计投资就达95.1亿元，未来10年，将再投资225亿元（其中，中央投资174亿元）。在市场经济条件下，无论是个人还是社会，其经营活动都是在利益驱动的原则下进行的，不赢利的生产活动是不可能长久的，生态工程也是如此。多数生态修复工程因"公共产品"的特质属性，因无法实现政府财政"自始至终"的支持，而收效递减。因此，必须推动生态工程的产业化，把改善生态与推动产业建设和发展农村经济有机结合，做到增绿与增收同步，生态体系建设和产业体系建设并举。一是在全面梳理近10年来京津冀各级各类大规模生态工程的投入方向、投入方式及依托项目类型等的基础上，综合评判各类生态建设项目的生态效应、经济效应和社会效应，为下一步的京津冀区域生态建设规划提供理论依据。二是以生态工程建设为依托丰富生态意识、培育生态富民产业。生态工程建设是生态公共品投入的具体体现，通过政府对农村地区生态建设的持续支持，形成对农村地区生产力发展的支撑。生态项目工程要结合区域自然资源开发，强化与地方产业的关联度，力求把产、加、销、农、工、贸等环节融入生态系统工程来统筹，实施农村第一、第二、第三产业融合发展，具体落实到生态环境建设与扶贫开发相结合、生态环境建设与主导产业开发相结合、生态环境建设与调整产业结构相结合中。三是根据不同自然气候和不同地形结构和类型区，按照"试点先行，以点带面，整体推进"的原则，综合考量不同地区的资源配置，以生态项目建设为依托建设不同尺度、不同类型的生态环境示范样板，达到建设一个区域生态、找出一项稳定发展的区域经济产业的目标。

## （二）重视不动产登记制度下贫困人口个人资产的增值

发挥贫困人口在反贫困中的主体地位，激活贫困人口作为基层市场经济细胞的内在动力，提高反贫困的主体性和积极性，是当前反贫困的核心问题。不动产登记制度能够保护贫困家庭资产以降低其脆弱性，但仍需探索贫困家庭资产开发和增值途径，巩固贫困家庭原有资产并获得新的资产。农民的财产权利一般指的是农民土地的承包经营权、宅基地的用益物权和集体资产的收益权。《中共中央关于全面深化改革若干重大问题的决定》中明确提出，保障农户宅基地用益物权，改革完善农村宅基地制度，选择若干试点，慎重稳妥推进农民住房财产权抵押、担保、转让，探索农民增加财产性收入渠道。《关于引导农村土地经营权有序流转发展农业适度规模经营的意见》指出要鼓励创新土地流转形式。鼓励承包农户依法采取转包、出租、互换、转让及入股等方式流转承包地。鼓励有条件的地方制定扶持政策，引导农户长期流转承包地并促进其转移就业。鼓励农民在自愿前提下采取互换方式并地方式解决承包地细碎化问题。

### 1. 盘活环首都贫困带农村不动产，培植农村休闲养老产业

农村宅基地是贫困地区个人财产的重要内容，不动产登记制度的实施盘活了农村的存量资产，在制度框架内赋予了无产权的农村不动产以资本功能，对提升贫困群体生活质量、合理调配社会资源具有重要作用。第六次人口普查资料显示，京津冀三地已步入快速老龄化阶段，仅60~65岁年龄段低龄老人就达500万人，按平均城市化率50%计算，有近250万已退休、身体健康的低龄老年人生活在城市。这部分老年人亲近自然、重温田园生活，从物质到精神消费的需求激增，低碳化、低成本的乡村生活方式已成为另一种有价值的幸福生活模式，构成了一个潜在的巨大消费市场，但苦无落身之地。与此同时，环首都周边地区，生态环境良好，交通便捷，农民外出务工使得大量村居空闲。要以环首都休闲产业带建设为契合点，通过政府引导，借助村容村貌整治、改水、改厕等基础性投入，优化农村居住环境，打造易居休闲养老社区，吸引城市中身体健康的老年人有

组织地回归农村。农村休闲养老社区的发展不仅满足了城镇低龄老人亲近自然、尽享田园生活的意愿，而且这一群体遍及各行各业，较高的文化层次、较强的工作技能和对信息敏锐的洞察力，又为贫困地区农村的发展注入新的活力，有助于打破农村落后的发展观念，推动农村走出长期贫困怪圈，也可以一定程度上解决贫困地区农村养老问题。一要将美丽乡村建设与养老服务设施建设相结合。在改善农村生产生活条件的同时，适度升级配建养老服务设施，改善农村医疗服务水平、提升交通通信通达条件。二要强化组织建设，密切组织联系，搭建养老服务平台。农村养老休闲产业能否成型，取决于社会支持系统是否完备，这需要民政、社区、农村、志愿者等社会众多组织的共同参与。要同步启动村两委班子建设与引入地社区"下乡"组织建设，加强组织联系。通过搭建农村休闲养老信息交换平台，梳理城市适宜下乡群体、农村可租赁房屋、空闲农地等"养老资源"，有序引导城市银发族回归。三要规范引导社会参与。借鉴嘉兴异地养老模式——"政府出政策、农民出宅基地、企业出资金"，引导企业参与。通过对旧村进行合理规划、适度开发，优化村居环境，完善基础设施，盘活农村闲置资产，实现贫困农村生态效益、经济效益和社会效益的"三赢"。

**2. 以优化土地流转服务平台为抓手，提升黑龙港集中连片贫困户土地收益**

河北省农村贫困地区人口调查资料显示，河北省黑龙港集中连片贫困地区有非常贫困的家庭17.56万户，涉及人口34.48万人，有些贫困的家庭70.01万户，涉及人口228.77人，贫困人口发生率为29.39%。其中，纯老年人贫困家庭占贫困家庭的30%，达26万户。上述家庭第一经济来源仍以种植、养殖业收入为主，收益有限。以土地为基础的不动产统一登记制度，赋予农民集体土地处置权、抵押权和转让权，将农村承包地、宅基地、林地、房屋等资源确权、登记，并颁证到每个农民，为黑龙港集中连片贫困人口以产权增值为手段的脱贫提供了基础和保障。黑龙港地区上接京津、右连鲁、豫，地理区位优势明显，交通便捷，农业土地资源丰富，农业基础条件良好，是河北省重要的农副产品基地，是未来京津农业科技转化的实验场、京津冀农业协同发展的主战场。通过完善农村土地流转服务平台，引导黑龙港地区土地规模流转，既保证了贫困农民土地资产增值，又为推进黑龙港地区农业现代化发展提供了保障。一是加快推进农村承包土地确权登记颁证工作，把承包地块、面积、合同、权属证书落实到户，依法赋予农民更加充分而有保障的土地承包经营权。二是以确权登记为契机，建立黑龙港地区农村土地承包信息数据库和农村土地承包管理信息系统，优化黑龙港地区县、乡土地流转服务机构和土地流转信息采集与发布平台，为供需双方提供土地流转政策、流转方式、信息传递和法律咨询等项目服务。三是规范流转程序，完善土地流转监管制度。通过明确租赁农户土地的工商企业准入资质、强化用途监管等，保障工商企业投资农业的合法经营权益、维护农民流转土地的合法收益权益，有效防范经营风险，推动土地要素有序配置。

**3. 探索生态移民扶贫与农村土地制度改革相结合扶贫机制**

目前，农村土地改革已有序推开，33个试点县将围绕集体经营性建设用地入市、提高被征地农民补偿标准、宅基地制度的有偿退出机制三大方面进行试点推进。农村土地制度改革为生活在自然条件恶化、资源贫乏、生态环境脆弱地区的贫困人口摆脱"一方水土养活不了一方人"的恶劣生产生活环境，提供了可借鉴的路径。一是生态移民工程与小城镇建设相结合。利用小城镇本身的优势，引导贫困人口由山区向城镇进行自发移民，有序推进农村宅基地有偿退出或转让机制，鼓励生态移民村推行宅基地置换城镇住房政策。二是生态移民工程与生态工程产业化相结合。鼓励生态修复企业参与生态移民，对退出区采取退牧、退耕、还草、封育草场、牲畜就地舍饲圈养等举措，在使生态系统自然恢复的同时，根据农村集体土地入股的多少以及企业效益给予分配。通过生态移民与城镇化相结合、生态移民工程与生态修复工程相结合，实现生存移民向效益提高型生态移民转变，确保生态移民"移得出、能致富"。

## （三）社会组织助推扶贫政策精准对接

发挥企业社会责任是解决企业与资源、环境和社会种种冲突，保持社会关系和谐和经济秩序稳定的有效手段。2006年10月中国企业社会责任同盟的成立标志着中国企业承担社会责任已由个体行为上升为整体共识。企业在扶贫中以解决造成贫困群众贫困的障碍性问题为目的，并以追求贫困人口的脱贫致富为诉求价值，在扶贫上已卓有成效。国务院办公厅近日印发《关于进一步动员社会各方面力量参与扶贫开发的意见》，部署全面推进社会扶贫体制机制创新，进一步动员社会各方面力量参与扶贫开发，打好新时期扶贫攻坚战。京津聚集了大批优质企业资源，推动企业参与扶贫将事半功倍。

**1. 搭建社会扶贫精准对接大数据平台**

对贫困村、帮扶重点贫困户建档立卡，明晰贫困村、贫困户状况及脱贫需求。对京津冀企业参与新一轮产业扶贫开发意向进行摸底调查，编制企业帮扶意向调查表。双向驱动，通过建立扶贫供需大数据库，搭建社会扶贫对接平台，促进扶贫与被扶贫双方精准对接，为社会爱心人士、企业和组织搭建扶贫济困、开发协作平台。

**2. 政府宏观规划与企业微观设计相结合，做实精准扶贫**

企业微观扶贫设计重视扶贫帮困对象本体的发展，以扶贫项目的具体设计为切入点，可以使扶贫规划的实施更加贴近贫困群体的生活、生产。按照"设计到户，责任到人"，通过更为细致的研究和探讨，从物质帮扶、精神帮扶、技术帮扶等多方面发挥企业帮扶优势。一是建立企业与贫困户"合作共同体"扶贫模式，推动企业扶贫由公益捐助式、产业带动式向一体化合作模式转型。一体化扶贫合作模式在扶贫项目设计中以市场为导向，以贫困地区的区域资源优势为基础，以企业的核心竞争力为支撑和依托，通过让贫困户参与到企业的运营中，可以有效实现贫困户在知识、能力和技术方面的全面提高。二是以户为扶贫具体实施对象，以企业扶贫项目为平台，整合各级各类扶贫资金、政策，实现各级各类精准扶贫政策"千条线、一根针"的具体落地，实施精准对接。

**参考文献**

[1] 农业部农村经济研究中心课题组：《欠发达地区经济起飞的关键是"资源资本化"——中国扶贫体制改革试验区的实证经验》，《管理世界》1997年第6期。

[2] 朱广芹、韩浩：《基于区域碳汇交易的森林生态效益补偿模式》，《东北林业大学学报》2010年第10期。

[3] 王金营、李竞博：《连片贫困地区农村家庭贫困测度及其致贫原因分析——以燕山—太行山和黑龙港地区为例》，《中国人口科学》2013年第4期。

[4] 刘娟、刘守义：《京津冀区域生态补偿模式及制度框架研究》，《改革与战略》2015年第2期。

[5] 牛勤：《贫困地区农村土地流转的瓶颈与突破探析》，《农村经济与科技》2015年第3期。

# 江苏"十三五"扶贫开发重点片区全面达小康研究

包宗顺　赵锦春[*]

**摘　要**：在"整体帮扶、连片开发"政策推动下，"十二五"期间江苏重点片区扶贫开发工作取得显著成效。片区低收入农户增收目标全面达标，产业结构得到优化升级，地方财政及基础设施建设取得较快发展，外资利用水平及外向型经济也得到较快提升。然而，当前江苏六大片区仍存在低收入农户脱贫信心不足、经济社会发展基础薄弱、村集体经济增收困难、"造血式"扶贫力度不足以及经济社会发展与全省平均水平差距较大等问题。"十三五"期间，应加大对强化片区基础设施的建设、完善扶贫资金项目管理、落实农业产业化项目、推动农村改革试验区建设，实现"十三五"江苏重点片区全面达小康。

**关键词**："十三五"　江苏扶贫开发　重点片区　全面小康

"解决区域性整体贫困"是中共十八届五中全会提出全面建成小康社会新的目标要求之一。地处苏北的西南岗地区、成子湖周边地区、黄墩湖滞洪区、石梁河库区、刘老庄地区和灌溉总渠以北地区六个集中连片地区，涉及14个县（市、区）、59个乡镇、908个行政村，是全省经济社会发展最为薄弱的地区，也是"十二五"期间江苏省扶贫开发的重点片区。本研究报告从"十二五"扶贫开发重点片区全面脱贫情况的评估入手，分析重点片区帮扶的成效与不足，比较重点片区当前与全省平均发展水平的差距，分析其现实与潜在的优势与劣势、发展路径与重点，并在上述分析的基础上提出扶贫开发重点片区全面达小康的相应对策。

---

[*] 包宗顺、赵锦春，江苏省社会科学院农村发展研究所。

# 一 重点片区"十二五"扶贫开发全面脱贫情况评估

## (一) 重点片区基本情况

### 1. 片区贫困程度

江苏"整体帮扶、连片开发"划定的六大片区在贫困程度、自然条件以及脱贫路径选择等方面均存在差异。表1是六大片区贫困程度的分析,从表1可以看出,首先,片区所辖总人口与片区面积呈正相关关系;其次,石梁河片区所辖贫困人口占比最高,达到49%,西南岗片区所辖经济薄弱村比重达到100%,表明石梁河片区和西南岗片区是六大片区中贫困程度较严重的地区,脱贫难度较大;最后,从片区年人均纯收入看,西南岗片区年人均纯收入6250元,而黄墩湖片区年人均纯收入达到9385元,在六大片区中经济基础较好(见图1)。

表1 2011年江苏六大重点片区贫困程度分析

| 指标<br>片区 | 总人口<br>(万人) | 面积<br>(平方千米) | 贫困人口<br>占比(%) | 经济薄弱村<br>占比(%) | 年人均纯收入<br>(元) |
| --- | --- | --- | --- | --- | --- |
| 西南岗 | 28.9 | 672.0 | 34.3 | 100.0 | 6250.0 |
| 成子湖 | 43.6 | 797.4 | 25.0 | 42.4 | 7620.0 |
| 黄墩湖 | 24.8 | 606.5 | 23.4 | 39.0 | 9385.0 |
| 灌渠北 | 109.6 | 1759.3 | 17.8 | 26.9 | 8600.0 |
| 刘老庄 | 14.4 | 237.8 | 28.2 | 26.0 | 7957.0 |
| 石梁河 | 57.6 | 923.5 | 49.0 | 77.1 | 7215.0 |
| 均 值 | 46.5 | 832.8 | 29.6 | 51.9 | 7212.8 |

注:2012年江苏省委、省政府正式启动"整体帮扶、连片开发"扶贫规划,因此,选择2011年的数据比较贫困程度差异;"灌渠北"片区是指"灌溉总渠以北"片区。

### 2. 片区产业结构

六大片区第二、第三产业发展普遍滞后,片区第二、第三产业发展仍呈现一定的不平衡性。2011年,江苏第二、第三产业占GDP比重达到93.7%,以此为基准,使用片区所辖主要县市第二、第三产业占GDP比重

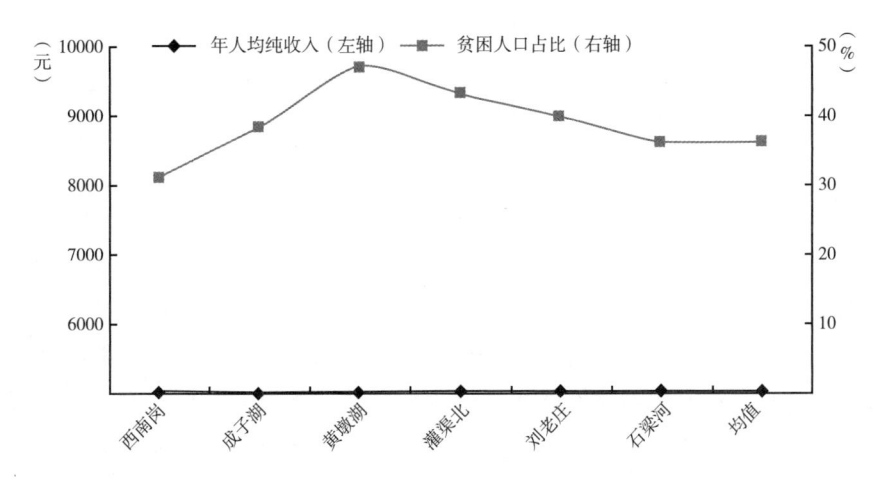

图 1　2011 年江苏六大重点片区贫困程度

均值表示片区经济增长动力落后程度，2011 年西南岗片区第二、第三产业占 GDP 比重达到 80.3%，低于江苏省均值 13.4 个百分点；成子湖片区该指标为 82.2%，低于全省均值 11.5 个百分点；黄墩湖片区为 82.1%，低于全省均值 11.6 个百分点；灌渠北片区为 82.5%，低于全省均值 11.2 个百分点；刘老庄片区和石梁河片区第二、第三产业占比较高，分别达到 86.8% 和 83.1%，但仍低于全省均值 6.9 个和 10.6 个百分点（见图 2）。

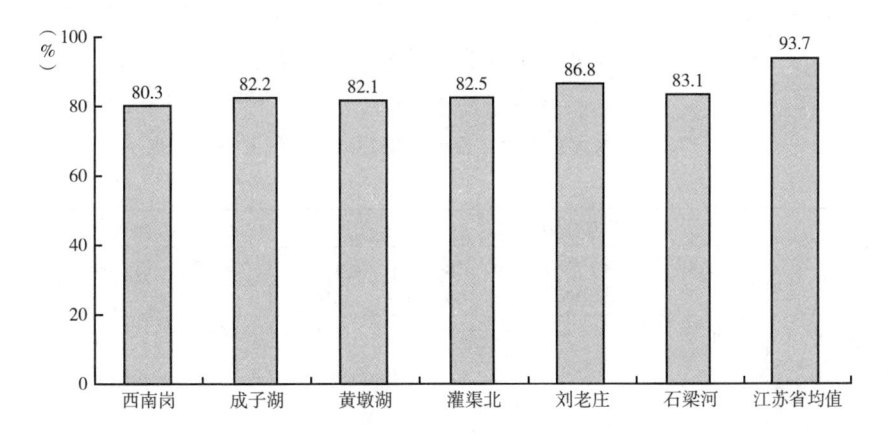

图 2　六大片区第二、第三产业占比与省均值差距

注：由于数据获取的限制，我们使用片区所辖主要县市的第二、第三产业占 GDP 比重均值表示片区经济增长动力差异，其中，西南岗片区主要使用泗洪县数据；成子湖片区使用泗阳县数据；黄墩湖片区使用睢宁县和邳州市数据；灌区北片区使用淮安市、响水县和滨海县数据；刘老庄片区使用淮安市数据；石梁河片区使用赣榆县和东海县数据。

### 3. 片区基础设施建设重点

六大片区基础设施建设是片区扶贫开发的重点,但各片区在基础设施建设重点上仍各有侧重。其中,西南岗片区交通闭塞,是全省贫困面最广、贫困人口最集中、脱贫难度最大的地区,最需要突出路桥、基本农田水利设施和扶贫产业园建设;成子湖片区水系、土地整理工程最为关键;黄墩湖片区通行能力较差,农民集中居住率低,最需要解决道路交通和兼有避洪功能的农民集中区建设;石梁河片区属于水库库区,移民搬迁造成村庄基础设施滞后,最需要解决田间配套工程和小城镇、农民集中区建设;刘老庄片区亟须解决交通和产业发展问题;灌渠北片区水利、交通设施陈旧老化,建档立卡低收入人口和经济薄弱村比例较高,关键要解决交通水利基础设施和产业发展问题。

### 4. 片区低收入农户致贫原因及脱贫难点

深入分析片区低收入农户致贫原因及主要脱贫难点对片区实现"精准扶贫"具有重要意义。表2是2013年六大片区低收入农户致贫原因和脱贫难点的统计分析。从表2可以看出,因病致贫比例为33.3%,因残致贫比例达到24.0%,而因学致贫比例较低,仅为3.3%,这表明,罹患重大疾病是片区低收入农户的主要致贫原因。此外,从片区低收入农户的脱贫难点看,缺技术导致脱贫困难的低收入农户比例为8.0%,缺劳力比例为10.9%,而缺资金比例达到16.8%,这表明,当前片区低收入农户脱贫的主要困难在于缺少启动资金和小额贷款项目资助。

表2　2013年六大重点片区低收入农户致贫原因及脱贫难点

单位:%

| 指标<br>片区 | 致贫原因 | | | 脱贫难点 | | |
|---|---|---|---|---|---|---|
| | 因病致贫比例 | 因残致贫比例 | 因学致贫比例 | 缺技术比例 | 缺劳力比例 | 缺资金比例 |
| 西南岗 | 38.7 | 47.8 | 3.5 | 11.6 | 9.9 | 19.2 |
| 成子湖 | 30.7 | 58.8 | 4.0 | 5.8 | 9.3 | 28.3 |
| 黄墩湖 | 18.5 | 6.6 | 4.4 | 5.0 | 9.8 | 31.5 |
| 灌渠北 | 52.0 | 14.5 | 1.9 | 3.2 | 7.1 | 10.0 |
| 刘老庄 | 25.6 | 5.2 | 0.53 | 12.6 | 14.9 | 3.7 |
| 石梁河 | 34.1 | 10.8 | 5.4 | 9.5 | 14.5 | 8.11 |
| 均　值 | 33.3 | 24.0 | 3.3 | 8.0 | 10.9 | 16.8 |

注:由江苏扶贫信息开发网国家建档立卡信息采集系统2013年低收入农户信息统计相关数据按片区所辖乡镇整理后所得,相关网址为 http://www.jsfp.gov.cn/。

## (二) 片区扶贫增收情况

"整体帮扶、连片开发"的最终成效要落实到增加村集体及农户收入上来，因此，分析村户收入变化能够反映片区扶贫工作实效。

### 1. 片区村集体收入增收情况

表3是六大片区村集体收入增收情况，从表3中可以看出，片区村集体经济收入增幅明显。2013年片区村集体收入均值为12.7万元，到2014年增加至16.7万元，同比增幅达到31.5%；特色产业农民专业合作社从2013年的平均7.3个增加到2014年的11.7个，同比增幅为60.3%；同时，参加特色合作社的低收入农户数也有显著增加，2013年平均为252户，2014年增加至294.7户（见表3）。其次，从片区集体收入增幅比较看，刘老庄片区村集体收入增幅最高，2013年刘老庄片区村集体收入为9.3万元，2014年增加至15万元，增幅为61.3%，其次是成子湖片区，增幅达到42.1%；而黄墩湖片区集体收入增幅最低，为12.6%，灌渠北、西南岗以及石梁河片区集体经济收入增幅均低于片区均值，这表明，扶贫效果在片区之间存在一定差异，如何实现片区扶贫均衡发展将是未来江苏片区扶贫工作的重点。

表3 六大重点片区村集体经济收入增收情况

| 指标<br>片区 | 2013年 村集体经济平均收入（万元） | 2013年 特色产业农民专业合作社（个） | 2013年 参加特色合作社的低收入农户数（户） | 2014年 村集体经济平均收入（万元） | 2014年 特色产业农民专业合作社（个） | 2014年 参加特色合作社低收入农户数（户） | 同比增幅 集体经济平均收入（%） |
|---|---|---|---|---|---|---|---|
| 西南岗 | 17.2 | 10 | 356 | 21.9 | 15 | 405 | 27.3 |
| 成子湖 | 12.6 | 8 | 189 | 17.9 | 13 | 260 | 42.1 |
| 黄墩湖 | 14.3 | 12 | 565 | 16.1 | 17 | 631 | 12.6 |
| 灌渠北 | 12.3 | 6 | 214 | 15.5 | 11 | 236 | 26.0 |
| 刘老庄 | 9.3 | 4 | 23 | 15.0 | 7 | 33 | 61.3 |
| 石梁河 | 10.4 | 4 | 165 | 13.8 | 7 | 203 | 32.7 |
| 均值 | 12.7 | 7.3 | 252.0 | 16.7 | 11.7 | 294.7 | 33.7 |

注：由江苏扶贫信息开发网国家建档立卡信息采集系统经济薄弱村信息统计相关数据按片区所辖乡镇整理后所得，相关网址为 http://www.jsfp.gov.cn/。

### 2. 片区乡村第三产业增收情况

片区农村第三产业取得长足发展。表4是片区乡村旅游及农家乐增收情况，从表 4 中可以看出，2013~2014 年片区乡村旅游和农家乐取得较快发展，经营农家乐农户数均值从 2013 年的 0.7 户，增加到 2014 年的 1.2 户；乡村旅游从业人员数均值增加 1 万人左右，经营农家乐年均收入均值从 2013 年的 9660.3 元，增加到 2014 年的 13708.9 元。此外，片区第三产业发展仍存在较大差距。成子湖片区农家乐收入增加最为明显，同比增幅达到 19.9%；灌渠北和石梁河片区农家乐增收幅度相当，分别达到 14.4% 和 14.1%；刘老庄和黄墩湖片区农家乐增收幅度分别为 7.2% 和 6.5%，西南岗片区基本没有农家乐和乡村旅游项目发展。

表 4 六大重点片村乡村旅游及农家乐增收情况

| 指标<br>片区 | 2013 年 经营农家乐户数（户） | 2013 年 乡村旅游从业人员数（万人） | 2013 年 经营农家乐户年均收入（元） | 2014 年 经营农家乐户数（户） | 2014 年 乡村旅游从业人员数（万人） | 2014 年 经营农家乐户年均收入（元） | 同比增幅 农家乐收入（%） |
| --- | --- | --- | --- | --- | --- | --- | --- |
| 西南岗 | 0 | 0 | 0 | 0 | 0 | 0 | 0 |
| 成子湖 | 0.3 | 1.5 | 4015.3 | 0.4 | 1.7 | 4814.8 | 19.9 |
| 黄墩湖 | 0.6 | 3.6 | 37566.1 | 1.3 | 6.5 | 40001.3 | 6.5 |
| 灌渠北 | 2.3 | 14.6 | 9863.2 | 3.8 | 17.2 | 11280.4 | 14.4 |
| 刘老庄 | 0.1 | 0.1 | 4662.3 | 0.3 | 0.2 | 5000.0 | 7.2 |
| 石梁河 | 0.6 | 0.4 | 18542.6 | 1.1 | 0.8 | 21156.7 | 14.1 |
| 均　值 | 0.7 | 3.4 | 9660.3 | 1.2 | 4.4 | 13708.9 | 10.3 |

注：由江苏扶贫信息开发网国家建档立卡信息采集系统经济薄弱村信息统计相关数据按片区所辖乡镇整理后所得，相关网址为：http://www.jsfp.gov.cn/。

### 3. 片区低收入农户收入达标情况

从 2012 年开始实施"整体帮扶、连片开发"规划，到 2014 年正好是片区帮扶规划实施的中期关键阶段，片区帮扶政策对经济薄弱村低收入农户增收有显著的促进和拉动作用。表 5 是片区农户家庭收入情况，从表 5 中可以看出，2013~2014 年片区农户家庭年均纯收入均值有显著提高，2013 年该指标为 3560 元，低于江苏省定的 4000 元的贫困标准，而 2014 年上升至 4186.9 元，同比增长 17.6%，片区内除刘老庄片区和灌渠北片区家庭年均纯收入分别为 3392.7 元和 3767.2 元，尚未达到省定脱贫标准外，其余片区均已达标；同时，人均务工收入均值从 2013 年的 1620.9 元，提升至 2014 年的 1980.9 元，增幅达到 22.2%；此外，人均经营性收入均值从 2013 年的 1143.4 元，增长到 2014 年的 1313.5 元，增幅为 14.9%；最后，人均各类补贴也有显著增长，2013 年人均各类补贴均值为 794.5 元，2014 年上升至 892.4 元，提高 100 元左右。

表 5 六大重点片区家庭收入情况

| 指标<br>片区 | 2013 年 家庭年均纯收入（元） | 2013 年 人均务工收入（元） | 2013 年 人均经营性收入（元） | 2013 年 人均各类补贴（元） | 2014 年 家庭年均纯收入（元） | 2014 年 人均务工收入（元） | 2014 年 人均经营性收入（元） | 2014 年 人均各类补贴（元） |
|---|---|---|---|---|---|---|---|---|
| 西南岗 | 3192.2 | 1082.9 | 1230.8 | 876.2 | 4365.0 | 2085.7 | 1331.8 | 951.5 |
| 成子湖 | 3709.6 | 1719.6 | 1336.5 | 652.3 | 4177.6 | 2037.4 | 1407.9 | 732.0 |
| 黄墩湖 | 4002.3 | 2370.1 | 1032.3 | 598.3 | 4630.2 | 2671.5 | 1311.4 | 641.9 |
| 灌渠北 | 3582.3 | 1263.3 | 986.3 | 1332.3 | 3767.2 | 1334.4 | 1033.3 | 1418.9 |
| 刘老庄 | 2913.6 | 1596.3 | 854.2 | 462.3 | 3392.7 | 1638.8 | 1195.3 | 558.3 |
| 石梁河 | 3959.7 | 1693.3 | 1420.5 | 845.3 | 4788.6 | 2117.7 | 1601.0 | 1051.8 |
| 均　值 | 3560.0 | 1620.9 | 1143.4 | 794.5 | 4186.9 | 1980.9 | 1313.5 | 892.4 |

注：使用江苏扶贫信息开发网国家建档立卡信息采集系统低收入农户信息统计相关数据按片区所辖乡镇整理后所得：http://www.jsfp.gov.cn/。

进一步比较分析片区低收入农户各类收入增加情况可以看出，人均务工收入增幅最高，是拉动片区低收入农户收入增长的主要原因；而人均经营性收入也有较快的增加，与各类补贴收入增加形成合力，共同促进片区低收入农户的年均纯收入增长，这一现象同时表明，在"整体帮扶、连片开发"政策推动下，片区基础设施和产业项目均取得较大发展，为当地农户提供了更多的设施便利和就业途径，为促进经济薄弱村自身"造血"功能的实现提供了政策保障（见图 3）。

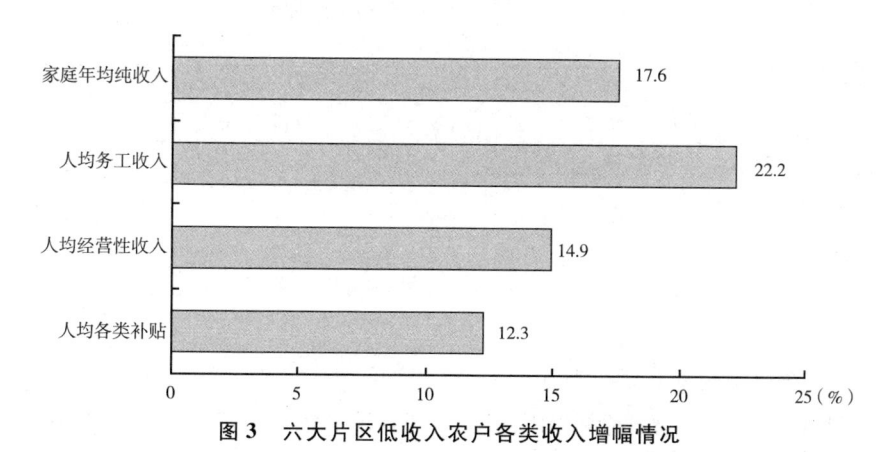

图 3 六大片区低收入农户各类收入增幅情况

- 家庭年均纯收入：17.6
- 人均务工收入：22.2
- 人均经营性收入：14.9
- 人均各类补贴：12.3

确保扶贫落到实处，实现"扶真贫、真扶贫"的落脚点在于切实提高低收入农户的收入水平。从上文的评估结果看，截至2014年底，片区帮扶在提高低收入农户收入水平上取得实效，总体实现了年均4000元的省定脱贫标准，片区扶贫成效值得肯定。

## 二 重点片区实施整体帮扶、连片开发的主要成效与不足

### （一）主要成效

为了准确反映重点片区帮扶的主要成效，我们特别选取刘老庄片区的刘老庄乡和古寨乡两个乡镇和与其接壤的两个非重点片区乡镇（涟水县成集镇和沭阳县张圩乡），对四个乡镇2010~2014年主要经济指标进行比较分析。

**1. 经济总量增速显著提高**

片区内贫困乡镇经济增长速度显著高于非片区乡镇。表8是2011~2014年刘老庄片区内两个乡镇与周边接壤非片区贫困乡镇经济增长速度比较分析结果。从表6可以看出，2011~2014年刘老庄片区内刘老庄乡和古寨乡经济增长年均速度分别达到21.2%和15.2%，显著高于非片区贫困乡镇成集镇和张圩乡的5.6%和8.2%的平均增速；同时，从各年度经济增长速度看，片区内乡镇也大多高于非片区乡镇。

表6 片区与非片区经济总量及增幅

单位：万元，%

| 地区 | 指标 | 2011年 总量 | 2011年 增幅 | 2012年 总量 | 2012年 增幅 | 2013年 总量 | 2013年 增幅 | 2014年 总量 | 2014年 增幅 | 年均增幅 |
|---|---|---|---|---|---|---|---|---|---|---|
| 片区内 | 刘老庄乡 | 52480 | 21.5 | 67119 | 27.9 | 79702 | 18.7 | 93500 | 17.3 | 21.2 |
| | 古寨乡 | 13878 | 11.7 | 17596 | 26.8 | 18010 | 2.4 | 21221 | 17.8 | 15.2 |
| 片区外 | 成集镇 | 41637 | 11.6 | 43995 | 5.7 | 45537 | 3.5 | 49083 | 7.8 | 5.6 |
| | 张圩乡 | 35926 | 14.7 | 37795 | 5.2 | 41307 | 9.3 | 45486 | 10.1 | 8.2 |

注：原始数据来自各县统计年鉴，增幅是以上年数据为基准计算的同比增幅。

**2. 产业结构得到优化升级**

片区内贫困乡镇产业结构优于非片区乡镇。第二、第三产业占GDP比

重可以反映经济增长动力结构优化程度。表7是2011~2014年刘老庄片区内两个乡镇与周边接壤非片区贫困乡镇产业结构比较分析结果。从表7可以看出，2011~2014年刘老庄片区内刘老庄乡和古寨乡第二、第三产业占比提高平均速度分别达到1.2个和1.8个百分点，显著高于非片区贫困乡镇成集镇和张圩乡的0.7个和 -0.6个百分点的平均增速。

表7  片区与非片区第二、第三产业占比及增幅

单位：%，个百分点

| 地区 | 指标 | 2011年 占比 | 2011年 增幅 | 2012年 占比 | 2012年 增幅 | 2013年 占比 | 2013年 增幅 | 2014年 占比 | 2014年 增幅 | 年均增幅 |
|---|---|---|---|---|---|---|---|---|---|---|
| 片区内 | 刘老庄乡 | 76.1 | — | 77.2 | 1.1 | 78 | 0.8 | 79.7 | 1.7 | 1.2 |
| 片区内 | 古寨乡 | 68.3 | — | 68.5 | 0.2 | 68.8 | 0.3 | 73.6 | 4.8 | 1.8 |
| 片区外 | 成集镇 | 54.7 | — | 54.3 | -0.4 | 55.9 | 1.6 | 56.9 | 1 | 0.7 |
| 片区外 | 张圩乡 | 80.8 | — | 80.8 | 0 | 78.7 | -2.1 | 79 | 0.3 | -0.6 |

注：原始数据来自各县统计年鉴。

### 3. 农民人均纯收入增幅明显

片区内贫困乡镇农民人均纯收入增速高于非片区乡镇。表10是2011~2014年刘老庄片区内两个乡镇与周边接壤非片区贫困乡镇农民人均纯收入的比较分析结果。从表8可以看出，2011~2014年刘老庄片区内刘老庄乡和古寨乡农民人均纯收入年均增速分别达到18.3%和15.7%，显著高于非片区贫困乡镇成集镇和张圩乡的17.9%和14.2%的平均增速；同时，各年份片区内贫困乡镇农民年均纯收入绝对数值也显著高于非片区乡镇，并且这一差距随着时间推移有逐渐扩大的趋势。

表8  片区与非片区农民人均纯收入及增幅

单位：元，%

| 地区 | 指标 | 2011年 占比 | 2011年 增幅 | 2012年 占比 | 2012年 增幅 | 2013年 占比 | 2013年 增幅 | 2014年 占比 | 2014年 增幅 | 年均增幅 |
|---|---|---|---|---|---|---|---|---|---|---|
| 片区内 | 刘老庄乡 | 7502 | 19.9 | 9491 | 26.5 | 10744 | 13.2 | 12200 | 13.6 | 18.3 |
| 片区内 | 古寨乡 | 7587 | 20.0 | 8740 | 15.2 | 9928 | 13.6 | 11308 | 13.9 | 15.7 |
| 片区外 | 成集镇 | 7343 | 28.6 | 8445 | 15.0 | 9610 | 13.8 | 10974 | 14.2 | 17.9 |
| 片区外 | 张圩乡 | 7405 | 19.8 | 8600 | 16.1 | 9855 | 14.6 | 10474 | 6.3 | 14.2 |

注：原始数据来自各县统计年鉴，增幅是以上年数据为基准计算的同比增幅。

## （二）存在的不足

片区扶贫为推动江苏苏北经济薄弱村整体脱贫起到重要作用，"十二五"时期片区扶贫工作也取得较大成效，但通过此次调研发现，当前片区扶贫工作仍存在资金总量不足、配套资金比例过高、"五方挂钩"实施进度缓慢以及小额扶贫贷款难以满足现实生产需求等问题。

**1. 资金来源约束，挤占非片区资金投入**

在现有的片区扶贫机制下，片区专项扶贫资金主要由省级财政支付、挂钩单位支付、县市财政配套以及其他资金投入四个方面构成。其中，县市财政配套的一部分要从县市扶贫资金"总盘子"中支出，提高片区扶贫资金支持就会相应降低该县市辖区内非片区经济薄弱村的扶贫资金投入，造成同一辖区内片区与非片区在扶贫资金分配中的矛盾。

**2. 资金多头管理，影响扶贫效益发挥**

片区扶贫资金分属不同的部门管理，各有各的管理办法、使用方向和报批程序，很难整合统筹。财政扶贫资金实施项目由扶贫办审核，主要用于产业化扶贫项目；扶贫小额贷款虽专门针对低收入农户，但贷款额度偏小、贷款期限偏短；"五方挂钩"后方单位扶贫资金由扶贫工作队管理使用。涉农资金涉及多个部门，考核验收标准不一，多头管理下的扶贫资金很难实现真正意义上的整合。

**3. 基础设施投入大，对培育"造血"能力重视不足**

现有的扶贫方式以片区基础设施建设为主，从而形成村庄面貌改观的脱贫表象；同时，现有的资金倾斜的扶持方式不利于培养经济薄弱村干群自力更生、自强自立的精神，使得贫困成为一顶不舍得扔的高含金量的"帽子"。由于农业产业项目发展相对滞后，尤其缺乏针对低收入农户就业增收的产业项目，低收入农户自身脱贫的"造血"能力不足，反而进一步助长和强化其"等、靠、要"的思维模式。

**4. 少数单位对"挂钩"帮扶重视不足，帮扶措施不到位**

实际调查发现，许多地方反映"五方挂钩"的对口帮扶单位对扶贫工作重视不足，专项扶贫帮扶资金和扶贫措施落实不到位，造成挂钩帮扶的实效不明显，尤其是有些条线单位的大型国企在完成"五方挂钩"过程中往往以资金使用权不在县市一级为理由，拖延或回避资金支付，影响项目完成进度，这一现象在金融国企和通信国企中尤为突出。

## 三 重点片区经济社会发展与江苏省平均水平的比较

通过比较重点片区和江苏省其他地区经济发展水平的差距，可以更准确地判断片区经济发展与全省的差距，我们使用2013年六大片区所辖各乡镇经济发展宏观经济指标与全省45个县级市的经济发展指标均值进行比较，以期发现当前片区经济发展与全省发展的差距。

### （一）经济密度与产业结构比较

我们使用单位土地面积对应的GDP总量，即经济密度，反映片区经济发展水平与全省差异，同时，使用第三产业增加值占当地GDP比重表示产业结构的不同。图4是六大片区经济密度及产业结构的比较结果，从图4中可以看出，2013年，全省县级市经济密度达到4100.9万元/平方公里，而六大片区中灌渠北片区经济密度最高，达到554.2万元/平方公里，仍远远低于全省平均水平。

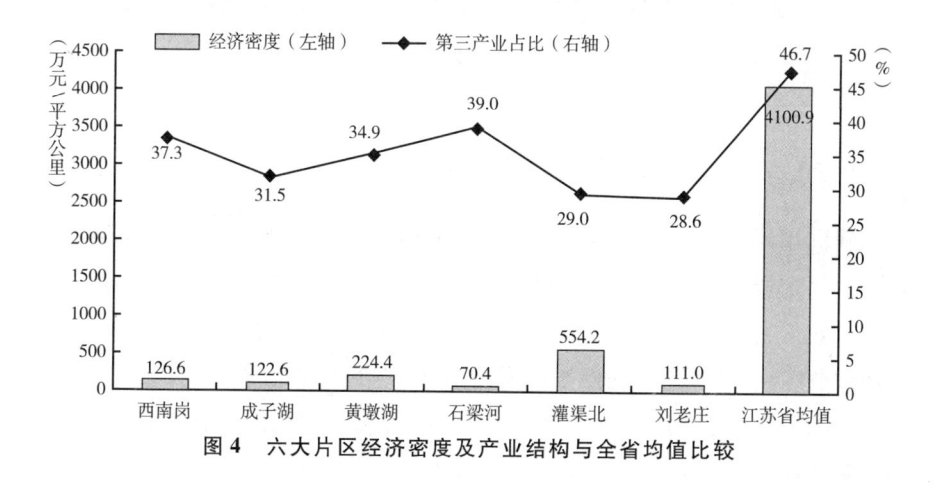

图4 六大片区经济密度及产业结构与全省均值比较

此外，从产业结构的比较看，六大片区第三产业占GDP比重均低于全省平均水平，2013年，全省第三产业占GDP比重均值已达到46.7%，而片区第三产业占GDP比重与全省均值差距依然明显。

### （二）人均GDP与农民人均纯收入比较

图5是六大片区农民人均纯收入和人均GDP与全省均值的比较结果。

从图 5 中可以看出，无论是农民人均纯收入还是人均 GDP，片区与全省均值都存在差距。其中，2013 年全省农民人均纯收入平均为 14958.2 元，人均 GDP 达到 65111.8 元，均显著高于各个片区的指标值。短期内，基础设施建设投资能显著改观农村面貌，取得较好的村庄改造成效，但要实现低收入农户的脱贫，必须从根本上开展就业技能培训，提升其就业技能，及时发布就业信息，增加就业机会，从而形成可持续的脱贫机制。

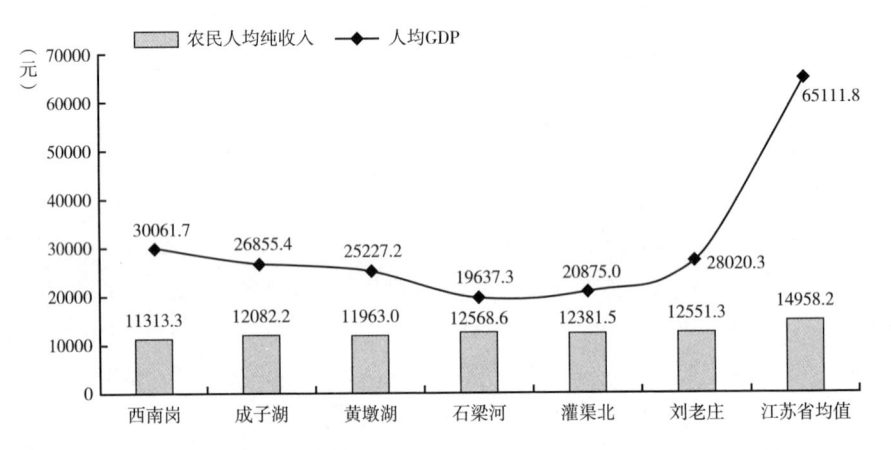

图 5　2013 年六大片区农民人均纯收入及人均 GDP 与全省均值比较

### （三）财政收入与固定资产投资情况比较

我们用财政收入和固定资产投资占 GDP 的比重反映片区与江苏省财政收入及固定资产投资的差距（见图 6）。从图 6 中可以看出，除西南岗片区的财政收入占当地 GDP 比重达到 14.7%，高于全省均值之外，其余片区的财政收入占 GDP 比重均低于全省平均水平 11.11%。而西南岗、石梁河、灌渠北以及刘老庄片区的固定资产投资占 GDP 比重分别达到 53.6%、78.2%、78.1%、64.8%，均高于全省均值 49.7%。

### （四）实际利用外资与出口贸易情况比较

图 7 是片区实际利用外资与出口产品交货额占 GDP 比重与全省均值的比较。从图中可以看出，灌渠北片区的实际利用外资和出口产品交货额占 GDP 比重均高于其他片区，两项指标分别达到 8.7% 和 12%；同时，灌渠北片区的实际利用外资和出口产品交货额占 GDP 比重也高于全省 2.8% 和 2.9% 的平

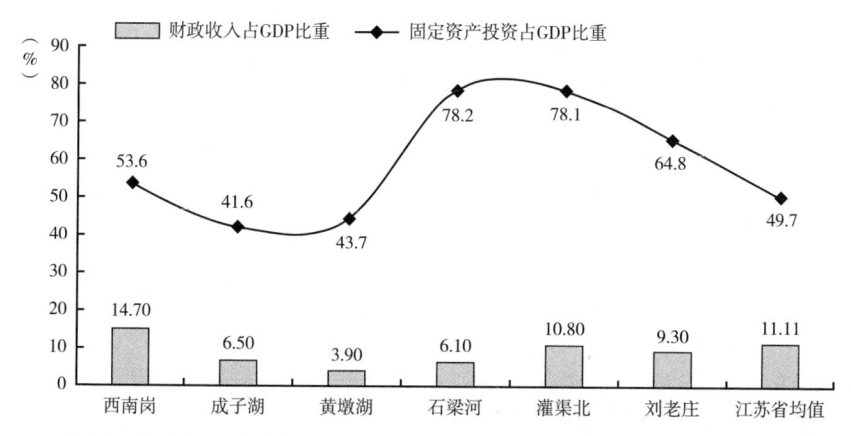

**图6 六大片区财政收入及固定资产投资占GDP比重与全省均值比较**

均水平。此外，在实际利用外资占GDP比重方面，片区内有灌渠北、成子湖、黄墩湖三个地区高于全省平均水平；而在出口产品交货额占GDP比重方面，片区内有石梁河、灌渠北、成子湖、黄墩湖四个地区高于全省均值。

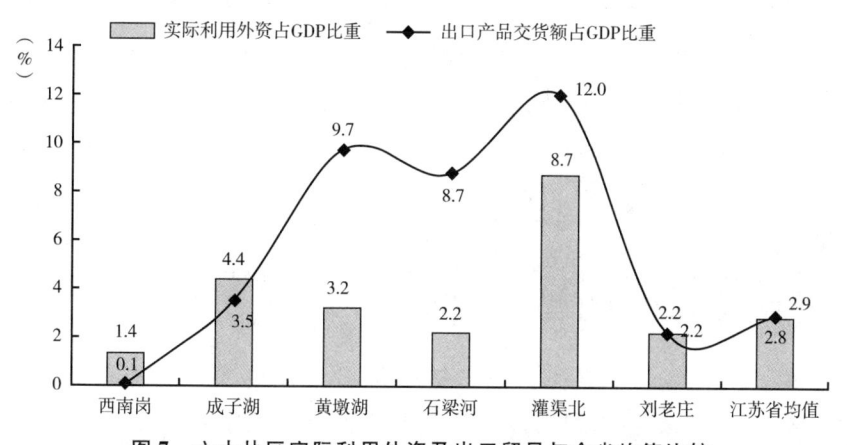

**图7 六大片区实际利用外资及出口贸易与全省均值比较**

## 四 当前重点片区经济与社会发展的SWOT分析

### （一）片区经济社会发展的优势

第一，以特色产业为龙头的发展优势。片区在新能源产业、农产品加工业、规模养殖业以及秸秆加工业、特色旅游产业等行业方面具有优势。第二，以低要素成本为特征的引资优势。重点片区农民收入水平普遍低于全省平均水平是重点片区实现"追赶式发展"的优势。第三，以"先行先试"为原则的政策优势。重点片区脱贫是江苏省扶贫攻坚的重点，江苏省对六大重点片区的扶贫政策有明显倾斜，片区内部改革试验均带有扶贫攻坚"先行先试"的政策导向。第四，以项目优先支持为依托的资金优势。省委、省政府始终保持对片区重点项目的投入支持力度，形成片区项目资金优先支持的优势。

### （二）片区经济社会发展的劣势

第一，低收入农户脱贫意识与信心不足。片区少数低收入农户缺乏脱贫意识，少数片区经济薄弱村干群缺乏自力更生、自强自立的精神，"等、靠、要"的思维模式严重影响片区脱贫示范效应的发挥。第二，经济社会发展水平不高。片区整体经济社会发展层次与江苏省平均水平仍存在较大差距，人均GDP、农民人均纯收入以及地方政府财政收入水平差距明显。第三，第三产业发展滞后。片区的第三产业尤其是服务业发展滞后，落后于全省平均水平。人均收入水平低、服务业"本地化"能力不足。第四，"区域性发展塌陷"依然存在。当前，少数片区区域性经济增长速度缓慢、人均GDP提升不明显的"区域性发展塌陷"依然存在，严重制约片区扶贫绩效提升。

### （三）片区经济社会发展的机遇

第一，省委、省政府对片区扶贫重视，坚定脱贫信心。省委、省政府对片区扶贫工作高度重视，连续出台多项措施落实片区扶贫工作。第二，"五方挂钩"机制为片区脱贫提供制度保障。"五方挂钩"是江苏省扶贫工作的创新之举，省委派驻各县的帮扶工作队，帮扶一个村，就使一个村摆脱落后面貌，就使一片地区产生良好的带动效应。第三，南北产业转移为片区产业脱贫创造发展契机。在苏南、苏北协同发展和产业转移的大背景下，由苏南经济发达县（市、区）帮助片区搭建融资平台，落实帮扶资金，深入推进异地建园试点，探索南北产业联动。第四，新型城镇化为区域扶贫开发勾勒清晰远景。新型城镇化是实现"区域发展带动扶贫开发，扶贫开发促进区域发展"目标的有效途径，搭建片区发展新远景。

## （四）片区经济社会发展的挑战

第一，发展环境脆弱导致脱贫难度加大。片区剩余低收入农户主要分布在生活条件严峻的区域，条件不利，人均资源不足，劳动力素质偏低，片区经济可持续增长条件不足。第二，因病因灾返贫导致脱贫信心丧失。低收入返贫农户在经历多次脱贫—返贫后，自身对脱贫逐渐丧失信心。第三，扶贫开发机制不健全导致扶贫效率不高。目前的扶贫开发机制存在缺陷，影响扶贫效率的提升。首先，重点片区与非重点片区享有的扶贫资源投入严重不对称。其次，贫困规模的确定方法和精准识别过程中产生冲突。最后，片区部分扶贫资金投放效率较低。第四，产业扶贫项目不足导致村集体增收不明显。片区农业产业化项目实施的难度较大，风险较高，部分扶贫资金的投放不切实际，对低收入农户增收拉动作用不明显。

片区经济社会发展的 SWOT 分析见图 8。

**优势**
1. 以特色产业为龙头的发展优势
2. 以低要素成本为特征的引资优势
3. 以"先行先试"为原则的政策优势
4. 以项目优先支持为手段的资金优势

**劣势**
1. 低收入农户脱贫意识与信心不足
2. 经济社会发展水平不高
3. 第三产业发展滞后
4. "区域性发展塌陷"依然存在

**机遇**
1. 省委、省政府的高度重视
2. "五方挂钩"的制度保障
3. 南北产业转移创造发展契机
4. 新型城镇化勾勒出清晰远景

**威胁**
1. 发展环境脆弱导致脱贫难度加大
2. 因病因灾返贫导致脱贫信心丧失
3. 扶贫机制不健全导致扶贫效率不高
4. 产业项目不足导致集体增收不明显

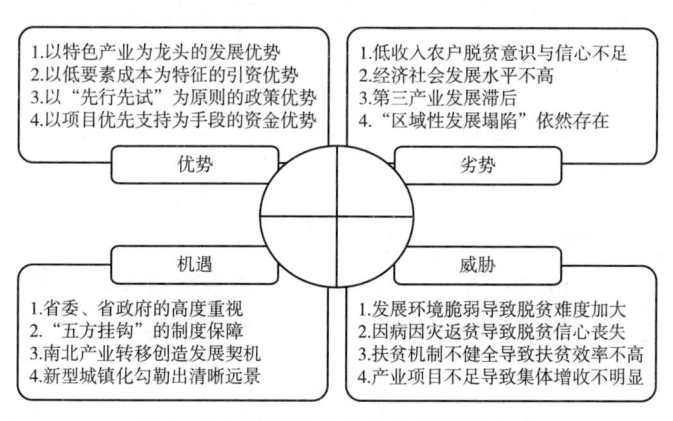

图 8　片区经济社会发展的 SWOT 分析

# 五　"十三五"重点片区实施整体帮扶、连片开发的路径与重点

## （一）改变扶贫目标，突出帮扶对象的发展新要求

首先，把增强贫困人口的发展能力、提高贫困人口的综合素质和生活质量摆在更加突出的位置。新的扶贫目标应在解决贫困人口的基本温

饱问题的基础上，涵盖其发展要求，主要包括满足低收入农户对教育、医疗等基本公共服务的需求，增强其发展能力。其次，加强对低收入农户的人力资本投资。完善片区劳动力培训和劳动力转移的社会服务体系，增加低收入农户的就业机会。最后，改善片区基础设施和发展基础。为低收入农户创业提供良好的设施和政策环境。

### （二）提高贫困标准，确立"发展型"贫困线

反贫困面临的最大问题是使低收入农户获得公平的发展机会和发展条件，而不是简单地解决温饱问题。"十三五"时期，江苏省应建立动态贫困标准，根据全省经济可承受的能力，适当、逐步提高贫困标准，加大帮扶力度，从"生存型"贫困线向"发展型"贫困线过渡，扩大扶贫覆盖面。对于未脱贫而有劳动能力的低收入农户，采取一户一策办法，实施"点穴式"精准扶贫；对未于脱贫而无劳动能力的低收入农户，由政府兜底，以户为单位纳入最低生活保障范围，确保实现同步脱贫。

### （三）夯实脱贫基础，加快发展工业和现代农业

首先，充分利用片区低劳动力成本优势。引进内外资，加快产业转移，吸收当地低收入户就业；其次，以"互联网+"为契机，促进互联网经济与农业经济的融合。顺应"大众创业、万众创新"的潮流，抓住互联网经济发展机遇，释放群众创新创业潜力；最后，以提升劳动力就业能力为手段，加强对片区低收入农户人力资源的开发，加大对片区扶贫教育的投入，落实和完善贫困地区"两免一补"等义务教育制度，保障低收入农户子女获得公平教育的权利，打破贫困代际传递的恶性循环。

### （四）培育农村新型社区，实现片区"跨越式"脱贫

首先，实施交通优先发展战略。"十三五"时期，江苏省应抓紧实施片区交通发展规划，加快片区铁路干线、高等级公路网络建设，为片区县域开发本地特色优势资源，实现与外部产业、市场的有效对接奠定基础。其次，完善城镇基础设施建设。片区所辖县级政府应根据上述目标要求调整和完善县城发展规划，着力加强对旧城区的水电、道路、通信等公共基础设施的改造。最后，按照产城融合的要求，谋划好南北共建园、商贸物

流园区的建设。在加强其生产生活基础设施建设的同时，尤其要注重加强教育、医疗卫生等配套公共设施建设，提高县城的人口承载能力，实现片区"跨越式"脱贫。

## 六 推进重点片区全面达小康的政策建议

### （一）加强扶贫资金管理，提高片区扶贫绩效

首先，建立片区专项资金项目、改善片区与非片区资金矛盾。在省一级建立片区专项资金账户，规划六大片区项目设计和完成计划；同时，增加对辖区内有片区规划县市的扶贫资金支持力度，改变当前从县市扶贫资金"总盘子"中支出片区扶贫资金的现状，缓解当前片区与非片区扶贫资金投放矛盾。其次，成立片区扶贫资金管理委员会，提升资金管理效率。建立省一级的片区扶贫资金管理委员会，协调财政、挂钩单位支付、县市财政配套以及其他资金投入四个方面的资金来源，在统一的平台中运作片区扶贫资金；制定严格的扶贫资金管理办法，规范各片区扶贫资金的使用。最后，加强对片区重大项目的审计和第三方监管，增加片区项目实施透明度，确保项目落在实处。建议出台专门文件，具体明确垂直管理央企和事业单位扶贫社会责任。同时，加强对地方政府扶贫工作的宣传，提高全社会对扶贫工作的重视程度。

### （二）落实农业产业化项目，提高低收入农户脱贫能力

首先，在加大基础设施建设力度的同时，重点发展片区产业项目建设。引进现代农业产业项目，加大招商引资力度，积极鼓励、引导企业到片区投资建厂，以增加低收入农户就业机会、提高低收入农户可支配收入为工作重点，改变传统片区存在的"等、靠、要"思维模式，增强片区低收入农户脱贫信心。其次，把选好农业项目摆在突出位置。坚持"贫困首选、产业优先、群众参与、效益第一"的原则，坚定不移地实施"产业拉动、项目扶持"战略。对于产业化项目，要严格按照"四依托""两能够"标准选好项目。"四依托"，即依托当地习惯上项目，依托市场上项目，依托龙头上项目，依靠"订单"上项目。"两能够"，即选择能够当年见效的项目和能够让农民长期受益的项目。最后，把切实提高低收入农户收入水

平放在首位。在项目确定上,坚持两个原则:群众参与原则,确定的项目必须是当地群众感兴趣、学得会、干得了、做得好的;政府认同原则,扶贫项目必须经县、乡政府认真筛选和论证,取得县、乡政府和村委会三方认可确定。

### (三) 推进第二、第三产业发展、提升片区经济发展水平

首先,加强职业技能培训,提升农村劳动力就业能力。积极引导就业能手和自主创业的企业家典型为农户提供专业的职业技能培训,建立职业技能培训机构,为农户提供就业指导;同时,政府定期公布就业信息,拓宽农民就业渠道,促进第二、第三产业协调发展。其次,鼓励支持片区农民自主创业。通过完善和强化产业扶持政策,促进农民自主创业,吸引社会资本投资兴业,提高乡镇企业发展质量,增强县域经济发展活力,多渠道促进片区低收入农户就业转移。再次,建议设立片区镇村第二、第三产业发展基金。向政府建议设立镇村第二、第三产业发展基金,即对县域内符合国家产业政策、都市生态环保型、成长性好、对壮大县域经济及吸纳当地劳动力就业有重大贡献、劳动密集型或创品牌、有地方特色的企业应给予奖励和扶持。最后,加大对第二、第三产业融资扶持力度。继续大力推进中小企业信用担保,促进银企合作,为片区第二、第三产业的中小企业提供资金支持。

### (四) 强化农村基础设施建设,加快城镇化步伐

首先,加强片区农田水利设施建设,稳定片区农业发展。未来应进一步巩固完善农田水利设施建设,加强片区灌溉用渠道及其田间建筑物,包括排涝用排水沟道、农田桥、涵、排水闸、排水站及抗旱用水源设施的建设,保障农田基本设施建设。其次,推进农村基础设施建设,为提升经济发展层次夯实基础。进一步推进片区农村公路建设、农村饮用水安全工程建设、农村能源建设、农村电网建设、农村信息化建设、人居环境建设以及教育文化卫生基础设施建设,巩固完善"新八有"建设,改善农民居住和出行条件,促进文化、教育、娱乐等现代服务业发展。最后,加快人口从经济薄弱村向片区主要乡镇转移。中心城镇对于促进乡村人口就地城镇化具有特殊作用,片区县域城镇化应在做大县城的基础上,进一步加强中心城镇的建设。

### （五）推动农村改革试验区建设，释放制度创新红利

首先，推动农村土地产权交易，促进土地高效流转。鼓励发展农村产权流转中介组织，提供资信评估、资质评审、流转信息、法律咨询等相关服务，探索采取评估、协商、仲裁等有利于产权流转的价值认定办法，促进土地集约化经营。其次，加强顶层设计和重构，多途径促进金融资本回归农村农业。创新涉农金融产品和服务手段，扩大涉农金融组织发展空间，完善政策性农业保险机制。积极引导金融机构涉农贷款的回收，在控制涉农贷款风险的基础上，扩大农村信贷配给。再次，创新农村社区管理体制，实现片区经济社会全面发展。树立立法理念，积极构建新型农村社区管理的法律制度体系，坚持把国家管理社区的公权力归还给社区及其社员。最后，设立新型社区居委会，因地制宜地设置社区监督和协调机构，下沉政府管理和便民服务职能，实现政府管理与社区自治的有效衔接。

# 革命老区产业扶贫模式、存在问题及破解路径<sup>*</sup>

## ——以赣南老区为例

李志萌　张宜红[**]

**摘　要：**产业扶贫是革命老区探索脱贫致富的内生性机制，是变"输血式扶贫"为"造血式扶贫"的关键路径，对于促进就业、拉动经济增长、带动贫困农户增收具有重要意义。赣南老区是中国革命的摇篮，也是全国贫困人口集中的地区，当地贫困人口占江西贫困人口总数的1/3。本文以赣南革命老区为例，探索产业扶贫经验模式、产业扶贫存在的问题及破解路径。

**关键词：**革命老区　产业扶贫经验模式　存在的问题　破解路径

"十三五"时期，我国扶贫攻坚进入啃硬骨头、攻坚拔寨的冲刺期，事关全面建成小康社会。《中共中央关于制定国民经济和社会发展第十三个五年规划的建议》提出了："实施精准扶贫、精准脱贫，因人因地施策，提高扶贫实效。"实施好精准扶贫、精准脱贫方略，产业扶贫是核心，可通过发展生产减少3000万贫困人口。"小康不小康，关键看老乡"，扶贫攻坚最艰巨、最繁重的任务在农村，特别是集中连片特困地区。赣南革命老区为中国革命做出了重大牺牲和贡献，是全国较大的集中连片特困地区，有11个罗霄山连片特困县、1419个贫困村，贫困人口众多、贫困面广，扶贫任务艰巨。产业扶贫是赣南老区探索脱贫致富内生性机制、变"输血式扶贫"为"造血式扶贫"的关键路径，对于促进就业、拉动经济增长、带动贫困农户增收具有重要意义。

---

[*] 本文为"江西现代农业及其优势产业可持续发展的决策支持"协同创新中心研究成果之一。
[**] 李志萌、张宜红，江西省社会科学院。

# 一 产业扶贫对老区发展的意义

## （一）产业扶贫是一种"造血式"扶贫

"造血式"扶贫模式，指扶贫主体通过投入一定的扶贫要素（资源）扶持贫困地区和农户改善生产和生活条件。产业扶贫则通过选择适当的产业，发展生产，促使贫困地区和农户利用地区比较优势进行产品生产，逐步走上脱贫致富道路，这种扶贫行为方式也被称为"开发式"扶贫模式。探索脱贫致富的内生性机制，变"输血式扶贫"为"造血式扶贫"，通过产业扶贫促进就业和拉动经济增长，从而带动贫困农户增收。

## （二）产业扶贫是贫困地区群众增收减贫的有效途径

谋划新形势下产业扶贫的科学发展是当下扶贫开发的战略重点和主要任务。产业扶贫是指以市场为导向，以经济效益为中心，以产业发展为杠杆的扶贫开发过程，是贫困地区发展、贫困农户增收、贫困人口减少的有效途径。丰富资源是形成生产力的初始禀赋要素之一，需要通过产业链开发建设，利用优势资源扩展市场，提高竞争力，增强扶贫效益，对贫困地区的扶贫开发工作起着相当重要的作用。

## （三）产业扶贫能挖掘当地的资源及传统优势

产业发展必须依据当地的资源禀赋，形成当地特色产业。老区大多地处山区，具有丰富的特产资源、地理标志资源、地方工艺品资源，具有发展特色农业、农林产品加工业、农业生态旅游、红色旅游、地方文化产业等特色优势产业的资源优势。应充分利用老区资源优势，大力发展特色产业，将资源优势转化为经济优势。

## （四）产业扶贫能启发当地民智，实现可持续发展

在现实的扶贫工作中，"造血式"扶贫模式源于扶贫实践，"授人以鱼，不如授人以渔"，通过增强贫困人口的自我发展能力，促使贫困者真正脱贫。产业扶贫是贫困地区优化产业结构的需要，同时也是地区形成主要产业、发展区域经济、实现可持续发展的需要。

## 二 赣南老区发展状况及产业扶贫模式探索

### （一）赣南老区经济社会发展状况

**1. 赣南老区经济社会发展水平较为落后**

赣南老区在经济总量、财政收入和居民收入水平方面均低于江西省全省平均水平。2014 年，赣州市人均 GDP、人均财政总收入、农村居民人均纯收入分别为 21745.32 元、3875.04 元、6946 元，分别是全省平均水平的 62.60%、65.37%、68.66%（见表1）。2012 年 6 月，国务院正式出台《国务院关于支持赣南等原中央苏区振兴发展的若干意见》，在全方位多领域努力推动赣南等原中央苏区实现全面振兴。

表1 2014 年赣州市及江西省主要经济指标

| 项目 | 常住人口（万人） | GDP（亿元） | 人均 GDP（元） | 财政总收入（亿元） | 城镇居民人均可支配收入（元） | 农村居民人均纯收入（元） |
| --- | --- | --- | --- | --- | --- | --- |
| 赣州市 | 847.81 | 1843.59 | 21745.32 | 328.53 | 22935 | 6946 |
| 江西省 | 4522.14 | 15708.6 | 34737.09 | 2680.5 | 24309 | 10117 |
| 赣州占全省比重(%) | 18.75 | 11.74 | 62.60 | 12.26 | 94.35 | 68.66 |

资料来源：江西省、赣州市 2014 年国民经济和社会发展统计公报。

自 2012 年《关于支持赣南等原中央苏区振兴发展的若干意见》出台以来，以赣州为代表的赣南老区减贫进程加快、扶贫工作成效显著。截至 2014 年底，赣州扶贫对象由"十一五"末的 215.46 万人减少到 105.06 万人，脱贫 110 多万人；贫困发生率为 14.28%，比"十一五"末下降了 15.6 个百分点，比全国和江西省分别高出 5.6 个百分点、8.1 个百分点，减贫速度明显快于全省和全国的平均水平（见表2）。这主要得益于赣南老区有针对性地扶持贫困群众，使其能直接参与直接受益、稳定增收的产业项目，并创造出了一些卓有成效的产业扶贫经验模式，从根本上加速了脱贫步伐。

**2. 赣南老区自然资源禀赋与特色产业鲜明**

赣南立足自身资源禀赋，发挥比较优势，形成自身的产业布局。一是赣南气候适宜、生态良好，适合粮食种植以及柑橘、蔬菜、油茶等农作物

表 2 赣州市贫困人口与贫困发生率与全省、全国对比

| 年份 | 赣州市 贫困人口（万人） | 赣州市 贫困发生率（%） | 江西省 贫困人口（万人） | 江西省 贫困发生率（%） | 全国 贫困人口（万人） | 全国 贫困发生率（%） |
|---|---|---|---|---|---|---|
| 2010 | 215.46 | 29.88 | 385 | 15.2 | 17706 | 17.2 |
| 2011 | 194.88 | 26.76 | 438 | 12.6 | 12800 | 13.4 |
| 2012 | — | — | 385 | 10.8 | 11006 | 10.2 |
| 2013 | 139.6 | 18.93 | 328 | 9.2 | 8249 | 8.5 |
| 2014 | 105.06 | 14.28 | 276 | 7.7 | 7017 | 7.2 |

注：2010年数据均按农民人均纯收入2300元（2010年不变价）为新的国家扶贫标准进行换算。

资料来源：全国、江西省、赣州市2010~2014年国民经济和社会发展统计公报、统计年鉴。

生长。2014年，赣州市脐橙种植面积达168.36万亩，世界第一，产量达122.27万吨，世界第三、亚洲第一，"赣南脐橙"以53.89亿元的品牌价值居全国农产品价值榜榜首；油茶种植面积达230万亩，全省第二，年产油量达1.2万吨，年产值达36亿元。二是赣南老区形成了以稀土、钨的开采和应用为核心的资源型产业。2014年，规模以上工业主营业务收入突破3000亿元，达3002.8亿元，增长14.9%。其中，稀土与钨产业集群主营业务收入率先突破千亿元，主营业务收入超300亿元的产业集群达到5个。三是历史文化资源丰厚。赣南苏区旅游资源丰富，是我国革命摇篮，具有深厚的红色文化传统和众多革命历史遗迹，赣南具有浓厚的客家文化传统。依托红色文化、客家风情、围屋古村的旅游资源，旅游业初具规模（见表3）。

表 3 依托资源形成的主要特色产业

| 产业类别 | 资源及产业 | 产业特色 | 品牌 | 影响力 |
|---|---|---|---|---|
| 农业 | 脐橙、油茶、烟叶、蔬菜、茶叶、生猪 | 赣南脐橙、油茶的种植、加工 供港生猪养殖基地 | "赣南脐橙"品牌价值53.89亿元，居全国农产品价值榜榜首 | 脐橙种植面积世界第一，产量位居世界第二、亚洲第一 |
| 工业 | 稀土、钨 | 稀土、钨开采和精深加工 | "世界钨都"和"稀土王国" | 全国稀土、钨产业集群及研发创新 |
| 旅游业 | 红色故都瑞金、客家围屋古村、赣江和东江源头 | 红色、绿色、古韵特色旅游产业 | 红色故都、客家风情、江南宋城、生态家园 | 红、绿、古交相辉映，全国重要的旅游目的地 |

2014年，赣州市旅游业接待总人数达3502.8万人次，增长35.2%；旅游总收入达279.6亿元，增长35.2%。同年，赣州获批创建国家电子商务示范城市，加快促进商品和各种要素的流动，电子商务交易额达117.5亿元，增长230%。

### （二）产业扶贫模式探索

**1. "龙头企业＋合作社（基地）＋贫困农户"产业扶贫模式**

通过构建贫困户与龙头企业、农民合作社、家庭农场、专业大户等紧密型利益联结机制，扶持农民专业合作社或协会带动贫困农户发展。这种模式在赣南老区脐橙、油茶、蔬菜和生猪发展中较为常见。2014年，赣南脐橙销量达122.27万吨，种植户人均年收入7500元，直接带动30多万贫困农民脱贫。从实践来看，该模式有利于加快农业产业化进程，提高农业比较效益，对于带动贫困农户脱贫致富具有积极的作用。

**2. "政府＋金融机构＋龙头企业（合作社）＋贫困户"产业扶贫模式**

产业选择、农民合作社、融资平台、运行机制"四位一体"全方位扶持带动贫困农户发展。赣南会昌县推行贫困户直接向金融机构申请农民住房产权抵押贷款的措施，农户将所贷资金投入龙头企业（合作社），获得入股分红；或由金融机构以最优惠的政策向龙头企业（合作社）发放产业扶持贷款，龙头企业（合作社）根据获得的信贷规模按1万元扶持1户贫困户的标准，履行精准扶贫义务，县里按贷款金额5%的年利率为龙头企业（合作社）提供利息补贴，龙头企业（合作社）按贷款本金计利每月最低不少于千分之五对贫困户进行保底分红。截至2014年底，会昌县15875户有劳动能力的贫困户中有1.2万户通过这种模式增加收入，每户贫困户每年至少获得600元的入股分红。

**3. "互联网＋"产业扶贫模式**

通过搭建电商平台，让生产特色农产品的贫困群众与买家无缝对接，让更多游客体验赣南老区生态、红色、客家文化旅游，从而带动贫困农户脱贫致富。宁都县和于都县作为国家级电子商务进农村综合示范县，大力发展电商产业平台，依托点对点电子商务销售模式，实现农副产品销售价格和数量翻番。目前，赣南老区搭建并利用电子商务平台销售"赣南脐橙"的数量已超过销售总量的10%；探索出"互联网＋旅游"产业扶贫新模式，旅游人次和旅游收入明显增加。从实践效果来看，"互联网＋产业扶贫"模式将生产、流通以及消费带入了一个网络经济、数字化生存的新天地，有效地降低了交易成本，增加了贫困农户收入。

**4. "移民搬迁进城进园"产业就业扶贫模式**

结合新型城镇化和工业园区发展，扶持贫困农户进城进园务工就业，一方面提高贫困农户收入，另一方面解决了新型城镇化人口来源和工业园区缺工问题。赣州市以户籍改革为契机，积极探索和实践一种新的扶贫模式——移民搬迁进城进园集中安置。其中，龙南、于都两县被列入省级移民搬迁进城进园试点县。截至 2014 年底，赣州市 12 个县（市、区）进城进园试点项目稳步推进，99 个乡镇、中心村集中安置点已开工建设。从实践效果来看，该模式有效促进了扶贫开发与新型城镇化、工业化相互支撑、融合联动。

## 三 产业扶贫存在的问题

产业扶贫不完全等同于产业发展，它以产业为基础，以扶贫为目的。调查发现，赣南老区产业扶贫虽然取得了一定的成效，但由于思路和方式的局限，老区产业扶贫仍然存在四大矛盾，具体表现如下。

### （一）种植品种单一与农业生物多样性需求的矛盾

赣南脐橙种植面积已成世界第一，脐橙产业是当地农民脱贫致富的重要支撑。但脐橙品种结构和产品熟期比例严重失衡，每年 11~12 月成熟的中熟脐橙品种高达 99%，10 月前和 12 月后成熟的品种不到 1%，成熟期集中造成鲜果扎堆销售、果农低价抛售的现象严重，市场价格波动较大。此外，随着脐橙种植面积的快速扩张，其生命的脆弱性逐渐显现，因病虫害增加及抵御危险性病虫害的技术能力较差，只能通过农药、化肥等使用增量来确保收成，对环境和生态造成破坏，农产品成本上升、品质下降。2013 年以来，信丰、寻乌多地脐橙黄龙病的规模性暴发，使脐橙大面积绝收减收，农民收入锐减。发展多种经营以保持农业生物多样性来促进扶贫产业及其优质产品持续增长迫在眉睫。

### （二）家庭分散经营与生产集约现代化需求的矛盾

赣南老区农业仍以家庭分散经营模式为主，土地分散在不同农户家庭手中，农民组织程度低。截至 2013 年底，赣州市流转土地面积达 656.9 万亩，土地流转率仅为 12.5%，低于全省同期 20.5% 的平均水平；截至 2014 年底，赣州市农民合作社覆盖农户比例仅为 4.86%，远远低于全省同期 10.07% 的平均水平，家庭分散经营与农业集约现代化生产需求之间的矛盾较为突出，难以形成优质农业生产模式和规模效应。

### （三）扶贫产业链短与"接二连三"利益链延长的矛盾

赣南老区依托脐橙、油茶、蔬菜等农业特色资源带动农户脱贫致富，但均没有形成具有全国影响力、高品质的绿色知名品牌。赣南老区农业产业大多以初级产品供给为主，产业链条短，大型龙头企业数量少、规模小，2014 年，赣州市拥有省级以上龙头企业 82 家，仅占全省的 9.6%；农产品加工值与农业产值比不到 1，低于全省平均水平。可见，赣南老区农业产业链条短和农产品加工深度不够，与全省农业发展"接二连三"利益链延长的趋势相矛盾，这将导致农产品附加值低、市场竞争力与抗风险能力差、农民增收难，进而影响产业扶贫成效。

### （四）单一融资模式（政府）与产业扶贫较大资金需求的矛盾

赣南老区产业扶贫资金需求较大，而贫困农户自身发展产业资金有限，融资渠道因缺乏必要的担保物而受阻，资金不足严重制约扶贫龙头企业发展。自 2012 年以来，虽然赣州市连续 3 年每年投入 1.8 亿元产业扶贫专项资金，但仍然是杯水车薪。仅靠以政府财政投入为主导的传统的单一扶贫融资模式无法适应农业产业化与规模化发展的需求，这在一定程度上将影响产业扶贫的推进。

## 四　破解路径

### （一）产业选择与当地规划、资源特色相统一

从区域资源环境实际出发，制订产业扶贫规划，把产业扶贫纳入"十三五"精准扶贫规划，充分发挥帮扶地区的区位优势、生态和资源特色，大力发展农林牧渔、农工旅复合发展的特色产业；打造绿色品牌，开发销

售优质脐橙、油茶、甜叶菊、蔬菜等特色绿色食品、有机食品、无公害产品等，并将优质品牌农产品推向市场；发展高附加值的设施农业、休闲观光农业、绿色农业，培育新的增长点。

### （二）"产业链条"与"生态链条"耦合统一

赣南老区发展与环境矛盾日益突显，环境破坏必然影响农产品质量及产出水平。为此，要在发展中保护生态环境，把产业链与生态链有机统一起来，借鉴贵州"草地畜牧业与石漠化治理"结合的晴隆模式，云南丽江"美丽种籽"保护生物多样性扶贫模式，按照生态修复与农业种养方式转变相结合的原则，大力推广赣南特色的"猪-沼-果"等生态、循环、低碳农业模式，加快发展油茶等具有生态功能性的农林产业，使生态环境得到根本性的改变，实现生态扶贫与农业产业扶贫互相促进，从而达到良好的耦合效果。

### （三）龙头企业（合作组织）与农户利益相统一

一是加大力度培育与扶持龙头企业。加快合理的土地流转，提高农业集约化生产经营。鼓励和引导有雄厚实力的企业发展绿色食品加工业，重点扶持市场前景好、辐射带动能力强、吸纳农村就业人口比例大的农产品加工企业，实现产业扶贫示范基地与龙头企业对接、产业扶贫综合示范园区与整村推进对接、扶贫产品推广中心与生产基地销售市场对接。二是构建多元主体参与的农村经济合作组织。引导贫困农户联合起来成立各种合作经济组织，提高农业产业化经营的组织化程度，形成参与式治理模式。通过建立健全"龙头企业+合作社+农户"的利益联结机制，实现三者深度融合，让农户分享"接二连三"链条增值效益，促农户增收、脱贫致富。

### （四）产业扶贫资金投入与金融扶贫创新相统一

一是加大政府产业扶贫资金投入。受发展环境的限制，短期内很难有大量的商业性资金进入赣南老区，需要政府加大转移支付和各种专项扶贫资金的投入力度，以缓解产业扶贫资金的"瓶颈"制约。二是大力推进金融、工商资本支持产业扶贫。发挥政府财政扶持资金撬动功效，促进金融、工商资本支持产业扶贫，把产业链向农村延伸。三是创新产业扶贫融资模式。建立财政性贷款担保机制，切实解决贫困农户贷款缺乏担保的问题；建立金融对口援助扶贫机制，提高扶贫贷款贴息率，延长补贴时间；建立扶贫风险机制，把扶贫产业纳入商业保险，并对保费进行补贴。

### （五）产业科技带动与技术创新推广相统一

一是在产业扶贫过程中推广新品种、应用新技术。通过龙头企业和专业合作社推广优良品种，并通过其辐射带动，促进农产品生产基地建设。二是建立贫困村科技服务站。以科技示范户、科技种养能人、农业技术员为主体，组织成立技术经济服务站，建立科技电子信息、"互联网＋"平台，为农民提供产前、产中以及产后的一体化服务。三是创新农村科技培训。充分利用农村设施以及现实条件，以通俗化的语言、有针对性的方式，开展不同渠道、不同形式的科技培训，为产业科技扶贫提供更多合格的劳动者、职业农民，配合基础教育，提高贫困地区人口素质，阻断贫困人口的代际传递。

### （六）扶持贫困户脱贫致富与贫困地区经济发展相统一

地区经济发展是扶贫开发的基础，需要构建多元化的产业扶贫体系。要积极发展绿色农业，把赣南建成世界优质脐橙、油茶产业基地和全国重要特色农产品有机食品精深加工基地；积极利用稀土、钨等战略性资源，建设国家一流并在国际市场上具有较强竞争力的稀土、钨金属产业集群及研发创新基地；大力发展红色摇篮、客家文化、东江探源等"红、古、绿"特色旅游产业，探索旅游扶贫新模式；适应"互联网＋"发展，促进第一、第二、第三产业高度融合，加快农业现代化与新型工业化、城镇化互动融合，在优先解决民生问题的同时，加快基础设施和生态环境建设。把扶持贫困户脱贫致富与扶持贫困地区发展经济融为一体，实现赣南老区人民与全国同步实现全面小康。

**参考文献**

[1] 谭贤楚：《"输血"与"造血"的协同——中国农村扶贫模式的演进趋势》，《甘肃社会科学》2011年第3期。

[2] 胡振光、向德平：《参与式治理视角下产业扶贫的发展瓶颈及完善路径》，

《学习与实践》2014年第4期。
[3] 王振颐：《生态资源富足区生态扶贫与农业产业化扶贫耦合研究》，《西北农林科技大学学报》（社会科学版）2012年第6期。
[4] 张慧君：《赣南苏区产业扶贫的"新结构经济学"思考》，《经济研究参考》2013年第33期。
[5] 章康华：《创新产业扶贫方式 提高产业扶贫效果》，《老区建设》2014年第15期。
[6] 冬唯：《以"产业扶贫"破解天津市贫困乡村造血难题》，《中国商贸》2014年12期。

# 城乡一体化背景下青海藏区创新社会治理的差异化路径

苏海红[*]

**摘　要：** 在城乡一体化发展的背景下，协调好藏区城镇化与社会治理、生态环境之间的关系，是促进重要生态功能区城镇化与生态良好、社会稳定、和谐发展的关键。青海藏区地处青藏高原，长江、黄河、澜沧江发源于此，被誉为"中华水塔"，由于自然地理及多民族、多宗教的历史沿革，经济基础、社会结构、区域布局、民族构成和生态环境等具有一定的特殊性，构建和谐社会和创新社会治理具有与其他区域不同的特点。本文结合青海藏区城镇、农村、牧区等不同区域实际，研究探索提出具有藏区特点的构建和谐社会与创新社会治理的差异化路径。

**关键词：** 青海藏区　高寒牧业　社会治理　差异化路径

青海藏区属于高原高寒牧业区，其自然地理及多民族、多宗教的历史沿革，经济基础、社会结构、区域布局、民族构成和生态环境等具有一定的特殊性，构建和谐社会与创新社会治理不仅要结合这些特殊区情，还要针对城镇、农村、牧区、寺院等不同社会状态，形成多元化的社会建设与社会治理格局，在发展经济中突出生态保护和民生改善，在社会发展中突出民族团结和宗教和顺，在科学治理中突出民主化和法治化，最终探索出一条符合实际并具有青海藏区特色的构建和谐社会与创新社会治理的差异化路径。

---

[*] 苏海红，青海省社会科学院。

## 一　服务社区化与治理规范化的藏区城镇路径

青海藏区城镇是人口相对集中、经济相对繁荣的地区，具有集聚、规模、组织辐射等功能效应，不仅是青海藏区政治、经济、文化、教育和信息中心，也是和谐社会与社会治理的重点建设区域。

### （一）青海藏区城镇人口分布及其诉求特征

随着城乡一体化的推进、经济体制的变革、利益格局的调整、思想观念的变化，社会问题和社会矛盾在城镇尤为集中和突显，居民在就业、房屋拆迁、环境保护、产品质量等方面的诉求较多，使青海藏区城镇社区的社会治理显得极为重要。

**1. 城镇人口少且分布广**

2014年末，青海省常住人口583.42万人，按城乡分，城镇290.40万人，占49.78%；乡村293.02万人，占50.22%。少数民族人口274.09万人，占46.98%。近70%的人口分布在境内自然条件较优越的西宁市和海东市，青海藏区6个自治州尽管面积广但常住人口仅占全省人口的30%左右，人口密度不到3人/平方公里，人口分布极不平衡，且城镇人口增幅较大，社会治理难度较大。

**2. 城镇人口构成复杂**

进入21世纪以来，青海藏区人口城镇化表现出几个特点：一是人口城镇化不完全，随着游牧民定居等生态性迁移工程的实施，不少牧民生活在城镇社区，但仍未完全脱离农牧业，就业渠道狭窄；二是城镇空间结构失衡，中心与边缘发展差距不断扩大；三是产业结构失衡，受生态保护的影响，资源型工业发展受限，以传统服务业为主的第三产业也处于起步发展阶段，加之要素结构与经济动力的失衡因素，使藏区城镇社会治理难度进一步增大。

**3. 社会治理难度大**

随着个性意识和维权意识的逐步增强，面对历史上欠账过多的社会发展和民生问题，青海藏区城镇居民对基本民生方面的诉求较多，主要集中在就业难、收入差距大、社会保障滞后等方面。尽管近年来青海实施的"小财政大民生"的举措有效推进了基本公共服务均等化，但与青海藏区城镇居民的现实需求还有一定的差距，加之社会转型时民众的焦虑情绪以及民族宗教因素，维护社会稳定的形势较为严峻，社会治理难度大。

基于青海藏区城镇人口的基本特点，构建和谐社会与创新社会治理应选择以政府推动为主、以社区单位为辅的服务社区化与治理规范化的城镇路径。

### （二）城镇服务社会化与治理规范化的构建

围绕青海藏区州府所在地主要城镇的和谐社会与社会治理的建设组织体系，以集中化政务服务为平台、信息化技术为支撑、基础保障为重点，以延伸公共服务治理为主线，整合社区管理与服务资源，将网格化管理理念延伸至社区，实现服务和治理的全覆盖，走藏区城镇服务社会化与治理规范化的路径。即按照地域相近、楼宇相连、邻里相识的原则，把辖区划分为若干个网格，使人进户、户进房、房进网格、网格进图，做到"网中有格，格中定人，各负其责，全面覆盖"。

**1. 变被动为主动，服务于群众矛盾调处和权益保障**

组建社会治理网格基础队伍，整合体制内与体制外的基层力量，建立以基层处置力量为主的区、街道、社区"三级平台、四级管理"矛盾调处和群众权益协调模式。以社区、单位为基础，依据地理状况、区域属性、人口分布等要素，合理划分网格单元，构建完善的社会服务治理网络。如海北藏族自治州西海镇依托社区综治维稳工作站，采用综治、信访、司法、人民调解、警务、禁毒、流动人口服务管理、安全生产、反邪教、消防安全整治"十位一体"工作模式，形成了"上面千条线"汇聚到"基层一张网"的工作格局。

**2. 以精细化与责任化统筹协调推进**

分类指导与分步推进相结合，将治安防控、综合执法、矛盾调解、流动人口和矫正帮教五大类内容逐个分成众多细项，并将网格评定为一般治理、重点治理、综合治理等不同等级，突出治理重点，提升治理实效。同时，协调整合各类力量，包括整合人力资源，切实解决因多头治理造成工作合力不强、工作效率不高等问题，增强工作合力，提升网格运行效率。

**3. 以"社区服务+社区单位+社会组织"构成多元化基层治理格局**

充分发挥社区和社区单位及社会组织的作用，注重社区与地处社区单位的大力合作，借助社会组织力量，通过居民议事、恳谈会、网络巡查、志愿服务等渠道，对于社区无法解决的问题，区分不同责任主体直接分流送达街道、直属单位、社会组织来协调解决，实现社区、街道、单位、社会组织的整体联动，形成基层社会多元化治理的格局。

### （三）城镇社会服务与治理机制的完善

当前，青海藏区城镇社会服务及社会治理亟待解决以下问题：一是社区的治理体制不顺、职责不明、负担过重；二是社区矛盾纠纷得不到及时化解、居民诉求难以得到及时回应；三是流动人口和特殊群体的服务管理工作不到位；四是部分相关部门向社区派驻专职工作人员的协管员模式尚存在人员素质不高、人员固定配备、配置效率低下、工作效率不高的问题；五是社区信息化建设中存在多次采集、难以及时更新、各自为政、无法共享的问题。

解决这些问题，需要坚持把加强社区建设作为社会服务及治理创新的重要基础性工作，围绕"社情全摸清、矛盾全掌握、服务全方位"的目标，以建立社区网格化综合服务机制为切入点，大胆创新，在提升基层社会服务能力上积极作为。一是按照政府购买服务的方式，公开招聘组建一支社区服务队伍，在社区党组织、居委会的领导下，主要负责政府各部门延伸到社区的公共服务工作，构建"人口基础信息、社会矛盾联动化解、社区综合服务"三大系统，努力实现社情民意全面了解、矛盾纠纷及时化解，为民服务全面周到、社区和谐稳定的目标。二是建立基层多元化治理机制，实行社区直选和兼职委员制，在社区直接差额选举社区党组织、居委会成员的同时，鼓励社区单位代表、社会组织负责人、居民代表经过民主选举担任社区委员会兼职委员，提高居民、社区单位在社区事务中的"话语权"，促进社区共建共享。三是加大投入力度，构建基层社会服务与治理创新的保障体系，将社区建设纳入改善民生的投入重点，真正有效解决社区基础设施建设、信息化建设、人才编制、工作经费、人员报酬等现实问题，确保基层社会服务和治理创新取得实效。

## 二 村委会与合作社服务治理一体化的青海藏区农村路径

青海藏区农业区绝大部分农业生产总体上处于靠天吃饭的状态，具有特殊的自然地理环境及发展特质，需要因地制宜地探索社会服务和社会治理路径。

## （一）青海藏区农村发展的基本特征

青海藏区农村小块分布于水热条件较好的河谷地带，城乡一体化发展加强了城乡生产要素的流动，一方面，农畜产品集散地和加工业发展带动了青海藏区农村人口由分散走向集中；另一方面，更多农民参与市场经济活动，为农业专业合作社的建立健全和农业集约化、产业化经营创造了条件。但青海藏区农村多为山区，海拔高、自然条件差，基础设施建设较薄弱，公共服务财力支撑不足，社会事业投入不足，劳动者技能素质较低，加之正处于经济转型、社会转轨时期，发展仍然较为滞后，和谐社会建设和社会治理的基础十分薄弱。

基于青海藏区农村的基本特点，构建和谐社会与创新社会治理应遵循政府推动为主、村委会和合作社服务治理一体化的农村路径。

## （二）农村村委会和合作社服务治理一体化推进路径

农村村民委员会是县、乡（镇）政府以下设置的一级农村基层群众性自治组织。推行青海藏区农村村委会和合作社服务治理一体化，应按照便于管理、便于服务、便于村民自治、便于广泛参与的原则，围绕藏区农村发展实际，着眼于农村经济社会发展与社会治理的统筹推进，以行政村为社区，以农业合作社为单元，将"人、地、物、事、组织"等纳入管理，形成政府治理和公共服务资源向农村延伸集聚的治理路径。

**1. 建立村委会为主、合作社为辅的服务治理主体**

农民专业合作社以自愿、自治和民治为基本特征，提供农业生产资料的购买，农产品的销售、加工、运输、贮藏以及与农业生产经营有关的技术、信息等服务。由此，要推进青海藏区农村社会发展以及农民收入增长，构建和谐社会与创新社会治理应针对农村发展和农民实际需要，在充分发挥村委会作用的同时，积极发挥合作社在特色农业发展方面的组织服务作用。

**2. 建立政府管理和公共资源面向农村的延伸体系**

为加快推进青海藏区城乡公共服务一体化步伐，村委会可整合驻村干部、综治特派员、服务代办员、村干部等人员，借助人口管理、法律援助、排查化解矛盾、治安联防、信息收集等重点工作，围绕服务和治理实际，逐步实现公共资源向农村的延伸和集聚。海北州门源县通过实行"三官两员"进村入户、乡干部联社承包、农村治安"十户联防"等制度，不仅做到了"知情、化怨、解结、顺气"的基础性服务工作，也较好实现了政府治理和公共资源向农村延伸的实效。

**3. 建立使村民生活市民化的新型农村社区化治理体系**

主动适应城乡一体化发展趋势，把城镇社区的治理理念拓展、延伸、嫁接到新农村建设中，探索建立以便民、利民、安民、助民、富民为出发点，由村党组织牵头、以合作社为网格单元、群众广泛参与的农村新型社区化运行机制，充分发挥民间社会组织、民间骨干成员在社会治理服务中的作用，逐步把相关职能部门的职责纳入"网格化管理、组团式服务"当中。同时，不断更新升级数据库，使网格内群众的信息更加详细、全面、动态；改革农村旧的管理和服务模式，拓宽村级组织的服务功能，推进农村基层组织的创新与发展。

### （三）农村社会服务与治理机制的完善

一是强化组织建设。按照村民自治原则，依托现有的"两委"班子和合作社组织，积极组建社区化服务领导机构。特别应加强农村基层党组织、村委会以及合作社组织建设，真正将那些政治素质高、有能力、勇于创新、农民信得过并能够带领农民致富的人进入党支部、村委会或合作社，充分发挥其社会治理的职能。二是深化农村综合改革，破解城乡二元体制，推进农村社区基本公共服务均等化水平，加强以基础教育、公共医疗卫生和社会保障事业发展等为重点的公共服务，加大社会建设投入力度，健全公共服务体系，不断缩小农村社区与城镇社区发展的差距。三是构建农村社区稳定发展的长效机制。结合当前农村社会中存在的一些社会矛盾，改进政府服务职能，构建民众情绪排解机制；通过制度的整合，完善社会系统整合机制；增强民主意识，建立社会冲突调控机制；培育社会自我调节机制。

## 三 牧委会、合作社与民管会综合协作的牧区多元治理路径

牧业区是青海藏区的主要组成部分，辽阔的天然草原呈连续性带状分布，草原畜牧业是青海藏区经济发展的基础。牧区民族众多、宗教多元、

宗教教派复杂，宗教问题又往往与民族、社会问题错综交织，宗教教职和信教群体的和谐稳定在青海乃至全国和谐社会建设大局中具有举足轻重的地位。针对特殊的自然环境、产业基础、人口构成、民族宗教和社会发展，牧业区构建和谐社会与创新社会治理不仅要注意面上的推进，更要注重点上的突破，通过寺院管理这个点的突破，以点带面，扩大社会服务与治理的成效，积极探索符合藏区牧业区实际的特殊社会服务和社会治理模式，是构建和谐社会与创新社会治理的重中之重。

## （一）青海藏区牧业区发展特征

### 1. 基本状况与发展特征

青海藏区牧业区地域辽阔、人口分散、经济社会发展滞后。一是经济发展受到诸多限制，经济总量小，主要以畜牧业为主，生产资料聚集程度低，生产生活等方面的社会化程度低，要素配置仍然主要依靠政府的调节、引导甚至干预。近年来，通过发展生态畜牧业的集约化、生态旅游业以及民族手工加工业，青海藏区牧业区经济社会得以快速发展。二是人口少且居住分散，县级人口规模平均仅2万~3万人，小城镇建设形不成规模，产业支撑不够，吸纳牧民人口也十分有限，尽管近年来实施的游牧民定居工程加快了人口在城镇的集聚程度，但城乡一体化任务仍然十分艰巨。三是民族特色明显，宗教氛围浓郁，藏民族基本上全民信教，寺院分布众多。在"藏独"势力渗透、分裂活动不断猖獗的新形势下，青海大力宣传和增强广大僧尼作为国家公民的归属感、荣誉感、责任感，通过"管理以服务为依托、服务以管理为导向"的"平安寺院"建设和民族团结进步创建工作，推进了宗教寺院的社会治理创新，促进了宗教的和顺。四是高原地貌复杂多变，拥有纯净原始的生态环境、雄奇独特的自然景观、风格迥异的人文古迹、博大精深的文化遗产，蕴藏着十分丰富和独特的生态旅游资源，藏区牧业区的生态文化旅游业发展前景十分广阔。五是生态环境极其重要和脆弱，地处三江源，是长江、黄河、澜沧江的发源地，作为全国重要的生态功能区和全国唯一的国家级生态保护综合试验区，经过多年努力，青海藏区牧业区生态环境和水源涵养功能得到一定程度的修复，减缓了继续恶化的趋势。

### 2. 主要问题

一方面，经济基础薄弱，改善民生的任务繁重。青海藏区牧业区由于经济发展比较落后,行政覆盖网络较为稀疏,公共服务覆盖面大,推进基本公共服务均等化难度大,治理成本高,使得人及生产要素高度分散与政府集中提供公共产品能力之间的矛盾比较突出。以果洛州为例,人口居住高度分散,人口密度仅 2 人/平方公里,是青海和全国平均水平的 1/4 和 1/69,平均 2000 平方公里设置一个乡。远离经济发展中心,服务半径大,治理成本为内地两倍多,加之社会发展历史欠账多,推进基本公共服务均等化的难度较大。同时,稳定增加牧民收入的渠道窄、统筹城乡一体化发展的难题多,加之保护生态环境压力较大,为修复草原生态而实施了"减人减畜"等工程,当前青海藏区牧民的民生问题成为牧业区的重点和难点。

另一方面,社会稳定与民族宗教工作面临诸多挑战。随着青海藏区牧业区市场化和城镇化进程的逐步加快,越来越多的少数民族向城镇转移,越来越多的外来人口和务工人员进入牧区,不同民族、不同信仰群众间的思想碰撞频繁加大,文化传统、宗教信仰、生活方式和风俗习惯等差异显现,涉及民族关系的问题增多,涉及民族宗教因素的矛盾纠纷增多,加之各种治安问题,在一定程度上成为青海藏区牧业区不稳定因素。同时,境外敌对势力对藏区牧业区的分裂渗透活动从没有停止过,反分裂反渗透、维护地区安定的形势依然严峻。由此,新形势下构建和谐社会与创新社会治理的任务更为复杂、紧迫和艰巨。

基于青海藏区牧业区人口的基本特点,构建和谐社会与创新社会治理应选择以政府推动为主,点面结合,牧委会、合作社与民管会综合协作的牧区多元治理路径。

### (二) 牧区牧委会、合作社与民管会综合协作的多元治理路径构建

**1. 构建牧委会、合作社与民管会为主的服务治理组织体系**

寺院民主管员委会(民管会)是寺院内部宗教人员实行民主自治管理的群众性组织,主要负责做好寺院的寺务和其他有关事务。青海藏区牧业区要实现社会长治久安,其社会建设和治理创新的关键在于基层。面对藏区牧业区基层社会服务治理在体制、机制、方法和手段方面滞后于经济社会发展的实际,应着力加强牧委会、牧业合作社以及民管会等基层组织体系建设和工作网络体系的建立健全,有效整合各种信息和资源,推动以基层党政组织为核心、综治维稳组织为骨干、群众自治组织为基础、城乡

社区组织为依托的服务治理体系。

**2. 搭建牧业区基层服务治理平台**

针对青海藏区牧业区地域面积广而游牧民居住较分散的特点，为提供更优质的社会服务，使边远牧民也能够快捷便利地解决所要办理的事务，将社会服务和社会治理延伸到最基层，应积极搭建基层服务治理平台，整合综治、宗教事务等各部门力量，推进便民服务大厅建设。例如，海北州祁连县峨博镇在夏季将便民服务大厅迁至牧民夏季草场，进行集中办理，率先在全省建立了第一个"夫妻警务室"，大到办户口、办身份证、维护地方治安，小到为牧民群众捎带生活用品、解决家庭纠纷，通过牧区基层服务与治理平台的建设，保障基层牧区的社会稳定和谐。

**3. 着力发挥民管会在多元协作寺院服务治理中的作用**

青海藏区牧业区主要分布有700多座藏传佛教寺院，寺院社区的社会服务与管理是青海藏区牧业区的关键。首先，树立寺院社区大治理的理念，将寺院作为藏区牧业区社会中的一个基本单元，授予民管会参加建设相应的责权利，并确保与政府及社会各单位组织间的信息对称性，使之融入和谐社会建设中。其次，采取因寺制宜的小治理路径，确定寺院的综合精细化治理方式。如海南藏族自治州兴海县千卜录寺充分发挥民管会作用，一是明确寺院的分级管理，属于牧委会管理的，应落实其对寺院日常管理的工作机制和责任制度，实现了"以寺养寺"；二是落实寺院的治安管理，在大中型寺院设立派出所或警务室，建立寺院僧尼信息的管理平台，将宗教活动场所纳入社会治安综合治理体系，由被动应急向主动治理转变；三是理顺寺院的内部管理，积极吸收格贵等主要传统僧尼为民管会成员，合理细化层级分明、职责明确的内设管理机构，把民管会的管理职能延伸到扎仓和僧舍，进一步增强民管会与传统僧团管理组织间的协调性和顺畅性；四是实行寺院的社会监督，成立由牧委会干部、牧业合作社、信教群众和宗教界代表人士组成的内部管理评议委员会，围绕寺院的人事调整、财务管理、重大宗教活动开展评议，实现寺院内部管理的有效监督；五是促进寺院社会治理和公共服务的相辅相成，将宣传、城建、司法、综合治理、医疗卫生、文物管理等相关党政部门的管理职能延伸到宗教场所，加大各行业对寺院的指导，有效形成社会治理的合力。与此同时，在把寺院纳入全社会公共服务范围的基础上，进一步加大对寺院水、电、路等基础设施的投入力度，进一步扩大将教职人员纳入社会保障的覆盖面。

**4. 着力发挥牧业合作社在多元协作寺院服务治理中的作用**

牧业合作社是以把牧民组织起来，实行股份制，自愿入股，草场、土地流转，集中养殖，集约生产，规模发展，统一出售，年底分红为前提的社会组织，能够极大提高牧民抵御市场风险的能力，提高畜牧业效益。深化畜牧业产业化经营是青海藏区牧业区发展现代畜牧业的重要内容，而牧业合作社的成立是提高牧民组织化程度、推进畜牧业产业化的最有效措施。近年来，青海藏区牧业区围绕草原畜牧业大力发展牧业合作组织，充分发挥养殖大户、经营能手、龙头企业等各层面在服务管理中的优势，进一步完善服务功能，突出生产经营、技术服务、销售合作服务，明确维护社员利益、降低生产成本、增加社员收入的目的，牧业合作社在牧业区社会服务治理中发挥了信息传递、技术指导的组织优势。

## （三）牧业区社会服务与治理机制的完善

新形势下青海藏区牧业区的社会服务与治理工作既要发挥传统优势，激发宗教服务于社会的积极性，又要创新治理方式方法，完善政策体制，建立务实的长效机制。一是将以人为本、服务为先、寓治理于服务中作为社会服务与治理的核心。以人民群众利益为重、以人民群众期盼为念，通过改善民生、畅通群众利益表达诉求渠道体现以人为本，通过多些服务意识、让群众获得更多方便和实惠推进社会服务治理。二是紧密结合青海藏区牧业区实际，正确把握牧业区社会治理的条件、基础和优势，不断改进服务治理策略，积极稳妥地推进社会治理理念、制度、体制、机制和方法创新。积极创新民族团结进步共创共建机制，注重从源头解决问题，认真排查调处各类矛盾隐患，增强民族宗教服务与治理的前瞻性和主动性。三是寺院管理要做到政府规范与寺院内部完善相结合，健全和完善宗教事务依法治理、宗教寺院社会治理和寺院内部民主治理"三位一体"的长效工作机制，建立信息化和动态化的寺院社会治理机制，把寺院社会治理工作纳入属地社会治安综合治理目标责任体系，把宗教活动纳入社会化、法制化轨道，推进寺院法规宣传教育和依法治寺的常态化。四是完善预警防范为基础的维稳防控体系，发挥矛盾纠纷排查化解工作在维护牧区稳定中的基础作用，有效整合人民调解、司法调解、行政调解的"三调联动"机制，把社会矛盾发现在基层、化解在基层。五是强化应急处置系统，构建警民结合、打防管控结合、人防物防技防结合的治安防控体系，群防群治，确保对突发事件和群体性事件发现得早、控制得住、处置得好。

**参考文献**

［1］孔凡河：《困境与解局：社会治理创新语境下基层服务型政府建设的思考》，《学术探索》2011年第12期。

［2］陆学艺等：《中国社会建设与社会管理：探索·发现》，社会科学文献出版社，2011。

［3］陆学艺主编《当代中国社会结构》，社会科学文献出版社，2010。

［4］魏礼群：《社会建设与社会治理》，人民出版社，2011。

［5］万军：《社会建设与社会治理创新》，国家行政学院出版社，2011。

［6］张通荣等：《村民自治呼唤基层社会治理创新》，《学习时报》2012年3月26日。

# 现代化农村治理方式研究

耿卫新[*]

**摘 要**：乡村治理是中国现代化进程中一个十分重要的问题，关系着农民的生活和命运，也与国家的稳定紧密相连。本文通过分析新中国农村治理模式的变迁，认为每一种农村治理模式都适应了当时的社会政治经济状况，在特定的历史阶段都发挥了积极作用，使农村社会不断地向前发展。同时，随着社会条件的变化，只有不断创新农村治理模式，才能实现乡村社会的有序发展。本文通过分析四种新型农村治理模式，总结了四种模式的成功经验，提出中国现代化乡村社会适宜的治理模式是"政府有限主导—农民合作"模式。

**关键词**：乡村治理　农业现代化　农民

农业问题始终是关系我党和国家全局的根本性问题，农业现代化道路是解决农业问题的根本出路。实现农业现代化的关键是农村治理的问题。选择什么样的农村治理模式，使"乡土中国"迅速而又稳健地从落后走向先进，从传统走向现代，是一个值得深思的问题。

## 一　新中国农村治理模式的变迁

新中国成立60年来，我国农村治理模式先后经过了新中国成立初的"乡政权制"模式、人民公社制模式与改革开放后的"乡政村治"模式三个阶段的变迁。

---

[*] 耿卫新，河北省社会科学院农村经济研究所。

### 1. "乡政权制"治理模式（1949~1958年）

从1949年新中国成立到1958年建立人民公社前是我国农村治理的"乡政权制"时期。这段时期是以乡政权为农村的基层政权来对农村的各项事务进行综合治理，是一种"议行合一制"的治理模式。中华人民共和国成立后，政务院于1950年12月颁布了《乡（行政村）人民代表会议组织通则》和《乡（行政村）人民政府组织通则》，确认行政村和乡作为一级地方政权机关。1954年9月，第一届全国人民代表大会第一次会议通过了《中华人民共和国宪法》和《中华人民共和国地方各级人民代表大会和地方各级人民委员会组织法》，规定县以下农村基层行政区划为乡、民族乡和镇，撤销了行政村建制。宪法明确规定，乡、民族乡是农村基层行政区划，乡政权是农村基层政权，是我国国家政权体系的有机组成部分。

这一时期我国农村治理模式实际上是在乡政权主导和控制下进行的，从乡政权看，撤销了原有的"行政村"建制，乡、行政村统一为乡建制，设立乡政权；从村级政权看，村庄社区治理的公共权力主要由村党支部和上级下派的工作组来行使。这样，"我国首先从改革农村土地关系入手，进而对乡村社会权力结构进行调整和重组，逐步将国家行政权直接延伸到村庄内部，自上而下建立起严格的行政支配体系，最终将农民完全整合到国家政治体系之中"。因此，新中国的乡村政权从一开始就是国家政权的基层组织，而不是自治机构。

### 2. 人民公社制治理模式（1958~1983年）

1958年8月，中央政治局会议通过了《关于在农村建立人民公社问题的决议》，以此为开端，我国农村治理模式进入了人民公社制时期。《关于在农村建立人民公社问题的决议》指出："由于人民公社实现了工农商学兵的结合，超出了单一的经济组织的范畴，而成为经济、文化、政治、军事的统一体，乡一级政权当然就没有单独存在的必要，必须同公社合而为一。"在实际运作中，人民公社管理了本辖区的生产建设、财政、贸易、民政、文教、卫生、治安、武装等一切事宜。它既是农村基层政权机关，又是农村经济单位。党通过建立国家政权体制将党的领导深入到乡村社会，实现乡村社会的党政合一，从组织上确保了党的绝对领导。

显然，国家主导下的人民公社政社合一体制作为我国的农村治理模式极大地增强了国家的动员能力，强化了国家整合乡村的能力。但是，人民公社体制把经济组织和政治组织混合在一起，农民丧失了生产和经营的自主权，以致农民往往通过消极怠工等方式来表达不满。农业生产率效率低下，使得中国农村经济长期一直在低水平徘徊。从政治层面上来说，人民公社体制是一种行政权力集中于公社和生产队党组织的政治体制，它通过高度的行政控制方式实现对农村的控制和渗透。这种政治控制严重阻碍了农村基层民主政治的发展，影响了农村政治现代化的发展进程。十一届三中全会以后，中国社会进入改革开放时期，随着社会经济的发展，人民公社越来越不适应社会的发展。自1983年10月中共中央、国务院发出《关于实行政社分开建立乡政府的通知》开始，到1985年所有人民公社自动解体，人民公社终于退出了中国历史的舞台。

**3. "乡政村治"治理模式（1983年至今）**

1983年10月，中共中央、国务院发布了《关于实行政社分开建立乡政府的通知》，乡镇政权建制在全国农村重新恢复，这标志着我国以"乡政村治"为特征的农村治理模式形成并进入制度化运作阶段。

1987年11月24日，全国人大常委会第二十三次会议通过《中华人民共和国村民委员会组织法（试行）》。这部法律规定村民通过民主选举产生村委会来负责全村公共事务。至此，"乡政村治"的政治模式完全代替了人民公社管理的模式。1998年11月4日，第九届全国人大常委会第五次会议修订通过了《中华人民共和国村民委员会组织法》。这项法律的通过和实施正式确立了村民自治的法律地位，标志着"乡政村治"这一乡村基层治理格局确立，保证了村民自治更加规范化地运作和发展。此后，我国"乡政村治"在制度化运作中不断推向深入。

"乡政"以国家强制力为后盾，具有高度的行政性和一定的集权性，是国家基层政权之所在，体现的是国家的行政权，"村治"以村规民约、村民意愿为后盾，具有高度的自治性和一定的民主性，是由村民自己处理关系自己利益的社会事务的活动，体现的是村民的自治权。"乡政村治"治理模式在很大程度上对巩固国家政权、保证农村社会的稳定起到了不可替代的作用。"乡政村治"治理格局的形成，是国家政府在农民追求自身利益的呼声下，最终顺应农民的要求而做出的制度性改进，出于农村市场经济发展和社会全面进步的需要，出于化解当时社会矛盾和保持农村社会稳定的需要，基本适应了当时农村经济体制改革和基层民主发展的需要。

通过对我国农村治理模式进行历史回顾，我们发现，每一种农村治理模式都适应了当时的社会政治经济状况，在特定的历史阶段都发挥了积极作用，使农村社会不断地向前发展。但是随着社会的发展、时代的变迁，乡村社会的系统控制参量也不断地变化，使整个乡村系统由不平衡走向平衡，由不稳定走向稳定，农村治理模式也在这一次次的相变过程中发生嬗变。中国农村治理模式的变迁，无论是"乡政权治""人民公社"，还是"乡政村治"，它们的基本使命都是一样的，就是要确保国家"行政网"对乡村社会的有效控制。随着社会政治、经济、文化等条件的变化，中央政府对乡村的控制与管理也面临着一次次的挑战，只有不断创新农村治理模式，才能实现乡村社会的有序发展。

## 二 我国新型农村治理模式分析

虽然"乡政村治"模式在实践中也存在种种不尽如人意之处，但是不可否认，村民自治二十多年来成就斐然。尤其是进入"后农业税"时代，尽管挑战和困难依旧重重，但是基层民主建设与国家现代化转型也迎来了难得的历史机遇和条件。一些地方开始探索新型农村治理模式，产生了许多有效的治理模式。本文归纳了这些有效模式的特点并将其划分为政府主导型、精英主导型、多主体参与型以及法制型。这些农村治理模式的创新不仅在理论上丰富了各大学科研究的内容，更为重要的是，为我国农村治理体制在实践上的改革提供了必要的理论准备和蓝图规划，使农村治理实践得以试点并展开。

### （一）政府主导型农村治理模式

政府主导型农村治理模式的形成动因一般多为乡村社会面临种种困境，使得这些村庄没有能力履行建设和管理职能，迫切需要政府的财力扶持，并由行政手段、司法手段等权威来维持社会秩序和基本的公共职能。在具体实施方面，一般是由政府按照法律法规和政策的规定，从整体上规范、制约和引导农村治理结构、职能和方向。河北省肃宁县"四个覆盖"模式即可被划归为此种模式。肃宁县委、县政府在深入调研的基础上通过整体的制度设计，探索推行了"四个覆盖"治理模式，取得了很好的效果。从本质上说，这样一种政府指导的村治模式，加强了党在农村基层的执政基础，其后果是上级对下级、"乡政"对村治构成强大的压力。由于该模式深深根植于中国的传统政治文化，在特定时期适应了农村稳定与发展的客观实际需要，因此，它不仅有其存在的基础，也有其存在的价值。

### （二）多主体参与型农村治理模式

多主体参与型农村治理模式强调了治理结构在农村治理中的作用。具体来讲，以村民自治为核心的农村治理结构是多元的，如参与主体可以为乡镇政府、村民委员会、村党支部、村民等。各主体相互发生作用且各有分工，各司其职，各负其责，相互制衡，对农村治理的内容、过程、方式和结果产生影响。例如，在河北青县，参与农村治理的主体为村民委员会、村党支部和村代会。村代会是村民的议决机关，而村委会是具体执行机构，村内重大事项由村代会议决后，由村委会实施，这种制度安排既能够反映广大民意进行民主决策，又能够民主监督村委会的工作，使之更好地进行村庄治理，从而实现村民"自我管理、自我教育、自我服务"的要求。同时，根据《青县村级组织规则》规定，村支书要竞选村代会主席，也就是说，党支部借助村代会这个载体进入村民自治体系，从而形成了村代会、村委会和党支部的有机统一。在多主体参与型治理模式中，一般党支部主要影响农村治理的结构和方向，村民委员会主要处理日常村务，村代会或者其他主体来决定非体制规定的或体制内无法处理的村务。

### （三）精英主导型农村治理模式

随着农村经济的改革与发展，大批精英（或称为能人）在中国农村迅速崛起。所谓的精英是指"那些比其他成员能调动更多社会资源、获得更多权威性价值分配，如安全、尊重、影响力的人"。特别是村民自治制度的建立和发展，为农村精英提供了进入农村基层社会政治体系的合法渠道和公平竞争村庄领导岗位的机会。因此，农村精英有可能凭借他们的经济和社会资源优势，参与村庄治理中的阶层博弈，通过民主选举或提拔任命等方式进入村庄公共权力组织，成为村庄领袖。20世纪80年代中期以来，越来越多的农村精英被吸纳到农村党组织和村级领导班子，担任村党支部书记和村委会主任等职务，成为村庄治理运作的主导者，由此形成了具有时代特色的精英治村现象。

乡村精英治理模式的特征主要体现为以下三点。

第一，权力集中，公众参与度相对较低。精英在村庄的公共权力配置中处于支配地位，精英的权力集中而强大。基于村庄实际的不同，村庄权力在精英阶层内部也具有分散与分配的问题，村庄中也可能出现若干精英并存且相互抗衡的局面，但权力依然集中在少数精英群体之中。普通村民对村庄公共事务的参与度较低，在乡村争执中往往持观望态度，本能地将决策权、执行权交与强有力的精英，而自己很少参与其中。

第二，精英个人魅力突出，权威强大。乡村精英的权威是指他们所具有的使村民产生信任、敬畏与服从的特质和效果。村庄精英之所以能够被村民推崇为领导者，正是因为他们具有超凡的能力并曾为或者可能为村庄做出突出贡献，这使得村中精英具有一般村民难以企及的威信。

第三，治理手段多样化、非规范化。乡村精英治理相对于法制化的村民自治而言是一个非规范化的治理过程。一般而言，村庄精英是内生于村落共同体的一员，他们既对村庄有着深刻的理解又能得到广大村民的认同。因此，无论是国家正式制度和规则，还是村庄的传统文化、管理风俗、亲缘人情，都是精英可利用的治理资源，这也就决定了乡村精英治理手段的多样性：它既可援引国家正式制度和规则，也可以充分调动自身社会资源，自由运用各种非正式的制度安排。

### （四）法制型农村治理模式

法制型农村治理模式最突出的特点是按照民主化、制度化、规范化等要求，把村级组织职责、村务议事及决策、村级财务管理等事项形成村级管理制度，要求全体村民遵照执行。最典型的是浙江新昌县的"乡村典章"、绍兴县的"夏履程序"和嵊州市的"八郑规程"。从实践看，法制型治村模式都来自基层管理实践，都是为了解决乡村最基本的民主管理问题，虽然在具体内容上有所不同，但有着以下共性：通过程序的民主化、规范化、操作化，推动了农村治理的制度化，制度创新是该模式最大的亮点。通过制度保证了村民的民主权利，使村民参与成为一种常态；通过制度实现了村民对村级管理事务的有效监督。在制度的规范下，乡村管理机构与村民的关系发生了积极变化。

## 三　现代化进程中我国农村治理模式的路径选择（政府有限主导—农民合作）

需要特别说明的是，当前中国出现的众多创新型的乡村治理模式是众多因素合力的结果，成功的过程不是可以随便搬取和模仿的。这些乡村治理的模式也并非完全基于自由的本性和民主的要求，对于今天的农业现代化建设只有部分的借鉴意义，不是解决当下农村问题的通用药方，这正是乡村治理的复杂性所在。所以若想为现代化农村制定一个一劳永逸的模式，只能是徒劳。能做的只有依照乡村治理结构的内容，找出中国目前农村的最大共性，提出一个能部分解决这些共性问题的一个大致的模式或者说是思路。通过对乡村治理模式的历史回顾以及近期较为成功的治理模式的比较，我们发现：国家政权的治理理念从根本上决定了乡村社会的发展状况；乡村精英对乡村治理状况起到了推动作用；农民的自主性是乡村治理状况的基础，对于维护乡村的稳定和发展至关重要。因此，本文认为中国现代化乡村社会适宜的治理模式是"政府有限主导—农民合作"模式。

政府有限主导—农民合作模式的构成是国家（政府）、乡村精英和农民新型关系的体现。中国乡村社会的特点决定了乡村有效治理离不开国家（政府）、乡村精英，更离不开农民。治理的效果有赖于农民自愿的合作和对权威的自觉认同。所以，现代中国乡村治理就是国家（政府）、乡村精英和农民有限主导下的合作，这种合作是双向的互动，形成了互相影响、作用，共同实现目标的合力。

## （一）中国现实国情决定了农业现代化进程中乡村治理仍将以政府为主导

首先，依据中国的现实国情，变革乡村社会单凭经济（市场）的力量是不够的，还必须依靠政治（政府）推动。因为虽然伴随中国改革开放的深入、市场经济的完善和成熟，中国社会的发展较改革开放前有了很大的进步。但是，村民自治远未实现制度所设想的目标，诸如选举程序的违规违法、贿选、家族式选举等依然存在，特别是村民自治并不一定直接推动了乡村经济的发展。当民间自发形成的制度还不足以屏蔽其缺点、放大其优点时，国家（政府）依然成为政策的制定者和推行者。其次，乡村社会的非均衡发展是国家有限主导的动因。中国乡村社会存在着明显的非均衡特征，在现实中表现为乡村非均衡状态。这种非均衡状态并不是当代社会发展所形成的，历史上的中国乡村社会也呈现出非均衡状态，只不过乡村差异并不很大。但是，随着改革开放的逐步深入，中国东、南、西、北、中部乡村在经济总量、人均产值、产业结构、就业结构、居民收入和消费水平、生活质量、民主选举、政治参与等方面表现出比以前更为明显的区域差异。乡村社会的非均衡状态使得国家（政府）必须通过财政转移支付、公共产品供给的偏好等方式平衡乡村社会发展所需要的资源，促进乡村均衡发展。最后，社会主义市场经济决定了政府的主要责任在于履行服务功能，培育乡村社会自主发展能力，其主导功能只能是有限的。社会主义市场经济已经成为中国经济发展的模式，乡村经济活动的方式也必将遵循市场经济的原则，村民自治的施行强化了村民的自主意识。所以，国家不可能再将政治权力伸向乡村的各家各户，如果国家全面干预农村行政事务，不仅会导致行政成本太大，而且会遭到乡村社会的抵触，不利于调动农民的生产积极性，也违反了市场经济的规律。总的来说，政府的行政管理活动应以保持乡村社会的安定和维护由法律所规范的社会秩序为指导思想，减少对乡村社会经济的纯行政干预。

### （二）乡村精英是国家（政府）与村民之间的合成者

首先，乡村精英的品性决定了其合成角色。乡村治理活动无须强制性力量，但治理需要权威，这个权威不一定是政府机关，而应是多元化的，其中包括乡村精英的权威。大多数乡村精英的经济实力、政治权力等能够得到村民的认同，因此能够较为顺利地将农民组织起来。一般来说，乡村精英均为"土生土长"的本地人，与乡土社会有着千丝万缕的亲密联系，乡情决定了乡村精英天然的乡村凝聚力。乡村精英的凝聚力使其能够理性而又能动地将国家（政府）与村庄连接起来。

其次，乡村精英特别是经由村民自治选举出来的村委会委员、村主任、村党支部书记及党委委员仍然是国家（政府）与村民之间的合成者。伴随着村民自治的完善，村委会选举使选出来的村庄组织者越来越体现出民主的成分，成为村庄公共事务的组织者。由于乡村社会公共产品供给的主要来源依然是国家（政府），所以，这些村庄组织者就成为国家（政府）与村庄（村民）之间的合成者，他们承接国家（政府）的资源，传播国家政策，又同时表达广大村民的意愿，这种中介地位将国家治理乡村的趋向和农民建设家园的意向衔接，是两种理念的合成。

### （三）农民是新农村建设的主体，政治参与的积极性加强

在中国，农民的身份在很长的历史阶段还将存在，农民仍然是乡村建

设的主体。所以，在乡村治理中，赋予农民什么样的角色，是被动的、冷漠的还是积极的参与者或合作者决定着治理的成效。经过 30 年的村民自治的训练，农民的民主意识逐步增强，政治参与的利益动机开始形成，并且已经学会通过法律维护自身的合法权益，农民不仅关心村中的公共事务，而且开始关注乡镇与村民利益相关的事务，这些都为其参与乡村治理打下了基础。因此，构筑适应中国乡村的治理模式，就要构建以农民为主体的积极参与机制，让农民真正地"动"起来，使农民能够通过制度安排及必要的形式，建立自己的话语权与利益诉求，更为重要的是创造社会环境唤起农民合作的动机。

## 四 构建"政府有限主导—农民合作"模式的框架

### （一）定位国家（政府）的有限主导地位，强化国家权威，转变政府职能，增强决策能力

国家（政府）有限主导地位的定位主要涉及的问题是政府与市场的关系。首先要改变政府行为，政府不能对社会经济生活进行全面管理，而应向服务型政府转变。在乡村经济发展过程中，各级政府不能因"形象工程""面子工程""经济扩张""急于开发"等原因大肆干预乡村经济活动，将本属于市场发挥作用的那些领域交由市场自发调节，政府应当逐渐减少对经济工作的直接管理，将发展社会管理与公共服务作为政府工作的重中之重。只有当基层政府的工作职能由行政性转向服务性、保障性后，才能切实保障村民的话语权，缓解干群关系。而一系列规范市场正常运行的法律制度及市场经济产生的负面效应均需由政府进行规制和调节。

乡村治理结构的转换必须以转变政府职能为核心；否则，任何乡村治理机构都将成为权力寻租的平台。公共服务体制的建设主体是政府，政府转型对于我国而言尤其重要，在公共服务体制中，政府发挥着关键性的作用，这与其公共职能的定位高度相关。各级政府如果不能充分体现民意，顺利推进职能转变，公共服务体制就很难建立和完善。

## （二）对乡村精英进行教育培训，增强服务意识，强化监督，并给予合理的报酬，使之成为国家与农民、农民与农民之间的"合成者"

乡村精英虽然是乡村的"能人"，在民众中间有一定的威望，但毕竟是农民，接受的文化教育有限，特别是有些人对国家法律制度的理解并不到位。因此，应通过各种培训班提高他们管理经济、社会的能力以及法律意识，使其真正成为乡村社会的"公共能人"。

现代农村的乡村精英不是权力精英、控制乡村资源的精英，而是为村民服务的积极分子和农村发展的带头人，是与国家（政府）、农民合作的基石。因此，要通过乡村公共管理制度导向和中华文化和谐理念弘扬来增强乡村精英的服务意识，使乡村精英从权力精英向服务型精英转变。

乡村精英并不一定都是"富人""老板""经济能人"，许多精英是依靠农业收成或者手工业经营的地地道道的农民。由于村干部待遇偏低，许多优秀青年宁愿在外打工，也不愿在村里任职，这导致乡村人才大量流失，难以推动乡村社会的发展。所以，应当根据当地经济发展水平制定村干部的合理报酬，将优秀分子吸引到村干部的行列中。

## （三）农民的信任、知情和参与

现代乡村治理的核心应是在维护农民权利的前提下，实现对乡村社会的有效治理。实现乡村的有效治理，是一个发挥政府的主导作用和以农民为主体的社会各界积极参与政治与表达利益的互动过程。现代乡村治理过程中，第一要建立起村民的信任感。在一个缺乏信任的社会中，人们只会考虑自己的利益，村干部也只会追求个人短期的目标，而不考虑村庄的公共利益。所以，立足村情、民情、乡土情的乡村社会发展必须以建立村民信任为主旨。第二要赋予农民知情权。使农民对村庄的发展有充分的知情权，能够对村庄拥有的资源、村庄的发展情况、未来规划充分了解。第三要激发农民政治参与、社会参与的积极性，使之成为村庄真正主人。

总之，在构建现代化中国农村治理模式时，要考虑的因素是国家（政府）、乡村精英和农民，尤其是三者之间的关系。深刻地讲，乡村治理模式生成的关键是国家（政府）的治理理念、乡村精英的品性和农民的自主性。

**参考文献**

［1］武力：《中国乡村治理结构演变的历史分析》，《中国社会科学院院报》2006年第3期。
［2］徐勇：《中国农村村民自治》，华中师范大学出版社，1997。
［3］赵树凯：《新农村建设：乡村治理与乡镇政府改革》，中国经济出版社，2006。
［4］张晓山：《乡村治理结构的改革》，《科学决策》2006年第1期。
［5］贺雪峰、阿古智子：《村干部的动力机制与角色类型——兼谈乡村治理研究中的若干相关话题》，《学习与探索》2006年第3期。
［6］徐勇：《乡村治理与中国政治》，中国社会科学出版社，2003。
［7］刘欢迎、刘雪颖：《村民自治：农村基层民主政治发展的历史选择——基于对农村治理体制变迁历程的考察》，《襄樊学院学报》2009年第4期。

# 青县模式：一种我国村庄治理的创新机制

翁 鸣[*]

**摘 要：** 青县模式是以"村代会常任制"为特征的农村治理探索，它在反复实践和理论探讨的过程中，逐步形成了一种独具特色的农村治理新机制。作者通过对青县改革的数年跟踪调查，以研究者和实践者的双重身份，在理论与实践相结合的基础上，论述了青县模式的历史背景、主要内容、运行机制、操作程序和社会效果。我国农村政治体制改革任务非常繁重，绝大多数农村地区尚未涉及实质性改革内容，从这个意义上讲，青县模式将继续为我国农村改革发挥启示和示范作用。

**关键词：** 青县模式 村庄治理 创新机制

最近十年来，在我国村民自治进展尚未获得整体性突破的同时，一些地区进行了积极的探索，特别是针对制约村民自治发展的深层次问题，通过农村基层的改革实践，在农村治理机制方面取得了颇有价值的进展并积累了宝贵的经验，这对我们研究农村民主政治发展具有重要的意义。

## 一 问题的提出

村民自治作为我国农村改革的重要内容之一，虽然立法较早、实践期较长，但争议较多、进展缓慢。现阶段村民自治面对的最突出的问题是"乡村关系"和"两委矛盾"，这些问题的解决需要借助于农村政治体制改

---

[*] 翁鸣，中国社会科学院农村发展研究所。

革。"乡村关系"的实质是国家政权与农村群众自治之间的关系，农村治理意味着多元主体共同参与农村事务管理，也就是说，从传统的国家权力对农村的管理方式向国家管理与农村自治相结合的治理方式转型。有的学者指出，村民自治作为一种来自乡村内生型的治理机制被嵌入原有的自上而下的治理机构中，必然会产生机制性摩擦，其中最突出的是纵向的行政机制与横向的自治机制的碰撞（徐勇，2006）。我们对上百名县乡领导干部的专题调查表明①，其中大多数人表示，虽然理解村民自治是一种社会发展趋势，但是民主管理、民主决策、民主监督与现行的农村管理方式和运行机制仍有很大的差距，他们并不积极、主动地推动村民自治发展。

农村"两委矛盾"可以理解为国家政权与村民自治不协调在村级组织层面上的凸显。在国家权力自上而下的运行体制下，党组织是国家权力在农村的主要代表和承担者，有关法律和文件明确规定，农村党组织是党在农村全部工作和战斗力的基础，是乡镇、村各种组织和各项工作的领导核心②。村党支部是由本村党员选举产生或乡镇党委委任的，而村委会的授权则来自全体村民，这种授权渠道和民意基础的差异是造成农村"两委矛盾"的重要诱因，但实质上是国家政权与村民自治之间的矛盾。为了解决"两委矛盾"，有关部门和部分省份推行党支部书记与村委会主任"一肩挑"的任职方式，虽然表面上解决了"两委矛盾"，但又产生了权力过于集中而难以制约和滋生腐败的问题，从而背离了村民自治的本意。山东莱西市（县）是一个典型案例，该县曾被作为全国第一个村民自治示范县，由于村两委班子"一肩挑"，出现了"家长制"和党政职责不清的现象，造成了新的社会矛盾和问题（尹焕三，2011）。

村民自治的反复实践表明，一部法律不可能解决村民自治的所有问题，"关键是建立有效的治理结构和制衡机制"（张晓山、李周，2008）。为了突破上述困境并推动村民自治深入发展，必须从体制改革和机制创新上考虑，将农村党组织建设与农村民主政治建设有机地结合起来，探索一种党的领导融入并能驾驭村民自治的新机制和新路径，这是推进村民自治和农村治理的关键所在，也是本文研究的主要内容。中国农村改革具有两个鲜明特点：一是改革经验大多出自基层；二是改革实践往往先于理论创

---

① 作者在河北、河南、山东、北京等地农村调查记录。
② 参见《中国共产党农村基层组织工作条例》，1999年2月；《村民委员会组织法》，1998年11月。

新。无论是包产到户、乡镇企业还是村民自治，都是基层干部群众为了谋求发展或走出困境而自发的改革。青县模式（村民代表会议）、邓州模式（四议两公开）、温岭模式（民主恳谈会）、巴州模式（民主监事会）等就是农村治理的成功案例。

尽管村民自治、农村治理和村级组织结构改革之间的逻辑关系看似简单明了，但是要破除传统体制的障碍并开拓创新出一条切实可行的路径，却是十分艰难的事情，已有的文献对此缺乏足够的研究。大量的论文主要解释和分析我国村民自治为何发展得如此缓慢，还有另外一些论文则从逻辑推理上提出了问题解决的设想。本文与这些文献的差异在于，本文以青县农村治理改革的成功经验为研究对象，探讨在农村政治体制改革条件下农村民主治理的路径和机制。此外，有的地方官员描述了改革试验的过程和想法，但是其学术性、规范性明显不足。本文注重理论与实践的结合，试图从具体的制度改革和机制创新的角度，对突破制约村民自治发展的实践活动给予理论分析，并提出某些规律性的启示和政策建议。

本文选择青县模式[①]作为研究对象，这是由其创新价值和重要意义所决定的。首先，青县改革具有原创性。2002年，青县开始以"村代会常任制"为特征的农村治理探索，逐步形成了一种独具特色的农村治理新机制，从而探索和验证了我国民主政治发展在农村基层的实现路径。其次，青县改革具有深入性。青县改革的着力点是机制创新，而不是仅仅局限于方法上的创新，这与邓州模式有明显区别。邓州模式是在不改变村级组织结构的前提下，推行"四议两公开"的民主公开方法。最后，青县改革具有长效性。通过建立村民代表会议制度和调整村级组织结构，实现"民主管理、民主决策、民主监督"的制度化、程序化并具有可操作性，让农民群众真正成为农村的主人。与此相比，邓州模式、温岭模式等尚未涉及村级组织结构及运行机制。由此可见，在政治体制改革背景下研究村治模式，青县可以成为一个理想的研究对象。

## 二 改革的着力点：村级组织架构的调整

村民自治是我国农村民主政治发展的主要形式，村民自治实施的一个

---

[①] 最初由中组部党建研究所《党建研究参考资料》（2003年12月）刊登的《青县模式：由村支书兼任村代会主席》一文提出，后被专家学者认可并被新闻媒体广泛引用。

重要条件是国家向农民适当地放权,正如邓小平所说:"把权力下放给基层和人民,在农村就是下放给农民,这就是最大的民主。"① 村民自治作为我国基本政治制度的组成部分,其作用发挥需要有一系列具体制度的配合和支撑,而这些具体制度的探索和建立过程就是政治改革,即根据特定经济关系下不同利益主体之间的矛盾运动而对政治权力和政治权利进行变革和调整。从这个意义上讲,青县模式是基于村级组织结构变化的体制(机制)改革,这种改革富有想象力和创造力,既没有超越现行的国家法律政策的总体框架,又对传统的农村组织结构及其职能设置、运作方式进行了整合和改革。

**1. 改变了传统的村级组织架构**

青县改革的精彩之笔,不仅在于建立了村民代表会议常任制,而且赋予村民代表会议某些实质性权力。村民代表会议(以下简称村代会)是由每 5~15 户村民推选 1 名村民代表人员组成的,经村民会议授权行使对村政村务的议事、决策和监督职权。授权方式一般采取将授权事项写入《村民自治章程》草案,经村民会议讨论决定,即完成全体村民向村代会的授权。村代会设置主席一职,由全体村民代表采取投票或举手表决方式产生,主要负责村代会的召集和主持等工作。村代会一般每月组织召开一次,凡是涉及村庄发展和村民切身利益的重大事项都需提交村民代表讨论,三分之二以上村民代表的表决通过即形成决议②。

上述制度安排表明,青县的村代会已不是党支部或村委会的一个附属机构,而是由原来象征民意表达的临时组织改建为常设性议事、决策和监督的实体组织。一方面,村民代表会议作为一个经常性的议事和监督平台,改变了由于村民会议的高成本和召集困难而造成村民自治难以深入的情况;另一方面,村民代表民主选举村代会主席,而不是由村支书或村委会主任直接兼任(这与其他地区的村民代表会议有明显的区别),即村代会主席的授权来自村民代表集体,这对于改变主要村干部个人决定会议是否召开发挥了关键性作用。村级组织架构由原来的党支部、村委会调整为党支部、村代会和村委会,这不仅更多地引入了民主参与的成分,显著地增强了农民群众这一主体的作用,而且在一定程度上改变了长期以来村庄

---

① 摘自:《邓小平文选》第 3 卷,人民出版社,1993,第 252 页。
② 参考:回永智主编《青县村治》,内部资料,2010,第 5 页。

权力始终自上而下的运行方向,有利于形成多种治理主体之间的认同与合作,有利于形成以农村党支部为核心、多元主体合作的环式治理结构。

**2. 调整村级组织的职责和权力**

青县在形成新的村级组织架构的同时,以制度安排的方式明确了党支部、村代会和村委会的职责和权限,并强调这三个村级组织是目标一致、相互配合的关系,各自具有不可替代的重要作用。党支部作为农村工作的领导核心,发挥执政党基层组织的政治优势,特别是组织优势、宣传优势和群众工作优势,以村代会为主要工作平台,通过组织和引导村民积极参与村务管理和科学决策以及落实村代会决议等活动,实现党对农村基层的领导。村代会是一个由群众推选产生、表达村民意愿并参与村庄事务管理的独立组织,它主要负责讨论和审议村庄经济社会发展的重要议案以及涉及村民利益的重要事项。村委会从原来"议行合一"的职能调整为村务管理职能,村委会负责执行村代会形成的决议以及日常村务的管理工作。

青县探索了新时期党的农村基层组织领导方式的转变。村民自治是在人民公社体制瓦解和家庭联产承包责任制兴起的背景下产生的,农村经济体制变革要求农村政治体制发生相应调整。原来"一元化"领导的权威主要借助集体经济组织对生产资料的控制实现,而现在和今后的领导权威则要依靠足够多数村民的同意(赵超英,2004)。因此,农村党组织必须改变原来僵化的"一元化"领导模式,由全面的、具体的领导方式转变为总览全局、协调各方的领导方式,由行政式领导方式提升为科学、民主、法治的领导方式。这种改革的根本原因就在于社会进步和农民群众对民主政治的要求,而代表人民根本利益的中国共产党人无疑应该成为这场政治改革的自觉者和领导者。但是,目前我国不少农村党员干部,包括部分地方领导干部尚未认识到农村政治改革的重要性、必要性和紧迫性。青县模式初步回答了在社会主义市场经济和民主法治背景下,怎样改革和加强农村党组织建设、巩固党在农村执政基础的问题[①]。

**3. 加强村级组织之间的相互制衡**

青县改革注意权力制衡和防止权力过于集中,主要有四个方面:一是

---

① 引自:《6325枚小圆章印证民主——来自河北青县农村的报告》,《人民日报》2007年4月2日。

村庄议事机制发生改变。由原来党支部的"一元化"领导（特别是党支部书记个人决策）转变为党支部提出议案、村民代表集体决策；二是增强党支部、村代会对村委会的监督措施。村民理财小组审核村务开支并否决不合理的开支，民主监督小组负责村务公开制度的执行情况；三是农村党务工作公开和民主评议党员干部。党支部讨论决定及工作布置，除必须要求保密的内容外，一般每年应向村民群众公开两次，村民代表和党员对党支部班子进行一次民主评议；四是村委会具有提出复议的权力。如果村委会不同意村民代表会议的决议，可提出复议。对复议结果仍不能接受执行的，可提请召开村民会议表决。

现代政治学强调权力须与监督同行，因为缺少监督的权力必然导致腐败，绝对权力导致绝对腐败。防止权力腐败的两条路径是分权制衡和社会监督，前者是指承担不同功能的权力部门之间互相分立、互相制约，后者是指通过公民运用宪法和法律维护自身权益来抵制公权部门和当权者滥用权力。青县改革的一个重要探索，就是在村庄治理实践中运用分权制衡和社会监督，建立和健全农村民主监督制度，以遏制农村权力腐败现象。目前，我国经济领域内腐败现象仍处于高发期，诱惑腐败现象发生的外部因素增多，特别是城镇化进程带来的土地非农化，农业生产规模扩大带来的土地经营权流转，以及国家支持农业和农村的公共产品供给不断增加，使得农村干部手中权力和所面对的市场诱惑都明显增大。村民自治制度不完善，不可避免地造成村级组织决策和管理上的漏洞，而这些漏洞就是农村腐败现象产生的系统性因素。从这个意义上讲，完善制度建设可以从源头上遏制农村腐败滋生。

## 三 改革的保证：运行机制和相关程序

农村治理创新是一个涉及多层次、多方面的改革实践，为了保证改革的深入性和长效性，必须建立相应的运行机制和相关程序。机制含有制度的因素，是在各种有效方式、方法的基础上总结和提炼而成的，具有一定的系统性和理论性，它不仅要求相关人员共同遵守和执行，而且具有一定的理论指导作用。而单纯的工作方法往往体现为个人做事的一种偏好或经验，并未上升到理论层面，它可以根据个人主观愿望而改变。

近年来，各地农村在农村治理方面创造了一些好的做法，但是任何方法都有一定的局限性，而且极易为人的意志所改变。要把农村治理已经取得的成果真正地巩固下来，并防止其消退和回潮，必须依靠制度的力量。因此，农村民主政治建设决不能只停留在做法上，而要把实践中形成并且被证明比较成功的经验上升为制度，不仅如此，为了保证制度得到真正的贯彻落实，还需要将制度要求进一步具体化，使其展开成为可以实际操作并确有成效的工作程序。在农村治理机制和程序方面，青县提供了一个典型经验。青县模式既是对农村政治体制和机制中某些不合理部分进行改革，更是在创新意义上建立了农民群众能够参与管理、决策、监督的机制和程序。

青县模式是一个动态的循环系统，从机制运行的过程来看，其工作机理见图1。党支部领导的作用主要体现在自身优势和组织、宣传、协调和监督等职能方面，特别是发挥党员的先锋模范作用，引导村民代表管理村政村务，抓好群众关心的公共事务。对于重要村政村务，党支部征求、收集并归纳全村村民的意见建议，召开支部会议和党员会议，酝酿形成初步方案。党支部书记组织村代会主席、村委会主任商议并经两委班子集体讨论，完成提交村民代表决策的议案，把党组织的主张变成村民自治组织和农民群众的自觉行动。

村代会决策是指村民代表讨论和审议村"两委"议案，并以会议表决方式进行决定。但是从村代会的形成和运行过程来看，村代会决策的效果与村民代表产生、村民代表与农户联系、村民代表议事、村民代表监督等环节密切相关（见图2）。为此，青县做出了相应的制度安排。例如，在村民代表产生环节，规定了村民代表的基本条件、推选办法等；在村民代表与农户联系环节，规定了联系的频度、上传下达的要求等；在村民代表的议事环节上，规定了议事规则和程序，特别强调村民代表应独立思考和表

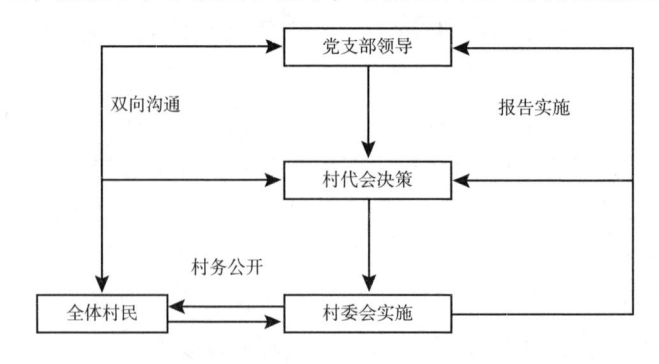

**图1 农村治理新机制的运行机理**

达民意，并要求与会代表签章确认和存档备查；在村民代表的监督环节上，规定了村务财务公开的内容、时间、方式以及相应的民主监督措施。

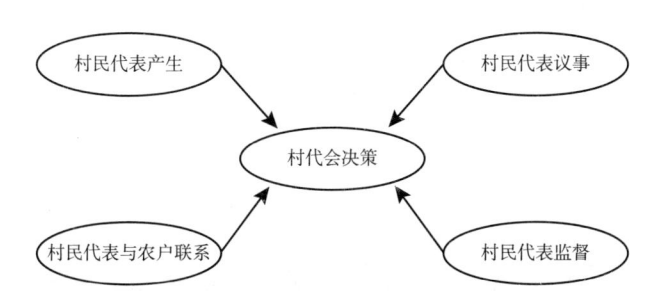

**图 2 村代会内部影响决策效果的主要环节**

村委会实施主要包括两方面内容：一是村委会实施村代会决议；二是依法实行日常村务管理。须经村代会或村民会议讨论决定，并由村委会组织实施的事项包括：村庄发展规划和年度计划、村级财务预算决算和年度财务收支计划、村政发展规划、享受补贴的人数及补贴标准、村庄收益的使用、公益事业的经费筹集、建设承包租赁、村集体土地承包经营、宅基地的分配使用等。村委会在日常管理和落实决议过程中，如遇紧急情况可相机处置，但事后应及时向党支部、村代会报告。

信息公开、交流和反馈是机制运行的重要部分。这里有三方面内容：一是村务公开，包括村代会决议、上级政策规定、计划生育政策的落实、粮食直接补贴兑现、困难群众补助和救济等；二是村委会向党支部、村代会报告决议实施的过程、结果和财务收支等情况，主动接受监督；三是村民群众与村干部之间的交流，既有群众向村干部反映要求和建议，也有村干部主动征求群众的意见和建议，归纳和总结出具有代表性、方向性和规律性的问题，形成下一个工作循环的起始点。

为了保证农村治理机制的正常运行，青县制定了一系列相关程序。以重大村务事项决策为例，凡是涉及重要村政村务、重大问题和与农民群众利益密切相关的事项，如村庄规划、集体土地承包租赁、集体资产处理、村干部报酬变动、农村宅基地发放、公益事业经费筹集、重大矛盾纠纷调处等，都要征求党员和村民代表的意见，并按下列步骤和程序进行决策[①]

---

① 参见：中共青县县委《青县村务运作规范》，2009 年 1 月。

(见图3)。农村治理的程序化既有利于村干部依法履行职责，也有利于保障村民群众依法行使民主权利。将重要村政村务决策的方式、步骤、期限、顺序等内容法定化，使其决策过程成为一个由诸多环节共同构成的过程，从而约束个别或少数村干部随意地决策，从制度化、规范性和可操作性方面让民主管理、民主决策和民主监督落到实处。

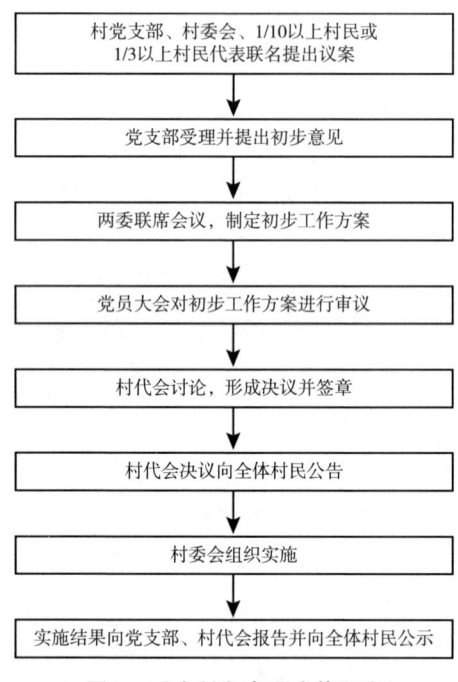

```
┌─────────────────────────────────┐
│ 村党支部、村委会、1/10以上村民或 │
│   1/3以上村民代表联名提出议案    │
└─────────────────────────────────┘
                 ↓
┌─────────────────────────────────┐
│     党支部受理并提出初步意见     │
└─────────────────────────────────┘
                 ↓
┌─────────────────────────────────┐
│   两委联席会议，制定初步工作方案 │
└─────────────────────────────────┘
                 ↓
┌─────────────────────────────────┐
│   党员大会对初步工作方案进行审议 │
└─────────────────────────────────┘
                 ↓
┌─────────────────────────────────┐
│     村代会讨论，形成决议并签章   │
└─────────────────────────────────┘
                 ↓
┌─────────────────────────────────┐
│     村代会决议向全体村民公告     │
└─────────────────────────────────┘
                 ↓
┌─────────────────────────────────┐
│          村委会组织实施          │
└─────────────────────────────────┘
                 ↓
┌─────────────────────────────────┐
│ 实施结果向党支部、村代会报告并向 │
│         全体村民公示             │
└─────────────────────────────────┘
```

**图3　重大村务事项决策程序**

## 四　改革的评价：效果显著与启示意义

青县农村治理不仅取得了当地社会经济和谐发展的明显效果，而且突破了传统体制和机制的束缚，成为我国农村民主政治建设的典型经验，为农村政治体制改革积累了宝贵的实践经验和理论探索。

### （一）社会效果显著

**1. 制度创新推进农村群众的民主参与**

科恩提出，衡量民主的尺度有三个方面：广度、深度和范围。如果以上述标准来衡量，青县改革无疑提高了农民群众民主参与的普遍性、充分性和有效性,这既体现为提高了村民群众有序参与村庄管理的人数和质量,又在一定程度上改变了仅由少数精英掌控村庄的格局,"使民主在人民的日常生活中发挥作用,即把民主控制的范围扩大到大多数人生活于其中的那些关键的制度中去。"(赫尔德,1998)经过 8 年多的改革实践,青县大部分行政村已经进入农村治理的良性循环过程,其主要特征为:村民代表会议制度常态化、人们的民主意识普遍提高、村庄事务管理逐步规范化、农民群众积极性明显提高、新农村建设呈现稳步发展。

**2. 农村社会矛盾得到相当程度的化解**

青县改革的实质是农民群众依法直接行使民主权利管理村庄公共事务和公益事业。由于实行民主管理,重要的村政村务必须经过村民代表集体审议决定,这在相当程度上消除了原来矛盾产生的源头和空间,尤其是化解了村干部权力之争引发的"两委"矛盾,以及村干部专断独行引发的干群矛盾。"青县模式"仅实行一年后,30 多个原来不团结的两委班子实现了合作共事。金牛镇的阎庄子曾是"两委"不团结的典型村,党支部书记和村委会主任争权力,村务工作难以开展。按照"青县模式"分工后,"两委"矛盾得到有效化解①。

**3. 党组织执政能力在机制创新中提高**

青县改革不仅没有弱化党的农村基层组织,反而提高了党组织的领导水平和群众信任度。青县在强调管理民主机制的同时,鼓励和提倡党支部书记经过民主、合法途径竞争当选村代会主席,这在农村基层党组织内形成了激励机制,并增强了党组织执政能力的内生动力。2003 年、2006 年和 2009 年三届村级组织选举中,通过民主选举出的党支部书记兼任村代会主席分别为:270 名(80.0%)、285 名(87.9%)、321 名(93.9%);推选产生的党员村民代表分别为:2244 名(34.8%)、2622 名(41.5%)、2570 名(40.6%)。2003~2008 年青县平均每年发展农村新党员 500 名,比以前年份每年增长近 3 倍。

**4. 村干部经济违纪案件呈现明显下降**

青县改革强调规范村干部的行为,即通过民主监督和权力制衡,防止村干部的独断专行和以权谋私,这对制约村干部经济违纪犯罪具有明显作

---

① 参见:《从"为民作主"到"由民作主"——探访青县村治新模式》,《沧州日报》2006 年 12 月 19 日。

用。据统计，村干部经济违纪违法案件占全县同类案件的比重由 2002 年的 45.9% 下降至 2008 年的 12.9%[①]。同时，农村群众对村干部的满意度呈现上升趋势。

需要指出的是，虽然青县农村治理实践取得了显著成绩，但是全县 345 个行政村发展并不平衡。在总体上民主治理稳步推进的同时，还存在少数村庄治理效果不明显或较差，农村妇女参与村庄民主管理明显不足（女性在村民代表、村委会委员和党支部委员中的比例分别为 2.28%、0.40%、1.24%），村民代表与村民之间联系的规范性不够等问题。

### （二）青县改革的启示与意义

#### 1. 破除体制性障碍

我国农村民主政治进展缓慢的根本原因在于现实社会中存在着妨碍科学发展的思想观念和体制机制等弊端，许多农村仍在沿用传统的"一元化"领导模式，它以行政命令为主并排斥群众的民主参与，已不适应农村经济主体的自主性、多元化以及民主意识和民主要求，并可能在新的历史条件下产生脱离群众、执政能力弱化和消极腐败的危险，市场经济发展越来越迫切地要求进行政治体制改革。青县改革的启示在于：农村民主政治建设是无法回避传统的体制机制障碍的，我们应按照国家政治制度框架，在改革实践中建立和健全制度机制。

#### 2. 实践中探索农村民主政治发展路径

青县改革通过制度创新促进社会主义民主政治发展，具有建设性意义。青县并不是最早提出村民代表会议形式的，却是首先赋予村民代表会议以实质性权力的，从而落实了广大农民群众的知情权、参与权、表达权和监督权。从制度供给的角度看，青县模式弥补了我国民主政治制度的具体实现形式供给不足的缺陷。青县为将"坚持党的领导、人民当家作主和依法治国"有机统一贯彻落实到农村基层进行了大量的社会实践，并为我国农村民主政治发展提供了一条切实可行的路径和方式。

#### 3. 党组织执政能力是民主政治的保证

青县改革在市场经济和民主法治背景下，为提高农村基层党组织执政能力提供了有益的经验借鉴。从党组织的自身改革和完善来看，青县提出

---

① 参见：中共青县县委《青县村治机制介绍》，2009 年 8 月。

农村党员干部要转变思想观念，一是树立党支部"抓大放小"理念，突出总览全局、协调各方的作用，集中精力抓方向、议大事、聚人心，着力解决全局性、政策性、群众性的重大问题，摆脱具体的、繁杂的村务管理；二是党组织主动融入以村民自治为特征的农村民主政治建设，通过合法、民主的途径取得具有群众基础的农村治理领导权。青县改革表明：提高农村党组织的科学理念和执政能力，是推动我国农村民主发展的前提条件。

**4. 政治改革重在制度创新和意识培养**

青县不仅重视农村民主治理的制度创新，而且注重干部群众的民主法治教育。青县改革者认识到农村政治改革的艰巨性、复杂性和持久性，保证改革持续深入发展的最好方法是培养千百万人对改革的认同和支持，让干部群众成为自发改革的原动力。2003～2007年，仅县委党校就举办有关农村治理方面的培训班60多期，培训农村干部、党员和村民代表9000余人次。青县改革表明：推进农村改革不能仅局限于方法创新，更应该注重深层次的机制创新和人们改革意识的培养教育。

**5. 青县改革充分发挥示范和带动作用**

青县改革的意义决不局限于一个县域的成功，而是对我国农村政治体制改革具有一定的影响力和带动力。在青县改革初期，面对来自有关部门的政治压力，青县坚持改革不仅为其他地区提供了经验借鉴，而且发挥了不可低估的鼓励和带动作用。2008年，伊金霍洛旗实施村民代表会议常设制，2010年肃宁县推行农村社会管理的"四个覆盖"，就是吸取和借鉴青县经验的两个典型案例。我国农村政治体制改革只是开始揭幕，绝大多数地方尚未涉及实质性政治改革，从这个意义上讲，青县模式仍将继续为我国农村改革发挥示范和带动作用。

**参考文献**

[1] 张晓山、李周主编《中国农村改革30年研究》，经济管理出版社，2008。

[2] 徐勇：《现代国家的建构与村民自治的成长——对中国村民自治发生与发展的一种阐释》，《学习与探索》2006年第6期。

[3] 尹焕三：《村民自治运行中面临新的社会焦点问题研究》，《理论探讨》2011年第1期。

[4] 河北省纪委办公厅：《完善村民自治机制　加强农村基层党风廉政建设建设的探索与实践——青县实行农村"村代会常任制"调查》，2007。

［5］赵超英：《完善农村村民自治机制的有益探索》，《红旗文稿》2004年第23期。
［6］孙送春：《村民自治下村委会政策执行监督问题分析》，《农村经济》2009年第12期。
［7］张书怀：《制约村民自治的原因及对策探析》，《中国农村经济》1998年第4期。
［8］赵超英：《"新模式"有利于加强党的领导》，《乡镇论坛》2005年10月。
［9］翁鸣：《完善村民自治制度　遏制农村基层腐败》，载《反腐倡廉建设新经验与新对策》，中国方正出版社，2007。
［10］梁军峰：《参与式民主研究》，河北人民出版社，2008。
［11］白钢、潘迎春：《论坚持党的领导、人民当家作主和依法治国的有机统一》，《政治学研究》2020年第1期。
［12］〔英〕赫尔德：《民主的模式》，中央编译出版社，1998。
［13］李杰、刘海宇、谢平：《实行村民代表会议常设制的实践与思考——内蒙古伊金霍洛旗的调查》，《红旗文稿》2009年第22期。
［14］肃宁县委：《肃宁县推进"四个覆盖"资料汇编》，2011。

（本文曾发表于《理论探讨》2011年第5期）。

# 农业创新发展理论与机制

# 家庭农场发展：理论、问题及对策研究

王新志[*]

**摘　要**：有效的组织是经济增长的关键，家庭农场作为一种新型农业经营主体，是当前我国农业生产的最优规模主体。然而我国家庭农场的发展尚处于起步阶段，在土地流转、融资保险、农场主素质和社会化服务等方面还面临一系列困难，为了化解家庭农场发展所面临的困难，各地政府应该出台促进家庭农场发展的政策措施。

**关键词**：家庭农场　困难　对策

作为一种新型农业经营主体，家庭农场既能发挥农业家庭生产经营的优势，又能以规模化、集约化和商品化的特点促进农业增效、农民增收，代表着现代农业的发展方向。为了深入了解当前我国家庭农场发展的基本现状，本课题组近年来赴山东、浙江、四川、上海等省份对家庭农场的发展进行了实地调研。从总体上看，当前我国家庭农场发展势头强劲，发展态势良好，但是由于家庭农场发展尚处于摸索、试点和起步阶段，其培育与发展具有艰巨性和长期性。

## 一　家庭农场是当前我国农业生产的最优规模主体

### （一）农业生产的性质对生产组织的特殊要求

**1. 农业生产组织必须具有有效的监督激励机制**

农作物的生长、发育、成熟和繁殖等一系列生命活动都受制于一定的

---

[*] 王新志，山东省社会科学院农村发展研究所。

温度、光照、水分、养分等自然条件并遵循一定的生命发育规律，因而农业生产具有一定的周期性和季节性。以小麦生产为例，小麦需要经历发芽、出苗、分蘖、拔节、挑旗、抽穗、开花、授粉、生胚、灌浆、成熟等不同的生长发育阶段，生产周期最短也要 100 天左右。农业生产通常需要长达数月甚至数年的周期，这就决定了农业生产者必须结合农作物的生长特点，在农作物的不同生长阶段及时进行劳动投入，而劳动者付出的全部劳动将最终体现在农作物的产量上，而不可能像在制造业中那样，分别计量和监督生产过程各个环节上劳动者付出的有效劳动的劳动数量、劳动强度和劳动质量（陈锡文等，2008）。正如林毅夫（2005）所指出的："由于生产过程的随机性影响，就不可能简单地通过观察产出来决定每个人的贡献。要保住充分的工作绩效，就必须对生产的每一阶段提供密切的监督。"而由于农业空间分布太广，劳动工种繁多、作业分散、季节差别大，对农业生产中劳动努力程度的监督变得十分困难，监督成本也极为高昂（罗必良，2004）。农业生产的长周期性要求农业生产组织或者组织内部要有有效的监督激励机制或者采取一定的措施降低监督的成本。

**2. 农业生产组织必须要有较强的风险承担能力**

农业生产的过程就是与自然条件进行博弈的过程，这就决定了农业生产对土壤、雨量、气候条件以及生态环境等自然条件有很强的依赖性，容易受到洪涝、干旱、低温冷害、冰雹、病虫害等自然灾害的影响，自然灾害给农业生产造成的直接影响就是农作物的减产减收甚至绝产。实际上，农业生产受到自然风险和市场风险的双重制约，农产品的市场风险主要集中在以下两点：农产品经常因需求弹性小而供给弹性大引起市场价格剧烈波动造成"谷贱伤农"的现象；蔬菜、鱼类等很多农产品属于鲜活产品，容易腐烂、不耐储存、不易运输，如果短期内无法出售，将给农业生产者造成较大的损失。因此，农业是一个典型的高风险、弱质产业，整个农业生产过程都面临着许多难以预测的风险和不确定性。农业生产的这种高风险性和不确定特性要求农业生产组织必须具有较强的抗风险能力。

**3. 农业生产组织必须有较强的主动性和灵活性**

农业生产是在一定的自然条件下，利用动植物的生命力获得人类生活所必需的食物和其他物质资料的经济活动。农业生产的最终效果取决于动植物、自然环境和农业生产者劳动之间互动的效果，由于动植物生命的连续性、不可逆性和农业生产条件经常发生变化，农业生产组织的责任心、主动性和灵活性在其中发挥着决定性作用，农业生产组织必须根据农作物的生长发育规律，对农业生产中出现的温度、湿度和其他气候要素的改变随时随地做出灵活的反应和快速的行动，对所有可能出现的问题做出事前预防；否则，即使只是农业生产环节中的一个问题没有得到有效的处理，也有可能影响动植物下一阶段的成长，引起一系列的连锁反应，甚至造成无法挽回的损失，直接影响到动植物的最终产量。但是，要保证农业生产组织这种较强的主动性和灵活性，必须确保农业生产组织的经济利益与动植物的最终产量保持高度一致。

### （二）家庭农场是符合当前我国农业生产要求的最优规模经营主体

**1. 家庭农场具有家庭经营的传统优势**

以"利他主义"为特征、以共同利益为宗旨、以婚姻和血缘关系为纽带的家庭，作为一种农业生产组织形式，具有以下特点。①农业生产监督管理成本低。家庭成员间特有的血缘、亲缘关系和共同的目标，使得家庭成员之间具有利益的一致性和强烈的凝聚力，在农业生产过程中很少会发生偷懒耍滑、出工不出力等机会主义行为，即使某些家庭成员有上述行为，但由于家庭成员间信息充分、知根知底，其他家庭成员很容易发现这些机会主义行为并以适当的惩罚来纠正。因此，生产过程中的劳动监督成本较低。②农业生产决策成本低，反应灵活。家长制的权威领导，可提高生产决策速度，降低决策成本；扁平化的组织结构可以使内部信息流通顺畅，使信息的传递极为快捷，遇到问题可以得到及时解决，从而使决策执行灵活快速。③家庭具有较强的抗风险能力。家庭是一个持续运行的动态系统，是集经济功能、生养功能、情感功能、教育功能等诸多功能于一体的社会基本经济单位，具有持久的稳定性和家庭成员间利益的一致性，使得家庭成员对自然环境的细微变化都具有天然的敏感性，做出及时有效的反应，从而能够减小农业风险发生的概率和降低农业风险所造成损失的程度。同时，家庭农场主基本上是来源于本地的自然人，与农场所在地具有较强的地缘与血缘关系，对当地自然与社会环境保持高度的认同感和生命共同体的体认，对保护当地自然、人文环境和可持续发展具有高度责任感，具备较强的风险承受能力。

**2. 家庭农场具有适度规模经济效应**

目前，中国一家一户的超小农业规模经营虽然具有内部效率，但却缺乏外部效率和整体效率，不利于农业生产的专业化、集约化、社会化发展，资源配置难以实现规模经济，无法降低农业经营成本和提高农产品产量，不利于农户与农业龙头企业等其他农业经营主体的博弈，导致农户交易成本高、风险大，无法有效维护自身利益。家庭农场可以通过扩大经营规模，以边际成本递减的方式，使用先进的生产技术和管理方式，提高农业生产的社会化分工和专业化水平，使生产要素的投入达到最佳组合，降低农业生产的生产成本和交易成本，从而发挥农业生产的规模经济效应。

因此，适度规模的家庭农场作为一种有效率的、符合农业生产特点的特殊组织形式，具有其他农业规模经营主体无可比拟的优势，能在负面效应最小化的前提下解决农业生产中的合作、监督和激励问题，是农业特别是粮食生产经营的先天最佳组织形式。

## 二 当前家庭农场发展所面临的问题

### （一）土地流转难是制约家庭农场发展的首要问题

一是连片规模流转土地供给不足。规范的土地流转是家庭农场产生的先决条件，家庭农场对土地特别是连片土地有着十分强烈的需求，然而广大农民一方面有着根深蒂固的恋地情结，另一方面缺乏对承包经营土地的长期收益预期，他们往往不愿意长期出租土地。这种需求旺盛、供给不足的土地流转卖方市场不仅导致土地租金快速上涨、农业生产成本显著上升，而且致使家庭农场难以稳定地保持足够的土地经营规模。

二是土地流转方式不规范。许多家庭农场在土地流转过程中只是口头协议，没有书面合同，或者书面合同不规范，导致农业生产过程中纠纷不断；由于目前土地租赁转包政策没有实施细则，土地转出户大多不愿签订长期流转合同，导致有些家庭农场转入土地的流转期限普遍较短，土地流转不稳定，很大程度上影响了家庭农场长期投入农田基础设施的积极性。

## （二）融资保险困难是制约家庭农场发展的关键因素

一是缺乏有效抵押，家庭农场融资渠道不畅。家庭农场对融资期限的要求更加多元化，既有土地流转租金、农业生产费用等季节性较强的短期融资需求，也有新技术引进、土地整理和品牌打造费用等较大规模的中长期融资需求。然而，家庭农场大多面临缺乏贷款抵押或者抵押物价值不足、风险共担机制尚未建立等因素的制约，导致金融机构缺乏对家庭农场提供资金的动力，制约了家庭农场集约化水平的提高。

二是农业保险难以满足家庭农场的需求。当前，多数家庭农场对保险的期盼远远不能得到满足。一方面，由于农业保险的高风险性、高赔付率，商业性保险不愿介入；另一方面，政策性保险只针对小麦、玉米、棉花，险种较少，产品设计不够合理、补偿标准过低，致使一旦出现较大的自然灾害，就会给家庭农场造成巨大的损失。

## （三）农场经营者职业素养不高是制约家庭农场发展的主要瓶颈

作为现代农业经营主体，家庭农场经营者对家庭农场实行科学化、精细化管理是对其的基本要求。从山东省的实际情况看，家庭农场经营者大多是农村的种田能手、致富能人，他们的农业生产经验比较丰富，但是大多文化程度不高，对于新品种、新技术和新装备缺乏必要的认识和了解，其信息采集能力、决策管理能力、抗风险能力和市场博弈能力都非常有限，而且很多家庭农场粗放经营，没有财务收支记录，更没有成本核算、效益分析，缺乏长远的发展规划，难以适应现代农业发展的需要。

## （四）农业社会化服务体系水平低是制约家庭农场发展的核心问题

总体上讲，我国农业社会化服务体系尚不健全，总体服务水平较低，在不少方面还不能适应农业生产特别是家庭农场发展的需要。公益性服务体系建设仍然滞后、有效供给不充分，农技推广、动植物疫病防控体系以及农村土地流转服务、纠纷仲裁机制还不健全；多元化经营性服务体系格局尚待强化，农民专业合作社的农业社会化服务内容单一、服务层次较低，多以提供生产技术服务为主，为营销环节、加工环节提供服务的较少。农业龙头企业与农民的利益联结机制尚不健全，农业社会化服务意识不足。

## 三 促进我国家庭农场健康发展的对策建议

### （一）建立示范性家庭农场名录制度

为了加强示范引导，各地可以建立示范性家庭农场名录制度，出台示范性家庭农场的具体标准，从经营者资格、劳动力结构、收入构成、经营规模、土地流转期限和管理水平等方面对示范性家庭农场做出详细的界定。要积极开展示范性家庭农场等级建档、培训、跟踪管理和服务制度，优先向家庭农场安排国家良种补贴、农机具购置补贴、农资综合补贴等财政支农补贴，农业综合开发、土地整理、农田水利设施建设、中低产田改造、测土配方施肥和新品种、新技术应用推广等方面的项目要优先向家庭农场倾斜，对于家庭农场自行承担上述项目的，事后验收合格后按一定标准给予直接财政补助。

### （二）加快农村土地流转，实现家庭农场的规模经营需要

一是完善土地流转服务体系。近年来，我国在促进农村土地流转方面进行了有益的探索，获得了丰富的成功经验，也涌现出了类似滕州西岗镇之类的典型，各省、市、县、区也基本建立健全了农村土地流转服务中心，统筹发布土地流转供求信息，为土地流转搭建了便捷的沟通和交易平台，但是农村土地流转服务中心功能相对不健全，法律咨询、纠纷调处和价格协调机制等服务体系的完善尚待进一步探索。

二是出台优惠政策鼓励土地流转。要借鉴浙江、成都等地的先进经验，安排财政专项补助资金支持农村土地流转，对于具有稳定的土地流转关系、土地流转期限在3年以上、单宗土地流转面积在100亩以上的土地流出方，给予每亩每年100元的奖励。但是，家庭农场也不能盲目追求规

模,其规模必须综合考虑山东省农村劳动力转移速度和现有农业社会服务体系下一个家庭所能经营的面积。

### (三) 制定金融扶持政策,为家庭农场营造良好的环境

一是鼓励农信社、农发行、农业银行、村镇银行、农村小额贷款公司等农村金融机构,根据家庭农场的生产经营特点多渠道推动农村金融产品创新。各级农业部门可综合考虑家庭农场的规模、出售农产品的数量和规范程度,对发展势头好、贡献大的家庭农场给予一定的贷款贴息。同时,要鼓励家庭农场组建或者参与农民资金互助合作社,让家庭农场可以从合作社内部获得贷款。

二是简化家庭农场抵押担保手续,创新家庭农场贷款抵押担保方式,鼓励金融机构接受家庭农场之间的互相担保,利用大型农机具、农村房屋产权、林权、土地承包权和经营权等抵押贷款。建立家庭农场信用档案、开展信用评级,对于级别较高的家庭农场,要逐步放宽抵押担保的要求。

三是着力构建家庭农场风险化解机制。增加政策性农业保险险种,逐步将水稻、花生、水果、大棚蔬菜和鱼类、禽类等养殖业纳入政策性农业保险覆盖范围,要大幅提高小麦、棉花、玉米等大田作物保额,在保持现行保费比例 20∶80(农户 20、政府 80)的前提下,将小麦、棉花、玉米等保险的保费和保额提高一倍,切实降低家庭农场经营的风险。同时,积极探索政府支持的农业巨灾保险基金,逐步建立农业巨灾风险分散机制。

### (四) 以职业农民培育为重点,为家庭农场提供良好的人力支撑

一是完善政府对职业农民培育的支持政策。构建以政府投入为主,多元化、多层次、内容丰富的职业农民培育体系,充分调动社会各方面培训职业农民的积极性,发挥我国高等农业院校、农广校、职业技工学校、农技推广机构、星火培训基地等各类培训资源的作用。整合优势培训资源,加强师资库建设,做到有针对性和有效性的职业农民培训,做到真正的授之以渔,而非授之以鱼,强调培训要结合农民的需求,要结合农时季节,要与农业重点项目相结合,及时帮助农民解决生产中遇到的各种问题。

二是强调培育职业农民的重点。要以家庭农场主的培育为重点,积极

开展针对农民合作社负责人、农产品加工户、农业经纪人、农业服务组织骨干等人员的培训，重点培养他们的生产技能以及经营管理、技术服务和市场营销等才能。同时，要建立职业农民资格制度，只有参加相关培训获得合格证书的人员才能成为职业农民，农业补贴和金融扶持要向职业农民倾斜。面对农村精英人才日益匮乏的趋势，要采取激励政策鼓励返乡农民工、城市下岗职工和大中专毕业生到农村发展创业，成为掌握现代农业科学技术和经营管理技能的职业农民，特别要对在家庭农场中就业的大中专院校毕业生给予补贴。

## （五）健全农业社会化服务体系，强化家庭农场的服务支撑

一是依托我国农业合作组织的良好发展条件，鼓励合作社由专业合作向综合性、跨区域联合社发展，并要积极扶持家庭农场组建和参加农业合作社，充分发挥农民经济组织在农业社会化服务中的基础地位，使其成为家庭农场连接市场和农业龙头企业的纽带。

二是可以推广借鉴成都的经验，按照"政府引导、公司主体、市场运作、自主经营、技物配套、一站服务"的发展思路，依托基层农业综合服务站，整合公益性农业服务资源，引导社会资金参与，组建综合性农业社会化服务公司，为家庭农场提供农业技术咨询、农业劳务、全程农业机械化、农资配送、专业育秧（苗）、病虫害防治、田间运输、粮食代储代烘、粮食银行的一站式的农业社会化服务，特别要解决家庭农场农业生产中面临的病虫害防治、烘干、晾晒、储存等难题。

## （六）探索家庭农场的多元化培育模式

农地流转是家庭农场产生的前提条件，相对于个体农户而言，农民合作社、工商资本等经营主体的经济实力更强、信誉度更高，可以以较低的交易成本流入规模较大的土地，流转方式比较规范、流转期限比较长。因此，在农民合作社、工商资本下培育家庭农场更为稳定、快捷、有效，家庭农场不但可以获得高效的社会化服务，而且有利于构建紧密的农业产业化利益联结机制。因此，为鼓励"农民合作社＋家庭农场"和"公司＋家庭农场"模式，在扶持政策设计上应着力把家庭农场塑造为农业生产主体特别是粮食生产主体，而把农民合作社、工商资本塑造为农业社会化服务和农产品销售及加工等主体。

## 参考文献

[1] 陈纪平:《家庭农场抑或企业化——中国农业生产组织的理论与实证分析》,《经济学家》2008 年第 3 期。
[2] 伍开群:《家庭农场的理论分析》,《经济纵横》2013 年第 6 期。
[3] 李雅莉:《农业家庭农场优势的相关理论探讨》,《农业经济》2011 年第 6 期。
[4] 高强、刘同山、孔祥智:《家庭农场的制度解析:特征、发生机制与效应》,《经济学家》2013 年第 6 期。
[5] 胡书东:《家庭农场:经济发展较成熟地区农业的出路》,《管理世界》1996 年第 5 期。
[6] 黄宗智:《〈中国新时代的小农经济〉导言》,《开放时代》2012 年第 3 期。
[7] 黄祖辉、俞宁:《新型农业经营主体:现状、约束与发展思路》,《中国农村经济》2011 年第 3 期。
[8] 陈锡文、赵阳等:《中国农村制度变迁 60 年》,人民出版社,2008。
[9] 林毅夫:《制度、技术与中国农业发展》,上海三联书店、上海人民出版社,2005。
[10] 罗必良:《农业经济组织的效率决定》,《学术研究》2004 年第 8 期。

# 美国农业合作社发展演进中的"踏轮"效应研究及启示

娄 锋[*]

**摘 要**：本文以美国农业合作社为例，基于 VAR 模型的实证分析，命名并验证了农业合作社[①]发展演进过程中的"踏轮"效应，即随着农业生产市场化，希望成立合作社的农场主增加，会使合作社数量与社员数量同增，由于合作社服务的完善、先进生产技术的使用，农场过高的产出水平导致产品市场竞争加剧，竞争使产品价格下降，给合作社及社员造成损失，弱小合作社倒闭或被兼并，合作社总数减少，而每个合作社的平均人数上升，经营规模逐步扩大，合作社服务能力不断增强，社员人均劳动生产率不断提高以应对不断加剧的市场竞争，而这一切又反过来加剧了竞争。这一"踏轮"过程不断循环往复，合作社总数不断下降，每个合作社的平均规模越来越大，合作社及社员的生产经营效率不断提高。本文基于 VAR 模型对上述变化规律——"踏轮"效应的运行机制进行了深入解析，以期揭示在农业现代化进程中，合作社发展的内在机理与演进规律，为我国农业合作社的质性定义、发展创新及适配性制度安排提供参考。

**关键词**：农业合作社 "踏轮"效应 VAR 模型

---

[*] 娄锋，云南大学经济学院。
[①] 以下为叙述方便，有时简称合作社。

## 一 引言

2007年7月1日《中华人民共和国农民专业合作社法》正式实施之后，我国农业合作社迅猛发展。截至2007年底，农业合作社仅有2.64万家，出资311.66亿元，实有社员210万户。截至2014年底，农业合作社已有141.18万家，出资3.03万亿元，社员9227万户[①]。未来，中国的农业合作社会怎样发展？合作社的数量、社员总数及其劳动生产率等会发生怎样的变化？从农业现代化国家的农业合作社发展历程中，可以总结其发展演进的一般规律。本文以美国的农业合作社为例（美国对农业合作社统计的时间长、数据较为完整），基于VAR模型的实证分析，命名并验证了其发展演进中的"踏轮"效应，深入揭示在农业现代化进程中合作社发展演进的内在机理与规律。

## 二 文献回顾与新理论假说的提出

### （一）文献回顾

当前西方对于农业合作社的发展变化，主要基于新制度经济学、新古典经济学、厂商联合理论、契约（合约集）、产业发展等理论视角进行研究。Helmberger和Hoos（1965）运用企业理论揭示了农业合作社可以通过限制成员数量来增强现有成员的潜在激励，这暗示要想提高劳动生产率、增加收益，合作社不能有太多的成员，想加入合作社的农场主们只能另成立一个合作社。Drivas和Giannakas（2010）构建了一个三阶段博弈模型，指出社员异质性和创新成本会影响市场中的产品差异化程度和最终的均衡市场结构。若社员异质性和产品创新成本足够低，合作社会大量增加，投资者导向型企业（IOF）被逐出市场，形成合作社垄断市场。Royer和Smith（2007）指出，农业合作社将较高收益返还社员，社员投入再生产，从而导致社员的产出水平超过社员利益最大化的均衡产出，过高的产出水

---

① 参考《工商总局：农民专业合作社已达141.18万家》一文（http://stock.stcn.com/common/finalpage/edNews/20150810/411144189653.shtml）。

平导致了产品销售市场竞争的加剧,产品市场价格下降给合作社造成损失。

国内于20世纪80年代开始介绍西方农业合作社发展的历史、现状、经验,提出中国在市场经济条件下发展农业合作社的建议。有研究者曾按国别介绍了丹麦、法国、日本、瑞典、英国、美国等国外合作社,并借鉴其经验。樊亢、戎殿新(1994)介绍了美国农业合作社产生与发展的历程,面对的机遇、挑战及今后的发展战略,最后总结了可资借鉴的经验。总之,西方文献主要侧重于微观:多基于企业、市场、一体化、委托代理、供应链管理理论等来分析,而从宏观、生产效率的视角研究合作社发展演进的资料不多,对合作社总量指标变化及其内在联系、合作社演进规律及其原因的深入分析尚未见到。而在国内,对于西方农业合作社及其成员数量与合作社、社员生产经营效率,技术环境(特别是生产技术特性)变化发展的内在联系和机理的研究,还尚未引起学者们的关注。本文以美国农业部(USDA)提供的合作社相关指标为研究对象,利用VAR模型,以期在深入分析合作社发展演进及其内在机理方面做出初步尝试。

## (二) 美国农业合作社的发展演进

美国农业合作社产生、发展已有200多年的历史(Randall等,1997)。1810年,伴随着美国资本主义的发展,农业生产渐渐进入商品化、市场化阶段,农业合作社出现并迅速扩展,到1890年,全国已有1000多个合作社,但当时的合作社大多由于管理不善、内部分歧和资金缺乏而很快失败,获得成功的极少,之后随着农业生产力的发展及国家政策的调整,农业合作社经历了一个大量产生、兼并融合与实力逐步增强的过程。依农业生产力发展水平的不同,1913年后[①]的美国农业合作社发展历程大致可划分为三个阶段。

第一阶段:1913~1929年,合作社数量与社员人数均骤增,大量的农业合作社产生、存活、成长。这一时期属农业合作社数量与社员人数的爆发期。

如图1所示,1913~1929年,合作社数量与社员数同增,在短短的16

---

① 美国农业部1913年后才开始对农业合作社进行调查统计。

年间，合作社数量由 3099 个上升至 1.2 万个，增长了 2.87 倍。社员数由 37.21 万人上升至 310 万人，增加了 7.33 倍。这是因为，在 20 世纪初，内燃机驱动的农业机械出现，开始逐步取代蒸汽机，为美国农业机械化带来了革命性的影响（USDA，1980），家庭农场规模不断扩大，生产效率及生产的专业化、商品化程度不断提高[①]，内在地驱动着大量家庭农场横向联合，农业合作社迅速增加。联邦和州政府及立法机构也普遍承认合作社是合法组织并制定了一系列相应的扶持政策。政府充当了激励者、扶持者的角色，有两项重要的制度安排：一是于 1916 年国会通过了第一个农业信贷法，成立了联邦土地银行，并于 1923 年和 1933 年两度通过相关法案，这些最后发展成为美国的农业信贷体系；二是 1922 年国会通过《卡帕-沃尔斯坦德法》（Kapper - Volstead Act），使农业合作社的扩张、兼并或联合可以免受反托拉斯法的限制。由于政府的大力扶持，并排除了合作社发展的关键性障碍，合作社由农民自发成立、分布范围窄、数量少逐步转向数量多、分布广、重要性增强（Braham，2010）。这一时期，农业合作社实际总交易额由 1913 年的 104478.1 万美元（1967 年不变价格，下同）上升至 1929 年的 487329.4 万美元，16 年间上升了 3.7 倍。平均每个合作社的实际交易额由 337135 美元上升至 406108 美元，上升了 0.2 倍，说明合作社的生产经营及服务能力逐步提高，为农场主生产经营提供方便并产生了示范效应，农场主要么加入合作社，要么组建合作社，因此社员总数及合作社数量增长较快，合作社数量不断增加直至历史最高值，但这一期间合作社的规模普遍较小，每个合作社的平均人数也较少。

第二个时期：1930~1954 年。交通运输条件改善，先进的内燃机以及化工产品（化肥、农药等）在农业生产领域普及，促进了家庭农场产出水平的提高（Coley，2000），再加上合作社不断提高的服务能力，过高的产出水平导致产品市场竞争加剧，恶性竞争使产品价格下降，给合作社及社员造成损失，弱小合作社倒闭或被兼并（USDA，2006），因而合作社总数减少，平均每个合作社的人数上升，合作社经营规模逐步扩大，合作社服务能力不断提升，社员人均劳动生产率不断提高以应对不断加剧的市场竞

---

① USDA, Economic Research Service, compiled from National Agricultural Statistics Service annual estimates of the number of farms from the June Agricultural Survey and from ERS estimates of farm productivity. ERS productivity indices prior to 1948 came from Johnson (1990).

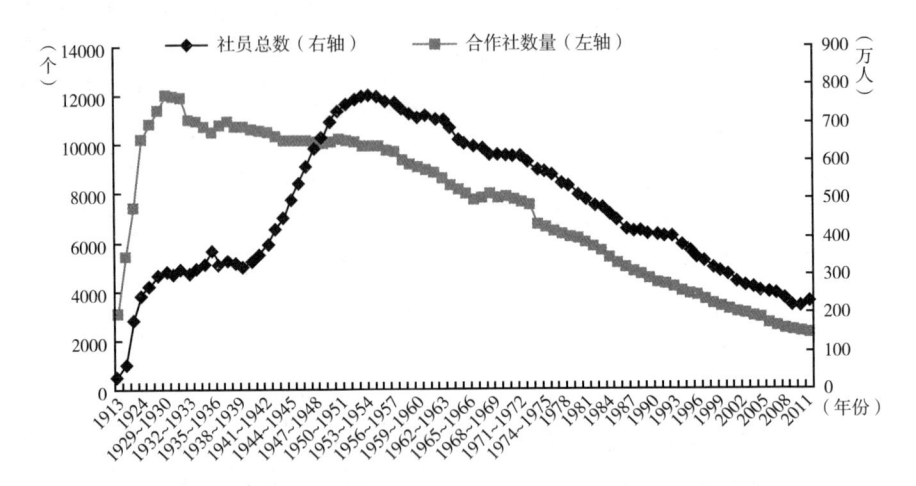

**图 1　美国农业合作社数量（个）及社员数（万人）统计**

资料来源：United States Department of Agriculture,"FARM MARKETING, SUPPLY AND SERVICE COOPERATIVE HISTORICAL STATISTICS (2006)", Cooperative Information Report, 2004. 2003~2011 年的数据来源于：FARMER COOPERATIVE STATISTICS, 2003~2011. 相关数据由 Rural Development U. S. Department of Agriculture Service Report 整理和计算。

争，而这一切又反过来加剧了竞争。因而，这一阶段的特点是合作社开始普遍地集中与联合，提高生产经营服务能力，由数量型发展转向质量型发展，是合作社兼并、整合期，或称从数量型向质量型发展的转折期。如图 1 所示，合作社的数量在 1929 年达到历史最高点（1.2 万个）后，至 1954 年，合作社的数量由 1.2 万个下降至 9894 个，下降了 17.2%；而社员总数却由 300 万人增加至 773.17 万人，增加了 158%，两者呈反向变化，这意味着每个合作社的平均社员数急剧增加，24 年间由 258 人上升至 782 人，提高了 2.03 倍，可以说，这一阶段是合作社平均社员数的爆发期，这由图 2 可以看出。

1930~1954 年是每个合作社平均社员数上升最快的时期，说明这一阶段合作社倒闭、兼并最激烈。重组的结果是合作社实际总交易额由 1930 年的 48 亿美元上升至 1954 年的 158.38 亿美元，24 年间提高了 2.3 倍，平均每个合作社的实际交易额也提高了 3 倍，合作社的生产经营及服务能力大幅提高。反映人均劳动生产率水平的社员年平均交易额也提高了约 30%。这一时期政府主要担当了服务者的角色。根据合作社发展的情况，美国国会于 1926 年通过了《合作社销售法》（*Cooperative Marketing Act*），进一步为合作社提供了反托拉斯豁免条款，为合作社的

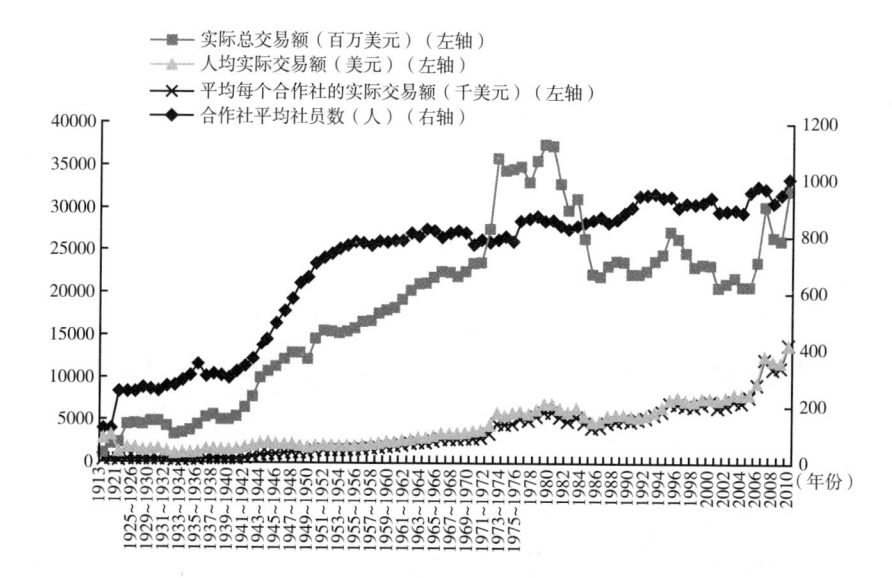

**图 2　美国农业合作社实际总营业额、社员人均实际交易额、平均每个合作社的实际交易额及合作社平均社员数情况**

资料来源：United States Department of Agriculture,"FARM MARKETING, SUPPLY AND SERVICE COOPERATIVE HISTORICAL STATISTICS", Cooperative Information Report, 2004. 2003～2011 的数据来源于：FARMER COOPERATIVE STATISTICS, 2003～2011. 相关数据由 Rural Development U. S. Department of Agriculture Service Report 整理和计算。

兼并重组扫清了最后障碍（Vogelsang 等，1988）。同时，为了防止兼并重组中的混乱与无序竞争，1937 年，《农业营销协定法》（*Agricultural Marketing Agreements Act*）得以制订，该法为合作社建立自我销售秩序提供了法律支持，合作社间可以按照所有农户的生产情况来统一产品价格，以更加有序的方式进入市场。此外，美国政府还通过农村合作社发展赠款计划（RCDG）资助建立了农村合作社发展中心，向农民提供合作培训和各类服务，如指导合作社进行市场分析、制订生产经营计划、申请贷款、聘请经理等，以帮助合作社由数量型发展向质量型发展转变。

第三个阶段：1955 年至今，在科技革命及信息技术的带动下，农业实现了高度机械化和现代化，生物工程技术进入了农业领域。在这种形势下，农业投资增加，生产加速，资本集聚，农业逐步变为技术和资本密集型产业，劳动生产率大幅提高，从业人数不断减少（Cook 等，1995）；农产品经常过剩，大量向国外倾销。农业合作社发展的经济和社会基础是大量家庭农场的存在，而上述原因使美国家庭农场数量进一步减少，存活下来的家庭农场的生产经营规模越来越大，技术装备越来越先进，效率空前提高①。这一时期属于农业合作社质量型发展、提高期。在这一时期，美国农业合作社出现了以下变化：合作社的数量与社员数同减——这是一个相当缓慢的过程，如图 1 所示，1955~2011 年，合作社的数量由 9894 个下降到 2285 个，下降了 77%（2011 年的合作社个数不到 1955 年的 1/4），平均每年下降 1.38%。从社员总人数来看，56 年间从 773.17 万人下降至 320 万人，下降了 58.6%，平均每年下降 1.56%。两项指标均是缓慢下降，合作社数量下降得稍快，这样表现出的结果是合作社平均社员数是缓慢上升的，如图 2 所示，每个合作社平均社员数由 1955 年的 781 人增加至 2011 年的 1007 人，平均每年每个合作社增加 4 人。同时，合作社及其社员的生产经营效率均得到大幅提高，如图 2 所示，社员人均实际交易额从 1955 年的 2048.44 美元上升至 2011 年的 13952.27 美元，上升了 5.81 倍。平均每个合作社的实际交易额由 1955 年的 160.076 万美元上升至 2011 年的 1404.386 万美元，上升了 7.77 倍，实际总交易额上升了 1.03 倍。本阶段合作社除进行横向合并外，还进行纵向发展，以拓展供应链，实施一体化生产经营，提高市场竞争力（USDA，2006）。当前，在市场竞争中存活下来的合作社实力越来越强，合作社的总产值越来越集中到少数实力强的合作社手中②。这一时期，政府逐步从扶持者与服务者的角色中退出，而越来越重视市场机制的主导作用，优惠的资金支持（如农业补贴）减少，转而加强对合作社的研究和人员培训，提高农户的自助能力。政府组织相关部门研究合作社的经济、法律、财务、社会环境等方面的情况，通过研究分析发现解决合作社面临问题的新方法，及时公布研究结

---

① USDA, Economic Research Service, compiled from National Agricultural Statistics Service annual estimates of the number of farms from the June Agricultural Survey and from ERS estimates of farm productivity. ERS productivity indices prior to 1948 came from Johnson（1990）.

② United States Department of Agriculture,"Farm Marketing, Supply and Service Cooperative Historical Statistics", Cooperative Information Report, 2006；Katherine C. DeVille, Jacqueline E. Penn and E. Eldon Eversull,"Farmer Cooperative Statistics", 2006；Rural Development U. S. Department of Agriculture Service Report, 2011. 上述资料提供的 1920~2011 年《美国农业合作社按营业额分组情况表》显示：弱小合作社逐步倒闭或被兼并，而经过兼并重组后的合作社虽然总数下降了，但存活下来的实力不断增强，交易额高位组的合作社数量不断增加，且产值逐步向高端组的少数合作社集中。

果,并提供各种技术服务,提升合作社的市场竞争力。同时,美国联邦农业部、农场主合作社管理局、各州的有关部门加大教育投入,编制各种培训资料发给合作社,不断提高合作社成员素质,使之逐步适应大型合作社现代化经营的技术要求,以顺应质量提高、深化期的新形势、新变化。

### (三) 基于历史事实提出理论假说

基于上述历史分析,市场经济中美国农业合作社的发展演进就如同一个被农场主为不断追求生产经营效率提高而驱动的"踏轮"过程。①第一阶段,单个农场主的劳动生产率水平较低,随着农业生产商品化发展,农场主构建合作社以提高生产经营效率。由于有合作社的服务,农场主劳动生产率水平得以提高并产生示范效应,农户加入或成立农业合作社,使得社员数与合作社数量同增;②第二阶段,农场主的劳动生产率水平得以提高,产出增加,激烈的市场竞争使弱小的合作社首先倒闭,余下的合作社不得不进行兼并重组以应对市场竞争,平均每个合作社的社员数增加,合作社的规模扩大,实力增强又会吸引更多的农户加入。合作社规模越来越大,其服务功能不断完善、提升,结果农场主的生产效率不断提高,这又反过来使市场竞争更加激烈,更多的合作社倒闭或被兼并。这一时期合作社总数开始下降,社员总数平稳上升,所以每个合作社平均社员数增加得最快;③第三阶段,农场主生产率水平提高到了一定程度,市场竞争趋于白热化,实力相对弱小的合作社倒闭或被兼并,而剩下的合作社实力越来越强,农场主的劳动生产率得到了充分提高,社员数在达到极大值后开始下降,即农业生产已不需要这么多劳动者,劳动生产率水平低的社员将会退出农业而转向第二、第三产业。市场竞争中,在美国农场主不断提高生产经营效率的驱动下,本文将合作社总数、社员总数等指标运动变化规律的内在机理命名为"踏轮"效应。在"踏轮"效应的作用下,合作社总数及社员总数等指标的运动变化规律可表述为:为适应农业生产市场发展的内在要求,农场主构建合作社→合作社出现,社员数增加→农场主劳动生产率水平提高→产出增加→竞争加剧→合作社倒闭或被兼并重组→合作社数量减少,经营规模扩大,服务能力提高→农场主劳动生产率水平再次提高→竞争再次加剧→合作社总数及社员总数下降→为提高农场主劳动生产率创造条件,而生产率提高又会减少合作社及社员数量。这一过程将会循环往复，合作社及社员数量越来越少，合作社生产经营规模越来越大，服务能力越来越强，农场主劳动生产力水平越来越高。从各指标的变化趋势来看，合作社总数为少→多→少，合作社规模为小→大，社员总数为少→多→少，合作社的生产经营服务效率为低→高，合作社平均社员数为少→多，社员劳动生产率为低→高。

## 三 实证分析与解释

### （一）模型设定与变量说明

向量自回归模型（Vector Autoregressive Model），即 VAR 模型，由 Sims 在 1980 年提出，该模型的结构采用多方程联立的形式，不以经济理论为基础，在模型中的每一个方程里，内生变量对模型中全部内生变量的滞后期变量进行回归，以估计全部内生变量的动态关系。一般认为，VAR 模型对于相互联系的时间序列变量系统是有效的预测模型，因其在估计中不含任何事先的约束条件而被广泛使用。

VAR（P）模型的一般数学表达式为：

$$Y_t = \Phi_1 Y_{t-1} + \cdots + \Phi_p Y_{t-p} + BX_t + \varepsilon_t, t = 1,2,3,\cdots,T$$

其中，$Y_t$ 表示 $k$ 维内生变量列向量，$Y_t = (y_{1t}, y_{2t}, y_{3t}, \cdots, y_{kt})'$，$X_t$ 表示 $d$ 维外生变量列向量，它可以是常数项、线性趋势项或其他非随机变量，$p$ 是滞后阶数，$\Phi_1 \cdots \Phi_p$ 是 $k \times k$ 维的待估矩阵，

$$\Phi_i = \begin{bmatrix} \varphi_{11,i} & \varphi_{12,i} & \cdots & \varphi_{1k,i} \\ \varphi_{21,i} & \varphi_{22,i} & \cdots & \varphi_{2k,i} \\ \vdots & \vdots & \ddots & \vdots \\ \varphi_{k1,i} & \varphi_{k2,i} & \cdots & \varphi_{kk,i} \end{bmatrix}, i = 1,2,\cdots,p$$

$B$ 为 $k \times d$ 维的待估矩阵，$\varepsilon_t$ 为 $k$ 维白噪声向量，且这些向量非自相关。

本研究采用含常数项的 VAR 模型，其表达式为：

$$Y_t = C + \Phi_1 Y_{t-1} + \cdots + \Phi_p Y_{t-p} + \varepsilon_t, t = 1,2,3,\cdots,T$$

基于模型与上述假设推理，我们选取社员总数（用 $CP$ 表示，单位：

千人)、合作社总数(用 CN 表示,单位:个)和社员年人均实际交易额(用 APG 表示,单位:美元。社员年人均实际交易额反映了社员,即农场主年人均劳动生产率水平的变化)来验证"踏轮"效应的存在及其运行机理。本文使用美国农业部提供的 1913~2011 年的数据进行计量分析。

**1. 平稳性检验**

为避免出现虚假回归而造成结论无效,我们对时间序列数据的平稳性进行检验。这里采用 ADF 检验,利用 Eviews7.2 软件先后观察 CP、CN 和 APG 自相关与偏自相关图,结合 Q 统计量,可以确认 3 个变量序列均为 AR(1)。分别对 3 个序列及其一阶差分序列进行平稳性检验,其中,滞后阶数根据 AIC 准则和 SC 准则确定,检验结果如表 1 所示。

表 1 原序列及其一阶差分序列的平稳性检验

| 变量 | 检验形式($c,t,k$) | ADF 值 | 1% 临界值 | 5% 临界值 | 10% 临界值 | 结论 |
| --- | --- | --- | --- | --- | --- | --- |
| CP | (C,0,2) | -0.75 | -3.51 | -2.90 | -2.59 | 不平稳 |
| D(CP) | (C,0,1) | -4.31 | -3.51 | -2.90 | -2.59 | 平稳 |
| CN | (C,0,0) | -0.61 | -3.51 | -2.90 | -2.59 | 不平稳 |
| D(CN) | (C,0,0) | -5.54 | -3.51 | -2.90 | -2.59 | 平稳 |
| APG | (C,0,0) | 0.86 | -3.51 | -2.90 | -2.59 | 不平稳 |
| D(APG) | (C,0,1) | -7.38 | -3.51 | -2.90 | -2.59 | 平稳 |

注:检验类型中的 $c$ 和 $t$ 分别表示常数项和趋势项,$k$ 表示所采用的滞后阶数。

由表 1 可知,变量 CP、CN 和 APG 一阶差分后在 1% 的显著性水平下拒绝原假设,即一阶差分平稳,说明它们均是 I(1) 序列,可进行协整检验。

**2. 协整检验**

本文应用 Johansen 分析法对变量进行协整检验,Johansen 协整检验包括两个检验统计变量,即迹检验统计量 $\lambda_{trace}$ 和最大特征值检验统计量 $\lambda_{max}$,本文选取 $\lambda_{trace}$ 和 $\lambda_{max}$ 作为检验统计量。为了保证协整关系在统计上的可信性,需要确定合理的协整滞后阶数,根据 VAR 模型滞后长度的

LR、FPE、AIC、SC 准则，确定最佳滞后阶数 $k=7$。Johansen 协整检验是对无约束 VAR 模型施加协整约束后得到的 VAR 模型。因此，Johansen 协整检验的滞后期确定为 7，迹统计量和最大特征值统计量结果分别见表 2、表 3。

表 2  Johansen 协整检验（迹统计量）

| 零假设协整方程个数 | 特征值 | 迹统计量 | 5% 临界值 | 概率 |
| --- | --- | --- | --- | --- |
| None | 0.557894 | 78.81917 | 42.91525 | 0.0000 |
| At most 1 | 0.083885 | 12.70652 | 25.87211 | 0.7608 |
| At most 2 | 0.066914 | 5.609866 | 12.51798 | 0.5114 |

表 3  Johansen 协整检验（最大特征值统计量）

| 零假设协整方程个数 | 特征值 | 最大特值统计量 | 5% 临界值 | 概率 |
| --- | --- | --- | --- | --- |
| None | 0.557894 | 66.11265 | 25.82321 | 0.0000 |
| At most 1 | 0.083885 | 7.096655 | 19.38704 | 0.8941 |
| At most 2 | 0.066914 | 5.609866 | 12.51798 | 0.5114 |

上述检验结果表明，在 95% 的置信水平下存在一个协整关系，通过标准化协整系数，确定其协整方程为：$CN = 0.044402CP - 1.111404APG + 11636.08 + u$（$u$ 是期望为 0 的平稳序列），该式表明合作社的个数与农场主人数呈正比，与反映单位劳动生产率水平的社员年人均实际交易额呈反比。由于成员异质性、最佳成员规模限制、潜在激励问题、搭便车、控制等问题，合作社的成员不能太多，想入伙者就只能组建另一合作社，因而想加入合作社的农场主人数与合作社总数呈正比。合作社总数与社员年人均实际交易额呈反比，说明随着社员年人均劳动生产率水平的提高，合作社总数会下降，原因前面已述。

**3. VAR 模型估计、Granger 因果检验及脉冲响应分析**

由于 3 个变量间存在协整关系，经检验，VAR 模型所有根模的倒数在单位圆内，如图 3 所示。满足稳定性条件，是一个平稳的 VAR，建立向量自回归模型的参数估计如表 4 所示。

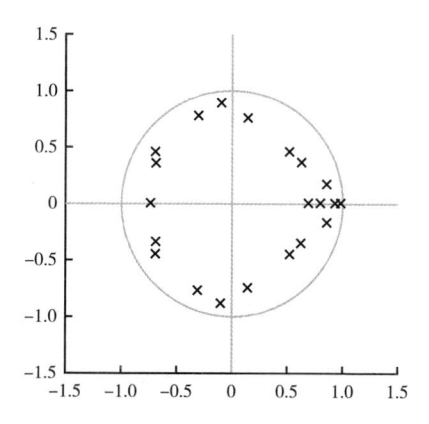

图 3　VAR 的平稳性检验

表 4　模型参数估计值

|  | CN | CP | APG |
|---|---|---|---|
| $CN(-1)$ | 1.113434 | 0.051202 | 0.088993 |
| $CN(-2)$ | 0.119379 | 0.016512 | -0.75458 |
| $CN(-3)$ | 0.011677 | 0.2109865 | 0.836484 |
| $CN(-4)$ | -0.022052 | -0.449061 | -0.658759 |
| $CN(-5)$ | 0.097906 | -0.232999 | 0.718556 |
| $CN(-6)$ | -0.290996 | -0.0121863 | -0.3079723 |
| $CN(-7)$ | -0.22857 | -0.057437 | -0.036472 |
| $CP(-1)$ | 0.117268 | 1.146359 | 0.073980 |
| $CP(-2)$ | 0.102251 | 0.329981 | -0.008596 |
| $CP(-3)$ | 0.463896 | 0.320730 | -0.051891 |
| $CP(-4)$ | -0.079142 | 0.276138 | 0.432872 |
| $CP(-5)$ | -0.394788 | -0.091305 | -0.492397 |
| $CP(-6)$ | -0.109945 | -0.038725 | -0.448854 |
| $CP(-7)$ | -0.136830 | -0.038539 | 0.4899385 |
| $APG(-1)$ | 0.008814 | -0.048335 | 1.288688 |
| $APG(-2)$ | 0.025226 | 0.068579 | -0.723883 |
| $APG(-3)$ | -0.094325 | 0.016823 | 0.768322 |
| $APG(-4)$ | -0.100610 | -0.048589 | 0.228014 |
| $APG(-5)$ | -0.07100 | -0.143634 | 0.342310 |

续表

|  | CN | CP | APG |
| --- | --- | --- | --- |
| APG(-6) | -0.002812 | -0.240932 | 0.124206 |
| APG(-7) | -0.027862 | -0.108821 | 0.017244 |
| C | 24.652301 | -9.137878 | 1369.185738 |
| R-squared | 0.998501 | 0.995076 | 0.978737 |
| Adj. R-squared | 0.997968 | 0.993324 | 0.971168 |
| F-statistic | 1872.294002 | 567.825185 | 129.32019376 |

由于是一个平稳的 VAR，可进行 Granger 非因果检验，结果如表 5 所示。

表 5　各解释变量格兰杰非因果检验

| 原假设 | F 统计量 | P 值(5%) | 结论 |
| --- | --- | --- | --- |
| CP 不是 CN 的 Grange 原因 | 5.24765 | 0.0073 | 拒　绝 |
| CN 不是 CP 的 Grange 原因 | 4.10243 | 0.0203 | 拒　绝 |
| APG 不是 CN 的 Grange 原因 | 12.6088 | 2.E-5 | 拒　绝 |
| CN 不是 APG 的 Grange 原因 | 3.26817 | 0.0534 | 不拒绝 |
| APG 不是 CP 的 Grange 原因 | 4.46046 | 0.0147 | 拒　绝 |
| CP 不是 APG 的 Grange 原因 | 0.82094 | 0.4438 | 不拒绝 |

如表 5 所示，在 5% 的显著性水平下，CN 与 CP 互为因果关系，APG 是 CN 和 CP 的原因。这与前述分析结果是一致的。结合表 4，验证了"踏轮"效应猜想：①想成立合作社人数（CP）的增加，短期会使合作社总数（CN）增加（由于合作社"成员规模限制"的特殊性）。同时，加入合作社可提高农场主劳动生产率的示范效应，使得更多的农场主希望加入或成立合作社，最终使社员总数（CP）、合作社总数（CN）增加，所以滞后 1~3 期的 CP 对当期 CN 与 CP 均是正向效应。但从长期来看，CP 增加使得合作社及社员数量增加，农场主劳动生产率提高，产出增加，加剧了市场竞争，弱小合作社倒闭，余下的合作社被兼并重组，合作社总数下降，同时，劳动生产率水平不能适应性提高的农户将放弃农业，所以滞后 4 期及其以后的 CP 对当期 CN 与 CP 基本上是负向效应；②合作社总数（CN）的增加，由于社员生产效率水平提高所产生的示范效应，更多的农场主加入或组建合作社，所以滞后 1~3 期的 CN 对当期 CN 与 CP 基本是正向效应。

但从长期来看，合作社被不断组建，农产品市场竞争加剧，"踏轮"效应将导致弱小的合作社倒闭，劳动生产率不能适应性提高的农场主将放弃农业，转入第二、第三产业，所以滞后 4 期及其以后的 CN 对当期 CN 与 CP 基本上是负向效应；③反映劳动生产率的社员年人均实际交易额（APG）对 CN 与 CP 均是负向效应，即劳动生产率的提高始终使 CN 与 CP 下降。

脉冲响应分析也验证了上述结论，如图 4 和图 5 所示。

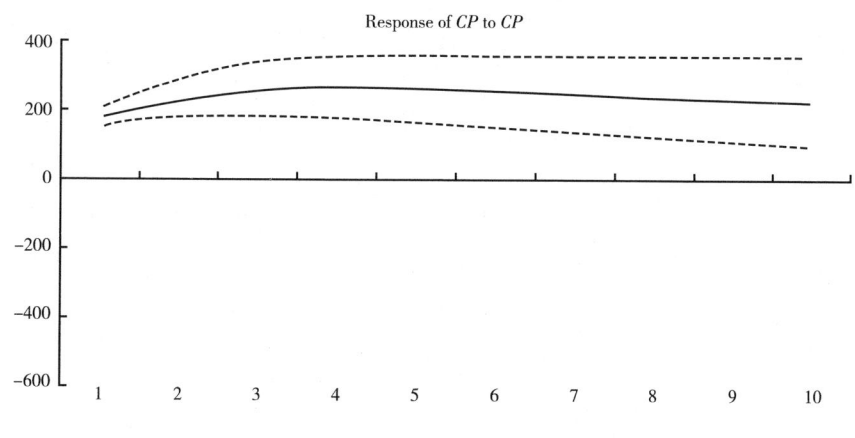

**图 4** CP 受冲击（One S. D.）的响应函数

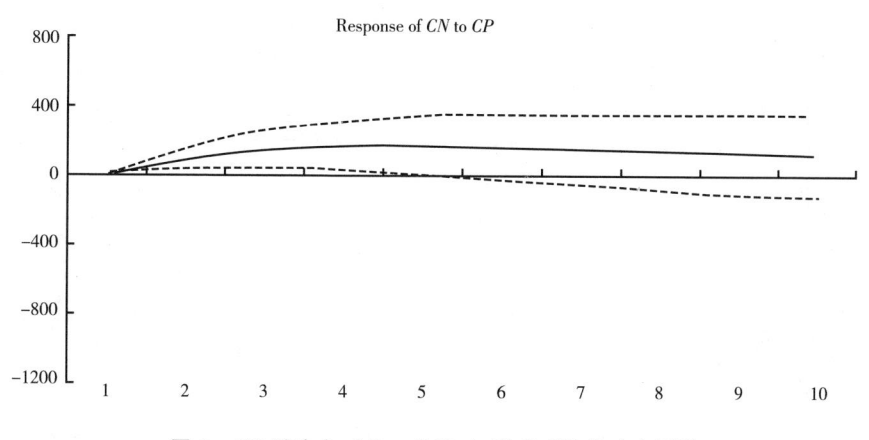

**图 5** CP 受冲击（One S. D.）引起 CN 的响应函数

如图 4 所示，当本期给 CP 一个单位冲击后，CP 在第 1 期就有正向响应，一直持续到第 4 期后开始下降，转入负向响应。图 5 表明当本期给 CP 一个单位冲击后，CN 在第 1 期就有正向响应，一直持续到第 4 期后开始下降，转入负向响应。这说明社员总数受一单位标准差冲击后，对自身及合作社总数的影响是先正向、后负向响应。

如图 6 所示，当本期给 $CN$ 一个单位冲击后，$CN$ 在第 1 期就有正向响应，一直持续到第 4 期后开始下降，转入负向响应。图 7 表明当本期给 $CN$ 一个单位冲击后，$CP$ 在第 1 期就有正向响应，一直持续到第 4 期后开始下降，转入负向响应。说明合作社总数受一单位标准差冲击后，对自身及社员总数的影响是先正向、后负向响应。

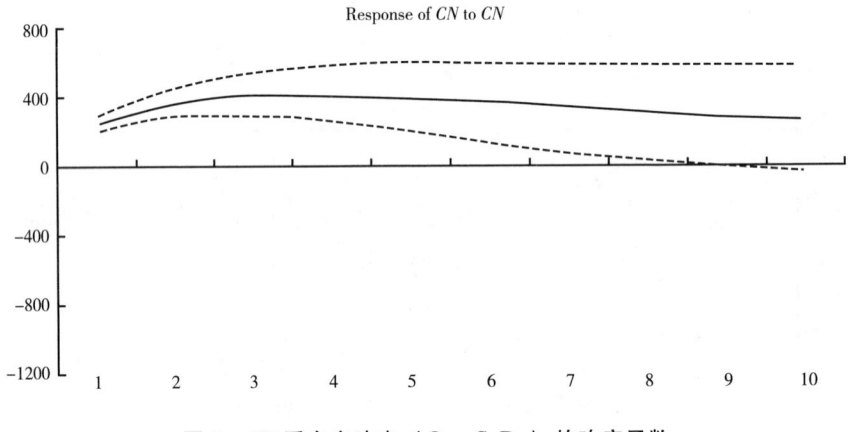

图 6 $CN$ 受自身冲击（One S. D.）的响应函数

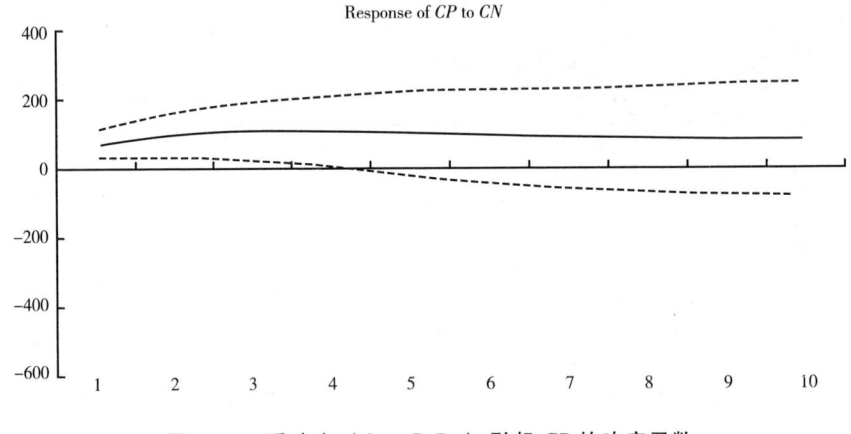

图 7 $CN$ 受冲击（One S. D.）引起 $CP$ 的响应函数

图 8、图 9 表示，当本期给 $APG$ 一个单位冲击后，$CN$ 与 $CP$ 均是负向响应，说明社员劳动生产率的提高，既减少了合作社总数，也减少了社员

总数。但响应时期不同，$CN$ 在第 1 期就有负向响应，而 $CP$ 在第 2 期才有响应，但直到进入第 3 期才开始下降——这与我们的前述分析是一致的，即"踏轮"效应中，随社员劳动生产率的提高，首先减少的是合作社总数 $CN$（弱小的合作社倒闭），随后才是社员总数 $CP$ 的下降。

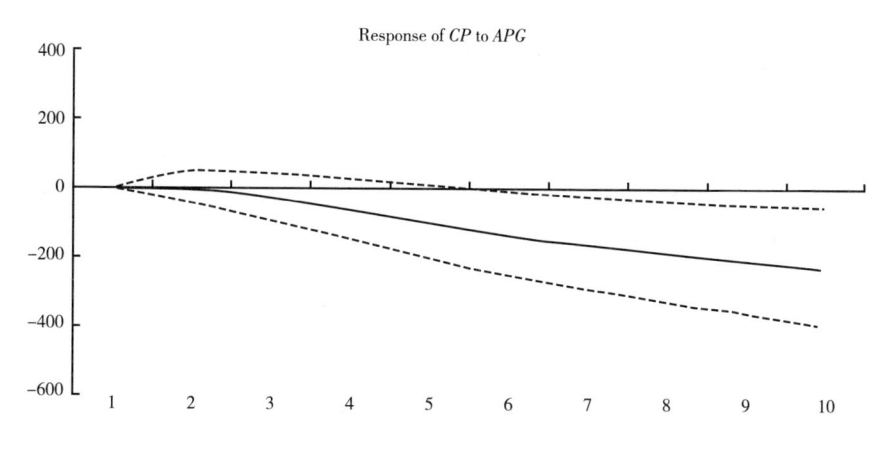

图 8　$APG$ 受冲击（One S. D.）引起 $CN$ 的响应函数

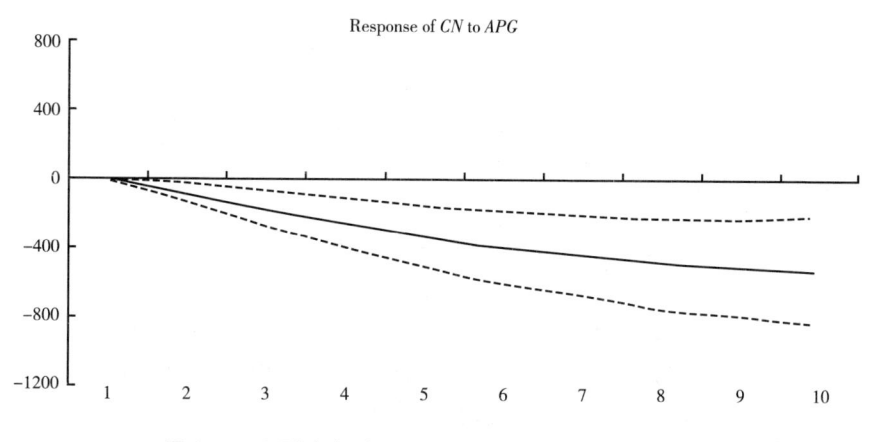

图 9　$APG$ 受冲击（One S. D.）引起 $CP$ 的响应函数

### 4. 方差分解

脉冲响应分析考虑了各种冲击对 $CN$ 和 $CP$ 的影响，而方差分解则将系统的预测均方误差分解成系统中各变量冲击所做的贡献，可考察系统中任意一个内生变量的预测均方误差的分解。其主要思想是，把系统中各个内生变量的波动按其成因分解为与各方程信息相关联的组成部分，从而了解各信息对模型内生变量的相对重要性,即变量的贡献占总贡献的比例。比较这个相对重要性信息随时间的变化,就可以估计出该变量的作用时滞,还可估计出各变量效应的相对大小。

由图 10 可知,$CP$ 的波动开始主要受自身冲击的影响,此后一路下降。$CN$ 的信息对 $CP$ 的预测方差贡献在第 1 期预测时就开始显现,在第 2、第 3 期上升,至第 4 期开始缓慢下降,下降至第 12 期 8.5% 后趋于稳定。$APG$ 对 $CP$ 的预测方差贡献在第 3 期才开始显现,接着贡献度逐步上升,在第 18 期后贡献度为 47.28%,上升到了第一位。这表明社员总数波动开始主要受自身影响,随着时间的推移,这种影响逐步下降,合作社总数的影响趋于稳定,而劳动生产率的影响逐步上升,居主导地位。

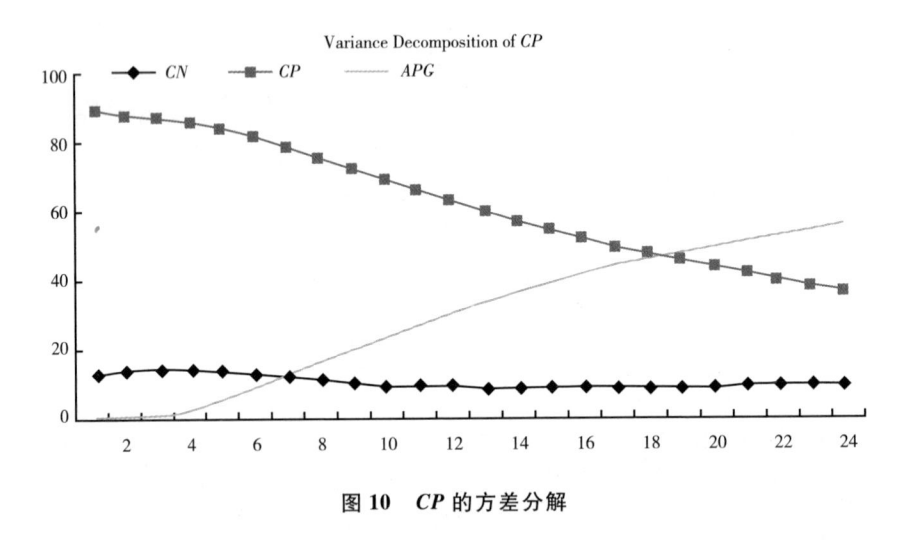

图 10 $CP$ 的方差分解

$CN$ 的方差分析如图 11 所示,起初 $CN$ 的波动主要受自身冲击的影响,但贡献度下降的速度很快,在第 9 期时就低于了 50%,随后继续下降。$CP$ 的信息对 $CN$ 的预测方差贡献在第 2 期才开始显现,贡献度上升至第 6 期后开始缓慢下降,下降至第 20 期后稳定于 3% 左右。$APG$ 对 $CN$ 的预测方差贡献在第 2 期就开始显现,之后贡献度迅速上升,第 9 期的贡献度已上升至第一位,为 47.07%。这表明合作社总数的波动开始主要受自身影响,随着时间的推移,这种影响迅速下降,社员总数的影响趋于稳定,而劳动生产率的影响迅速上升,居于主导地位。

"踏轮"效应中,为什么首先表现出合作社总数($CN$)的下降?随后社员总数($CP$)才开始减少?合作社总数的下降有两个方面的原因:一是

图 11 *CN* 的方差分解

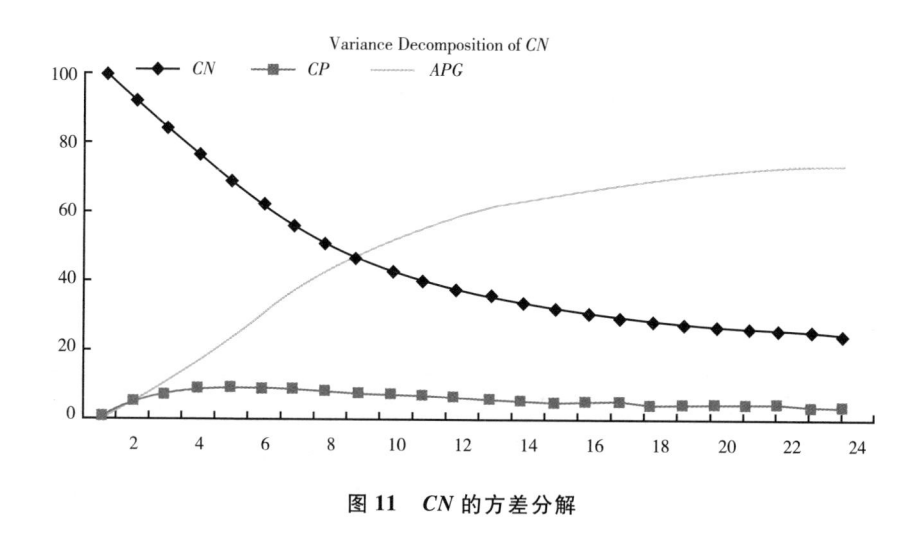

合作社倒闭；二是合作社兼并。合作社的倒闭产生"警示效应"，告诫存活下来的合作社应不断提高生产经营效率，以应对竞争日益激烈的市场；合作社兼并的目的也在于扩大企业资产规模，提高人均资产配备水平（樊亢等，1994），为提高生产效率创造条件。即合作社数量的下降带来的是生产效率的不断提高，只有合作生产效率不断提高（表现为合作社年均实际交易额的上升）到一定程度后，才能实现社员总数的下降，即农业生产经营已不需要那么多的生产者，多余的人将转向其他产业。

## 四 结论及启示

上述实证分析的结论验证了合作社发展演进过程中"踏轮"效应的存在：期望成立合作社农场主的增加会使得合作社数量与社员数量增加，由于合作社的服务水平和农场生产经营效率提高，产出增加，导致市场竞争加剧，从而使得合作社数量下降，随后社员数量也下降。合作社数量与社员数量的下降是合作社发展演进的长期趋势，而驱动这一演进过程的是社员不断提高的劳动生产率。基于对"踏轮"效应的认识，我们得到以下启示。

### （一）政策启示

"踏轮"效应的出现是合作社在市场经济中发展演进的结果，也是政府因势利导、审时度势地对合作社进行规制、引导的结果，就现有的文献来看，"踏轮"效应的出现应是农业合作社发展演进过程中的一种最佳状态[1]，这为我国农业合作社发展的时配性制度安排提供了重要借鉴：①在合作社、社员总数的"爆发期"，政府应担当激励者和扶持者的角色，应积极引导、鼓励和支持合作社的发展，不断壮大合作社队伍，同时加强对农民的合作思想的宣传、教育和技术培训。不断进行经营管理、市场营销等培训，增强合作社的服务能力，不断提高农户的生产经营效率；②在合作社从数量型发展转向质量型发展的转折期，合作社会朝着兼并、重组和倒闭三个方向发展，政府应承担服务者角色，及时制定相关的政策法规，创造合适的环境，保障合作社的兼并、重组，尊重市场规则对合作社的选择。对于失败的合作社，要制定政策妥善地使其退出而不引发社会震荡；③在合作社的质量型发展、深化期，政府要逐渐淡出扶持者、服务者的角色，从直接参与中逐步退出，注重从外部环境方面为合作社的发展创造条件，充分发挥市场机制的作用，注重利用竞争手段，通过市场进行选择，这样才能从根本上不断提高合作社及其成员的生产经营效率，使合作社的发展顺利完成从量变到质变的演化过程。

### （二）对我国农民专业合作社质性规定的认识

（1）中国的农业合作社的质的规定性是什么？制度的边界在哪里？自我国的农业合作社出现以来，这个问题就一直是理论界的重点与热点问题。西方经典合作社的本质规定性是社员自我服务，拥有者、管理者与受益者"三位一体"，这是不可变的，否则合作社就失去了这种组织的基本

---

[1] 无独有偶，日本农协也经历了一个"转轮"效应的发展过程，第二次世界大战失败后，日本开始接受罗虚戴尔原则构建农业合作社（农协），农协的个数由 1948 年的 892 个快速上升到 1954 年的 35368 个，达到历史最高点，随后逐步下降至 2006 年的 3346 个；社员数由 1948 年的 730 万人上升至 1986 年的 827 万人，随后持续下降至 2006 年 494.2 万人。农协的个数与社员数都经历了三个时期：1948~1954 年，农协的个数与社员数同增；1955~1986 年农协的个数减少而社员数在增加；1986~2006 年，农协的个数与社员数均在减少，但农协数量下降的速度要快于社员减少的速度（同样说明了合作社平均社员数增加）。尽管日本与美国农业合作社发展的历史背景、文化、农业生产方式、建立农业合作社的目的等因素有很大的不同，但上述变化规律与美国农业合作社的变化规律完全相同，说明在实现农业现代化的国家中，合作社发展演进中的"转轮"效应具有一定的普遍性。资料来源：①王垣壁、王殿祥《日本农协》，外文出版社，1993；②农林水产省：《平成 18 事業年度総合農協一斉調査の概要（確定値版）》，経営局協同組織課，2007。

制度特征。关键是，在"时过境迁"之后，"移植"到中国的西方经典合作社本质规定性是否还能保证合作社依然是有效率的？甚至还能不断地提高效率，为实现农业现代化服务？这两项要求对于合作社来说是最重要的，因为合作社"踏轮"效应的发现与解析向我们揭示了：作为一类以农民为主构建的生产经营组织，其关键不在于它的称呼，而是它的作用，能否提高农户的生产经营效率与收益、能否促进农业现代化的发展才是合作社存在的价值与意义。

当前，我国农业合作社的本质规定性，以遵循西方经典合作制要求而制定的《中华人民共和国农民专业合作社法》为标准，这是明确的，但并不意味着不能为效率而改变。当下对合作社本质规定性及其制度边界的研判，往往就合作社谈合作社，引经据典来研判，甚至根据"三位一体"中三项原则的各种组合来辨识现实中的合作社，这些均没有结合中国的现实国情、基于效率的原则、从农业现代化发展的高度来辨析和研判农业合作社。一味地在表面原则上，如自愿进出、社员使用、惠顾返还比例的高低，或者对成员所有、成员民主管理、盈余按惠顾返还三项原则如何组合和舍取才是合作社，进行辩论，而这些原则或组合、舍取标准又与我国现实中农业合作社实施的原则、标准相抵触，从而无法对合作社质性底线达成共识。此外，部分人甚至认为中国没有合作社或者只有极少的合作社——这实际上是在用西方合作社的标准来衡量，中国当然没有西方的合作社，中国有自己的合作社。该观点枉顾了一个基本的事实：广大东、中部地区的合作社已使得成千上万的农户解决了"小生产与大市场矛盾"，提高了农业一线的生产经营效率和农户的收入，这正说明了中国有自己的合作社。

（2）合作社理论本身在不断地发展，合作社的质性含义，其内核应小而外延应该越来越大。各国实现农业现代化的内、外部条件各不相同，农业合作社不可能存在一个统一的质性定义，因此讨论为什么中国没有真正意义上的合作社是一个毫无意义的伪命题。一个不争的事实是，各国均在不断地调整合作社的质性以适应各自农业现代化发展的内在要求，因而如何调整合作社的质性以适应中国农业现代化发展才是有价值的命题。

（3）事实上，广大农户才是农业合作社理论的伟大创造者和实践者。西方农业现代化进程中，农业商品化、产业化与合作化几乎同时进行，欲加入合作社的农户分化不严重，生产资料差异不大，资源大体均等且合作文化普及，因而生产资料大体均等、劳动者人人平等、尊重劳动成果是西方合作社制度发展演进的逻辑起点。依照该起点，结合西方农业合作化成功的实践探索，最后总结出经典合作制原则：惠顾者拥有、民主管理、盈余按交易额返还及股金收益有限，这既符合西方当时的实际情况，又顺应了当时农业现代化发展的内在要求，能最大限度地提高合作社及社员的生产经营效率。因而，西方将依据该原则建立的生产经营组织定义为农业（农场主）合作社（如 ICA 所做的工作）。但时过境迁之后，西方农业合作社产生的条件在当前的中国已寻不到，那么，中国基于当前的现实国情，合作社发展的内、外部条件及其实践，依据我国农民专业合作社制度发展演进的逻辑起点所演化出的合作社（如产权结构上"一股"或"数股"独大、大股东治理、按股分配倾向的合作社），来定义中国的合作社是否可行？如果这类合作社是有效率的，能实现合作各方共赢，能加速农业现代化进程，那为什么不能将其定义为中国（特色）的合作社？总之，合作社发展演进中的"踏轮"效应告诫我们不应教条，不应本末倒置，我们研究西方农业合作社及其"踏轮"效应不是为了"生拉硬套"或者是照搬其质性含义、制度安排，而是为了深入分析这样或那样的质性含义、制度安排产生的原因，从最本源的意义上去研究合作社的特征、制度构建、运行机理及其发展演进规律，并与中国的实际情况相结合，如此才能为我国农业合作社的质性定义及其发展提供参考。

那么应如何定义中国农业合作社质的规定性呢？合作社"踏轮"效应的解析告诉我们应有四个层面。一是效率层面，即合作社首先必须是一类有效率的生产经营组织。这是核心问题，也是先决条件，合作社质性规定与其制度特征首先应表现出的是"建立在家庭农业基础之上，为提高其生产经营效率服务的组织"，说穿了就是为农业现代化服务的组织。换言之，作为一种农业领域的生产经营组织，如果合作社不能提高农户家庭生产经营效率，不能为农业现代化服务，那么再经典、再合意的合作社对于农户增收、农业发展，以及国家现代化来说都将毫无价值，探讨其质性规定与制度特征也将毫无意义。二是合作社的属性定义，在第一点的基础上才谈得到第二点，即合作社的属性定义必须是描述一类能够提高农业生产经营效率、能为该国农业现代化发展服务、以农户为主构建的生产经营组织的属性特征。三是合作社的基本制度特征，这是属性定义的具体体现，是本质属性的多侧面表现。四是符合程度，即定义在多大程度上符合依据效率原则所确定的合作社的属性定义及基本制度特征的经济组织属于合作社。

### （三）关于我国农业合作社的发展与创新

由于发展合作社的内、外部条件及合作社产生演进的路径不同，我国多数合作社从出现伊始，其制度安排就表现出非经典的特征，即与西方经典合作社的制度安排不同，大多带有股份化特点（农业部，2014）。许多研究者用西方经典合作社的本质规定性和制度特征来考量我国的合作社，认为中国几乎没有真正的合作社，进而提出要按照西方经典合作社的本质规定性对中国的合作社进行先规治、后发展。实际上，这一观点所暗含的前提是"西方经典合作社的本质规定性及其制度安排"是适合中国的，可理论界至今尚未证明其是"放之四海而皆准"的真理。合作社"踏轮"效应向我们揭示了：上述观点仅是从"形式"上讨论中国应如何借鉴、学习西方先进经验，而非从"本质"的视角来研究，即我们坚持这样或那样的本质规定性、原则、制度安排，能提高农户生产经营效率与收益，能实现农业现代化吗？——这是一个更本质、更重要的问题。试想，单纯地坚持经典合作社的本质规定性及其制度安排而不能提高效率，那么这种坚持对于中国农业现代化来说有何意义？可见，在对国内农业合作社发展与创新的研究中，我们存在思想上的束缚。

合作社"踏轮"效应的结论留给我们的启示还有以下几点。①作为一类农业生产经营组织，合作社的组织形式、制度安排、甚至合作制原则均可以变，只有一点是不变的，那就是对效率的追求。农业现代化以及农业后现代化发展进程中，农业生产一定是"选择"那些能适应新环境、新变化并能在新环境、新变化中不断提高生产经营效率的农业生产经营组织形式，因而合作社的发展、创新应遵循效率原则，而不是形式原则。②当前，我们应将对合作社发展创新的底线评判纳入推动农业现代化或适应农业生产力发展的视野中来讨论，仅仅讨论合作社能否守住经典合作制的底线，通过"三位一体"中成员三个身份间的两两组合来辨析合作社的真伪，或者讨论在大户、龙头企业等牵头领办的合作社中治理结构是否合理、是否严格遵循"一人一票"原则、股权是否均等、分配是否合理（是否60%盈余按交易额二次返还），甚至提出要对合作社先规治，后发展等，都是不可行的，其中，最后一种方法可能会重蹈人民公社的覆辙。我们应跳出合作社甚至农业来研究合作社的发展与创新问题。我们发展合作社的最终目的是要实现农业现代化（并且实现农业现代化的路径不只合作化一条），不应单纯地为发展合作社而发展合作社，因而我们应将合作社的质性及制度边界拓展，以给实践中的我国农业合作社发展与创新留下足够的制度空间，而拓展多大应以效率为标准，以民主原则为底线。当前，实践中的我国农民专业合作社大多具有要素联合的性质，生产资料的所有者与使用者往往不同一，他们同在一个合作社中，为了共同的目的联合在一起进行生产经营，看这种联合是否属于合作性质，不是从形式上看他们的身份，而是看他们所形成的联合体关系能否提高农业生产经营效率，即只要他们坚持合作社是农户参与，是一种可以提高农户家庭生产经营效率的经济组织，在重大事项上坚持民主决策，并构建了比较合理的利益联结机制，提高了参与者的生产经营效率和收益，这种联合体就具有了（中国特色的）合作社性质。③前述合作社的含义将会包含理论界谓之"不规范"的合作社，但这些合作社有其存在的合理性，是中国现实国情的选择。同样，西方合作社发展所走的道路是西方现实国情的选择，他们的合作社不断实践所形成的经典合作制原则是适合西方农业合作化的，但不一定完全适合中国，因而我们不能用经典合作制来对中国的合作社发展变革"生搬硬套"。中国农业现代化发展的现实条件，合作社发展的内外部环境、合作文化、成员素质等与西方存在较大差异，所以，中国的农业合作社应有自己的内涵，进而中国农业合作社的发展、创新也一定是与西方不同的，是超越经典的。这样看来，"在坚持经典合作制原则下进行合作社的发展与创新"不是也不应该是我国农民专业合作社创新与发展应该遵循的基本原则。

综上所述，合作社"踏轮"效应向我们揭示了：我国农业合作社发展与创新的关键是要看合作社或者那些所谓的有名无实的合作社是否顺应了农业现代化发展的内在要求，是否提高了农业生产经营效率，是否加速了农业现代化发展，即效率追求才是合作社发展变革永恒的最终目标（过多的目标追求，特别是益贫等目标可能会成为"生不逢时"、比较弱小、又面临与龙头企业等强大经济实体竞争、在"夹缝"中生存的专业合作社不可承载之重）。

## 参考文献

[1] 张晓山、苑鹏:《合作经济理论与实践》,中国城市出版社,1991。
[2] 黄祖辉:《中国农民专业合作组织发展的若干理论与实践问题》,《中国农村经济》2008年第11期。
[3] 张晓山:《农业专业合作社的发展趋势探析》,《管理世界》2009年第5期。
[4] 徐旭初:《农民专业合作社发展辨析:一个基于国内文献的讨论》,《中国农村观察》2012年第5期。
[5] 潘劲:《流通领域农民专业合作组织发展研究》,《农业经济问题》2001年第11期。
[6] 田艳丽、修长柏:《牧民专业合作社利益分配机制的构建》,《农业经济问题》2012年第9期。
[7] 国鲁来:《合作社制度及专业协会实践的制度经济学分析》,《中国农村观察》2000年第8期。
[8] 欧阳仁根:《试论我国合作社经济法律体系的构建》,《中国农村经济》2003年第2期。
[9] 冯开文:《论中国农业合作制度变迁的格局与方向》,《中国农村观察》1999年第3期。
[10] 徐更生、刘开明:《国外农村合作经济》,经济科学出版社,1986。
[11] 杜吟棠:《合作社:农业中的现代企业制度》,江西人民出版社,2002。
[12] 米鸿才:《合作社发展简史》,中共中央党校出版社,1988。
[13] 慕永太:《合作社理论与实践》,中国农业出版社,2001。
[14] 朱道华:《外国农业经济》,中国农业出版社,1998。
[15] 樊亢、戎殿新:《美国农业社会化服务体系——兼论农业合作社》,经济日报出版社,1994。
[16] 农业部:《中国农民专业合作社发展报告》,2014。
[17] Basil G. Coley, "Economic Factors associated with the Growth Development of Agricultural Cooperatives", *Agric. L. Rev* (11) 2000.
[18] Drivas, K., Giannakas, K.: "The Effect of Cooperatives on Quality-Enhancing Innovation", *Journal of Agricultural Economics* (2) 2010.
[19] Donald I. Vogelsang, John M. Bailey, LIoyd C. Biser, E. Eldon Eversull, J. Warren Mather, "Cooperative Organization and Structure", Cooperative Information Report, Rural Business and Cooperative Development Service, USDA, 1988, Reprinted in 1993.
[20] Helmberger, P. G., S. Hoos, "Cooperative Bargaining in Agriculture", University of California, Division of Agricultural Services. 1965.
[21] Michael L. Cook., "The Future of U. S. Agricultural Cooperatives: A Neo-Institutional Approach", *American Journal of Agricultural Economics* (5) 1995.
[22] Royer, J. S., Smite, D. B., "Patronage Refunds, Producer Expectations and

Optimal Pricing by Agricultural Cooperatives", *Journal of Cooperatives* (20) 2007.

[23] Randall E. Torgerson, "Evolution of Cooperative Thought, Throry and Purpose", Presentation of Conference on "Cooperative: Their Importance in the Future of the Food and Agricultural System", Food and Agricultural Marketing Consortium, Las Vegas, NV, January 1997.

[24] Royer, J. S. , Bhuyan, S. , "Forward Integration by Farmer Cooperatives: Comparative Incentives and Impacts", Journal of Cooperatives (10) 1995.

[25] Sexton, R. J. , "Imperfect Competition in Agricultural Markets and the Role of Cooperatives: A Spatial Analysis", *American Journal of Agricultural Economics* (3) 1990.

[26] Tribi, C. , "Spatial Competition of Food Processing Cooperatives in A Mixed Market – the Case of Uniform Delivered Pricing", Working Paper, Federal Institute of Agricultural Economics, Austria, 2009.

[27] United States Department of Agriculture, "Farm Marketing, Supply and Service Cooperative Historical Statistics", 2006.

[28] United States Department of Agriculture, "Farm Marketing, Supply and Service Cooperative Historical Statistics (2006)", Cooperative Information Report, 1980.

[29] M. A. Braham, " Agricultural Cooperatives: Pioneer to Modern" http: //www. ag. ndsu. nodak. edu/qbcc/Library/HistoricalAspects/AgriculturalCooperatives: PioneertoModern. pdf, 2010.

# 城郊失地农民的征地补偿满意度与冲突意愿

李 岩[*]

**摘 要**：以济南城郊 400 名失地农民为样本，以暴力反抗、信访行为和网络申诉为因变量，以补偿方式、补偿标准和补偿分配公平性的满意度为自变量，以年龄、性别、受教育年限、失地年限、社会资源、家庭纯收入、家庭资产和土地补偿金额为控制变量，采用分层回归分析，探究征地补偿满意度各维度对冲突意愿的不同影响。结果表明，补偿分配公平性对暴力反抗、信访行为和网络申诉均有极为显著的负向预测作用；但补偿方式仅负向预测暴力反抗，补偿标准仅负向预测信访行为。据此我们认为，补偿分配公平性才是暴力冲突的关键变量。在结论基础上，我们提出了完善征地补偿的政策建议，以期为相关决策部门提供借鉴。

**关键词**：失地农民　征地补偿　冲突意愿

## 一　引言

近年来有关失地农民的冲突事件不断发生，并呈现愈演愈烈之势，这使国内学者将失地农民的冲突行为作为重点研究对象，从宏观和微观视角进行了诸多有益的探索。

从宏观视角，谭术魁（2008）认为中国社会转型和城市化进程唤醒了

---

[*] 李岩，山东省社会科学院农村发展研究所。

失地农民的土地保护意识，进而影响失地农民的征地冲突行为；邹秀清等（2012）通过对征地冲突中地方政府、中央政府和农户行为的博弈分析，得出农户的维权行为取决于维权成本、补偿标准以及地方政府征地行为的结论；陈雪洁（2013）运用社会行动理论框架研究失地农民在征地环境下的行动策略，认为不同阶段失地农民维权方式和行为策略的变化是为了获取自身利益的最大化；齐睿（2011）结合中国的宏观社会经济环境，提出了"背景-情境"模型并首次运用于中国征地冲突中农民参与行为的研究，探索了农民冲突行为的影响因素和作用路径，并得出应重点治理农村社会干群关系的结论。另有学者站在中国农村社会问题的角度，认为中国农村群体性事件的发生与城市化发展速度之间的相关性显著，地方政府的土地寻租行为以及代表农民权益合法组织的缺失，使失地农民往往采取非制度化的暴力行为进行维权。国外学者詹姆斯·斯科特（2001）通过对东南亚农民生活情况的研究，提出了"生存理论"和"道义经济"的概念，认为当农民的生存道德和社会公正受到侵犯时，他们便会产生强烈的反抗意愿，甚至铤而走险。

从微观视角，刘杨等（2006）运用Logistic模型计量分析了失地农民维权行为的影响因素，认为经济利益因素（家庭人均收入水平、恩格尔系数、征地损失补偿比）的影响作用较大；李向军（2008）认为失地农民对权益侵害、维权风险的感知会对他们采取的抗争行为产生影响，一般情况下，大多数农民倾向于风险较小的维权方式；邹秀清和钟骁勇（2013）采用结构方程模型探索社会背景感知、风险感知、利益感知和公平感知这四类心理感知对失地农民冲突意愿的影响作用及相互关系，发现失地农民的社会背景感知对其冲突意愿有显著的正向影响，失地农民的公平感知和利益感知对其冲突意愿有显著的负向影响。

综观冲突意愿的影响因素，我们发现国内外学者对失地农民冲突行为的研究在宏观上主要集中于经济态势和社会环境，在微观上主要集中于家庭经济状况和个体权利意识，而对于征地过程中个体的心理行为关注不够。目前仅有齐睿、邹秀清和钟骁勇等从心理感知层面对失地农民的冲突行为进行了探索，且注重对各影响因素心理感知的全面把握，而缺乏对征地补偿心理感知的深层探索，而征地补偿才是影响失地农民冲突意愿的关键变量。

当前征地补偿存在诸多问题。①补偿方式简单。大多采用一次性货币补偿的安置方式，安置责任不明确，缺乏对失地农民的社会保障制度，缺乏对失地农民未来出路的长远考虑，往往难以长期有效地解决失地农民的生存问题，更难一劳永逸地解决失地农民的后顾之忧，使失地农民失地后的生活水平有不同程度的下降。②补偿标准低。目前对失地农民的补偿是不完全产权下的补偿，这种补偿没有按照市场交易原则进行，只是政府单方面定价的行为，政府在制定补偿标准的时候只考虑对农民现有损失、土地原用途下的价值和失地农民农村生活水平的补偿，并没有考虑征地所产生的外部性成本（牟燕，2014，陈春节等，2013）。外部性成本指实施征地后给个人或集体造成的经济损失和负效用，包括农民生产和生活水平下降的损失、土地增值收益的损失、比较收益的损失和征地外部经济引起的负效用。③补偿分配的公平性难以保证。土地管理法实施条例规定土地补偿费归集体经济组织所有，但是却没有对集体如何处置做出规定。目前，各省、市、县（区）、街道，甚至村与村之间的做法都不统一，有些村是将所有或大部分土地补偿费分配到失地农民手中，有些村是将土地补偿费平均分配给村中的所有农户，而有些集体经济较为发达的村已经实现将成员手中的地全部有偿收回，遇到征地时，征地费全部归集体所有。征地补偿费在村集体内部的分配方式不统一，导致村民之间互相攀比（孟宏斌，2010）。且在征地补偿款分配过程中广泛存在当地政府与村干部勾结，侵占失地农户权益的事件，导致失地农民与政府间的矛盾不断加深。组织行为学认为人的心理需求和动机直接支配着人的行动，据此，我们提出研究假设：失地农民对征地补偿的补偿方式、补偿标准及补偿分配公平性的满意度会影响其冲突意愿。

鉴于江苏省哲学社会科学规划办公室的学者称，江苏省失地农民生存状况最差、对政府征地行为评价最低的不是经济较为落后的苏北地区，而是一次性货币补偿水平较高、经济发展水平也较高的大城市郊区的失地农民（江苏省哲学社会科学规划办公室，2007），本研究以济南市城郊失地农民为主要研究对象，从补偿方式、补偿标准和补偿分配公平性的满意度为切入点，深入研究城郊失地农民对征地补偿的满意度对冲突意愿的影响，以期为进一步完善当前的征地补偿、有效预测和化解失地农民的冲突意愿提供可借鉴的实证参考。

## 二 城郊失地农民征地补偿满意度与冲突意愿的实证分析

### （一）变量测量与模型设定

**1. 主要变量的测量**

因变量为城郊失地农民的冲突意愿，采用邹秀清和钟骁勇于2013年开发的失地农民冲突意愿量表，本量表由三个条目构成：①暴力反抗，是否有采取暴力反抗征地的倾向；②信访行为，是否有采取信访行为反抗征地的倾向；③网络申诉，是否有网络申诉反抗征地的倾向。以上均采用李克特五点计分，1为"绝对没有"，2为"通常没有"，3为"不确定"，4为"通常有"，5为"绝对有"，其信度系数为0.82。

自变量为补偿方式、补偿标准和补偿分配公平性的满意度，每个自变量分别由一个题目予以测量，例如，"你对当前的征地补偿方式满意吗？"采用李克特五点计分，1为"非常不满意"，2为"不太满意"，3为"一般"，4为"比较满意"，5为"非常满意"。在本研究中，补偿方式、补偿标准和补偿分配公平性的心理感知量表的克隆巴赫a系数分别为0.90、0.89和0.93。

**2. 模型设定**

为验证补偿方式、补偿标准及补偿分配公平性的满意度对城郊失地农民冲突意愿的影响，本文设定以下模型：

$$y_i = \beta_0 + \sum_{j=1}^{n} \beta_j x_j + \beta_1 x_{\text{补偿方式}} + \beta_2 x_{\text{补偿标准}} + \beta_3 x_{\text{补偿分配公平性}}$$

其中 $y_i$ 为补偿方式、补偿标准和补偿分配公平性的满意度；$x_{\text{补偿方式}}$ 为城郊失地农民对征地补偿方式的满意度；$x_{\text{补偿标准}}$ 为城郊失地农民对征地补偿标准的满意度；$x_{\text{补偿分配公平性}}$ 为城郊失地农民对征地补偿分配公平性的满意度；$x_j$ 为控制变量——年龄、性别、受教育年限、失地年限、社会资源、家庭纯收入、家庭资产和土地补偿金额；$\beta_0$ 为随机误差项。

### （二）数据来源

从山东省济南市华山镇的8个村：陈家、高墙王、姬家、前王、石门、宋刘、王保、郓家共抽取400名失地农民作为样本，以信用社分布在每个村的信贷协理员为调查协助人，采用入户调查的方式收集数据，样本基本情况详见表1。山东是农业大省，且济南是省会城市，因此该样本具有较强的代表性。

表1 调研样本基本情况

| 村庄 | 总户数 | 调查户数 | 平均每户补偿金（万元） | 平均每户年收入（万元） | 失地时间（年） |
| --- | --- | --- | --- | --- | --- |
| 石门村 | 255 | 71 | 58.82 | 13.83 | 2012 |
| 前王村 | 276 | 65 | 36.46 | 11.53 | 2010 |
| 王保村 | 236 | 62 | 48.42 | 10.11 | 2011 |
| 陈家村 | 168 | 37 | 58.81 | 7.36 | 2013 |
| 姬家村 | 207 | 46 | 21.65 | 4.83 | 2003 |
| 郓家村 | 223 | 59 | 59.12 | 14.55 | 2013 |
| 高墙王村 | 185 | 42 | 7.19 | 15.27 | 1999 |
| 宋刘村 | 102 | 18 | 7.11 | 9.14 | 1998 |
| 合计 | 1652 | 400 | 41.60 | 11.29 | |

资料来源：根据调查数据整理所得。

### （三）实证分析

**1. 主要变量的描述统计及相关关系**

由表2可见，城郊失地农民对当前征地补偿的满意度普遍比较低，其中，最低的是补偿分配的公平性，其满意度只有1.82，通过与失地农民的进一步访谈得知，失地农民意见较大的是政府与村干部勾结侵占失地农民利益，以及土地价值在政府、村和失地农民间利益分配的不公平性；其次是补偿方式，其满意度仅为2.61，其中对补偿方式最不满意的是对土地依赖程度较高的失地农民，失去土地对于他们意味着失业，而他们的非农就业能力普遍比较低，因此这部分群体更渴望政府在货币补偿之外提供社会保障、就业机会等多种补偿方式；补偿标准的满意度是三者中最高的，达2.99，说明城郊失地农民的征地补偿标准近年来已有了明显提高。

表 2　主要变量的平均数、标准差和相关系数

| 变量 | 样本 | 平均数 | 标准差 | 1 | 2 | 3 | 4 | 5 | 6 |
|---|---|---|---|---|---|---|---|---|---|
| 1（补偿方式） | 400 | 2.61 | 0.79 | — | | | | | |
| 2（补偿标准） | 398 | 2.99 | 1.09 | 0.86*** | — | | | | |
| 3（补偿分配公平性） | 400 | 1.82 | 0.56 | 0.79*** | 0.78*** | — | | | |
| 4（暴力反抗） | 400 | 3.03 | 0.98 | -0.85*** | -0.85*** | -0.71*** | — | | |
| 5（信访行为） | 399 | 2.33 | 1.17 | -0.78*** | -0.74*** | -0.67*** | 0.74*** | — | |
| 6（网络申诉） | 389 | 1.03 | 0.16 | -0.34*** | -0.31*** | -0.25*** | 0.34*** | 0.01 | — |

注：***表示在0.001水平上显著相关。

在冲突行为倾向上，城郊失地农民的暴力反抗倾向最高，平均倾向性达到3.03，其次是信访行为，平均倾向性为2.33，而网络申诉的平均倾向性最低，只有1.03，这可能与失地农民文化水平普遍比较低，对网络不熟悉有关。

征地补偿满意度与冲突意愿存在极为显著的负相关关系，说明征地补偿的满意程度是影响冲突意愿的关键变量。主要变量间除信访行为与网络申诉相关性不显著外，其他变量间的相关性均极为显著。

**2. 城郊失地农民征地补偿满意度对冲突意愿的影响**

本文以暴力反抗、信访行为和网络申诉为因变量，以补偿方式、补偿标准和补偿分配公平性的满意度为自变量，以年龄、性别、受教育年限、失地年限、社会资源、家庭纯收入、家庭资产和土地补偿金额为控制变量，采用分层回归分析进一步探究征地补偿满意度各维度对冲突意愿的不同影响，结果见表3。

暴力反抗的影响因素。以往的研究中，众多学者认为补偿标准低是导致暴力冲突的关键变量，但这一结论在本研究中没有得到证实，补偿标准对暴力反抗没有预测作用，而补偿方式和补偿分配公平性均显著负向预测暴力反抗，即对补偿方式越不满意，补偿分配越不公平，城郊失地农民越倾向于暴力反抗征地行为；同时，控制变量中的受教育年限和失地年限正向预测暴力反抗，即受教育程度越高，暴力反抗倾向越强，这可能与受教育程度较高的失地农民维权意识更强有关，失地年限越长的失地农民因其当年的补偿水平较低，遭受的损失更大，所以更倾向于暴力反抗；土地补偿金额负向预测暴力反抗，即得到的土地补偿金额越少，暴力反抗倾向越强，这也进一步印证了早期城郊失地农民暴力反抗倾向更强的客观事实。

表 3　城郊失地农民征地补偿满意度对冲突意愿的影响

| 模型 | 预测变量 | 暴力反抗 模型1 | 暴力反抗 模型2 | 信访行为 模型1 | 信访行为 模型2 | 网络申诉 模型1 | 网络申诉 模型2 |
|---|---|---|---|---|---|---|---|
| 第一步 | 控制变量 | | | | | | |
| | 年龄 | 0.00 | -0.00 | -0.03 | -0.05 | -0.17*** | -0.15*** |
| | 性别 | -0.04 | -0.03 | -0.05 | -0.05 | 0.04 | 0.04 |
| | 受教育年限 | 0.10*** | 0.09*** | -0.03 | -0.04 | 0.17*** | 0.16*** |
| | 失地年限 | 0.66*** | 0.52*** | 0.41*** | 0.38*** | 0.37*** | -0.01 |
| | 社会资源 | 0.03 | 0.01 | -0.02 | -0.03 | -0.07 | -0.07 |
| | 家庭纯收入 | 0.06 | 0.04 | 0.03 | 0.01 | 0.06 | 0.05 |
| | 家庭资产 | -0.07 | -0.06 | -0.08 | -0.06 | -0.03 | -0.02 |
| | 土地补偿金额 | -0.13** | -0.11** | 0.14** | 0.07 | 0.09 | 0.14 |
| 第二步 | 自变量 | | | | | | |
| | 补偿方式 | | -0.14*** | | -0.04 | | -0.07 |
| | 补偿标准 | | -0.09 | | -0.11* | | -0.13 |
| | 补偿分配公平性 | | -0.25*** | | -0.40*** | | -0.31** |
| $R^2$ | | 0.79 | 0.88 | 0.63 | 0.69 | 0.16 | 0.20 |
| $\Delta R^2$ | | 0.79 | 0.09 | 0.63 | 0.06 | 0.16 | 0.04 |
| F | | 192.16*** | 152.04*** | 85.63*** | 68.71*** | 9.04*** | 7.40*** |
| $\Delta F$ | | 192.16*** | 9.93*** | 85.63*** | 9.06*** | 9.04*** | 3.71** |

注：* 表示在 0.05 水平上显著，** 表示在 0.01 水平上显著，*** 表示在 0.001 水平上显著。

信访行为的影响因素。补偿分配公平性和补偿标准负向预测信访行为，即当失地农民越感觉到补偿分配不公平、补偿标准不满意时，信访行为倾向越强；控制变量中失地年限正向预测信访行为，即失地年限越长的失地农民，信访行为倾向越强，说明早期城郊失地农民感到征地补偿更加不公平、补偿标准更低；值得注意的是，土地补偿金额在模型 1 中正向预测信访行为，但当补偿方式、补偿标准和补偿分配公平性的满意度进入方程后，土地补偿金额对信访行为没有预测作用，说明对于城郊失地农民而言，最关注的不是土地补偿金额的多少，而是征地补偿分配是否公平，尤其是在政府、村干部和村民间的分配是否公平。

网络申诉的影响因素。补偿分配公平性负向预测网络申诉，即补偿分配越不公平，网络申诉倾向越强；控制变量中的年龄负向预测网络申诉，即越年轻的失地农民越倾向于网络申诉；教育程度正向预测网络申诉，即受教育程度越高的失地农民越倾向于网络申诉；值得注意的是，在模型 1 中失地年限正向预测网络申诉，但在模型 2 中，失地年限没有预测作用，但补偿公平性有明显的负向预测作用，说明早期城郊失地农民更倾向于网络申诉的根本原因是早期征地补偿分配更不公平。

## 三 结论与政策建议

以往众多学者认为补偿标准低是导致暴力冲突的关键变量，但本研究的结果表明补偿分配公平性对暴力反抗、信访行为和网络申诉均有极为显著的负向预测作用；但补偿方式仅负向预测暴力反抗，补偿标准仅负向预测信访行为。据此我们认为，补偿分配公平性才是暴力冲突的关键变量。基于以上结论，我们提出如下政策建议。

### （一）切实保障补偿分配公平性，提高失地农民的土地增值收益占比

"不患寡而患不均"在城郊失地农民中再次得到印证。城郊失地农民暴力冲突的根源不是征地补偿太少，而是征地过程中当地政府和村干部的相互勾结和利益掠夺，政府采用低买高卖的方式从中获得高额征地收益。为克服这一现象，应当成立相应监管部门或诉诸法律，切实保护土地的集体所有性质，保护失地农民对土地是否被征用的决策权，在征地前听取被征地农村集体经济组织或村民和其他权利人的意见，并将该意见作为重要的征地方案审批材料，特别重视征地补偿利益诉求和矛盾调解，成立专门的政策法律咨询和矛盾调解小组，为弱势群体提供相关法律知识，对利益矛盾和纠纷进行协调和指导。同时，考虑城郊土地增值收益较高的特点，在制定土地补偿金额时要考虑土地未来的增值收益，提高失地农民的土地增值收益占比，切实保护失地农民的合法利益。

### （二）提高征地补偿标准，扩大征地补偿范围

修订的《土地管理法》虽提高了征地补偿标准，但并不足以提高或维持失地农民现有的生活水平。对于农民来说，土地是最大的社会保障，失地不但意味着失业，而且意味着失去长久的生存保障、低成本生活方式和

熟悉的生活环境。单纯的货币补偿具有明显的短期性，容易导致失地农民在用完征地补偿款后生活水平持续下降，因此应考虑在货币补偿的基础上，尽快完善失地农民的社会保障、医疗保障与就业制度，有条件的地区应将失地农民的社会保障与医疗保障纳入当地城乡统筹的范围之内，特别要将失地农民的就业培训与指导作为政府工作的重点，从而实现失地农民的可持续生计。

### （三）对失地年限较长的城郊失地农民进行适当补偿

研究发现，失地年限越长的城郊失地农民，其冲突意愿越强，其根本原因在于早期征地补偿标准太低和土地增值收益占比较小，这直接导致早期失地农民生活质量的全面下降，因此民愤较高。因此，为公平起见，应对这部分失地农民进行适当的征地补偿，减少他们的不公平感，从而降低其冲突意愿。

**参考文献**

[1] 谭术魁：《中国土地冲突的概念、特征与触发因素研究》，《中国土地科学》2008年第4期。
[2] 谭术魁：《中国频繁暴发征地冲突的原因分析》，《中国土地科学》2008年第6期。
[3] 邹秀清、钟骁勇、肖泽干等：《征地冲突中地方政府、中央政府和农户行为的动态博弈分析》，《中国土地科学》2012年第10期。
[4] 陈雪洁：《失地农民的行动策略研究——以营口市B区为例》，沈阳师范大学硕士学位论文，2013。
[5] 齐睿：《我国征地冲突治理问题研究》，华中科技大学博士学位论文，2011。
[6] 李向军：《风险社会视角下失地农民的困境与抗争问题研究》，华中师范大学硕士学位论文，2008。
[7] 詹姆斯·斯科特：《农民的道义经济学：东南亚的反叛与生存》，程立显、刘建译，译林出版社，2001。
[8] 刘杨、黄贤金、吴晓洁：《失地农民的维权行为分析——以江苏省铁本事件征地案件为例》，《中国土地科学》2006年第1期。
[9] 邹秀清、钟骁勇：《失地农民冲突意愿形成的心理感知影响因素研究》，《资源科学》2013年第12期。
[10] 谭术魁、肖建英：《农民征地补偿满意度实证研究》，《中国房地产》2012年第1期。

[11] 牟燕:《完全产权视角下的征地补偿价格分析》,《特区经济》2014年第9期。
[12] 陈春节、佟仁城:《征地补偿价格量化研究——以北京市为例》,《中国土地科学》2013年第1期。
[13] 孟宏斌:《资源动员中的问题化建构：农村征地冲突的内在形成机理》,《当代经济科学》2010年第5期。
[14] 江苏省哲学社会科学规划办公室:《城郊失地农民利益的合理补偿与征地制度改革》,《江苏社会科学》2007年第5期。

# 安徽省金寨县山区特色农业发展的调查

陈艳丽[*]

**摘　要**：随着我国工业化、城镇化发展，耕地、淡水等资源的刚性约束日益加剧，需要在更高层次、更宽视野、更大范围内考虑农业可持续发展和生物多样性需求的重大问题，农业面临着从高效、公平、可持续到关注薄弱区域、弱势人群的人本化转变的大背景，发展山区特色农业是实现两者相结合的重要途径。但山区尤其是贫困山区普遍存在着基础设施薄弱、社会事业滞后、产业发展不足、贫困程度较深、科技力量薄弱等先天弱势。本文以大别山腹地、皖西边陲的金寨县为例，剖析其发展山区特色农业面临的主要问题，从新型农业经营主体培育、农特产品差异化品种开发利用、科技创新精深加工、金融保险机制创新、本地实用人才培养等方面提出推进山区特色农业现代化的对策建议。

**关键词**：贫困山区　特色农业　创新驱动

## 一　引言

改革开放以来，我国农业取得了巨大成就，谷物等主要农产品产量连续多年稳居世界第一，用约9%的耕地养活了20%的人口，实现了粮食自给。随着我国工业化、城镇化的快速推进，耕地、淡水等资源的刚性约束日益加剧，生态环境保护的压力不断加大，农业劳动力成本迅速上升，种子、化肥、农药等农业生产资料价格增长明显，土地流转成本不断提高，农业发展面临的矛盾依然十分突出，粮食增产、农民增收的任务依然十分

---

[*] 陈艳丽，农业部农村经济研究中心。

艰巨。农业面临着从开放市场到开放产业，实现产业、技术、研发资源配置的全球化，从产前、产中到产后全面迈进的市场化，从资源约束到消费安全理念提高的环保化，从农产品线下生产到线上销售的网络化，以及从农业高效、公平、可持续到关注薄弱区域、弱势人群的人本化转变的大背景（刘艳，2014）。目前，我国大宗农产品科技资源配置相对完善充足，特色农产品科技资源不足；粮食主产区科技力量较强，薄弱区域科技力量不足；品质生产环节技术先进，栽培、加工、机械化等其他生产环节技术仍较传统；单项技术研究力量多，综合集成的工程式技术研究力量少；学术型的研究成果多，与市场对接的生产应用型科研资源配置弱，与现代农业发展的要求相比仍有很大差距，山区特色农业发展情况尤其如此。

### （一）发展山区特色农业是农业可持续发展的一个切入点

随着工业化、城镇化发展，耕地压力持续增加，需要我们把目光转向我国18亿亩耕地外的农产品生产基地，如非耕地、特困地区和山区等土地的开发利用上，在粮食等主要农产品主产区科技资源配置相对完善、稳定的基础性上，针对影响我国农业可持续发展的重大问题，需要在更高层次上、以更宽视野、在更大范围内考虑农业可持续发展，为粮食安全和经济社会发展提供更大回旋余地。2011年，中央扶贫工作会议确定2011~2020年扶贫新战略重点14个特殊片区，每个区域支持5~10个项目集中发展特色产业，其中大别山区7个，其共同特点是生存条件恶劣、自然灾害频繁、基础设施薄弱、社会事业滞后、公共服务欠缺、产业发展不足、贫困程度深、科技力量薄弱，已越来越成为我国全面建设小康社会进程中的主要障碍，是短板中的短板（王仁贵，2012）。随着国家经济实力的增强，进一步强调把连片特困地区作为主战场，符合实现全面建成小康社会目标的客观要求。

### （二）发展山区特色农业是生物多样性的需求

目前，栽培面积最大的玉米、水稻、小麦、大豆约占播种面积的75%，单一化种植会带来生态风险和产业毁灭性风险，生物多样性非常重要，多品种、多样性种养会减少生产风险。我国人民的食物来源非常广泛，本身也对农产品的多样性提出了需求，发展山区特色农业有利于增加优质特色农产品供给，满足人们对农产品的需求日益多元化和优质化的趋势。因此，除了13个优势农产品区域布局规划外，农业部又出台了《特色农产品区域布局规划（2013～2020年）》（以下简称《规划》），重点发展特色蔬菜、特色果品、特色花卉、道地中药材、特色水产等10类144种特色农产品，着力挖掘区域特色资源潜力，培植区域特色支柱产业，尽快提高特色农产品的市场竞争力，促进农民增收。新一轮《规划》的一个突出特点是将14个连片特困地区的96个品种纳入范围①，其中，大别山区金寨县特色果品板栗、特色粮油绿豆和啤酒大麦、道地中药材天麻、特色水产水禽鳜鱼等都在列，这将对贫困地区特色农业发展起到关键指导作用。

## 二 安徽省金寨县概况

大别山区有两个著名标签，一是"红"，二是穷。以大别山腹地、皖西边陲的金寨县为例，金寨县是中国工农红军第一县，全国第二大将军县。新中国成立后，为根治淮河水患，国家在金寨县境内兴修梅山、响洪甸两大水库，淹没3个经济重镇和10万亩良田、14万亩经济林，10万群众移居深山②。近年来，作为淮河流域重要的生态屏障保护区，金寨县又不得不牺牲库区旅游、水产养殖、矿产开发等优势产业，经济发展受到严重制约。2011年，中国宣布上调国家扶贫标准线后，金寨县贫困人口由过去的9.34万人上升到18万人③，主要分布于库区一线和高寒山区，加之因灾、因病、因子女上学返贫现象较为突出，2013年金寨县农民人均纯收入仅7104元④，是全国扶贫开发工作重点县，扶贫攻坚任务艰巨。

金寨县区位优势明显，宁西铁路、312国道"擦肩而过"，合武高速公路、沪汉蓉快速铁路贯穿全境，西靠大武汉城市圈，东连上海和省会合肥经济圈，南依皖江城市带承接产业转移示范区。金寨县人多地少，基础条

---

① 参见：《特色农产品区域布局新规划发布　重点发展144种特色农产品》，《人民日报》2014年4月9日。
② 参见：《大别山区扶贫攻坚任务艰巨农民忙一年勉强温饱》，《瞭望新闻周刊》，http：//www.chinanews.com/gn/2012/02-20/3682185.shtml，2012年2月20日。
③ 参见：《大别山国家战略猜想突破金寨》，《决策》，http：//news.sina.com.cn/c/sd/2012-12-03/110525717839.shtml，2012年12月3日。
④ 参见：《金寨县农村金融综合改革获得全国人大中期评估肯定》，中国六安政府信息公开，http：//www.luan.gov.cn/openness/detail/content/53a23684e1b1d15f6b49c46c.html，2014年6月19日。

件先天不足，经济发展水平相对较低，但境内群山起伏，河流纵横，自然生态资源丰富，尤其是茶叶、蔬菜、猕猴桃、中药材等特色农业生产的传统优势十分明显，劳动力丰富，开发潜力巨大，有着较大的发展空间。全县总面积3814平方公里，其中，耕地面积约占8.16%，山场面积约占73.65%，库区面积约占4.1%，森林覆盖率达74.6%，茶园面积15.7万亩、桑园6万亩、油茶14.7万亩、山核桃7万亩，是全省面积最大、人口最多的山区县和库区县。全县辖23个（乡）镇，1个开发区，226个行政村，总人口为68.2万人，其中，农业人口58万人，道路通车总里程3361.4公里，人均5分耕地、8亩山场，"八山半水半份田，一份道路和庄园"是金寨县的基本地貌特征。

## 三 金寨县发展山区特色农业面临的主要问题

### （一）新型农业经营主体整体规模不大，发展水平不高

金寨县属于粮食产量小县，20%～25%耕地抛荒，土地流出户少，难以获得相对稳定、连片集中的理想租地规模。金寨县又属于比较典型的山区县，土地集中连片难，流转的土地往往交通不便、农田基础条件较差，新型农业经营主体发展质量参差不齐，发展后劲不足。家庭农场发展起点低、规模小、发展的速度较慢，2013年6月，金寨县第一家家庭农场——"金山家庭农场"正式登记注册成立，到2014年4月，全县共有家庭农场19家，其中市级十佳家庭农场1家，主要生产经营茶叶、中药材、谷物种植、畜禽养殖等。截至2013年底，全县共成立各类农民专业合作社1750家，其中创建部级示范社1家、省级示范社10家、市级示范社35家、县级示范社45家，入社会员5.5万户，流转土地近5万亩。全县合作社办理税务登记证的不到700家，60%以上的合作社管理不规范，75%以上的合作社采用家庭作坊式管理，整体实力较弱，规模和土地流转的变动性都比较大。

### （二）农特产品农机农艺结合不够，科技创新不足

一是适应山区支持特色农产品发展的新机具和新技术研发应用滞后。

2014年，金寨县出台《关于重点特色农业产业三年倍增计划实施意见》，全县重点推进茶叶、蔬菜、高山米、猕猴桃、中药材、板栗、毛竹、生态养殖8个特色农业产业基地建设、精深加工、创建品牌、开拓市场，逐渐由种植业向养殖业、农副产品加工业（名优茶、菌药、山核桃、竹制品）等深加工的多样化发展。农业机械由单一到多样，向新型、小型、适用型方向发展，农机作业种类由机耕、排灌、粮油加工、短途运输逐步向机收、机播、机脱、名优茶加工、木竹加工、板栗储运保鲜、菌药等山特产品加工等全方位、多层次发展。但目前山区自然条件差、地块小、布局分散，很多农机具不能到达作业场所，适宜于山区作业的既灵便轻巧、质量可靠，又容易操作、性能优良的农机具的类型、数量偏少，适用新型机具及先进技术的推广与应用存在一定难度。再加上国家对山区特色产品发展扶持力度不够、补贴农机具覆盖面狭窄，山区农机发展还面临着农民经济条件差、购买力不强，山区农机作业耗油大、成本高等问题。农民对农业机械化的多样性和广泛性期盼日渐提高，渴望适宜丘陵山区、不受地块限制、体积小、成本低、使用简单方便、作业效率高、先进适用的多样性农机新机具、新技术。

　　二是农机与农艺结合不够。目前山区一些农特产品加工的前景非常乐观，像毛竹做出的竹炭、竹纤维产品、竹家具、竹地板、竹工艺品等越来越多地吸引了人们的目光。推广应用精细化茶叶采摘机械、板栗剥苞机、板栗剥壳机、竹制品加工机械以及灵芝、天麻、山核桃、油茶等系列农特产品深加工机械及技术，使农艺适应于农机，都会进一步提升农副产品的附加值。目前更多的是普及性的技术推广，对新产品和新技术的开发和推广能力较弱，很多农产品加工规模较小，基本上是初加工，精深细加工延伸不够，农产品的聚合效应不明显，农机与农艺相结合的技术模式没有得到一定程度的改进，尤其是农作物加工在关键环节的机械化未得到解决，适用于山区的新型机具及先进技术的推广与应用很难向更深层次发展。以茶叶为例，茶叶是金寨县主要经济作物，茶叶加工机械几乎家家都有，但农机具品种繁杂，大多价格低廉、型号小、档次低、工艺落后、科技含量不高，农机作业质量得不到保障，这使得千家万户生产的茶叶品质存在较大的差异，产品优质优价难以充分实现，不利于茶叶产业的整合，给产品的标准化和规模化经营带来不利影响，阻碍了生产的发展和市场机遇的抢占。

## （三）社会化服务发展滞后，组织凝聚力不强

经营主体的经营层次越高，对社会配套服务的要求就越高。新型农业经营主体既是农业社会化服务的需求者，更是农业社会化服务的供给者，获得持续发展，不仅是经营主体的问题，也是整个农业产业链的问题。对于劳动密集型的农业，如蔬菜、水果、畜禽养殖、山特产品类，必须要有农技、农机、物流、营销等配套的社会化服务，通过专业化分工和服务体系的建构，形成规模化服务体系，这对于支撑山区特色农业的发展至关重要。金寨县组织化程度不高主要表现为，一是农民合作组织实力较弱，规模较小。合作社大多是松散型的，跨地域、跨乡镇的紧密型、联合式的合作社不多，全县合作社社员在200人以上的有15家，20人以下的有775家，平均每家社员只有8人。合作社实体型的有1126家，服务型的只有22家。二是农机服务组织总量少，规模不大，服务项目单一。目前，全县农机合作社只有17家，农机种粮、茶叶加工等大户596家，拥有作业机具5313台套，无论是从数量还是从服务项目和经营形式上看都不能满足当前的农业发展需要。三是市场凝聚力不强。品牌化是使同类农特产品脱颖而出的"利剑"，高端产品还必须要有销售网络和人脉资源，拓展更高层次的市场，部分管理者已经在农产品的包装、销售以及市场网络的建立上做出了尝试，如金寨金林合作社于2013年底成立的"三个农民"电子商务有限公司暨金寨农产品电子商务中心，把金寨县皖西天然优质特色生态农产品包括周边地区100多种名优特农产品放到了网上，并在上海、苏州等地设立销售中心，实现线上网店与线下实体店同步运营、联合互动的营销格局。但多数产品价值链仍亟待升级，特色、精品、品牌农产品有待加强，如金寨县1750家合作社中拥有注册商标、有机食品、无公害食品、绿色食品、产品产地认证及统一包装的只有68家，占合作社总数的3.9%。而且还存在联合体形式较多、内部动力不足等问题，如金寨县高山有机米合作社，在共同对外销售时，除了共同的商标外还有各自的商标，联合体合力不强，削弱了产品的竞争力。

## （四）新型经营主体借贷融资困难，农业保险薄弱

资金问题仍然是困扰新型农业经营主体发展的一大难题，尤其是农特

产品的种植投入大，农业技术推广、动植物防疫、农产品质量安全检测成本高，资金回收周期长，如猕猴桃种植，初期每亩投入约1万元，要3年才能挂果有收入；茶叶一个样品检测一次就需要1000多元，而1亩茶园收益只有3000多元，还有冷链、仓储、物流等大型机械设备，这些大量的投入不是普通农户所能承受的，尤其是金寨县又属经济发展水平较差的地区。近年来，国家不断加大"强农、惠农、富农"政策支持力度，但已有的农业投资的主要目标是保供增收、丰富百姓的"米袋子""菜篮子"，而投向特色农产品的资金总量偏少，难以满足发展需要，政策性金融支持力度不够，政府引导、以农民为主体、多方参与的特色农产品产业建设的长效机制尚未形成，合作社自身融资又十分困难，贷款门槛高、社会融资渠道少且风险高，在生产需要投入的关键时期，多因资金问题而使规模发展受限，调研中，某合作社因为70万元资金缺口，而一年没有经营，损失惨重。合作社拥有的大多是流动资产，没有土地使用权，无法抵押。由于缺乏风险补偿和奖励机制，金融机构对农民专业合作社的信贷支持并没有新的突破，农民专业合作社向银行和信用社申请贷款只能以成员个人的名义得到小额抵押贷款，且利率较高、期限较短。

农业抗风险能力较弱，农业保险尤其对于山区特色农产品的保险支持度较低，保费补贴力度小，农业保险品种较少、范围较窄，加之山区基础设施不完善，一旦遇上重大自然灾害，后果将是毁灭性的。除了少数工商资本外，大多数经营主体经营简单，面临技术、资金、自然灾害、金融、市场、政策等多重风险。例如，一旦发生疫病，养殖业经营者将血本无归；中药材种植数量稀少时价格较高，经过市场推广后价格又会下降，如西洋参原来500~800元/斤，5年后收购只有200元/斤。边远山区交通不便，生产与销售脱节，一些鲜活产品受道路和运输时间的限制，经常面临因外销滞阻而价格下跌，这种市场风险挫伤了农民的种植积极性。

### （五）技术实用人才缺乏，人才队伍建设不足

当种植规模扩大后，农民除了是生产者，更重要的是经营者，从小户到大户，除了种植规模扩大外，在种植方式、成本结构、经营方式、利润来源等方面都将发生很大的变化，农业由原本的保障功能向盈利功能转变。目前，金寨县从事家庭农场经营的主要是原来的种养大户和返乡创业

人员，他们的共同点是热情高、能吃苦，但生产经营凭经验，缺乏科学的生产和管理能力，文化水平不高，对农产品市场信息反应不快，尤其是对现代经营管理缺乏深入了解，缺乏科学的中长期规划，产业特色不明显，发展方向不明确，多数仅限于传统的种植和养殖方式，经营能力和合作意识不强。科技、人才与田间地头始终有段距离，技术能人和熟练人工缺乏等成为制约山区特色农业增效、农民增收的突出障碍，也在一定程度上影响山区农业集约经营、规模经营的实现。

## 四 山区特色农业现代化发展的对策建议

### （一）选择合适的生产组织方式，促进山区新型农业经营主体的发育

山区在培育新型农业经营主体时要因地制宜，从当地产业发展的实际出发，突出区域特色和地方特色，引导土地有序流转，发展适度规模经营，选择性地培育和扶持家庭农场、农民专业合作社、农业龙头企业和社会化服务组织，紧扣区域独特资源与生态条件，找准发展特色农产品的切入点，形成各具特色的发展模式，打造区域特色产业。在推进特色农产品区域化布局时，充分尊重农民意愿，坚持市场取向，加强引导和推动，根据新型经营主体的不同特性，加强分类指导，实行差别化扶持政策。着力扶持建立特色农产品农民合作组织，建立为农户提供生产、技术、加工、销售等支持的产前、产中、产后配套服务体系，以契约或股份为纽带，把产供技贸加运各方连接起来，组成利益均沾的联合体。改善农业经营主体发展的外部环境，设立农民专业合作社、种养大户、家庭农场发展专项资金，对从事特色产业、农户增收带动效果明显的中小企业通过贴息、补助等形式优先进行财政扶持，支持新型生产经营主体扩大生产规模、技术改造升级等。扩大财政贴息、免息的资金总量，用资金杠杆支持更多的专业大户、家庭农场、农业龙头企业、合作社开展生产经营活动。

### （二）功能性品种和新产品生产与开发并重，促进差异化的地方品种开发利用

加强农业多功能研究，结合山区农业县的实际，按照可持续发展战

略，走生态经济之路，发展空间立体种植，如稻田立体种养、水体循环与多级种养、水面种植等，深入挖掘桑麻茶等传统作物的新功能。现在山区农业品种齐全，但市场竞争力不强，随着人们的需求从数量向质量、健康方向转变，以及对多样性营养食品、功能性健康产品的需求越来越多，山区农业县应充分发挥自身的特色和优势，培育适应当地气候和地理条件的特色农产品优质品种，并加快其生产技术和设施的研发，加强对特色农产品原产地保护，挖掘新功能、新品种，开发差异化、多样性、功能性、个性化产品加工技术，着力解决特色产品生产中的关键技术，重点推广优质特色新品种及配套技术，培植和壮大能够支撑经济发展的生态产业，把生态农业与农业结构调整、农业产业化结合起来，结合当地的自然条件、资源和区位优势，以市场为导向，加快形成有特色、有规模、有档次、有效益的山区特色农业产业，逐步形成具有地方特色的生态农业支柱产业。加强适用于丘陵山区农业及特色农产品的小型灌溉、施肥、农药喷洒等生产、加工机械的研制，重点支持农业机械化关键领域、薄弱环节的新型农机研发推广，建立具有地方区域特色的新机具和新技术联合应用体系。积极引导和鼓励经营主体、加工企业等与科研院所、大专院校开展多种形式的技术合作，组建农产品研发中心或技术创新机构，构建产学研协同创新的农业产业化科技创新与成果转化体系，加强产业各环节技术模式集成与研发，提高集成创新能力。

### （三）加强农特产品产后处理和精深加工，提高农业科技创新服务能力

大力发展优势特色农产品精深加工以及副产综合利用产业，加强采后处理，用高新技术改造传统加工技术，开发新加工产品，研发特色农产品加工、储藏与保鲜等新工艺和新设备，提高特色产品品质和商品一致性，加强特色产品产地认证，形成一批推动农业产业拓展、农特产品价值提升和资源综合利用水平较高的关键技术和特色产品，全面提升农特产品加工层次和水平，提高产品附加值。农业行政部门、农业科研单位、教育机构等要发挥技术优势，提高技术推广的有效性和覆盖率，加快农特产品加工与资源综合利用技术的产业集成、示范和应用，提高农产品质量检测与标准化生产技术，健全特色产品品质、安全标准和监督、管理机制，加强各环节的环保、质量监管。整合现有品牌资源，实施"品牌战略"，培育辐

射带动力强、经济效益高的名牌特色农产品，建设特色农产品市场信息平台，发展电子商务、商超直销、连锁专营等新兴营销业态，通过产品包装设计与多层次的营销创新，促进现代农产品加工、物流和消费体系的有效衔接和可持续发展，提高特色农产品市场认知度和美誉度。

### （四）加大投入力度，创新金融保险机制与政策

以新的扶贫战略机遇及特色农产品区域布局为契机，整合各类涉农资金，拓宽资金渠道来源，进一步加大对特色农产品发展的倾斜支持力度和对山区农村的科技投资力度，重点扶持特色农产品的良种繁育、新产品研发、技术创新、市场建设、原产地维护和生产示范等关键环节，广泛吸引金融资本、企业资本、社会资本支持当地特色农产品发展，严格项目监管，提高资金使用效率。完善特色农产品发展扶持政策，根据特色农产品的特点和发展实际需要，尽快制定相应的专项扶持政策。创新特色农产品发展机制，建立特色农产品信贷保障机制，鼓励政府、企业和社会资金合作建立针对农户和中小企业的多种担保组织和基金，解决贷款难问题。积极探索建立政府引导、农民投保、企业参与、合作保险、市场运作的特色农产品保险机制，防范和化解特色农业发展面临的自然风险和市场风险。加大对山区特色农业政策性保险的支持，提高保费补贴力度，扩大保险品种和范围，提高保险经营主体的补贴费用效率。鼓励开展各地政策性保险实施问题的研究与探索，完善保险责任和费率设置，健全和完善农业保险体系建设。

### （五）创新农民培训，重点加强对本地技术实用人才的培养

多渠道开展农民职业培训，整合农村培训资源，加强科技、教育、财政、劳动保障等部门和单位的分工协作，把农村基层组织建设和人才队伍建设有机结合，开展特色培训，重点培训种养能手、农机作业能手、科技带头人、农业营销人才、农业经营人才，为山区特色农业发展培养一大批具有一技之长、扎根农村、贴近农民、服务农业，能够带头致富和带领群众共同致富的农村党员干部和实用人才。实施农村实用人才创业项目支持计划，重点资助一批能够引领农村产业发展的优秀实用人才开展创业活动。开辟农村实用人才职称评审、技能鉴定的"绿色通道"，建立对农村实用科技人才的联合表彰机制，激发人才创新创造活力。鼓励专业技术人

才以资金入股、技术参股等形式,与专业大户、龙头企业、专业技术协会等结成利益共同体,鼓励开展科技特派员和农业专家大院等工作。通过科技扶贫开发等形式,开展多种形式的区域技术、人才合作,引导人才向西部地区、农村基层、贫困地区和发展滞后行业流动。推动农业部、教育部和相关部门与各省重点农业高等院校合作,突出区域产业特色,开展特色培训,联系跟踪,研究示范,合作培养农业新型经营主体。

**参考文献**

[1] 刘艳:《农业科研"十三五"布局与任务》,在"2014年高级专业技术人员理论业务培训班"上所做报告,2014年9月23日。

[2] 王仁贵:《新一轮扶贫"整体战"》,《瞭望新闻周刊》,http://news.sohu.com/20120220/n335239971_1.shtml,2012年2月20日。

# 粮食主产区现代农业创新发展研究

## ——以山东省禹城市为例

樊祥成[*]

**摘　要**：新要素和新技术的投入是传统农业走向现代农业的根本动力。新要素和新技术，对于现代农业的意义不仅在于提高劳动生产率，而且能够减少农业生产过程中的不确定性。当前我国粮食主产区农业的发展面临着新的确定性：农业基本建设投入不足、农业生产方式改而不善、农民对农业生产的关注程度有所降低。需要通过加强农业基础设施建设、推动农业科技创新、培育新型职业农民、提高执行农业政策的灵活度等加以解决。

**关键词**：不确定性　粮食主产区　现代农业

粮食主产区因其在保障国家粮食安全战略中的重要作用而备受关注，但由于土地用途"限制"[①] 而丧失的其他发展机会以及由此带来的收益[②]，也使粮食主产区承受了潜在损失。为了调动种粮农户的生产积极性，国家实行了普惠性的种粮直补等农业补贴，但"至今仍缺乏一个独立完善的国家粮食主产区政策"（魏后凯、王业强，2012），因此，如何调动粮食主产区的粮食生产积极性和如何推动粮食主产区与其他区域共同发展成为理论

---

[*] 樊祥成，山东社会科学院农村发展研究所。
[①] 国家虽未在粮食主产区行政区域范围内划定基本粮田，规定哪些农田必须种植粮食作物，但是在种植习惯、政治要求等多种因素的作用下，粮食主产区的农地用途实质上或多或少受到限制。
[②] 在现实经济生活中，农业的税收贡献率较低，粮食更是如此，因此，农业大县特别是粮食大县往往是财政穷县。为了增加地方可支配的财政收入，也为了看得见、摸得着的政绩，粮食主产区的主政者和财政供养人员具有很大的激励去发展工业和其他对地方税收贡献较多的产业。

界十分关心的问题。理论界普遍认为，政府[1]以财政转移支付等方式对粮食主产区进行利益补偿，是调动粮食主产区生产积极性、推动区域协调发展的重要保障措施，粮食主产区主政者对此也有强烈的期盼[2]。

然而，扶持粮食主产区发展的最终目的是更好地推动主产区农业的发展，让主产区各利益相关主体[3]有激励、有动力把粮食生产搞好[4]。必须指出的是，与全国农业发展形势一样，当前粮食主产区面临着日益严峻的资源环境约束、不断减少的耕地数量、积重难返的面源污染、持续下降的土壤肥力、结构性降低的农业劳动力素质以及企高不下的农业生产成本等诸多挑战。同时，粮食主产区的农业发展，既要考虑国家粮食安全的宏观战略，又要考虑提高种粮农民收入等诸多现实需要。这就决定了粮食主产区的农业发展要更具稳定性、持续性，并且要能够进一步提高农业的比较效益。因此，粮食主产区的现代农业发展之路，需要从更基础的方面入手、从更系统的视角谋划、以更长远的眼光考量，不断提高粮食综合生产能力，构建新型农业经营体系，推动农业可持续发展。

作为山东省78个粮食主产县之一，近年来，禹城市在现代农业发展方面以农业基本建设为抓手，以循环农业为主线，不断完善农业生产方式，为粮食主产区现代农业创新发展做出了新的探索。

本文结构安排如下：第一部分是关于现代农业的理论思考，第二部分概述禹城市创新现代农业发展的主要做法，第三部分分析禹城市创新现代农业发展的经验与启示，第四部分提出粮食主产区创新现代农业发展的政策建议。

## 一 关于现代农业的理论思考：
## 基于不确定性的视角

不同的人对现代农业有不同的理解。如果对比现代农业与传统农业的

---

[1] 主要是中央政府和主销区政府。
[2] 德州市市委书记吴翠云在2012年全国"两会"时就呼吁国家应多扶持粮食主产区。参见：《人大代表、山东德州市委书记吴翠云：粮食主产区还应多扶持》，http://news.cntv.cn/20120314/100213.shtml。
[3] 在这里，我们主要考虑的粮食主产区利益相关主体有行政管理者、农业从业者。
[4] 无论采取何种方式扶持粮食主产区的发展，最重要的是让粮食主产区各利益相关主体相信，发展农业和粮食生产至少能让他们与其他区域相对应的群体获得同等的效用（这里的效用可以是政府官员的收入、政绩考核、升迁机会等，可以是农业从业人员的收入、生活水平等）。

区别,两者最大的不同可能在于有无新要素、新技术的投入程度。舒尔茨在其经典著作《改造传统农业》中提出:改造传统农业,关键在于打破农业本身的封闭体系,使农业能够得到新的生产要素或生产技术。换句话说,新要素、新技术的持续投入,是传统农业走向现代农业的原动力。不管现代农业的概念怎样界定,从结果上看,传统农业是靠天吃饭的农业,是充满不确定性的农业;而现代农业是不断减少甚至消除生产经营过程中的不确定性的农业[①],是生产结果相对确定的农业。如此说来,新的要素和技术的投入对于现代农业的意义不仅在于提高产量,而且在于可以尽可能地消除农业生产过程中的不确定性,使农业生产的结果更具确定性。比如,兴修水利工程以实现旱涝保收,发展育种技术以实现农作物对某种或某些病害、虫害的抵抗性,机械化能够做到在很短的时间内颗粒归仓从而避免收获时期的恶劣天气对农业收成造成的巨大影响,修建温室大棚等农业设施可以消除农业生产的季节性,而无土化栽培技术使农业生产得以脱离土地这一最基本的生产要素。农业科技进步为农业发展保驾护航。

现代农业的发展是由农业技术革新开启的。在工业革命来临之前,英国的农业革命除了耕作制度的改革以外,很大程度上指的是农业技术的革新,如人工肥料和化肥的施用、农业机械的采用、畜种的改良等,而学界普遍认为英国的农业革命为工业革命铺平了道路[②]。美国西进运动初期,拓荒先锋的农业生产技术"基本上还是中世纪的"[③],直到铁犁、马拉收割机、蒸汽脱粒机等农业技术改进发明以后,农业产量才有了显著提高。现代农业生产技术在提高农业产量的同时能够消除农业生产经营过程中的不确定性。如前文所述,通过温室大棚等农业设施,可以人为控制农作物生长所需要的温度、湿度、光照等条件,有效规避农业生产的季节性。但是,应该看到,一些简单的农业生产技术革新,如铁犁等耕作器具的改良,虽然能够提高农业的劳动生产率,但是对消除农业生产的不确定性作

---

[①] 农业技术进步可以消除或者降低农业生产过程中的不确定性,而农业保险、农业冷链建设等制度和技术则能够降低农业市场交易中的不确定性。

[②] 关于英国农业革命与工业革命的关系,何洪涛做了很好的梳理和分析。参见:何洪涛《论英国农业革命对工业革命的孕育和贡献》,《四川大学学报》(哲学社会科学版)2006年第3期,第136~144页。

[③] 休斯和凯恩2011年在《美国经济史》中描绘了当时的农业生产技术:用一个小小的带铁套的木制犁敲开土地;用手来播种种子;用镰刀收割谷物,用手摇晃,然后晒干,用手持连枷打谷,让风扬去谷壳。这与我国农业机械化普及前的农业生产方式有些相像。

用不大①。收割技术的创新可能是一个重要的进步。休斯和凯恩2011年在《美国经济史》中分析美国历史上南北两种农业体系的冲突时就特别提到收割机、打谷机、轧棉机等这类能够改善农业收获能力的农业器具的作用，因为毕竟"农夫在收获季节的劳动能力决定了这一季的收成，而轧棉机之类的器具能够增加劳动的生产率"。直到现在，我国玉米机收水平只有50%左右②，而且相关机械的性能仍然处于不断完善的阶段，这种情况对玉米生产已经产生实质性的影响③。据笔者观察，单个农户收获玉米的时间一般要持续一周以上，需要经过收获（用机器或者手工把玉米棒从玉米秸秆上收下）、剥皮（如果需要，有些机器不能剥皮）、装仓储藏（包括晾晒）、脱粒（如果需要，有些机器不能直接脱粒）、销售或储藏等多个环节。对比小麦的收获，收获玉米明显更费时费力，收获过程中发生损失的可能性也更大④。

农业发展的成就得益于科技进步，农业科技进步提高了农业生产的确定性和稳定性。考察中国和美国1961~2013年小麦和玉米的单产⑤可以看出，无论是中国还是美国，小麦和玉米的单产水平均呈上升趋势，表明农业的科技进步确实提高了农业生产力；作为后发国家，中国的现代农业发展进程落后于美国，凭借后发优势，在这一时期中国的小麦和玉米单产快速增加，并且近年来单产波动幅度得以有效降低；美国小麦单产稳中有升且波动幅度很小，玉米单产总体保持上升趋势但波动较大（见图1）。按年

---

① 但是，如果把犁或者耕地技术作为对刀耕火种式生产方式的一种创新，也就是说把犁作为一种增量创新时，犁的出现也许能够降低农业生产的某些不确定性。毕竟在用犁翻过的地上播种，会有效提高种子的出苗率、成活率，从而在一定程度上消除因为种子不能生根发芽而产生的不确定性。
② 据报道，2013年我国玉米机收水平达到49%。参见：赵洁《我国玉米机收水平已连续5年增幅超过6个百分点》，http：//www.gov.cn/gzdt/2013-12/04/content_2541831.htm。
③ 目前，玉米联合收割机种类繁多，有不能剥皮的，有可以剥皮但不能脱粒的，有可以直接脱粒的，技术性能参差不齐。而且由于玉米收割机普及率低，在收获季节，不是所有的农民都能及时获得机收服务。
④ 2016年东北的情况就是如此。受天气因素影响，2016年东北玉米普遍出现霉变，农户玉米霉变率远高于中储粮收购入库标准，导致很多玉米在卖粮入库时被退，局部农户出现卖粮难。国家发改委等六部委专门赴东北调研玉米生霉率情况，有可能放宽玉米收购标准。
⑤ 美国玉米单产数据不包括鲜食玉米（green maize），中国的数据没有具体说明是否包括鲜食玉米。参见：世界粮农组织，http：//faostat.fao.org/site/567/default.aspx#ancor；中国国家统计局，http：//data.stats.gov.cn/workspace/index；jsessionid=EB38FCC6DD04BE3D2FC4BF7CD4FF7B34？m=hgnd。

代计算的中美小麦、玉米单产的标准差见图2,从中可以看出,从不同时期两国小麦和玉米单产标准差的走势看,两国小麦和玉米单产从20世纪90年代以来偏离均值的程度基本呈现下降趋势;中国小麦单产偏离均值的程度高于美国,但有进一步靠近美国水平的趋势;美国玉米单产最高但波动性最大,且其波动下降趋势也最明显;美国小麦单产十分稳定,其标准差在100~200的区间内波动,表明单产偏离均值的程度较低。需要说明的是,图2中计算2010~2013年美国玉米单产标准差时剔除了2012年的数据。原因是,2012年美国中西部遭受到半个多世纪以来最严重的旱灾,该年份美国玉米单产大幅降低[1],使2010~2013年的玉米单产偏离均值的幅度较大,如果剔除2012年的数据,该时期玉米单产标准差只有367[2],为各时期最小。

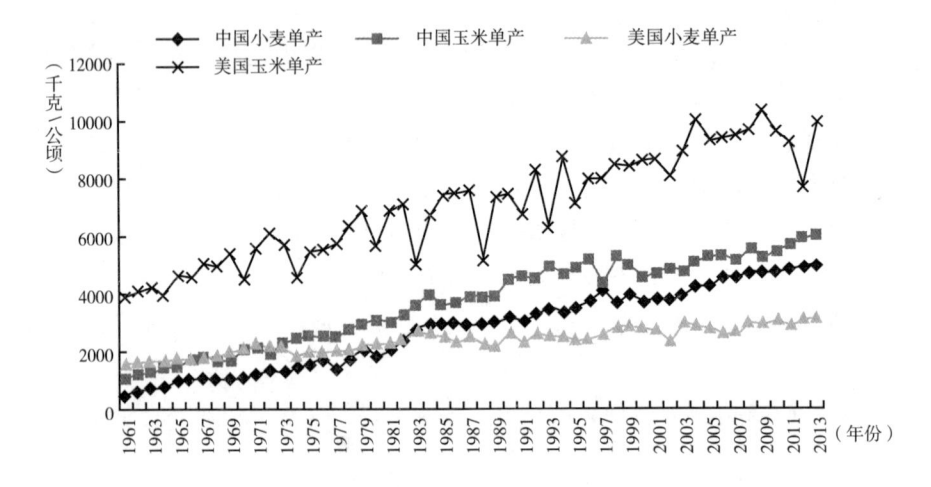

**图1　1961~2013年中国和美国小麦、玉米单产情况**

现代农业生产更加稳定,为工业化、城市化奠定了坚实的基础。以美国为例,到20世纪70年代,每个农业工人供养的人口数从1950年的15人增加到52人;到2002年,每个农场能供养约135个美国人(休斯等,2011)。相应的,20世纪90年代初期,生活在美国农村的人口仅为总人口

---

[1] 自2010年以来,美国玉米单产基本稳定在9200千克/公顷以上,但受到严重旱灾的影响,2012年玉米单产只有7743.9千克/公顷。这也从一个角度说明,即便是在美国高度发达的农业生产体系下也不可能完全消除农业生产的不确定性。

[2] 若把2012年数据计算在内,该时期玉米单产标准差达到975。

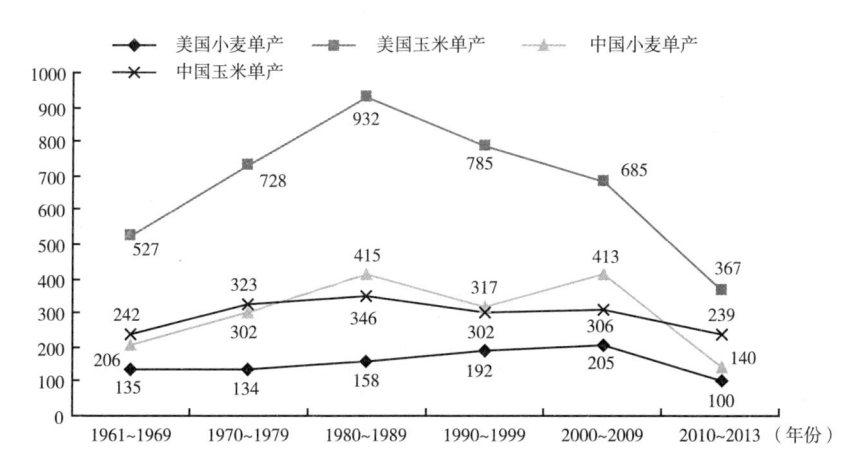

图 2  1961～2013 年中国和美国小麦、玉米单产标准差分布情况

注：2010～2013 年美国玉米单产标准差剔除了 2012 年数据。

的 1.8%，而第一产业劳动力占民用劳动力的比例也只有 1.6% 左右（休斯等，2011）。

以上分析表明，随着时间的推移，农业生产的稳定性确实有所提高。与发达国家相比，我国农业生产的稳定性还有很大的提升空间。对于我国而言，农业最基本、最重要的任务就是保证主要农产品特别是粮食的稳定、有效供给。因此，我国推动农业发展的整个政策体系都应该围绕这样一个目标进行设计和实施。作为保障国家粮食安全的重要抓手，粮食主产区创新现代农业发展的实践也应该如此。

## 二 禹城市推动现代农业发展的具体做法

禹城是德州的一个县级市，地处山东省西北部，是省会济南的卫星城，属环渤海经济圈。全市总面积 990 平方公里，辖 8 镇、2 乡、2 个街道办事处和 1 个省级高新技术产业开发区；人口 52 万人，其中，农业人口 41.96 万人，农村劳动力 24.6 万人；共有 383 个社区（村），其中，社区 304 个、行政村 79 个，耕地面积 80 万亩。2013 年，全市粮食种植面积 146.08 万亩，粮食总产量达到 83.48 万吨[①]；农民人均纯收入达 10903 元，

---

① 参见《2013 年禹城市国民经济和社会发展统计公报》。

比全省农民人均纯收入高出283.1元。

禹城市是山东省乃至全国知名的粮食生产先进县。但是,在历史上,禹城深受盐碱、风沙、涝洼影响,农业自然禀赋并不优越,更非传统的粮食生产大县。1966年,国家科委、中国科学院在禹城建立了旱涝碱综合治理试验区,采取打机井、修建排水沟、建立地下水观测井等农田基本建设措施,创造了一套改造中低产田和治理旱涝盐碱的综合配套技术体系,同时也开启了全国农业综合开发的先河。特别是1988年以来,在中国科学院禹城综合试验站专家团队的帮助下,禹城市坚持盐碱、渍涝、风沙土地的治理开发与中低产田改造并举,促进了粮食生产的新飞跃。1994年,禹城被农业部列为全国粮食大县。2005年,禹城市粮食总产量超过67万吨,人均粮食占有量远高于全国人均水平。2012年,在全国产粮大县中,山东省包括禹城在内的齐河、平度、陵县等8个县市进入全国粮食产量排序前100名,被确定为全国超级产粮大县。在科技创新和政策扶持的推动下,从2003年开始,禹城市粮食生产连续12年实现稳定增产,连续多年实现"吨粮田"目标。从一个黄淮海平原旱涝碱地遍布的粮食中低产区,依靠科技力量改造中低产田,一举迈进粮食主产区行列,而且实现了农业各部门之间的均衡发展,禹城市推动农业发展的实践值得关注。

### (一) 强化农业基础设施建设

禹城市十分重视农业基本建设。早在井灌井排旱涝碱综合治理试验区时期,禹城市通过打机井、修建排水沟、建立地下水观测井等农田基本建设,消除了危害农业生产的旱、涝、沙、碱等不利因素,改善了农业生产条件。旱涝碱综合改造试验为禹城农业发展打下了良好的发展基础,积累了宝贵经验。近年来,为了推动全市农业的发展,禹城市利用国家各种农业项目相继实施了粮食高产创建、农业开发、土地整理、末级渠系、小农水等一系列农田基础建设工程,农业基础条件显著改善。在农田水利建设方面,以井保丰、以河补源、节水灌溉并举,水利标准达到每50亩一眼井,实现井灌河灌双配套。在基本农田建设方面,推广"模式化栽培、病虫害防治、配方施肥、秸秆还田"等技术,特别是在整建制实施粮食高产创建示范工程以来,10处高标准示范方的农田建设标准实现了"田成方、林成网、路相通、渠相连、旱能浇、涝能排"。目前全市耕地面积稳定在

80万亩,有效灌溉面积75万亩,旱涝保收田73.5万亩,节水灌溉高标准粮田70万亩。

在加强农业基础设施建设的同时,禹城市把建成的机井、桥涵、林网、节水工程等全部移交给乡镇,乡镇政府按程序确权。新机井实行股份制,林网以沟、路为单元先种后卖;桥涵工程由村民委员会管护,责任到人,将工程管护要求写进村规民约,形成"重建严管"长效机制。

### (二) 发挥科技引领作用

得益于中科院禹城综合试验站、中国农科院禹城试验站等单位的科技支持,再加上中低产田改造等成功实践的鼓舞,禹城市营造出了一种相信科学、依靠科学的氛围。《科学时报》在一篇报道中称赞"禹城人的科技意识不一般""禹城老百姓接受先进技术的能力比较强"(王卉等,2009)。

近年来,在农业生产中,禹城市创建了良种推广、农业技术普及、测土配方施肥、植保专业化统防统治四大科技服务体系,实行秸秆还田、深耕深松、测土配方施肥、良种供应、小麦宽幅精播、氮肥后移、玉米"一增四改"、病虫草害综合防治配套技术"八统一",实现了小麦、玉米主要粮食作物良种覆盖率达100%,主推技术入户率超过95%,应用率达90%以上(邢飞,2012)。

针对当前石化农业产生的种种问题[①],禹城市大力实施"四节一网"高效现代农业示范工程(节能、节水、节肥、节药、农业信息服务网)。特别是在农业信息化方面,禹城市在市级建立农业信息服务中心,在乡镇建立信息培训服务站,涉农部门实现与应用系统网络连接,在社区建立服务点,培训配备了信息员,初步形成"天(遥感)地(地面监测)一体"、"机(机械)信(信息)联动"、精准高效、高新技术和传统实用技术相结合的现代化科技服务体系。2012年,禹城市被工信部授予"国家现代农业信息化试点县(市)"称号,以信息化技术构建"智慧农业"的"禹城模式"取得新进展。

---

① 关于石化农业带来的问题,可参见樊祥成(2013)的分析。

## （三）推动循环农业发展

发展循环农业是禹城促进农业增效、农民增收的重要抓手。正如前文所述，禹城市畜牧业特别是饲草牲畜的发展与其粮食生产能力大幅提高有着密切关系。据报道，早在1989年初，在禹城种植业有了较好发展以后，时任中科院副院长的李振声院士就曾建议要把畜牧业当作突破口推动禹城农业上台阶（王卉等，2009）。利用秸秆资源发展畜牧养殖，以畜牧养殖产生的有机肥还田，这只是禹城在发展循环农业的探索中小试牛刀。近年来，畜牧养殖引领的循环农业还在继续探索新的路径。禹城市东君乳业万头生态牧场不仅设计规划了一整套粪便处理、有机肥制作的方案，而且计划与专业化沼气生产企业进行合作，利用奶牛粪便、植物秸秆生产沼气，剩余的沼渣还可以还田利用。

禹城发展循环农业的另一个成功案例是功能糖产业。运用从中科院引进的技术，禹城利用玉米、玉米芯等原料生产低聚糖、低聚木糖、木糖醇等功能糖，形成了"农民种植玉米→企业收购玉米和玉米芯生产功能糖→产生生物质废渣→生物炼制技术生产燃料乙醇（或代替煤炭用于生物质发电，或返给农户作食用菌栽培料）、剩余废物成为肥料还田→农民种植玉米"一条完整的循环农业发展链条。目前，禹城已形成以保龄宝、福田、龙力三家龙头企业为代表的产业群，构建起以低聚异麦芽糖、木糖醇、低聚木糖为主导的产品体系。2005年，禹城被中国轻工业联合会正式命名为"中国功能糖城"。

## （四）积极培育新型农业经营主体

家庭农场、专业大户、农民合作社、龙头企业、农业社会化服务组织等新型农业经营主体是推动现代农业发展的重要力量。禹城市在开展农村承包地确权颁证工作的同时，积极推动土地流转，大力培育新型农业经营主体，对被认定为各级示范组织的合作社、家庭农场等给予相应奖励。2013年，全市新增土地流转面积6万亩、新增合作社680个，注册家庭农场77家，全市流转面积达15万亩，合作社总数达1665个，家庭农场共计91家，有效地推进了土地承包经营向规模化集中和农民专业合作经济组织健康快速发展，充分发挥了新型农业经营主体典型引领和辐射带动作用。

## 三 禹城市创新现代农业发展的经验与启示

### （一）禹城市创新现代农业发展的经验

**1. 在促进农业高产稳产方面**

针对当前农业发展中遇到的基础设施投入不足的问题，禹城的应对措施主要是通过实施各种农业项目改善农业生产条件，如由农业综合开发部门实施的土地整理项目、国土部门实施的国家土地整治工程、农业部门实施的粮食高产创建示范项目等。

禹城农业综合开发的历史较早，是国家第一批农业综合开发的试点地区，当年禹城旱涝碱综合治理极大地改善了当地的农业生产条件，其成果延续至今。禹城市部分乡镇承担了土地综合整治项目，建成了一批高标准基本农田。粮食高产创建工程可以说是第二次中低产田改造。粮食高产创建的主要措施有：提升基础设施、耕地地力和现代农机装备水平，创新现代种业，集成推广粮食增产模式，实施现代植保统防统治，提高现代粮食质量安全。其中，提升耕地地力的具体措施是提高有机肥使用，全面推广深耕深松。这些措施在一定程度上能够减轻或者消除当前农业生产方式的弊端。禹城市按照德州市的统一部署实施整建制粮食高产创建工作，目前纳入项目实施范围的大约有16万亩耕地，另外还有10万亩基本农田参照高产创建示范方标准进行改造。这些农业项目的实施，极大地改善了农业生产条件，有力地促进了粮食高产稳产，减轻了农业生产环节中可能出现的各种自然风险的影响。从2003年开始，禹城市粮食生产连续12年实现稳定增产，连续多年实现"吨粮田"目标。禹城农业发展的成绩表明，禹城在夯实农业基本建设、改良农业生产方式方面的工作是卓有成效的。

总的来说，从一个旱涝碱的中低产区依靠科技和农业综合开发一举成为重要的粮食主产县，禹城的实践证明了农业基本建设的无比重要性。在加强农业基本建设方面，禹城主要是按照国家相关部署开展了土地整理、土地综合整治和粮食高产创建等工作，这些工作虽然不是禹城当地的创新之举，但其结果必定会像当年的旱涝碱综合改造一样对农业生产产生深远影响。同时，必须承认，作为一级地方政府，由于财力有限、资源有限、可供利用的政策空间有限，禹城在强化农业基本建设方面可做的文章不多，基本上只能完成"规定动作"，没有多少"自选动作"可以选择。即便如此，依靠中科院禹城综合试验站等科研单位的科技支撑，禹城在完善农业生产方式上做了一些有益的探索，比如实施"四节一网"高效现代农业示范工程、发展循环农业以及研发储备先进技术[①]。这些工作对于提升耕地地力、推动农业可持续发展具有积极意义。

应该看到，利用项目来提升农业基本建设的做法存在一些问题[②]。首先，项目整合问题。目前有关农业基本建设的项目分布在多个部门，存在各自为政、难以形成合力的问题。其次，局部与一般的问题。农业基础设施不能满足现代农业发展需要，是我国农村地区普遍存在的问题，具有一般性；而通过实施项目建设改善农业基础设施的做法带有局部示范性，不能解决普遍存在的问题。最后，项目实施存在的问题。地方政府在实施项目建设时倾向把项目安排在重点扶持的"亮点工程"上[③]，虽然这种做法符合国家的政策导向，但是这种"亮点工程"往往不从事粮食生产或者不以粮食生产经营为主。

### 2. 在提高农业比较效益、促进农民增收方面

为了提高农业比较效益，禹城通过推动土地流转促进规模经营、延长产业链条提高农业附加值、发展循环农业等方式，力促农业增效、农民增收。

一是推动土地流转，促进规模经营。种粮农户通过流转土地增加经营规模，利用粮食种植的规模效应，增加收入，从而实现达到社会平均收入的目的。但是，此种方式需要有一个前提，那就是要求非农产业相对发达，具备大量农村劳动力向非农产业转移的条件。从禹城的实际情况来看，劳动密集型的非农产业还不够发达，吸纳农村剩余劳动力的能力不足。农村劳动异地转移就业为禹城农村土地流转创造了条件。当前，禹城的家庭农场、农民专业合作社等新型农业经营主体正处在快速发展的阶

---

[①] 目前，由中科院禹城综合试验站引进开发的微生物有机肥和微生物土壤改良材料在滨州进行了试验性应用。

[②] 这并不是禹城独有的，也不是禹城一地所能解决的。

[③] 所谓的"亮点工程"，就是地方政府重点扶持的农业重点工程、项目。它可以是一个农业生态园区，也可以是一个农业龙头企业、土地规模经营主体或者其他新型农业经营主体。总之，它是一个符合国家农业发展政策、能够反映当地农业发展成就、可以用来对外展示的农业工程或项目。

段，可望在促进农民增收方面发挥更大作用。

二是延长农业产业链条，提高农业附加值。就是把农业生产链条向产前、产后延伸，通过科技创新、农产品深加工等形式，把与农业生产相关的利益留在农业内部，把农业产业收益的蛋糕做大。禹城林业的发展属于此类情况。

三是发展循环农业。把农业生产的副产品作为另一个产业的生产原料，挖掘提升产品附加值。禹城在这方面拥有成功的经验，无论是利用秸秆发展畜牧业还是利用玉米芯生产功能糖，都属于此种情况。这种方式虽然对农民增收的贡献不是很显著，但对发展生态农业具有积极意义。

### （二）禹城市创新现代农业发展的启示

如前所述，粮食主产区农业的发展需要兼顾国家粮食安全的宏观战略和种粮农民增收的现实需要。禹城的经验表明：首先，农业基本建设能够改变农业生产条件，通过科学改造能够创造出适宜的生产条件，为农业高产稳产奠定基础；其次，农业基本建设应该常抓不懈，建管并重，否则会失去农业生产的主动性；再次，农业发展要依靠科技支撑，要用科技解决农业生产中出现的突出问题，不断调整和完善农业生产方式。最后，粮食主产区创新现代农业发展的路径和做法，必须有利于夯实农业发展基础，实现粮食高产稳产，同时还要有利于提升农业的比较效益，增加种粮农民收入。

## 四 粮食主产区推动现代农业创新发展的政策建议

粮食主产区现代农业创新发展的基本思路是从提高粮食高产稳产的能力入手，构建新型农业经营体系，推动农业可持续发展。因此，粮食主产区推动现代农业创新发展应该做好以下几个方面的工作。

### （一）全面加强粮食主产区农业基础设施建设

完善的农业基础设施是粮食高产稳产的重要保障。目前，国家推行的各种强化农业基础设施建设的项目，基本上都是从点上寻求农业基本建设的突破，既有交叉重叠又有空当死角，而且总体覆盖面有限。从公共产品理论来看，农业基础设施理应由公共财政负担。但是，我国还没有从制度上把国家对农业基本建设的责任确定下来，只是从政策层面规定了方向性、指导性的原则[①]。因此，有必要从国家战略的层面，科学拟定农业基本建设投资法规[②]，明确国家在农业基本建设方面的投资范围、资金使用等内容。在操作层面，考虑到我国的实际情况，可以区分粮食主产区和非粮食主产区，有重点地支持粮食主产区的农业基础设施建设。整合各类相关政策、项目和资金，形成合力，以中央财政和省级财政为主，负担起粮食主产区各项农业基础设施建设的投资责任，全面加强粮食主产区农业基础设施建设，把与农业生产息息相关的路网、电网、水网作为投资建设的重点，夯实粮食高产稳产的基础。

### （二）进一步推动农业科技创新

当前，石化农业的弊端日益显现，农业生产方式越来越不适应科学发展的要求。现代农业创新发展需要科技进步发挥更加积极的作用。首先，加强农业基础性科学技术研究。建立以现代农业技术理论为基础的作物增产理论体系，突破中低产田改造关键技术；扩大"渤海粮仓"科技示范工程试验成果应用范围，建立中低产田粮食增产增效综合技术体系。其次，加强生物技术的创新和应用。利用现代生物技术培育出高产、优质、抗病虫、抗逆、适应机械化生产的农作物新品种，打造专业化、集约化、流水线式的育种产业体系；利用现代生物技术使农业生产实现无废物的良性循环，开发生物农药、微生物有机肥，减少环境污染，充分提高资源利用效能。再次，推动农业机械化技术进步。推动农业机械化向纵深发展，开发应用资源节约型、环境友好型、安全保障型农业机械化技术，主攻薄弱环节，加快推进大田作物生产全程机械化，提高农机农艺结合程度，推动农业生产向精准化、信息化方向发展。最后，建设"农业大数据"平台。重点加强农业物联网、精准农业、农业云服务、移动互联等领域关键共性技术攻关，建设农业大数据分析应用平台，开

---

① 比如，2014年中央一号文件《关于全面深化农村改革加快推进农业现代化的若干意见》规定：公共财政要坚持把"三农"作为支出重点，中央基建投资继续向"三农"倾斜，优先保证"三农"投入稳定增长。
② 也有一种观点是制定农业投入法，规范各类主体对农业的投资行为。

展农业生产过程、环境与资源、市场和消费监测预测,为推进农业精准化管理提供支持。

### (三) 推动农村土地流转

首先,以农村土地确权颁证为契机,推动农村土地三权分离。农村土地确权颁证是推动土地流转、实现规模经营的基础性工作。在做好农村土地确权颁证工作的基础上,建立和完善农村土地承包经营权交易平台,优化配置农村土地承包经营权。其次,培育职业新农民。通过土地流转,扩大经营规模,不断提高农业生产经营的专业化、职业化程度,培育和壮大职业农民群体。职业农民以农业为主业,凭借农业生产经营能够获取社会平均收入。通过培育职业农民,从根本上杜绝农业生产方式改而不善的问题,打破兼业小农对农业弃之不舍、若即若离的状态。

### (四) 提高执行农业政策的灵活度

现有的一些农业政策规定得过死,在执行过程中缺少灵活性,运行成本较高。比如,在调研中听到农业管理部门抱怨最多的就是农业保险政策,一亩地10元钱的农业保险费,其中财政资金负担8元,农民负担2元。地方政府为了这每亩2元的农业保险费需要摸清农作物播种面积,需要上门收取保费,不允许从农民收到的农业补贴 (一卡通) 中扣除,政策的运行成本很高。这既不利于政策顺利运行,也给提高政策绩效带来困难。因此,在制定农业政策的时候,应该综合考虑地区差异,不搞"一刀切",赋予地方一定的自主权,同时清理低效能农业政策,让惠农、强农、富农政策高效运行。

**参考文献**

[1] 魏后凯、王业强:《中央支持粮食主产区发展的理论基础与政策导向》,《经济学动态》2012年第11期。

[2] 赵波:《困境与突破:构建我国粮食主产区农业现代化的长效机制》,《华南农业大学学报》(社会科学版) 2010年第2期。

[3] 〔美〕西奥多·舒尔茨:《改造传统农业》,商务印书馆,2006。

[4] 乔纳森·休斯、路易斯·P. 凯恩:《美国农业经济史》,北京大学出版社,2011。

［5］樊祥成：《转变农业发展方式与建设现代农业》，《山东财政学院学报》2013年第5期。

［6］宫成喜：《中国的农业投资》，《中国农村经济》1988年第3期。

［7］黄日生：《劳动积累：国家工业化与农业现代化的资本原始积累》，《江西社会科学》1991年第1期。

［8］钱文荣：《农地利用技术创新的类型与模式研究》，《经济地理》2003年第3期。

［9］〔美〕休斯、凯恩：《美国经济史》，邢露译，北京大学出版社，2011，第628页。

［10］王卉、徐建辉：《禹城：科技带来优越感》，《科学时报》2009年9月21日，第A1版。

［11］邢飞：《山东禹城："三驾马车"引领小麦"十连增"》，http://www.sd.xinhuanet.com/sd/2012-06/21/c_112269565.htm，2012。

［12］王卉、徐建辉：《禹城：科技带来优越感》，《科学时报》2009年9月21日，第A1版。

# 京津冀农业生产经营的协同发展问题研究

石冬梅　牛建高　佟　磊[*]

**摘　要**：京津冀是中国当前发展中的重要一极，也是未来中国经济发展的大引擎。通过调整三地的农业产业结构，转变现有经营方式，实现京津冀农业生产经营的协同发展，是统筹三地城乡经济发展的关键。本文着重分析京津冀产业结构和农业主导产业的现状、农业生产经营的主要方式和资源禀赋约束，以及京津冀农业产业发展的现实困境，并提出相应的政策建议。

**关键词**：京津冀　协同发展　农业生产经营　都市农业

## 一　前言

京津冀是继"珠三角""长三角"后迅速发展起来的大城市群，土地面积21.6万平方公里，囊括1亿多人口（陈功等，2015），2013年GDP为6.2万亿元。2013年，京津冀地区人口、生产总值、社会消费品零售总额和进出口总额分别占全国的7.98%、10.9%、9.9%和14.7%，是中国当前发展中的重要一极，也是未来中国经济发展的大引擎（臧秀清，2015）。作为中国经济发展的"第三极"，经济发展中最突出的矛盾是城乡二元经济结构，在京津冀的生产要素配比和资源禀赋的约束下，如何发展第一产业、转变现行的农业生产经营方式，已经成为亟待研究的课题。解决好京津冀地区农业协同发展问题，将为中国特大城市都市圈农业一体化发展提供示范标本。

---

[*] 石冬梅、牛建高、佟磊，石家庄经济学院。

## 二 京津冀农业生产经营的现状

### (一) 京津冀三次产业结构现状

截至2013年底,北京、天津、河北的第一产业产值占地区生产总值的比重分别为1%、1%、12%,北京和天津的这一数值远低于全国平均10%的水平,接近2012年美国第一产业比重1.8%的水平。北京、天津、河北的第三产业产值占地区生产总值的比重分别为78%、50%和37%,北京的第三产业比重远远高于全国平均48.1%的水平,与发达国家美国相同,而河北的第三产业发展还不到全国的平均水平。三地城乡居民的收入比均在2倍以上,北京地区的农村居民收入是河北地区的2倍(见表1)。可见,不仅三地的产业发展水平呈现二元经济现象,而且存在城乡二元经济结构问题。在京津冀协同发展的过程中,解决好农业的协同发展是解决三地农村经济协同发展和城乡统筹发展的关键。

表1 2013年京津冀产业结构与居民收入状况

| 省市 | 第一产业(%) | 第二产业(%) | 第三产业(%) | 农民(元) | 城镇(元) | 收入比 |
|---|---|---|---|---|---|---|
| 北京 | 1 | 21 | 78 | 18337 | 40321 | 2.2 |
| 天津 | 1 | 49 | 50 | 15841 | 32293 | 2.04 |
| 河北 | 12 | 51 | 37 | 9101 | 22580 | 2.48 |

注:收入比以农村居民收入为1。
资料来源:2014年《中国统计年鉴》《中国农业统计年鉴》。

### (二) 京津冀农业主导产业状况

京津冀地区属于北方干旱地区,农业种植结构与南方有很大的差异,所以,分析该地区的农业主导产业状况,对于平衡和发展三地的农业产业具有重要意义。区位熵理论主要用于反映某一产业部门的专业化程度,衡量区域要素的空间分布情况和在高层次区域的地位和作用等(陈思危,

2014)。在京津冀农业主导产业和专业化研究中,运用区位熵指标分析区域主导产业和专业化部门的状况,进而比较其与其他产业的优势与竞争能力。

对京津冀地区 2013 年和 2014 年的农林牧渔产业的区位熵进行计算,结果见表 2。

表 2　2013 年、2014 年京津冀地区农林牧渔业的区位熵

| 行业 | 北京 | | 天津 | | 河北 | |
| --- | --- | --- | --- | --- | --- | --- |
| | 2014 年 | 2013 年 | 2014 年 | 2013 年 | 2014 年 | 2013 年 |
| 农业 | 0.69 | 0.76 | 0.97 | 0.99 | 1.08 | 1.12 |
| 林业 | 5.19 | 4.47 | 0.18 | 0.19 | 0.43 | 0.41 |
| 牧业 | 1.28 | 1.25 | 0.94 | 0.90 | 1.15 | 1.06 |
| 渔业 | 0.31 | 0.31 | 1.78 | 1.79 | 0.32 | 0.31 |

资料来源:2015 年《中国统计年鉴》。

根据区位熵的计算结果,北京地区的林业和牧业具有比较优势,天津地区的渔业具有比较优势,河北地区的农业和牧业具有比较优势,分别为该地区的主导产业。另据 2014 年《中国农村经济统计年鉴》的数据,河北的粮食产量居全国的第七位,是主要的产粮区;北京地区的蔬菜和畜牧产品的产量较高;天津的水产品产量较高。所以,在京津冀农业产业协同发展过程中,应重视三地的农业资源禀赋优势,支持主导产业发展。

### (三) 京津冀农业生产经营的主要方式

目前京津冀三地的农业生产经营方式可以概括为土地集中型、社会服务型、合作经营型三种模式。土地集中型是指农户规模流转、经营土地,河北省的规模经营农户较多,可加强土地集中型经营方式。社会服务型是指由中介组织或集体经济组织对当地农业进行集中管理,通过收取中介费或服务费等形式对农户服务,这样的组织一般集中对农户进行科技服务、先进的农业机械设备和农业科学技术服务等。合作经营型是指农户通过合作社、合作联社等组织进行统一经营,这种形式的优点是可以统一购买农资、统一技术指导、统一销售等服务,生产的产品具有统一的质量标准,可以实现产、加、销一条龙服务。

党的十八大提出了构建集约化、专业化、组织化、社会化相结合的新型农业经营体系的要求。培育新型农业生产经营模式的关键任务，是抓好规模经营农户、龙头企业、农民专业合作组织以及社区性、行业性服务组织等新型农业经营主体的培育和发展。京津冀地区主要经营模式有龙头企业、合作社、家庭农场、生态观光园、现代农业产业园区等。经营主体包括农户、工商企业、个体工商户、外资企业、进城返乡的农户和农业科技推广部门等。经营方式包括"公司+基地+农户"、"公司+合作社+农户"、"公司+合作联社+农户"、土地托管、粮食银行等多种经营方式。据统计，2013年北京市共有农业产业化组织3904个。其中，龙头企业带动型204个、中介组织带动型3385个、专业市场带动型15个，河北省的农业产业化经营总量已经达到2314亿元，表明京津冀地区的农业正在与加工业、物流业、服务业、旅游业等产业紧密联合在一起，现代农业正在建立从田间到餐桌、从原料到成品、从生产加工到消费休闲的经营一体化、产品多元化、文化内涵丰富的生产经营体系。

## 三　京津冀农业资源禀赋约束

### （一）土地资源

京津冀三地的资源禀赋差距明显，农业部的农村经营管理统计数据显示，三地集体所有的农用地总面积为北京1238.6万亩、天津654万亩、河北16012.9万亩，其中，三地耕地面积分别为293.3万亩、523.3万亩、8594.3万亩；林地面积分别为689万亩、53.6万亩、4662.9万亩、三地养殖水面面积分别为5.3万亩、37.9万亩、81.6万亩；规模经营50亩以上的农户数量三地分别为0.1万户、0.2万户、6.7万户（见表3）。

由表3可见，河北地区的农用地面积远远大于京津地区，具有丰富的农用地资源，适于发展农业经济。天津的农用地较少，但有着丰富的海水资源，所以适宜发展海水养殖。同时，河北地区的规模经营农户较多，适宜发展规模经营。因此，在京津冀协同发展的过程中，应充分利用北京和天津的先进生产力优势，调整生产关系，统筹城乡发展。

表3 农村土地资源经营管理状况

| 省市 | 农用地面积(万亩) 总面积 | 农用地面积(万亩) 耕地面积 | 农用地面积(万亩) 林地 | 养殖水面 | 规模经营50亩以上的农户数(万户) | 家庭承包耕地流转面积(亩) 流转总面积 | 家庭承包耕地流转面积(亩) 转入合作社的面积 | 家庭承包耕地流转面积(亩) 流转入企业的面积 |
|---|---|---|---|---|---|---|---|---|
| 北京 | 1238.6 | 293.3 | 689 | 5.3 | 0.1 | 2232100 | 147867 | 414505 |
| 天津 | 654 | 523.3 | 53.6 | 37.9 | 0.2 | 895852 | 59931 | 65830 |
| 河北 | 16012.9 | 8594.3 | 4662.9 | 81.6 | 6.7 | 10922097 | 1687969 | 880922 |

### (二) 人力资源

截至2013年末，北京地区总人口为1316.34万人，其中，农村人口为294万人；天津市常住人口为1517万人，其中，农村人口为269万人；河北省常住人口为7384万人，其中，农村人口为3741万人。可见，河北地区具有丰富的人力资源优势，在三地协同发展的过程中，可以通过适当地加强培训，解决京津地区劳动力不足的问题。

### (三) 水资源

京津冀地区气候干旱，京津冀的水资源较缺乏，矛盾突出。2012年，全国的水资源总量为29526.9亿立方米，人均水资源量为2186.1立方米。京津冀地区总人口占全国的7%，而京津冀区域水资源量仅占全国的1.04%，人均水资源量为285.9立方米，低于国际警戒线1000立方米/人的水平。京津冀地区第一产业的比重不断下降，却消耗着65%的水资源和34%的劳动力资源，所以，调整当前的农业产业结构，提高节水技术的使用，是解决京津冀水资源短缺的主要途径。

### (四) 科学技术

北京集聚了全国著名的高校和科研院所，具有显著的科学技术优势，而河北紧邻京津，大量的优秀人才流向京津地区，成为人才的洼地。在京津冀协同发展的过程中，如何充分调动产学研的协同发展，将科学技术转化为生产力，积极转化农业科研成果是促进农业经济发展、统筹城乡发展的关键。

## 四 京津冀现行农业生产经营的困境

### (一) 二元经济结构突出,区域经济实力差距大

截至2014年底,京津冀的产业结构比为6∶41∶53,第一产业在经济发展中的比例不断减少,第三产业已经成为带动区域经济快速发展的重要支柱,北京地区的第三产业比重已经超过78%,北京、天津的第一产业比重为1%,河北为12%,地区产业结构差异明显加大。河北的人均GDP仅为北京的32%,天津的41%;在人均可支配收入方面,河北为北京的54%,天津的72%;河北的农村居民家庭人均收入为北京的46%,天津的51%。可见,京津冀三地的区域经济实力差距大,二元经济结构突出。

### (二) 农业科技成果推广服务不完备

京津冀农业一体化发展中的科技成果推广服务不到位,农业科技三地农业协同发展的贡献率偏低,提供社会化服务的机构较少。在农业生产标准化、高新技术产业化、农产品精深加工、农业生态环境保护等方面的技术应用比较薄弱,农业社会化服务体系、农业市场体系还不完备,[9]农民组织化程度有待提高,农产品营销组织也相对薄弱,所有这些都是发展都市型现代农业要面临的挑战,严重制约了京津冀农业生产经营的协同发展。

### (三) 农业生产的经营风险偏大

农业作为弱质产业,收益相对偏低,风险偏大,且不易掌握和控制。传统的小规模家庭承包经营增加了生产经营的不确定性,致使交易分散、市场信息非对称、谈判地位低下等问题,增加了农户的交易费用[19]。都市型现代农业作为设施装备化、投入集约化、组织产业化的农业,相对于传统农业盈利水平较高,抗风险能力较强,但是大量工商资本的进入,导致竞争加剧、市场风险不易控制,增加农业生产经营的不确定性。

### (四) 市场对农产品品质要求越来越高

随着经济的发展和居民生活水平的提高,以及对生态环境的保护、资源

的合理利用等原因，消费者越来越青睐绿色有机产品。但是，由于京津冀土地、水资源、人力资源、生态环境等资源禀赋的约束，现代农业发展受到限制，制约了精品农业的发展，农业经营仍存在技术操作不规范、科技含量偏低、质量检测不到位等多种问题。京津冀农业生产经营的协同发展还面临着消费观念更新、经营方式转变、科学技术创新、组织管理规范的挑战。

## 五　政策建议

### （一）明确京津冀三地农业发展定位

京津两市具有资本与技术的优势，通过优势互补可以实现区域经济均衡增长，实现协同发展的目的。北京依据先进的科技生产力，目标定位为绿色农业发展，提供总部支撑、创意引领、技术支持、品牌立足、展销平台；天津的目标定位为现代都市休闲绿色农业与高端绿色农业并行发展；河北的目标定位则是基于农业清洁生产、农业经济资源集约、节约、循环利用的大宗优质农产品生产为主，绿色农业生产加工基地并辅以发展绿色休闲农业。

### （二）建立紧密型绿色农业分工协作机制

由于三地的区域比较优势和资源禀赋约束不同，北京属于知识型地区，在高新技术、科技、教育、文化产业等方面具有优势；河北属于资源型地区，在土地、劳动力、农产品生产占优；天津属于加工型地区，加工工业占优[17]。推进京津冀产业协调发展，要重构区域内合理的分工格局，构造绿色农业分工协作机制，从生产者层面、市场层面、政府层面构建起一体化的紧密型绿色农业分工协作机制。

### （三）建立农业体制机制创新先导示范区

以京津冀协同发展为契机，先行先试农业、农村各项政策，建立现代企业制度和经营运作机制，积极进行现代农业的土地制度创新、经营方式创新、金融服务创新、投入机制创新和政策体制创新，探索资本驱动、科技带动、品牌拉动、政策推动等多种现代农业发展模式，成为全国农业体制机制创新的先导示范区域。

## （四）大力发展现代都市农业

大力发展高科技现代农业、循环农业、休闲农业、都市农业，充分发挥现代农业的粮食安全保障、生态环境维护、社会和文化的传承等的多功能性，将农业生产场所、农产品消费场所和休闲旅游场所结合于一体，提高农业劳动生产率、土地产出率和资源利用率，构筑生态良性循环系统，维护生态平衡，营造乔灌草结合的景观林业环境，促进人与自然、农村与城市和谐发展。

## （五）积极推动多产业的联合

农业兼业化、比较收益低下与城乡收入差距的扩大，使农村经济面临着发展潜力不足的现实困境，加强产业联合，是增强农村经济活力、实现京津冀农业协同发展的有效途径。因此，在推进农业现代化进程中，在政策取向上应积极推动多产业的融合，发展农产品加工物流业，延伸产业链条，通过生产者、加工者、服务或消费者之间的纵向合作，使农民能够分享到产业链延伸的价值实现农民增收。

## 参考文献

［1］臧秀清：《京津冀协同发展中的利益分配问题研究》，《河北学刊》2015年第1期。

［2］陈功等：《京津冀"新首都圈"人口调控战略方向和路径选择》，http：//news.gmw.cn/2015 - 03/25/content_ 15196097. htm。

［3］《京津冀协同发展进入全面布局推进阶段》，http：//gb.cri.cn/. 2015 - 07 - 20。

［4］李国平等：《首都圈结构、分工与营建战略》，中国城市出版社，2004。

［5］章昌裕：《巴黎都市圈形成的特征》，《中国经济时报》2007年1月8日。

［6］苟露峰、崔磊：《日本都市农业的发展概况》，《世界农业》2012年第3期。

［7］方志权：《日本都市农业的特征、功能、问题以及对策》，《中国农村经济》1998年第3期。

［8］张文胜：《日本都市农业的特征、功能及案例分析》，《农村经济》2009年第12期。

［9］李瑾、黄学群、宋建辉、史佳林：《天津滨海都市型现代农业发展战略研究——塘沽区现代农业发展总体规划构想》，《天津农业科学》2009年第6期。

［10］吴良镛等：《京津冀地区城乡空间发展规划研究》，清华大学出版社，2002。
［11］胡序威等：《中国沿海城镇密集地区空间集聚与扩散研究》，科学出版社，2000。
［12］章力建、朱立志：《京津冀一体化农业协同发展的思考》，《中国农业信息》2014年第15期。
［13］赵帮宏、王俊芹：《京津冀农业协同发展的思考》，北京市社科联、天津市社科联、河北省社科联，《京津冀协同发展的展望与思考——2014年京津冀协同发展研讨会论文集》，2014。
［14］陈思危：《关于京津冀协同发展与区域经济一体化的思考》，廊坊市应用经济学会，《京津廊都市区跨越式发展与廊坊功能再定位——第八届国家重大发展战略——京津冀协同发展：廊坊区位优势与对接高端城市论坛论文集》，2014。
［15］孙芳、刘明河、刘立波：《京津冀农业协同发展区域比较优势分析》，《中国农业资源与区划》2015年第1期。
［16］杜云飞、连建新、张爱国、胡宝民：《京津冀区域一体化视阈下的农业产业协同创新研究》，《河北工业大学学报》（社会科学版）2014年第4期。
［17］江晶、史亚军：《北京都市型现代农业发展的现状、问题及对策》，《农业现代化研究》2015年第2期。
［18］刘刚、朱有余：《京津冀绿色农业分工协作机制探讨》，《商业经济研究》2015年第8期。
［19］孔祥智、周振：《发展第六产业的现实意义及其政策选择》，《经济与管理评论》2015年第1期。
［20］高贵如、王慧军：《农业家庭经营交易成本与交易受损根源分析》，《农村经济》2008年第10期。
［21］文魁、祝尔娟：《京津冀发展报告——协同创新研究（2015）》，社会科学文献出版社，2015。

# 诚信观与农村信用体系建设研究

李军峰　牛建高[*]

**摘　要：** 加强农村信用体系建设，对于农村市场经济发展具有重要意义。本文分析中国诚信观的本质属性，构建经济交易中的诚信效用模型，并引入预期对诚信的影响，指出市场经济条件下农村经济主体信用缺失的主要表现及根源，探索提高和加强农村经济主体的市场诚信意识，进而为建设适应市场经济要求的农村信用体系提供政策参考。

**关键词：** 诚信观　市场经济　农村　信用体系

## 一　问题的提出

信用体系是市场经济发展和完善的重要基础。长期以来，农村信用体系建设受到众多学者的关注并取得了大量有价值的成果。绝大多数学者强调在农村应通过建立制度安排加强农村信用体系建设。王和平等（2009）认为，农村信用体系建设的核心在于建立科学高效的农户信用信息采集和评价体系，并提出了建设与完善农村信用体系的途径和相关政策建议。董悦芳等（2011）通过对"农户+征信+信贷"信用经济模式的探讨，认为应建立农村信用信息基础数据库、农村信用评价体系和农村信用体系建设效应监测指标体系，以促进农村经济金融快速协调发展。马红（2011）提出结合我国农村目前的信用状况及信用特点，以农村信用合作社为基础，建立具有中国特色的农村信用体系。林江鹏

---

[*] 李军峰、牛建高，石家庄经济学院。

等（2011）从交易视角分析了农村信用机制，认为加快推进农村信用体系建设，关键在于对现有阻碍农村信用体系建设的体制及制度进行创新。

也有学者认为信用体系建设，应该从加强社会诚信意识抓起。苏盾（2004）指出，信用不仅能降低交易成本，规范市场秩序，还是交易行为和经济主体得以存在的前提。信用的价值取决于人们的信用观念，只有每个人真正以信用观念为行为指引，市场经济才能获得健康、快速的发展。我们需要将传统的诚信观与时代精神结合起来，积极探讨适应现代市场经济的诚信新内涵。肖建乐等（2010）运用博弈论方法，探求在以心理约束和舆论约束等软约束为主要特征的传统诚信观，与以法律约束和制度约束等硬约束为主要特征的现代诚信理念之间的平衡点，即在继承中国传统诚信观精华的基础上构建适应市场经济发展要求的现代诚信体系。

已有研究成果要么偏重强调信用制度安排对信用活动的重要性，而忽略诚信观对经济主体信用行为的指导作用；要么偏重强调诚信观在市场经济中的一般性基础地位，而缺乏诚信观与具体领域信用体系建设的结合。本文分析中国诚信观的本质属性，通过构建经济交易中的诚信效用模型，并引入预期对诚信的影响，指出市场经济条件下农村经济主体信用缺失的主要表现及根源，探索提高和加强农村经济主体的市场诚信意识，进而为建设适应市场经济要求的农村信用体系提供政策参考。

## 二 我国传统诚信观与现代市场经济

诚信思想是中国几千年传统美德的精髓和积淀，也是推动社会不断进步并保持其特色的重要动力来源之一。诚信思想存在于农村地区人们的内心之中，指导着农村居民的经济生活。

### （一）中国传统诚信观

诚信是中华民族最基本的道德要求，"诚"与"信"是两个既相通又有所区别的相对独立的范畴。

"诚"是主体内心与天道本性相一致的自然状态。《中庸》中曰："诚者，物之始终，不诚无物。"也就是说，"诚"是客观规律的反映，是事物发展规律的本质规定。孟子也指出："诚者，天之道也。"也就是说，"诚"是自然界固有的规律。"信"为主体内心"诚"在活动中的外在表现。《说文解字》中对"信"的解释为："信，诚也，从人言。"即所谓"人言为信"，它包括言语真实和信守诺言两层意思。孔子也认为，"言必信，行必果"是人们重要的道德标准。朱熹将"信"解释为："信者，言之实也。"所以，诚信是人们诚实无妄，信守诺言，言行一致的美德，同时作为道德规范，它也要求人们诚实无伪，言而有信。诚信也是社会主义核心价值观的重要内容，强调诚实劳动、信守承诺、诚恳待人。

由此可以看出，诚信观的核心思想应该是：诚信是每个人必须具备的最重要的品德，是处理人际关系的重要准则，是社会一切道德的基础。

### （二）现代市场经济中诚信的重要性

市场经济以强大的生命力主导人类历史几百年，创造了以往时代无可比拟的文化和财富。在经济领域，经济主体的诚信表现为守信用、讲信誉，进而成为取得经济行为伙伴信任的基础。市场经济要求参与市场活动的经济主体向市场传递真实信息，以保证经济活动能够顺利地进行和实施。

## 三 基本分析模型

从经济学的视角来看，经济主体参与某一项市场的经济活动，其目的是改善或增加其效用水平。经济主体从某一经济活动中获得的总效用可以区分为纯经济交换效用和诚信效用。其中，纯经济交换效用是指在一项经济活动中，经济主体因得到商品（或服务）或者得到经济收入而获得的满足感；诚信效用是指在一项经济活动中，经济主体因遵守或违背交易合同而获得的满足感。这样，某经济主体从某一经济活动中获得的总效用，可以表示为：

$$U(a) = U(e) + U(c) \tag{1}$$

公式（1）中，$U(a)$ 为总效用，$U(e)$ 为纯经济交换效用，$U(c)$ 为诚信效用。

一般的，对于某经济主体而言，一项经济活动的纯经济交换效用 $U(e)$

的大小取决于该次经济活动的花费额，并且 $U(e)$ 与经济活动花费额呈正相关关系；而诚信效用 $U(c)$ 的大小则取决于经济活动中该主体履行合约的情况：①如果该主体因双方守信履约而使其诚信效用 $U(c)$ 为正，他的总效用 $U(a)$ 也会增大，则他在将来的经济活动中会继续守信履约；②如果该主体因自己主动违约、对方履约而使其诚信效用 $U(c)$ 增加，他的总效用 $U(a)$ 也会增大，则这会激励他在将来的经济活动中继续主动违约；③如果该主体因自己履约、对方主动违约而使其诚信效用 $U(c)$ 受损，他的总效用 $U(a)$ 也会受损，甚至因诚信效用 $U(c)$ 严重受损而造成其总效用 $U(a)$ 为负，则他在将来的经济活动中也会主动违约；④如果该主体与对方均违约，也即该经济活动夭折，不仅该主体的纯经济交换效用 $U(e)$ 变为零，而且其诚信效用 $U(c)$ 为负，致使其总效用 $U(a)$ 也为负值，则这会使经济主体在市场中的安全感大大降低。

由以上分析可以看出，建立和维系市场经济中经济主体之间的诚信是非常困难的事情，而毁坏这种诚信关系却十分容易。

## 四 市场经济与农村诚信现状

广大农村地区是市场经济重要的组成部分。当前，农村经济正处于从传统经济向现代经济过渡的转型时期，农村各项经济生产的社会分工正在迅速深化，致使各种经济主体不断涌现，社会经济生产链条不断延长，例如，随着农业生产的专业化程度越来越高，出现了数量众多的种植（养殖）专业户、农业机械化作业专业户、运输专业户等；农民专业合作组织的种类和数量也不断增加。经济主体队伍的不断壮大，有力地促进了农村经济的发展。

但是，市场经济中存在的严重信息不对称、短视行为和机会主义行为等问题，导致农村中诚信缺失日益凸显，严重阻碍了农村经济发展。

### （一）农户是农村诚信缺失最大的受害群体

农户或农民是农村市场中主要的经济群体。他们数量庞大、处于社会生产的第一环节，即直接从事着农业生产活动、面临着自然风险和市场风险，同时也暴露在诚信缺失风险之下，成为市场诚信缺失的最大受害群体。

以农资为例。目前，种子、地膜、化肥、农药等生产资料已经成为农业生产必不可缺的生产性消费品，并且农村农资市场非常广大。种子、地膜、化肥、农药等农资的质量，是实现农业稳产丰产的重要保证。但是，对于这些农资质量的识别需要较强的专业知识，而农民恰恰缺少这方面的知识。

2014年7月，笔者针对河北省山前平原地区农村，就农资质量、用途、使用方法等方面的知识，进行了实地调研。调研发现，绝大多数村民已经认识到科学技术对农业生产的重要支撑作用，也正积极接受并在农业生产中使用先进的技术。被调查村民通常从固定的经销店购买种子、地膜、农药等农资，他们也越来越关注地膜、农药的品牌。在购买化肥等农资时，村民的购买渠道比较多：约77%的被调查对象从本村的农资供应点购买农资；约11%的被调查对象从周边村的集市上购买农资；约12%的被调查对象向流动商贩购买（其中的原因主要有两个：一是邻居购买了这种化肥；二是商贩会把化肥送到农户家中）。调查结果显示，超过98%的被调查对象反映知道种子、地膜、化肥、农药等农资的假冒伪劣问题，近55%的被调查者反映有过购买到假种子、假地膜、假化肥、假农药等的经历。假冒伪劣农资严重破坏了农业生产，损害了农民的利益，扰乱了农村市场秩序。

这就是说，农民从假冒伪劣农资交易中获得的纯经济交换效用 $U(e)$ 和诚信效用 $U(c)$ 都是负的，所以，其总效用 $U(a)$ 也为负值。

调查中还发现一个非常普遍的现象是，几乎所有的农民在购买农资时，都不会主动索要发票或收据。遭受假冒伪劣农资之苦的农民难以维权。按照这样的比例推算，全国遭受假冒伪劣农资之苦的农民数量是非常惊人的。

### （二）农民正成为农村市场诚信缺失行为的主要实施者

假设：①市场上，每个经济主体都具有学习的能力；②为了实现效用最大化的目标，在参与经济交易时，每个经济主体都会采取各种手段。

这样，我们不妨将经济主体参与两次相邻经济交易的关系表示为式（2）和式（3）。

$$E[U(a)_{t+1}] = E[U(e)_{t+1}] + E[U(-c)_{t+1}] \tag{2}$$

式（2）中，$E[U(a)_{t+1}]$ 表示经济主体预期第 $t+1$ 次经济交易的总效用，$E[U(e)_{t+1}]$ 表示经济主体预期第 $t+1$ 次经济交易的纯经济交换效用，$E[U(-c)_{t+1}]$ 表示经济主体预期第 $t+1$ 次经济交易的失信效用，$-c$ 表示经济主体的失信行为。

$$E[U(-c)_{t+1}] = U(-c)_t + \xi_t \tag{3}$$

式（3）中，$U(-c)_t$ 表示经济主体第 $t$ 次经济交易中的失信效用；$\xi_t$ 表示经济主体第 $t$ 次经济交易中因失信获得超过正常纯经济效用的效用。

根据式（3），如果经济主体在第 $t$ 次经济交易中选择了失信策略且失信效用 $U(-c)_t$ 是非负的，而且 $\xi_t$ 至少为非负，那么经济主体预期第 $t+1$ 次经济交易的失信效用 $E[U(-c)_{t+1}]$ 也是非负的。也就是说，经济主体在本次交易中因失信行为而获得好处的话，可以增大其预期的下次交易的失信效用。如果 $E[U(-c)_{t+1}]$ 是非负的，那么，根据式（2），经济主体预期第 $t+1$ 次交易的总效用 $E[U(a)_{t+1}]$ 也会更大，这样会进一步激励该经济主体在下次交易中同样采取失信的做法。于是，市场的信用状况会进一步恶化。

随着人们对健康的重视，食用有机农产品有益于健康的理念正逐渐深入人心，但是有机农产品的诚信情况如何呢？以柴鸡蛋为例。鸡蛋因营养价值高而成为人们日常餐桌上的常见食品。在真正的生产柴鸡蛋的过程中，养殖户是将柴鸡散养，较少投喂饲料，于是柴鸡蛋生产就呈现柴鸡成长缓慢、产蛋量低的特点。柴鸡蛋外观呈现个头较小并且大小不均匀，蛋型一头大一头小、差别较明显等特征。由于柴鸡蛋价格较普通鸡蛋价格高出很多，一些诚信缺失的养殖户将那些个头较小的普通鸡蛋分离出来，冒充柴鸡蛋出售。长期以来，柴鸡蛋市场一直存在这样一种情况，这已经成为市场上公开的秘密。这些养殖户在初次成功用普通鸡蛋冒充柴鸡蛋出售获得高收益后，其失信效用 $U(-c)_t$ 和超过正常纯经济效用的效用 $\xi_t$ 均为正值，于是其 $E[U(-c)_{t+1}]$ 会增大，因此，为了获取更大的预期利益 $E[U(a)_{t+1}]$，这些养殖户会不断采取用普通鸡蛋冒充柴鸡蛋出售的做法。

2008 年发生了波及全国的乳制品中添加三聚氰胺事件。该事件就是奶牛养殖户抛弃诚信原则，为片面追求鲜牛奶所谓高蛋白指标，而向鲜奶中添加三聚氰胺的结果。该事件严重打击了消费者对中国乳制品的信心，造成了严重的社会后果。有机蔬菜生产也是如此。实地调查发现，在有机蔬菜生产基地的田间地头经常能看到那些被禁止使用的农药瓶子。这说明，有机蔬菜生产者也是缺乏诚信的。近年来，诸如此类的农产品生产者或经营者诚信缺失的例子很多。

### （三）部分农村政府部门或机构的诚信缺失行为严重损害了政府的形象

政府经济行为的目标应该是社会效益或生态效益最大化，一旦其行为偏离了该目标，而侧重自身经济利益，那么，必然会损害社会其他成员的利益，也势必会降低政府在人们心中的地位。政府侧重自身经济利益的行为，其根源在于政府诚信的缺失。

在市场经济中，政府通过制定和实施法规、政策等对经济进行宏观调控；通过支持、引导和保护守信行为，发挥对市场的监管作用，保障市场经济健康发展，进而促进整个社会信用的建立。因而，政府诚信是稳定人们心理预期的名义锚。也就是说，在市场经济中，政府经济行为的目标应该是通过宏观调控和市场监管，建立和维护市场诚信体系，保障正常的市场秩序，实现社会效益最大化。

然而，2014年7月调查显示，农民在遇到生产或生活困难时，向亲戚朋友求助的约占71%，自己独立解决的约占23%，向村干部或相关政府部门求助的约占6%。这说明部分农村政府部门或机构在农民心中的威信不够。其原因主要是农村基层政府在政策的连续性、稳定性、透明度等方面做得还不够好，地方保护主义严重，少数政府工作人员弄虚作假、投机取巧等，究其根源是政府本身诚信缺失，会动摇农民心理预期的名义锚。

## 五　构建农村诚信体系的政策建议

市场经济是信用经济。农村诚信体系不健全已经成为制约农村市场经济发展的瓶颈，鉴于农村经济环境和农村经济主体的特殊性，构建农村诚信体系应主要从以下几个方面着手。

首先，积极弘扬诚信的传统美德，使社会形成诚实守信的良好氛围。诚信是中国的传统美德，中国有着传承数千年的传统诚信观；同时，诚信也是社会主义核心价值观的重要内容之一。在农村地区，诚信思想的社会积淀非常深厚,应采取电视、广播等各种方式大力宣传诚实守信的行为,如对诚信行为进行表彰,对失信行为进行批评教育,甚至惩戒;每个村定期评选诚实守信家庭;通过宣传社会主义核心价值观,倡导诚实守信的传统美德,创建诚实守信光荣的农村社会主流氛围。

其次,积极引导涉农企业建立诚实守信的企业文化。企业文化是企业长期生产经营过程中形成的企业精神,也是支撑企业进一步做大做强的坚实支撑之一。涉农企业应该将诚信经营注入企业文化,教育企业员工站在长远发展的战略高度,在企业的各个生产经营环节,都应以诚信的态度进行工作,树立和维护企业诚信的市场形象,进而使涉农企业实现诚信经营。

再次,加强对农民的培训,提高农民文化素质。随着科技和社会经济的发展,农业生产经营对生产者提出了更高的要求,通过农民夜校、农村图书室建设,向农民普及科技文化知识,让农民认识到诚信行为会受到市场的欢迎,诚信的市场主体才能够收获更高的效益;鼓励农民继续秉持传统诚信观,依据市场经济规律开展生产经营活动。

最后,加强政府诚信建设,提高政府的诚信度和公信力。政府诚信是市场信用体系的重要基础,政府的诚实守信行为对社会具有良好的示范效用,同时,对于社会上的失信行为也具有警示作用。因此,应建立和健全信用的监督和约束机制,规范政府的权力,政府在使用权力调控市场时,应遵循依法治国、依法行政的法治精神,树立诚信的政府形象。

**参考文献**

[1] 王和平、蔡伟、杨嵘:《关于农村信用体系建设路径选择的思考》,《金融纵横》2009年第2期。

[2] 董悦芳、张国贞:《河北省农村信用体系建设实证研究》,《华北金融》2011年第10期。

[3] 马红:《基于社会网络的我国农村信用体系制度分析》,《西南农业大学学报》(社会科学版)2011年第1期。

[4] 林江鹏、许传华:《我国农村信用体系建设制度创新研究》,《江西社会科学》2011年第6期。

[5] 苏盾:《市场经济中信用的价值思考》,《商业经济文荟》2004年第1期。

［6］苏盾：《中国传统诚信观在市场经济中的当代转型》,《北方论丛》2004 年第 2 期。
［7］肖建乐、孙德华：《博弈论视角下的中国传统诚信观研究》,《云南民族大学学报》(哲学社会科学版) 2010 年第 1 期。
［8］《柴鸡蛋与普通蛋有区别》,《河北农民报》2010 年 8 月 5 日,第 B03 版。

# 农业可持续发展与资源基础

# 水土资源：中国农业可持续发展的生态基础

于法稳 杨 果[*]

**摘 要**：实现农业可持续发展，特别是粮食生产一直是中国政府十分关注的重大问题，也是国内外学术界研究的热点问题。本文在系统梳理国内外有关粮食生产与水土资源利用文献的基础上，对中国实现农业可持续发展所面临的水资源形势进行了剖析，探讨了实现农业可持续发展与水土资源可持续利用之间存在的矛盾，提出了实现农业可持续发展，夯实水土资源基础的路径选择。

**关键词**：农业可持续发展 粮食安全 水资源 耕地资源

## 一 引言

中国农业可持续发展的一个重要晴雨表就是粮食安全问题，这一问题始终是中国政府关注的焦点问题之一，并为此采取了一系列政策措施。2013年7月22日，习近平总书记在视察湖北东港村育种基地时，再次强调指出"粮食安全要靠自己"。随着工业化、城镇化的快速发展，以及人口增加和人民生活水平提高，粮食消费需求将呈刚性增长，而耕地减少、水资源短缺、气候变化等生态因素对粮食生产的约束日益突出，保障粮食安全面临严峻挑战（翟虎渠，2011；韩俊，2013）。同时，国家的粮食安全不但要关注数量安全，更要关注质量安全。

中国粮食安全不仅仅是本国的事情，也关系到国际粮食市场价格的波

---

[*] 于法稳，中国社会科学院农村发展研究所；杨果，重庆社会科学院。

动,因此,中国的粮食安全引起了全球的广泛关注。特别是,1995年,美国学者 Lester R. Brown 在《谁来养活中国》一书中指出,中国水资源短缺将影响世界的粮食安全(Brown,1995,1998,2005),这引起了全球对中国粮食安全问题的关注。为此,需要通过保护水土资源、强化科技支撑、完善扶持政策、加强基础设施建设等措施,确保国家的粮食安全,实现农业的可持续发展(张红宇,2014)。

众所周知,农业发展特别是粮食生产的生态基础是水土地资源。但中国水土地资源总量短缺、空间不匹配的特点直接影响着中国食物安全(刘彦随等,2002)。长江流域以北地区,耕地占全国的64.8%,水资源仅占全国的19.5%。而长江流域及其以南地区,耕地占35.2%,但拥有全国水资源总量的80.4%(马军,1999)。

从水资源禀赋来看,中国将长期面临着水资源短缺问题。研究表明,2010~2015年中国缺水量在 $100 \times 10^8$ ~ $318 \times 10^8$ 立方米之间(水利部南京水文水资源研究所等,1999)。中国工程院重大咨询项目"中国可持续发展水资源战略研究"预测2030年,中国缺水量将达 $130 \times 10^8$ 立方米,2050年实现基本平衡(刘昌明等,2001)。

从用水结构来看,中国农业生产用水比例一直都是最高的,尽管随着各项农业节水技术的推广,该比例有所下降,但该比例依然在60%以上。有关数据表明,1980年农业用水比例为88.2%,2000年该比例为68.8%,2013年,该比例下降到63.4%(水利部,2000,2013)。农业用水对不同区域水资源可持续利用的影响程度表现出很大的差异性(于法稳,2006),而农业用水量的多少、用水比例的高低在很大程度上取决于农业灌溉方式(李周等,2004)。农业用水中的绝大部分用于粮食生产,因此,水资源短缺直接影响着中国粮食安全问题,反过来,中国粮食生产的持续增产对水土资源利用也具有一定的影响,通过结构调整,粮食生产共节省了676.67万公顷的播种面积和310.6亿立方米的水资源消耗(李天祥等,2014)。

尽管一些省区通过综合措施,实现了粮食生产与灌溉用水之间的脱钩(于法稳,2008),但农业水资源利用的效率总体上非常低。农户的平均灌溉用水效率仅为0.4821,存在很大的节水潜力(许朗等,2012)。基于粮食生产,水土资源要素相互影响,土地利用变化中出现水土资源的平衡效应也表现出新的特点(杨艳昭等,2013)。随着城镇化进程的进一步加快,未来城镇的发展将立足于水资源,增加长期粮食安全的恢复性的重要区域

（Barthel，S. et al，2013）。对于中国而言，城镇化率每提高1%，水资源综合利用效率将提高 7.68%，而总用水量将提高 0.58%（马海良等，2014）。

耕地作为粮食生产的最重要的生态因素之一，对于保证粮食安全具有极其重要的意义。因此，耕地可持续利用问题自然成为学术界研究的热点问题。学术界普遍认为，改革开放以来，中国经济高速发展，城镇规模迅速扩大，伴随而来的是耕地资源的大幅度减少。耕地非农化现象的日趋加剧在促进经济发展的同时，也会对粮食安全、社会安定、生态环境等产生一定的负面效应（曲福田等，2004；谈明洪等，2005）。为了保护有限的耕地资源，中国政府做出了切实保护耕地的一系列重大决策，并将其作为基本国策之一，实施了世界上最严格的耕地保护制度。然而，现行的耕地保护制度与政策却并未完全达到预期效果，需要对相应政策进行调整：提高土地资源市场化配置程度、将土地利用的外部性内部化、进一步明晰产权、改革征地制度（曲福田等，2004）。要保持耕地总量动态平衡，应重点保护基本农田，执行分级农田的保护及总体规划和分区控制使用的原则，加强土地管理、土地整理及土地复垦等工作，改善和提高耕地的质量及生态环境，从根本上改善农业生产条件，确保国家的粮食安全（林培等，2001）。机制建设是耕地保护的治本之策。但目前有关耕地保护方面的研究集中在经济补偿模式与整体框架设计、经济补偿标准厘定、经济补偿资金管理与运作、中央政府－地方政府耕地保护关系、耕地保护多主体共同责任关系等方面。从实际运作来看，需要进一步研究耕地保护中的农户行为与意愿、中央政府激励机制设计等方面（李广东等，2011）。

当前，中国耕地保护政策中缺乏有效的经济补偿机制，亟须建立耕地保护的经济补偿机制，形成完备的耕地保护约束激励机制，增强耕地保护的微观动力，以平衡各相关经济主体间的利益配置关系（姜广辉等，2009）。在耕地保护过程中应该打破传统农业自给自足的封闭循环，遵循耕地保护机会成本的区域差异和区域土地利用的比较优势，统筹区域土地利用，使耕地保护成为实现农业区域专门化的手段（吴泽斌等，2009）；从保护耕地补偿的标准来看，耕地保护机会成本损失应作为补偿的最低价值标准（雍新琴等，2012）。

基于粮食安全，本文重点分析中国农业可持续发展面临的水资源、耕地资源形势，剖析农业可持续发展与水土资源之间的矛盾，提出实现水土资源可持续利用的路径选择。除第一部分外，本文的结构安排如下：第二部分分析中国水资源、耕地资源的形势，第三部分提出实现农业可持续发展、破解水土资源矛盾的路径选择。

## 二 实现农业可持续发展所面临的水土资源形势分析

### （一）水资源形势分析

**1. 有效灌溉面积持续增加**

有效灌溉面积是指灌溉工程设施基本配套、有一定水源、土地较平整、一般年景下当年可进行正常灌溉的耕地面积。它是反映耕地抗旱能力的一个重要指标，也是确保中国粮食安全的关键。最近10年来，中国有效灌溉面积持续增加，由2004年的5447.842万公顷增加到2013年的6347.330万公顷，增加了899.488万公顷，增长了16.51%。

**2. 农业用水总量增加，所占比例在减少**

对于农业生产而言，水土资源是最基本的生态要素。农业用水在总用水量中一直占据较大比例。由表1可以看出，2004~2013年，农业用水总量由3585.7亿立方米增加到3921.52亿立方米，增加了335.82亿立方米，增长了9.37%；从相对量来看，农业用水比例呈现波动式的下降态势，由2004年的64.63%，下降到2013年的63.42%，下降了1.21个百分点。

表1 中国农业用水量变化情况

单位：亿立方米

| 项目\年份 | 2004 | 2005 | 2006 | 2007 | 2008 | 2009 | 2010 | 2011 | 2012 | 2013 |
| --- | --- | --- | --- | --- | --- | --- | --- | --- | --- | --- |
| 用水总量 | 5547.8 | 5632.98 | 5794.97 | 5818.67 | 5909.95 | 5965.15 | 6021.99 | 6107.2 | 6141.8 | 6183.45 |
| 农业用水总量 | 3585.7 | 3580 | 3664.45 | 3599.51 | 3663.46 | 3723.11 | 3689.14 | 3743.6 | 3880.3 | 3921.52 |
| 农业用水比例 | 64.63 | 63.55 | 63.24 | 61.86 | 61.99 | 62.41 | 61.26 | 61.30 | 63.18 | 63.42 |

资料来源：历年《中国水资源公报》。

**3. 旱灾受灾及成灾面积依然很大，成灾率有所下降**

旱灾作为因气候严酷或不正常的干旱而形成的气象灾害，将会造成巨大的粮食减产。近 10 年来，旱灾受灾面积平均为 1778.04 万公顷，其中成灾面积为 914.85 万公顷，成灾率为 51.45%（见表 2）。从旱灾面积的绝对量来看，2007 年、2009 年受灾较为严重，受灾面积分别达到了 2938.6 万公顷、2925.9 万公顷；从旱灾的成灾率来看，2006 年、2010 年较为严重，成灾率分别达到了 64.67%、67.78%。

表 2　中国近 10 年来的旱灾情况

单位：万公顷，%

| 项目 | 2004 | 2005 | 2006 | 2007 | 2008 | 2009 | 2010 | 2011 | 2012 | 2013 |
| --- | --- | --- | --- | --- | --- | --- | --- | --- | --- | --- |
| 旱灾受灾面积 | 1725.3 | 1602.8 | 2073.8 | 2938.6 | 1213.7 | 2925.9 | 1325.9 | 1630.4 | 934.0 | 1410.0 |
| 旱灾成灾面积 | 848.2 | 847.9 | 1341.1 | 1617.0 | 679.8 | 1319.7 | 898.7 | 659.9 | 351.0 | 585.2 |
| 旱灾成灾率 | 49.16 | 52.90 | 64.67 | 55.03 | 56.01 | 45.10 | 67.78 | 40.47 | 37.58 | 41.50 |

资料来源：历年《中国统计年鉴》。

**4. 水环境污染日益严重，清洁水源更加短缺**

《2014 年中国环境状况公报》表明，对全国 423 条主要河流、62 座重点湖泊（水库）的 968 个国控地表水监测断面（点位）开展了水质监测，Ⅰ、Ⅱ、Ⅲ、Ⅳ、Ⅴ、劣Ⅴ类水质断面分别占 3.4%、30.4%、29.3%、6.8%、9.2%，主要污染物指标为化学需氧量、总磷和五日生化需氧量。

### （二）耕地资源形势分析

《全国土地利用总体规划纲要》（以下简称《纲要》）提出：要坚守 18 亿亩耕地红线，到 2010 年和 2020 年，全国耕地应分别保持在 18.18 亿亩和 18.05 亿亩。18 亿亩耕地红线是中国粮食安全的警戒线，是铺设粮食安全之路的第一块基石。但中国耕地资源面临的形势不容乐观，具体表现在如下几个方面。

**1. 耕地资源日趋减少的趋势不可逆转**

《2014 年中国国土资源公报》表明，从数量上来讲，自 2009 年到 2013 年，中国耕地面积持续减少，从 13538.46 万公顷减少到 13516.34 万公顷，减少了 22.12 万公顷，减少了 0.16%。2013 年，净增加耕地面积为 0.49 万公顷。

2014 年共批准建设用地 40.38 万公顷，比 2013 年下降了 24.4%。其中，批准占用耕地 16.08 万公顷。进入快速工业化、城镇化阶段之后，各地对耕地的占用将呈现强劲态势，特别是对土地生产率较高的优质耕地占用将会有增无减。在中国耕地资源构成中，优质耕地面积所占比例本来就相对较低，在工业化、城镇化背景下，优质耕地所占比例将会进一步下降。从长期来看，中国农产品数量安全将会受到严重威胁。

**2. 耕地质量总体不高，劣质耕地比例将进一步增加**

《中国耕地质量等级调查与评定》结果显示：全国耕地质量平均等别为9.8等，其中，低于平均质量等别的10~15等地占57%以上，而高于平均质量等别的1~9等地仅占43%，特别是生产能力大于15000千克/公顷的耕地仅占6.09%。将全国耕地划分为优等地、高等地、中等地和低等地，其所占比例分别为2.67%、29.98%、50.64%、16.71%，即优等地和高等地合计不足全国耕地总面积的1/3，而中等地和低等地合计占到耕地总面积的2/3以上。

正如上面所述，在占用耕地的同时，通过土地整治可以增加部分耕地面积，但从质量上来说，所占用的耕地都是生产率很高的土地，而增加的耕地却是土地生产率很低，甚至在短期内没有产出的低等土地，只能算理论上的耕地，因此，劣质耕地在耕地中的比例将会进一步增加。

**3. 耕地资源污染日益严重，从局部向区域蔓延**

中国重金属污染正由大气、水体向土壤污染转移，土壤重金属污染已进入一个"集中多发期"。中国相关部门发布的《全国土壤污染状况调查公报》指出，中国土壤环境状况总体不容乐观，部分地区土壤污染较重，耕地土壤环境质量堪忧，工矿业废弃地土壤环境问题突出。工矿业、农业等人为活动以及土壤环境背景值高是造成土壤污染或超标的主要原因。具体数据来看，中国土壤总的超标率为16.1%，其中轻微、轻度、中度和重度污染点位比例分别为11.2%、2.3%、1.5%和1.1%。

## （三）农业可持续发展与水土资源之间存在的几对矛盾

**1. 农业用水需求增加与水资源保障程度下降之间的矛盾**

众所周知，粮食生产离不开灌溉，但水资源的有效保障程度不但影响着粮食数量安全，同时也影响着粮食质量安全。随着工业化、城镇化进程的日益加快，越来越多的水资源被配置到工业生产、城镇生活或景观灌溉，农业生产，特别是粮食生产所需要的水资源面临严峻的挑战。在水资源短缺的同时，中国水污染日益严重。由此可见，粮食安全要求与清洁水资源对粮食生产的保障程度日益下降之间的矛盾将会更加突出。

**2. 农业生产的技术需求增加与基层专业技术人员供给下降之间的矛盾**

随着农业信息化的广泛应用，为农业发展提供保障的力度进一步得到提高，为此，需要一支素质较高的基层科技人才队伍，对现代农业技术进行推广，并提供有效的服务。但现实却相反，随着现代农业技术的应用，特别是农业信息化建设进程的不断推进，一方面农业生产对基层专业技术人员的要求不断提高，另一方面基层农业专业技术人员队伍能力建设不足，难以适应新形势的需要，从而形成了基层农业专业技术人员短缺与农业生产对农业专业技术人员需求之间的矛盾。

**3. 农业生产的数量安全要求与优质耕地资源日益减少之间的矛盾**

随着工业化、城镇化进程的日益加快，来自地方的用地冲动非常强，耕地占用呈现不可扭转的趋势。未来确保 18 亿亩耕地红线，为农产品数量安全提供生态资源基础困难重重。同时，中国耕地生产率普遍偏低。《中国耕地质量等级调查与评定》结果显示：优等地和高等地合计不足全国耕地总面积的 1/3，而中等地和低等地合计占到耕地总面积的 2/3 以上。

**4. 农业生产的质量安全要求与耕地资源污染日益严重之间的矛盾**

农业生产过程中大量化学投入品的使用，以及这些投入品的低效使用，将对农业生产的土壤、地下水资源造成一定的污染，进而影响到农产品的质量安全。同时，工业生产的"三废"也对农业生产的外部环境构成一定的威胁。因此，实现农产品的质量安全将面临巨大的挑战。

## 三 实现农业可持续发展，夯实水土资源基础的路径选择

要实现农业可持续发展，夯实水土资源基础，必须清楚认识水土资源所面临的形势，破解农业可持续发展与水土资源之间存在的矛盾，为此，可以采用实现如下路径选择。

### （一）以"三条红线"为原则，提高农业生产的水资源保障

随着工业化、城镇化的进一步发展，以及全球气候变化所产生的影响，中国水资源、水生态、水环境面临更加严峻的形势。要以水资源管理的"三条红线"为原则，确保粮食生产对水资源的需求。为此，要以提高灌溉用水

效率为着力点，明确节水的重点区域，并注重不同区域的技术开发与集成；同时，要以区域水环境保护为核心，调整产业结构，切实为粮食生产提供清洁灌溉水资源，从而实现粮食生产的数量与质量的"双安全"。

## （二）以基层专业技术人才为主体，为农业生产提供技术保障

基层专业技术人才作为农业新技术、信息化发展推广的主体，是直接深入农业生产第一线的人员，也是最能"接地气"的科技人员。但目前，基层专业技术人才队伍的建设没有得到应有的重视，因此，需要从国家粮食安全的战略高度，把基层专业科技人才队伍建设纳入议事日程，创新人才引进机制、激励机制等，加强基层专业技术人才队伍建设，为农业生产提供有效的技术保障。

## （三）建立种植业、养殖业协调发展的循环农业体系，减少养殖业造成的污染

通过建立种植业、养殖业相互协同的产业体系，发展循环型农业，一方面减少规模化养殖对农村生态环境的污染，同时在一定程度上减少化肥的施用量。根据循环型生态农业原理，在规模化养殖区域，构建以农作物生产为基础的生态农业产业循环体系，实现种植业与养殖业的协调发展，使养殖业为种植业提供有机肥；逐步建设高标准农田，以农作物秸秆为养殖业提供饲料，实现区域内种植、养殖、农产品加工产业之间的农业大循环，实现经济、社会和生态效益的统一。同时，也逐步减少化肥的投入，进而改善土壤，提高农产品品质。

## （四）建立农药包装物、塑料薄膜等回收机制，减少对水土资源的污染

制定农药包装物、塑料薄膜回收奖励办法，提高农民参与的积极性，发挥销售企业在农药瓶、肥料袋等包装物回收中的作用。以部分补贴的形式，鼓励农药经营单位负责回收，由有资质的企业集中处理，减少对环境和水源的污染。

## （五）以土地生产率为准则，确保18亿亩耕地红线

"十二五"规划纲要提出"严格保护耕地，加快农村土地整理复垦"。

通过土地整理复垦补充的耕地面积，不能简单地以数量来衡量，需要以土地生产率为准则进行衡量。具体来说，所占据的耕地中大部分是基本农田，其土地生产率较高，那么就以区域土地生产率的平均水平为标准，对补充的耕地进行折算，其后随着对地力的培育，逐渐进行折算，这样才能确保中国农业可持续发展中的耕地安全。

### （六）以提高土地生产率为目标，改善耕地质量

保障粮食安全切实可行而且有效的途径是提高单位面积产量。为此，需要大力推进高标准基本农田建设，改善耕地质量，提高土地生产率。根据国土资源部、财政部下发的《关于加快编制和实施土地整治规划大力推进高标准基本农田建设的通知》精神，对不同区域耕地逐步实施高标准基本农田建设工程，同时，采取测土配方施肥，提高耕地质量。特别是应注重中国粮食主产省、重点县的基本农田建设，为确保中国粮食安全打下坚实的基础。同时，建议尽快从国家层面，把有关涉农资金整合起来，以便提供农田建设的标准。

### （七）以提高粮食质量安全为目标，加强土壤污染的生态修复

土壤污染治理是未来耕地质量安全的重要领域。其主要技术措施包括：通过创新水质监测技术，减少污水灌溉造成的土壤污染；通过创新测土配方技术，提高化肥使用率，减少化肥施用对土壤造成的污染；创新土壤污染治理技术，包括作物的替代技术；对于小规模的污染农田，可以采用换土办法，把城镇化过程、道路建设以及其他占用的基本农田的表层土，转移到污染农田，以提高土地的生产能力。

### （八）建立耕地资源保护的经济补偿机制

为了更好地保护耕地资源，确保国家粮食安全，应尽早建立耕地保护的经济补偿机制，制定耕地保护经济补偿的标准、具体的实施办法，以合理协调不同耕地保护主体间的收益关系，改变耕地利用与保护中成本收益承担主体的不一致现象，形成有效的激励约束机制，以有利于耕地的高效利用和保护。具体包括基于耕地利用多功能外溢效应补贴的农户补偿机制、基于发展机会成本补偿的耕地保护区域平衡机制。这样才能提高农户、区域保护耕地的积极性。

## 参考文献

[1] Barthel,S. and Isendahl C., "Urban Gardens, Agriculture, and Water Management: Sources of Resilience for Long-term Food Security in Cities", *Ecological Economics* (1) 2013.

[2] Brown, R. L. and Halweil, B., "China's Water Shortage Could Shake World Food Security", *World Watch* (4) 1998.

[3] Brown, R. L. *Outgrowing the Earth*: *The Food Security Challenge in An Age of falling Water Tables and Rising Temperatures*, London: Earthscan, 2005.

[4] Brown, R. L. *Who will feed China? Wake-up Call for Small Planet*, New York, London: W. W. Norton and Company, 1995.

[5] 韩俊:《提高粮食生产能力 确保国家粮食安全》,《农村经济》2013 年第 5 期。

[6] 姜广辉、孔祥斌、张凤荣等:《耕地保护经济补偿机制分析》,《中国土地科学》2009 年第 7 期。

[7] 李广东、邱道持、王平:《中国耕地保护机制建设研究进展》,《地理科学进展》2011 年第 3 期。

[8] 李天祥、朱晶:《近十年来中国粮食内部种植结构调整对水土资源利用的影响分析》,《中国人口资源与环境》2014 年第 9 期。

[9] 李周、宋宗水、包晓斌等:《化解西北地区水资源短缺研究》,中国水利水电出版社,2004。

[10] 林培、程烨:《"耕地总量动态平衡"政策内涵及实现途径》,《中国土地科学》2001 年第 3 期。

[11] 刘昌明、陈志恺:《中国水资源现状评价和供求发展趋势分析》,中国水利水电出版社,2001。

[12] 刘彦随、吴传钧:《中国水土资源态势与可持续食物安全》,《自然资源学报》2002 年第 3 期。

[13] 马海良、徐佳、王普查:《中国城镇化进程中的水资源利用研究》,《资源科学》2014 年第 2 期。

[14] 马军:《中国水危机》,中国环境科学出版社,1999。

[15] 曲福田、吴丽梅:《经济增长与耕地非农化的库兹涅茨曲线假说及验证》,《资源科学》2004 年第 5 期。

[16] 水利部:《2000 年中国水资源公报》,http://www.mwr.gov.cn/。

[17] 水利部:《2013 年中国水资源公报》,http://www.mwr.gov.cn/。

[18] 水利部南京水文水资源研究所、中国水利水电科学研究院水资源研究所:《21 世纪中国水供求》,水电出版社,1999。

[19] 谈明洪、吕昌河:《城市用地扩展与耕地保护》,《自然资源学报》2005 年第

1 期。
[20] 吴泽斌、刘卫东:《基于粮食安全的耕地保护区域经济补偿标准测算》, 2009 年第 12 期。
[21] 许朗、黄莺:《农业灌溉用水效率及其影响因素分析——基于安徽省蒙城县的实地调查》,《资源科学》2012 年第 1 期。
[22] 杨艳昭、张伟科、封志明等:《土地利用变化的水土资源平衡效应研究——以西辽河流域为例》,《自然资源学报》2013 年第 3 期。
[23] 雍新琴、张安录:《基于粮食安全的耕地保护补偿标准探讨》,《资源科学》2012 年第 4 期。
[24] 于法稳:《西北地区农业水资源可持续利用的对策研究》,载于《西部地区水资源问题及其对策高层研讨会论文集》,新华出版社,2006。
[25] 于法稳:《中国粮食生产与灌溉用水之间脱钩关系分析》,《中国农村经济》2008 年第 10 期。
[26] 翟虎渠:《关于中国粮食安全战略的思考》,《农业经济问题》2011 年第 9 期。
[27] 张红宇:《中国现代农业发展与粮食安全问题研究》,《中国市场》2014 年第 28 期。

# 我国违法占用耕地与耕地保护政策执行效果研究[*]

薛凤蕊　薛　颖　赵密霞[**]

**摘　要：**"十分珍惜和合理利用每一寸土地，切实保护耕地"是我国的基本国策。随着我国经济的迅猛发展，大量耕地被占用，我国出台了一系列耕地保护政策，加大了违法占用耕地的查处力度，但是效果如何，值得探究。本文根据我国近几年的耕地变动和利用现状，分析各级违法用地查处情况及特点，探讨耕地保护政策的执行效果，解析我国耕地流失和质量下降的原因，提出促进我国耕地保护的对策建议。

**关键词：**违法占用耕地　耕地保护　政策　执行效果

我国实施最严格的耕地保护制度。2014年我国中央1号文件提出"严守耕地保护红线，划定永久基本农田，不断提升农业综合生产能力"，并"启动重金属污染耕地修复试点"，为建立我国农业的可持续发展长效机制指明了方向。本文根据我国近几年的耕地变动和利用现状，分析各级违法用地查处情况及特点，探讨耕地保护政策的执行效果，解析我国耕地流失和质量下降的原因，提出相关对策建议。

---

[*] 基金项目：中国博士后科学基金项目（2012M520484）；河北省社会科学基金项目（HB14YJ035）；河北省科学技术研究与发展计划项目（12457203D-26）；河北农业大学社科基金项目（SK201401-1；SK201401-1）；河北省委讲师团项目（2015015）；河北省社会科学基金项目（HB15YJ021）；河北省教育厅社科青年项目（D2015161）；河北省教育厅人文社科重大招标课题（ZD201421）。本研究得到河北省农业农村经济协同创新中心支持。

[**] 薛凤蕊，河北农业大学经济贸易学院；薛颖，保定职业技术学院；赵密霞，河北农业大学经济贸易学院。

# 一 我国耕地变动及利用现状

## （一）我国耕地变动情况

我国耕地总量呈逐年下降趋势。1999 年我国耕地面积为 19.45 亿亩，之后逐年减少；2001 年、2002 年、2003 年下降最多，分别比上年下降 1.23%、1.32%、2.02%（见图 1），到 2002 年突破 19 亿亩耕地，下降为 18.89 亿亩，主要原因是生态退耕还林、还草占用大量耕地。2006 年查出违法占用耕地近 90 万亩，耕地面积下降到 18.27 亿亩，为此，2007 年 3 月 5 日，《政府工作报告》中提出"一定要守住全国耕地不少于 18 亿亩这条红线"。2007 年、2008 年耕地减少速度放缓，年减少速度分别为 0.03% 和 0.02%。

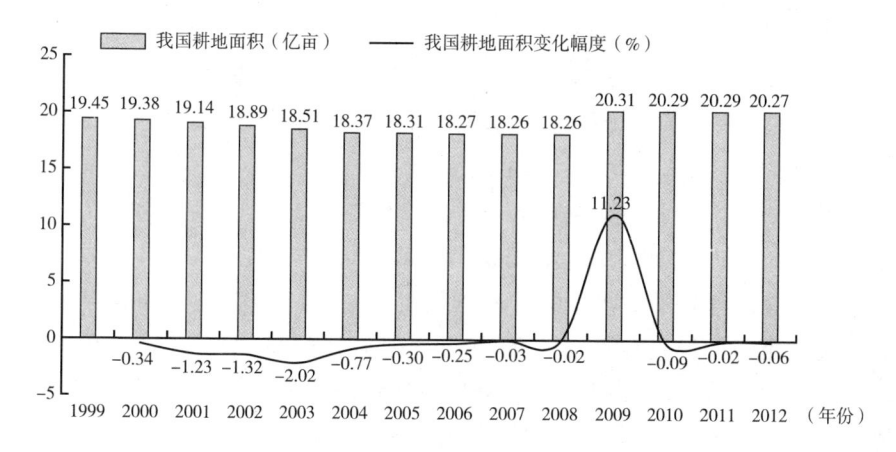

**图 1 1999~2012 年我国耕地面积及变化幅度**

资料来源：根据《中国国土资源公报》（2001~2013）和《中国国土资源统计年鉴》（2005~2012）整理而成。

2013 年 12 月 30 日，第二次全国土地调查成果向社会公布，2009 年全国耕地面积为 20.31 亿亩，比基于一调的 2009 年变更调查数多出约 2 亿亩，这主要是受调查标准、技术方法的改进和农村税费政策调整等因素影响，调查中多出的耕地有相当部分需要退耕还林、还草、还湿和休耕，有相当数量土地受污染不宜耕种，还有一定数量因表土层破坏、地下水超采等已影响耕种，因此，耕地保护形势依然十分严峻。2010 年耕地面积为 20.29 亿亩，比 2009 年减少 0.09%；2011 年不足 20.29 亿亩，2012 年耕地面积降为 20.27 亿亩。由此可见，我国耕地面积仍然在不断减少，但 2009~2012 年间耕地的年均减少速度维持在 0.06% 左右，远远小于我国 2005~2008 年间年均 0.1% 的耕地减少速度。

### （二）我国耕地利用现状

#### 1. 我国耕地面积增减变动情况

我国耕地总量动态平衡率除 2009 年超过 100% 外，其余年份均在 100% 以下。除建设占用耕地外，自然灾害损坏耕地、农业结构调整和生态退耕还林、还草也占用大量耕地。2001 年共减少耕地 953.55 万亩，其中生态退耕 886.05 万亩，占耕地减少面积的份额为 92.92%；2002 年生态退耕面积共 2183.3 万亩，占耕地减少面积的份额为 77.86%。针对西部地区生态环境脆弱、草原退化现象，2003 年我国全面实行退耕还林、还草政策。在生态退耕 3356 万亩耕地中，包括退耕还林 3175.5 万亩、退耕还草 179.25 万亩、退田还湖 1.35 万亩，生态退耕面积占耕地减少面积的 84.37%。2004 年实施城乡建设用地增减挂钩政策，生态退耕面积有所下降，但仍达到 1099.4 万亩，占耕地减少面积的 73.22%。2005 年、2006 年生态退耕面积分别下降为 684.3 万亩和 622.5 万亩，分别占耕地减少面积的 85.58% 和 81.69%，生态退耕仍然是耕地减少的主要因素。

我国整理复垦开发增加的耕地面积在 2007 年、2008 年、2009 年均超过建设占用、灾毁耕地和生态退耕减少的耕地面积。2010 年、2011 年、2012 年耕地减少面积超过整理、复垦、开发增加的面积，其中 2010 年耕地减少面积最大，为 643.5 万亩；2011 年减少 610.2 万亩，2012 年减少 603 万亩（见表 1）。其主要原因是城市扩大、城镇化建设、工业用地、农村建房，以及地方政府为获取农地转为城市建设用地的高收益而占用大量耕地。由此可见，我国实施的耕地保护政策尚未达到预期目标。

#### 2. 我国农村土地整治新增耕地情况

在农村土地整治工程中，新增农用地和新增耕地面积呈逐步增多趋势，2006 年新增农用地 428.1 万亩，新增耕地 401.25 万亩；2008 年新增农用地 504 万亩，新增耕地 478.95 万亩；2011 年新增农用地最少，为 358.65 万亩，新增耕地 350.55 万亩。2011 年国家土地督察机构对除西藏自治区以外的全国 30 个省（区、市）、64 个地级以上城市、564 个县（市、区）开展例行督察，发现地方人民政府存在落实耕地保护责任不到

表 1 我国耕地面积增减变动情况

| 年份 | 耕地面积（亿亩） | 耕地总量动态平衡率 | 建设占用、灾毁、生态退耕减少耕地（万亩） | 整理复垦开发增加耕地（万亩） |
| --- | --- | --- | --- | --- |
| 2001 | 19.14 | 0.9951 | 953.55 | 303.9 |
| 2002 | 18.89 | 0.9868 | 2746.4 | 391.2 |
| 2003 | 18.51 | 0.9798 | 3977.7 | 466.2 |
| 2004 | 18.37 | 0.9923 | 1501.4 | 518.4 |
| 2005 | 18.31 | 0.9970 | 684.3 | 460.05 |
| 2006 | 18.27 | 0.9975 | 622.5 | 550.5 |
| 2007 | 18.26 | 0.9997 | 72.3 | 293.7 |
| 2008 | 18.26 | 0.9998 | 85.95 | 344.4 |
| 2009 | 20.31 | 1.1123 | 348 | 470.7 |
| 2010 | 20.29 | 0.9991 | 643.5 | 472.35 |
| 2011 | 20.29 | 0.9998 | 610.2 | 565.95 |
| 2012 | 20.27 | 0.9994 | 603 | 482.7 |

资料来源：根据《中国国土资源公报》（2001~2013）和《中国国土资源统计年鉴》（2005~2012）整理而成。

位、突破相关政策侵占耕地等九大类问题。通过例行督察，全年共复耕土地 6.9 万亩，补划基本农田 21.46 万亩，收回闲置土地 3.59 万亩，盘活批而未供土地 17.4 万亩。土地专项调查发现有些地区存在违法违规占用耕地建设高尔夫球场，对工业用地实行"零地价"等问题，国家土地督察机构为此向省政府发出整改意见书。风波过后，2012 年新增耕地达到近几年的最高水平，为 698.4 万亩；2013 年新增耕地减少为 519.45 万亩（见图 2）。

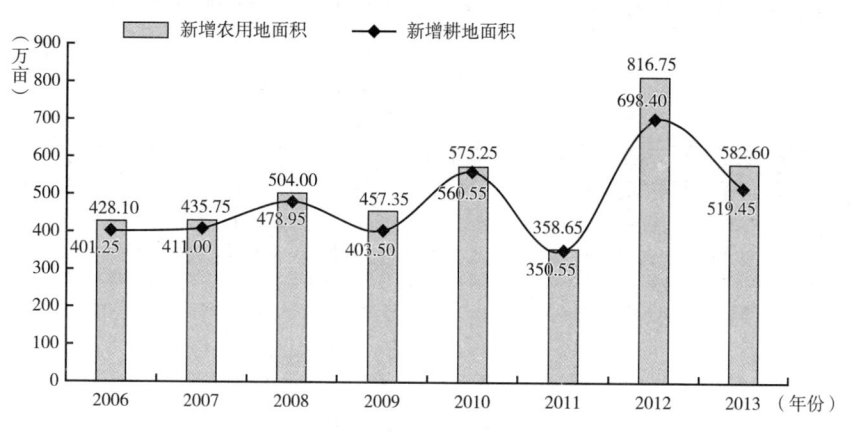

图 2 2006~2013 年农村土地整治工程新增土地面积

资料来源：根据《中国国土资源公报》（2001~2013）和《中国国土资源统计年鉴》（2005~2012）整理而成。

## 二 我国违法占用耕地查处情况及特点

### (一) 企事业单位、个人、村组集体在违法占用耕地中分列前三位

各级机关违法占用的耕地面积显示，企事业单位违法占用的耕地面积最多，为4万~30万亩；第二是个人，违法占用的耕地面积为3万~13万亩；第三是村组集体，违法占用的耕地面积为1万~7万亩；县级和乡级机关位居第四，违法占用的耕地面积为1万~4.5万亩；省、市级机关违法占用的耕地面积连续11年低于2万亩（见表2）。

2003~2012年，企事业单位违法占用的耕地面积超过了省、市、县、乡、村（组）集体违法占用的耕地面积之和。

### (二) 我国经济繁荣时期占用耕地面积较多

在查处的全国违法占用耕地中，2004年全国违法占用耕地面积最大，约55.81万亩，主要是企事业单位违法占用耕地35.31万亩，占全国总量的63.27%（见表2）。其原因在于2003年发布的《国务院关于促进房地产市场持续健康发展的通知》中提出，加强对土地市场的宏观调控，普通商品房和经济适用房供不应求的城市，可以按规定适当调剂增加土地供应量，因此，在土地政策参与宏观调控情况下，占用耕地建房成为企事业单位的首选目标。

表2 我国违法占用耕地面积查处情况

单位：万亩

| 年份 | 全国 | 省级机关 | 市级机关 | 县级机关 | 乡级机关 | 村组集体 | 企事业单位 | 个人 |
| --- | --- | --- | --- | --- | --- | --- | --- | --- |
| 2001 | 15.26 | 0.69 | 0.81 | 1.22 | 1.12 | 3.1 | 4.8 | 3.5 |
| 2002 | 18.56 | 0.1 | 0.8 | 1.29 | 0.9 | 2.95 | 8.56 | 3.97 |
| 2003 | 39.84 | 0.14 | 1.02 | 3.33 | 2.49 | 4.65 | 20.99 | 7.21 |
| 2004 | 55.81 | 0.01 | 0.62 | 4.22 | 2.77 | 5.15 | 35.31 | 7.73 |
| 2005 | 35.43 | 0.02 | 0.41 | 1.42 | 1.34 | 2.95 | 22.17 | 7.11 |
| 2006 | 51.35 | 0.02 | 0.5 | 2.66 | 2.26 | 5.24 | 27.6 | 13.07 |
| 2007 | 55.06 | 1.5 | 0.24 | 3.42 | 2.87 | 6.35 | 28.4 | 12.29 |
| 2008 | 29.95 | 0.14 | 0.48 | 1.2 | 1.68 | 3.78 | 17.68 | 4.99 |
| 2009 | 21.27 | 0.13 | 0.18 | 1.37 | 1.59 | 2.21 | 12.07 | 3.73 |
| 2010 | 24.35 | 0.19 | 0.35 | 2.49 | 1.11 | 1.56 | 14.87 | 3.77 |
| 2011 | 23.03 | 0.88 | 0.21 | 1.51 | 1.06 | 1.32 | 14.47 | 3.57 |

资料来源：根据中国国土资源统计年鉴（2002~2012）计算而成。

2006年国土资源部发布《耕地占补平衡考核办法》，部署基本农田保护示范区，加大土地开发整理力度，有些企事业单位或村（组）集体借此机会大肆占用耕地开工建厂、盖小产权房，推进新农村建设等，先占后补、只占不补耕地现象严重。2006年企事业单位违法占用耕地27.6万亩，2007年上升为28.4万亩；村组集体在2007年违法占用的耕地面积也达到史前最高，为6.35万亩。与此同时，农民为增加收入或提高生活质量，占用耕地盖厂房、库房、商业用房等，或建造大面积住宅，2006年违法占用耕地13.07万亩。

### （三）我国违法占用耕地面积受政策影响较大

我国违法占用耕地现象随着耕地保护政策的出台而波动，除前面提到的政策波动外，2005年国务院办公厅印发《省级政府耕地保护责任目标考核办法》的通知，规定各省、自治区、直辖市人民政府要对《全国土地利用总体规划纲要》确定的本行政区域内的耕地保有量和基本农田保护面积负责，省长、自治区主席、市长为第一责任人。全国的违法占用耕地数量在2005年骤减为35.43万亩。县级机关、村组集体、企事业单位有不同程度的下降。农民对政策的敏感度稍微弱一些，违法占用耕地减少幅度较小。

2008年十七届三中全会提出赋予农民长期的土地承包经营权，各级违法占用耕地面积呈现不同程度的下降；2009年加大了城乡建设用地增减挂钩试点地区的违法用地查处力度，2010年、2011年为耕地保护责任制验收时期，各级违法占用耕地面积持续减少。

## 三 我国耕地保护政策执行效果

### （一）耕地面积随着我国经济的发展而逐步减少

我国耕地保护政策出台与经济发展和宏观调控政策密切相关。

第一是农民收入增长后盖房、乡镇企业大发展占用耕地。

第二是各种开发区不断兴起，地方政府为发展经济以"零地价"吸引工业企业入驻。

第三是分税制改革后，地方政府为获得低价征收农地的高额收益，修编城市规划，实现"摊大饼"式无序扩张。

第四是城镇住房制度改革后，地方政府依靠以住宅为主的房地产投资拉动经济增长，促进消费，扩大内需，减少了耕地面积。

第五是各地占补平衡和城乡建设用地增减挂钩政策实施，一些地区只占不补、占优补劣，或者违反规定提前挂钩、跨区域挂钩，加大了占用耕地的力度，降低了耕地质量。

第六是新农村建设、新民居建设等工程实施，很多地区占用耕地作为周转用地，而在新农村或新民居建设完成后，往往一部分农民搬迁入新民居，另一部分没有搬迁，导致旧的宅基地难以复垦为耕地，周转用地指标无法归还，耕地减少。

### （二）耕地锐减态势随着违法用地查处和耕地质量监测力度加大而减缓

（1）在耕地保护执行过程中，我国违法占用土地和耕地的事件不断被查处，违法占用耕地面积逐步减少，耕地保护政策效果在近几年比较明显。2011年，在国家土地督察制度实施五周年之际，我们看到了一些成绩。首先耕地保护制度得到落实，其次土地调控政策被有效实施；再次在打击土地违法行为时规范了土地管理秩序，最后保障了农民的土地财产权益，对保持18亿亩耕地红线发挥了积极作用。

（2）2012年，国土资源部下发了《关于提升耕地保护水平全面加强耕地质量建设与管理的通知》，提出加强耕地质量建设和生态管护，推进耕地质量等别年度更新和监测试点，强化耕地质量管护。耕地保护补偿机制建设有了重大进展，广东、浙江、四川等地探索建立了基本农田保护经济补偿机制。出台了《土地复垦条例实施办法》，充分发挥复垦土地利用的生态效益。

### （三）我国耕地质量下降趋势明显

随着我国耕地保护政策的不断出台，我国的耕地面积仍然在逐年减少。地方政府为增加建设用地指标，借助城乡建设用地增减挂钩政策，占用土壤肥沃的耕地，补充土壤肥力低、自然条件差的土地；而村集体组织、企事业单位和个人为了自己的利益，违法占用耕地盖房、建工厂，导致耕地质量下降，数量减少。

在新农村建设、新民居建设以及各种交通道路沿线建设中，用于盖房的周转地或占用的耕地大多数是质量较好的沃土，补充的却是坑洼地、荒地和污染土地，这些土地贫瘠，缺乏灌溉设施，土壤耕层浅薄脆弱。改良土壤、培肥地力至少需要 3~5 年时间，影响了农民的土地收益，降低了耕地质量。

## 四 我国耕地流失与耕地质量下降的原因

我国耕地保护目标出现异化，耕地保护政策没有达到应有的效果，除了地方政府对耕地保护政策落实不力外，土地财政、比较利益驱动、农村政策缺乏连续性、土地管理的分割性等都是造成耕地流失或耕地质量下降的原因。

### （一）土地财政导致耕地面积逐年减少

自 1994 年我国实行分税制改革以来，中央和地方的财政收入分配比例改为由中央分享增值税的 75%，地方分享 25%。财权上收并未相应减少事权，伴随着地方经济的发展，基础设施和公益项目的建设不断增长，财政支出越来越大，地方政府不得不开辟新的收入来源，如通过低价征收集体土地，将其转为国有土地后高价卖出，增加土地出让金收入。同时，地方政府采用打造大都市、大城市的城市扩张理念不断扩大城市建设，增加可支配收入，导致耕地面积逐年减少。

### （二）比较利益驱动村集体和农民以土地为代价谋发展

在经济发展大潮中，农业生产的比较效益低下，有技能或有经商头脑的农民放弃耕作，从农村转移到城市，从事第二、第三产业。留在农村的农民应对农业自然风险和市场风险的能力较差，缺乏保护耕地的动力，为追逐高收益，宁愿放弃耕地，或粗放经营土地，实行兼业经营。

相对于农地转为其他用地的高收益，村集体组织和农民要谋求自身发展，能提供的只有土地，因此占用耕地从事其他活动的意愿更为强烈，而保护耕地的意愿较低，出现占用耕地盖房和小产权房事件，大量耕地流失。

### （三）农村政策缺乏连续性导致耕地流失严重

2004 年提出"城乡建设用地增减挂钩"政策，2005 年我国的"十一五"

规划提出"按照生产发展、生活宽裕、乡风文明、村容整洁、管理民主的要求,推进新农村建设";2008 年十七届三中全会提出允许土地流转,实行土地规模经营;2009 年开始新民居建设;2013 年提出"新型城镇化建设";2014 年提出"建设美丽乡村",各地区进行大规模的农村面貌改造提升。我国农村政策的不断出台,使得地方政府的政绩工程不断涌现,来一个领导,换一种说法,换一套做法。最终的结果是:半拉子工程越来越多,由于各项工程占用耕地设置的周转用地无法偿还,耕地流失严重,基层政府部门无所适从,有些地区的农民既失去住的地方,耕地也被占用。

### (四) 土地的分割管理体制影响耕地保护

据调查,农用地和耕地面积归农业局管理,农村承包地确权归农村工作委员会管理,宅基地和农村建设用地归国土资源局管理,在我国国土面积不变的前提下,由于农村的农用地和宅基地、建设用地是连接在一起的,无论任何一方变动,都会引起耕地面积发生变动。即使各地区每年批复的宅基地占用指标没有超出计划范围,占用土地面积仍然在扩大,当农用地面积的减少不能同步跟进时,就会导致耕地面积减少。

## 五 我国耕地保护的对策

### (一) 改革财政收入分配比例,缓解地方财政压力

地方的发展需要从多个指标体现:经济发展、人居环境、交通道路、物价水平、教育水平、工业结构、生态建设、公共服务、农田水利设施、第三产业发展、城镇化水平等。在如此名目繁杂的项目中,地方用增值税 25% 的财政收入支付显得捉襟见肘。如果第三产业发展缓慢,则只能依靠卖地收入弥补财政收入的不足。因此,必须从源头抓起,找到耕地流失的真正原因,改革中央和地方财政收入分配比例,扩大地方财政收入,缓解地方财政压力,真正摆脱政府以地生财的困境,从而有效保护耕地。

### (二) 实行集体土地确权和流转,加大农村财政支持力度

土地是农民的命根子,为生计所迫,村集体组织和农民为谋求发

展，不得不以牺牲土地为代价，换取高收益。实行农村集体土地确权，将土地财产权永久赋予农民，可以解决土地撂荒和粗放问题，有效保护耕地。

目前很多地区的村集体组织名存实亡，没有收入来源，遇到修建交通道路、清理垃圾等工作时，只能向农民摊派；而在城市中，这些工作均由政府买单，形成农村和城市居民事实上的不平等。因此，应加大农村财政支持力度，从改善农村人居环境、道路交通、教育水平、文化娱乐、公共设施等角度入手，从源头上对农村进行综合治理，缓解村集体的经济压力，提升农村整体形象。

### （三）做好顶层设计，绘制经济发展用地蓝图

对省、市、县、乡、村的发展愿景及远中近期规划进行了顶层设计，统筹绘制省级经济发展用地蓝图，推进农村经济发展提档升级。修订各级土地利用总体规划，并严格执行，定期核查，公开数据，充分发挥规划的统筹管控作用。

严格基本农田保护工作，无论在执行规划的哪一阶段，都应以保护耕地为前提，禁止将耕地作为周转用地。对用地蓝图实施动态管理，充分发挥地方工作人员的积极性、主动性和创造性，灵活机动，因地制宜，防止农村规划的僵硬和千篇一律。通过顶层设计和用地规划，提高政府、基层工作人员对耕地保护的认识，调动农民主动参与耕地保护的积极性。

### （四）改革现行土地管理的分割体制，扫除土地管理障碍与盲点

改革我国土地管理的分割体制，将农用地、耕地、宅基地、林地、水地等管理划归到一起，统一管理；或者将各部门的分管人员集中到一起，成立土地管理小组，设立一站式服务。对各级政府、企事业单位、村集体组织、农民用地实行审批和备案制度，对不符合要求的用地项目予以驳回，并实施监督管理。

对土地实行动态管理，建立土地监测数据库，每年监测农用地和宅基地、建设用地使用面积及变化情况，及时更新数据，发现问题及时上报，及时处理，扫除土地管理障碍与盲点。

**参考文献**

[1] 《1994年分税制改革》，http：//www.sdds.gov.cn/art/2010/12/15/art_13696_451998.html.2010-12-15。
[2] 中华人民共和国国土资源部：《中国国土资源公报》，2001~2013。
[3] 中华人民共和国国土资源部：《中国国土资源统计年鉴》，2002~2012。
[4] 国家土地总督察办公室：《国家土地督察公告》，www.mlr.gov.cn/zwgk/zytz/201204/t20120428_1091878.htm。

# 农村集体土地收益功能分析与平等分配机制构建

穆瑞丽[*]

**摘　要：** 当前，在农村集体土地收益分配中，农民收益分配比例过低，损害了农民权益。因此，需要构建农村土地收益分配长效机制，从根本上解决农村土地收益分配问题。本文在阐述农村土地功能的基础上，分析了农村土地收益功能错位的原因，提出了构建农村土地收益平等分配的长效机制。

**关键词：** 小康　土地功能　分配机制

小康不小康关键在老乡，全面建成小康社会最大的短板在农村。当前，我国正处于工业化和城市化快速发展时期，农村集体土地征收过程中产生的土地增值收益总量很大，增加农民的土地收益是增加农民收入的重要路径，也是实现农村小康的关键一招。然而，由于制度设计和操作方面的原因，在农村集体土地收益分配中，农民收益分配比例过低，损害了农民权益，从而引发了大量农村矛盾和冲突。因此，要从根本上解决农村土地收益分配问题，必须构建农村土地收益分配的长效机制，从而维护农民的合法权益，保障农民享有工业化、城镇化发展的成果。

## 一　农村集体土地收益的功能

土地是农户最基本的生产资料，在一定的产权制度和生产经营方式下，土地不仅承载着为农户提供稳定预期收入、资产保值增值等经济功能，同时也承

---

[*] 穆瑞丽，中共河北省委党校管理学教研部。

载着为农户提供食物、满足就业、平抑风险以及社会保障等多种社会功能。

近年来，随着我国工业化、城市化进程的快速推进以及农村经济社会结构的变化，特别是国家对"三农"问题治理力度的不断加大，土地所承载的功能已经发生了很大变化。尽管如此，受我国城乡二元经济社会结构的影响，农村集体土地仍承载着许多特定功能，从而造成农村集体土地收益功能的多重性。

### （一）地方政府集体土地收益的功能

对于地方政府而言，农村集体土地收益功能主要体现在土地财政方面。土地财政是指地方政府依靠土地转让、批租等方式获取收益，将"卖地"作为增加地方财政收入的重要来源。国务院发展研究中心的调查数据显示，在一些地方，政府预算内收入中，与土地相关的税收收入占到了40%，而政府预算外收入中，土地出让金收入占到60%以上。地方政府通过土地财政弥补税收不足、加大基础设施建设等。土地的出让为地方政府带来三个方面的收入：一是土地税收收入；二是土地出让金收入；三是土地融资及与土地相关的费用收入。地方财政基本上依靠由城市扩张带来的建筑业和房地产业的发展，预算内产业税收收入加上预算外的土地出让收入，再结合土地融资和一些与土地相关的费用共同构成了基础设施投资的主要资金来源。

在经济增长的"三驾马车"中，投资在拉动需求上发挥着越来越重要的作用。投资的增加带来工业的快速增长。基础设施建设的大力投入成为地方政府推动地方经济增长的主要方式之一。但对于这种投入，公共财政难以支撑，而城市土地出让的筹资和融资功能很快为地方政府所熟悉，于是土地财政就成为一项创新性制度安排，达到为地方政府聚集资本、推动基础设施建设的目的。例如，土地出让金收入由于数额巨大，直接构成地方政府投资城市基础设施的一个重要资金来源。

### （二）农村集体组织土地收益的功能

对于农村集体组织而言，集体土地收益功能主要体现在农村基础设施建设和农村行政运行等方面。农村集体组织将集体土地收益用于农村道路的修建，农村水利、电力设施的维护以及农村环境面貌的整治。农村集体土地收益还被用于维持农村基层行政组织的日常运行。

### （三）农民集体土地收益的功能

对于农民个人而言，土地功能主要体现在以下三个方面。一是补偿功能。土地作为农业最基本的生产资料,在市场经济体制下的基础功能是经济补偿功能。农民通过土地经营获得收入,在补偿农业经营中的各种成本的基础上,获取更多收益。当然,随着农村剩余劳动力的转移,农村经济结构、收入结构也发生了很大变化。农民收入中来自土地的贡献份额在绝对量稳中有升的同时,相对量呈渐次下降趋势,从事农业经营的收入功能弱化。而以外出务工收入为代表的工资性收入呈现稳定上升趋势。非农产业经营收入也稳定上升。二是土地的就业功能。随着国家工业化、城市化进程的推进,我国已有大量的农村剩余劳动力转移到城市和非农产业就业。但由于这一时期土地政策的主题是强调土地承包关系的稳定性,外出打工者的土地仍然可以保留。加之城市就业的风险与不确定性,流动劳动者与土地存在某种不可割舍的联系,并且大部分采取了兼业的形式,他们没有完全脱离农业,有相当一部分属于季节性转移,农忙务农,农闲务工,或者闲暇时间从事农业生产,在城市就业出现风险的时候,他们随时都有可能流回到土地上。因此,土地作为吸纳农村剩余劳动力蓄水池的功能十分明显,并且成为流动劳动力抵御城市就业风险的主要手段。三是农村土地还承担着农村社会保障等社会功能。由于农村社会保障缺乏,农村土地被赋予了很强的社会保障功能,并且土地保障是农民社会保障的主体,土地成为稳定农民家庭收入、满足农村家庭最基本生存需要的基本保障。当然,随着国家对农村基础设施及社会事业建设的重视,特别是农村医疗、养老等社会保障事业建设投入力度的不断加大,土地对农民的社会保障作用较20世纪90年代有了一定程度的下降。

农村集体土地收益的多重功能如图1所示。

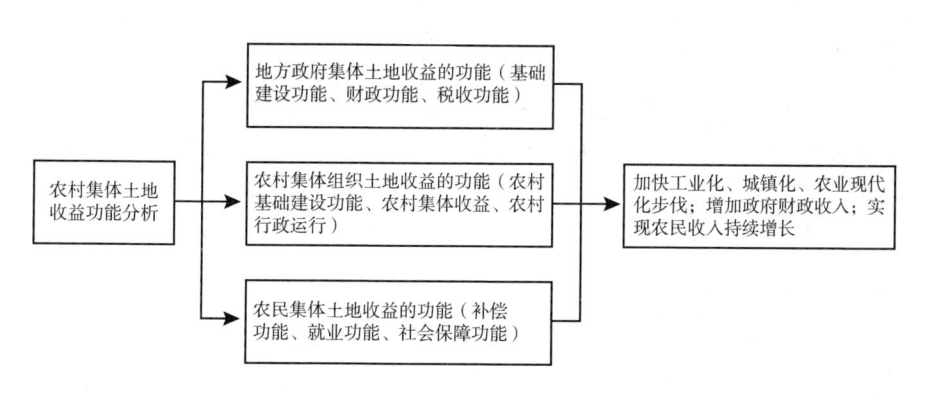

**图1 农村集体土地收益的多重功能**

## 二 农村集体土地收益分配功能的错位及其原因

参与农村土地收益分配的主体包括中央政府、地方政府、村级集体和农民。中央政府作为土地的最终所有者通过税收方式参与征地收益分配；地方政府作为地方经济发展的负责人，从征地中获取土地增值收益，用于城镇化发展和地方经济建设；村集体组织作为农村土地的所有人，获得征地补偿款，由于农民集体土地实行家庭承包制，农民拥有土地使用权，因此，土地补偿款按比例在村集体组织和农民之间分配；被征地农民获得安置补助费、青苗补偿费和地上附着物补偿费。资料显示，在征用土地的收益分配格局上，地方政府占20%~30%，企业占40%~50%，村级组织占25%~30%，农民占5%~10%。在征地补偿中，农民获得土地交易收入的5%~10%，集体获得25%~30%，各级政府和土地管理部门获得60%~70%。由此看来，名义上属于农民的土地，几乎被无偿剥夺。农村集体土地收益分配功能出现了种种错位，导致农民现实利益受到损害、增加农民收入的持续性无法保障、地方政府对土地财政的过度依赖，进而导致政府、企业、农村集体组织与农民之间的利益冲突，以及中央政府与地方政府之间的利益博弈等问题。

造成农村集体土地收益分配功能出现种种错位的主要原因归结于农村集体土地征收机制、补偿机制、收益分配机制、有效使用机制以及财税体制等不完善。

### （一）农村集体土地价格形成机制不完善，导致工业化、城镇化错位发展，城市剥夺农村，农民现实利益受损

在当前的土地制度安排下，城市的土地归国家所有；农村的土地为农民集体所有。农村土地集体所有本质上是一种所有权主体缺位的制度安排。地方政府对农村土地滥用征用权、侵犯农民基本财产权的行为，很大程度上正是由于农村土地所有权主体的缺失以及制度层面上限制农村集体所有土地上市交易的权利，使得农村集体土地必须在改变所有权性质变成国有后才能进行转让。地方政府通过征地和行政权力垄断了城市土地供给市场的同时垄断了农村土地集体所有权转让市场，强化了地方政府对城市土地出让市场和农村土地集体所有权转让市场的双重垄断地位。土地产权

模糊制度安排下，地方政府对城市土地和农村集体土地的双重控制权，将土地出让市场分割成彼此独立的两个部分：一是在城市土地出让上的卖方垄断市场，二是在农村集体土地所有权转让上的强制性买方垄断市场。地方政府同时在这两个彼此独立的市场上拥有绝对的垄断地位，实现了对土地市场价格的绝对控制权。

## （二）农村集体土地补偿机制不完善，导致农民利益补偿错位，农民长远利益受损

千百年来，土地一直被作为农民安身立命的生产资料和生存保障，对农户而言，土地家庭最重要的财产。在现行农地制度下，虽然《物权法》对土地的资产属性给予了一定程度的认可，但由于农地产权制度所存在的重大缺陷、土地征占用制度的不公正等原因，农户土地的资产功能大打折扣。首先，现行农地制度特殊的权利结构，使得应属于农民的土地权利被制度分割、耗散。在农地集体所有权下分离出农户的土地承包权，又在农户的土地承包权下再分离出农地的使用权，土地权利分割环节的过度延伸，必然导致土地财产价值在各分割环节的耗散。特别是在所有权环节，农地的集体所有权往往被各级政府所替代，这一制度安排往往成为政府、官僚及相关利益集团摄取土地利益的缺口。农地所有权制度的严重缺陷导致农户土地资产价值的大幅缩水。其次，不合理的农地征占用制度，使农民在土地资产增值收益上损失严重，同时也使得农民对土地的真实价值期望不断加重，农民对土地的难以割舍之情已不再是简单的历史情感或单纯的生存依靠，更多的是从经济价值保全方面的考虑。

## （三）财税体制不完善，导致政府财政行为错位、地方政府对土地财政过度依赖

财权和事权失衡致使地方政府没有足够的财力提供公共物品，财力不足难以完成上级任务，地方政府尤其是县级政府普遍存在"财政饥渴"，地方政府都有扩大财政收入的动机。事权的下放是导致预算外财政收入急剧扩张的重要原因之一，中央通过转移支付增加地方的预算内收入，土地财政就成为增加地方政府预算外收入的主要来源。

地方政府在财权与事权失衡的财政体制下，事权多于财权，在资金需求压力下，经营城市和扩大征地面积成为获取资金的主要途径。要使经营

土地收益最大化，就会压低征收农地的补偿标准，提高土地一级市场的出让价格，并且禁止农村集体土地直接进入土地市场自由交易。地方政府垄断征地市场，成为农地的唯一需求者，又垄断土地一级市场，成为唯一的建设用地供给者，形成了"吃饭靠财政，建设靠土地"的发展模式。在土地的巨大收益下，地方政府对土地征用、开发和出让产生了很强的激励效应。地方政府利用手中的权力，压低征地补偿标准，提高土地出让价格，赚取了巨额土地增值收入，失地农民和广大农村承担了城镇化发展的资金成本。地方政府将手中不多的建设用地指标采用"招拍挂"方式，出让给出价最高的开发商，推动土地出让价格不断上涨。财权与事权失衡的财政体制，导致地方政府对土地财政的高度依赖，从而通过低价征地、高价出售的形式侵占了农民土地财产收益。

## 三　构建农村集体土地收益平等分配长效机制

基于中国农村集体土地收益功能的多重性，农村集体土地收益分配必须处理好各种利益关系。既要提高农民分配比例，也要增强地方政府、企业合理配置土地资源的动力，处理好政府、企业、农民的关系；既要保障合理的土地补偿，又要保障农民收入增长的持续性和永久性，处理好农民现实利益与长远利益的关系；既要降低地方政府土地收益比例，也要通过财政体制的改革，减少地方政府对土地财政的依赖，处理好中央政府与地方政府的关系。

解决农村集体土地收益分配问题既要靠政策效应，更要构建平等分配的长效机制（见图2）。

### （一）构建市场化的土地价格机制

由于我国土地市场的城乡二元分割，现行农村集体土地所有权并不完整，且与城市国有土地产权明显不对等，无法有效保护农民的土地权益。因此，完善农村土地的产权制度，授予集体土地与国有土地在所有权上平等的权利，保护并尊重农民的土地集体产权，是遏制地方政府侵害农民土地权益的关键。党的十八届三中全会决议提出："建立城乡统一的建设用地市场。在符合规划和用途管制前提下，允许农村集体经营性建设用地出让、租赁、入股，实行与国有土地同等入市、同权同价。"

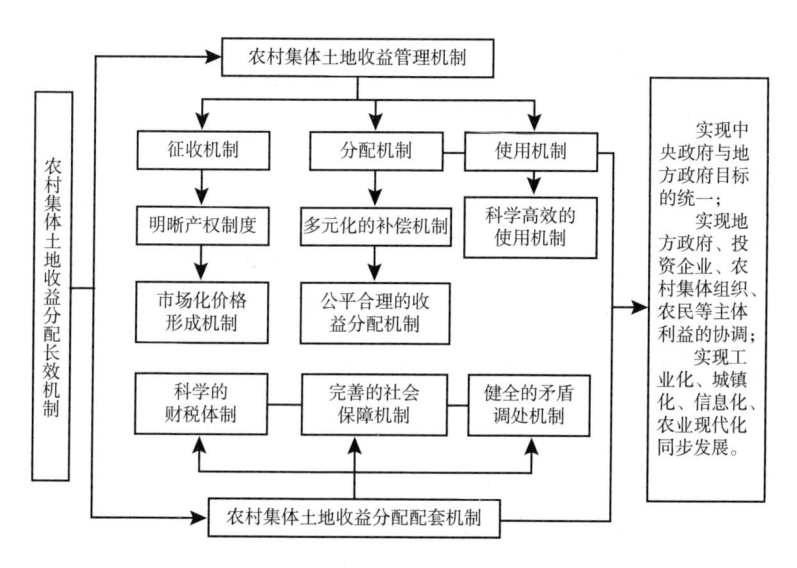

图 2　农村集体土地收益平等分配长效机制

一是要通过立法实现农村土地使用权（承包经营权）与城市土地使用权的平等，以法律保障农民在农村土地产权上的主体地位，构建农民土地承包经营权持有和转让的法律依据。

二是对农村集体土地产权进行确权登记颁证。农村集体土地的确权登记颁证，是保护农民土地权益、维持农村社会安定、遏制地方政府违法征地的迫切需要，同样也是严格耕地保护和节约用地、提高土地管理利用效率的客观需求。土地权证作为土地权益的法律凭证是农村集体土地权利的有效保障，农村土地财产权利的实现重在产权的明晰。当前农村集体土地"无证"的现实，使农民缺乏有效捍卫自身权益的法律依据，很容易在农村土地流转和土地整治中遭受巨大损失。所以，加快农村集体土地登记确权颁证工作，对于夯实农业农村发展基础、促进城乡统筹发展和农村社会和谐稳定极为重要，涉及广大农民的切身利益，对于今后农村经济社会发展具有巨大而深远的影响。

三是建立农村土地产权交易市场。推动土地入市交易的市场化改革，打破土地市场的城乡二元结构。打破地方政府对土地一级市场的垄断，从源头阻断地方政府卖地机制。改革地方政府现行的低价征购土地使用权，再以"招拍挂"高价出让土地使用权的利益机制。对炒地、囤地不建房的企业实施进入限制，同时，严格事后监管，限制囤地、炒地和"先拿地，再调整规划"等行为。此外，合理确定土地供应量，严格控制土地出让规模，引导储备土地供应价格回归理性。放开对农村土地产权交易的限制，在尊重农村集体土地所有权的前提下，进行农村土地经营权的确权，允许农村土地直接入市流转。通过土地流转实现农村土地资产的盘活，进而使农村土地产权突破现有城乡二元体制的制约。在此基础上，逐步组建全国统一的公开土地交易市场，打破政府对土地出让市场的单方垄断，保障并增进农民的土地权益。

### （二）形成多元化的土地补偿机制

随着非农收入的提高，土地的生产要素职能在弱化，土地的社会保障功能凸显出来，土地给农民家庭提供了失业和养老等保障。对于失地后的社会保障，要求比较具体和全面，失地后农民都希望得到最低生活费保障、养老保险、医疗保险、子女教育保障、失业保障以及劳动技能培训。

土地补偿要体现土地对于农民的多重价值。农民对征地补偿方式的选择呈多样化，其中不同年龄、不同受教育程度、不同区域及距中心城市距离的农民，对于征地补偿方式的选择存在很大差异。不同地区、不同年龄和不同受教育程度的农民对于不同征地补偿方式的偏好不同，如果仅采用一种方式进行补偿，就会降低部分农民的征地效用水平。政府应该为被征地农民提供多元补偿方式以供选择。各地政府要因地制宜地提供适合当地的多元征地补偿模式，就征地补偿方式与被征地农民进行协商，尊重和保障农民的土地权益，重视农民的参与权和话语权，使农民根据自身需求，选择最大化个人效益的补偿方式，获得合理的征地收益。

### （三）完善公平合理的收益分配管理机制

党的十八届三中全会提出要"完善对被征地农民合理、规范、多元保障机制""建立兼顾国家、集体、个人的土地增值收益分配机制，合理提高个人收益"。

政府对农村土地收益金的使用属于土地收益的二次分配范畴。通过完善土地收益分配制度，完善土地出让金和土地收费的征收、管理和使用，规范土地出让收入分配秩序。一是将土地收益金用于耕地质量建设。在目前耕地流失严重、国家粮食安全日益受到威胁的背景下，地方上缴、由中央支配的新增建设用地的土地收益向粮食主产区倾斜，进一步加强了粮食主产区的生产能力。我国正处于快速推进的工业化、城市化时期，在这一进程中，占有一定量的土地不可避免。我国土地后备资源十分紧缺，依靠后备资源的开垦来弥补建设占用缺口，数量上难以保障，质量上也难以满足要求，经济成本很高，生态上也得不偿失，因此土地广度的开发余地很小，只能着眼于更好地利用现有土地。二是土地收益金用于失地农民生活保障。耕地对于农民具有社会保障、自我雇用等多种效用，是农民依靠的支柱。土地收益金应该不仅被用于农民生存方面的保障，还应该被用于农民发展方面的保障，使农民在没有土地之后能够掌握一技之长，能够适应新的生存条件。土地收益合理分配的关键就是保障失地农民的土地收益，为其提供社会保障，同时改善失地农民的居住环境和生活条件。进行针对性的职业技能培训，使他们在短时间内掌握一项谋生技能，增强其就业竞争力。

### （四）建立科学的财税体制

由于我国分税制改革的不完善，地方政府在财政和政绩的双重压力下追求土地收益，加之信息不对称，地方政府的土地收益难以被中央政府有效监管，因此促成了地方政府行为的不规范。从根源上解决土地财政问题，必须要以建立公共财政体制为目标，完善分税制，明确划分中央政府与地方政府的事权与财权。

一要建立财权与事权相对应的财税体制。规范地方政府行为，关键在于健全中央与地方间的分税制，调整和完善中央与地方间的土地收益分配关系，通过合理划分中央与地方的财权与事权，削弱地方政府对"土地财政"的过度依赖。此外，改革中央政府对地方政府的考核制度，建立起更为合理的土地管理机制和对地方政府的监督体制，从而达到规范地方政府在土地出让中的经济行为的目的。二要完善地方税体系。优化地方政府的税收结构，通过培育地方政府的主体税种来健全地方税体系。如整合现行土地增值税、房产税和土地出让金等税费。开辟地方税收新的渠道来源，构建以资源税、财产税、物业税等为主体的地方税收体系。

此外，要建立完善的社会保障机制、健全的矛盾调处机制等配套机制，形成农村土地收益分配的长效机制。实现中央政府与地方政府目标的统一，实现地方政府、投资企业、农村集体组织、农民等主体利益的协调，实现工业化、城镇化、信息化、农业现代化同步发展。

**参考文献**

[1] 张安录、匡爱民等:《征地补偿费分配制度研究》,科学出版社,2010。
[2] 郑风田:《赋予农民更多财产权可唤醒巨量资本》,《新京报》2013年11月16日。
[3]《中共中央关于全面深化改革若干重大问题的决定》,2013年11月15日。
[4] 田旭:《农地发展权配置与农地增值收益分配研究》,《沈阳工程学院学报》2012年第1期。
[5] 陶然、汪晖:《中国尚未完之转型中的土地制度改革:挑战与出路》,《国际经济评论》2010年第5期。
[6] 刘立峰:《土地财政仍是经济增长的重要依托》,《中国经济时报》2013年9月26日。

# 粮食主产区利益补偿现状调查与思考[*]

## ——以黑龙江省为例

### 赵 勤[**]

**摘 要**：现行的粮食主产区利益补偿政策虽然在一定程度上调动了农民的种粮积极性，但并没有将粮食生产与粮食主产区可持续发展有效耦合，因而不利于区域协调发展，必须加以完善。本文以黑龙江省为考察区域，结合两大平原现代农业综合配套改革试验，调查分析了粮食主产区利益补偿现状及存在的问题，进而提出完善粮食主产区利益补偿机制的相关建议。

**关键词**：粮食主产区 利益补偿机制 粮食安全 可持续发展

粮食主产区是我国粮食生产及商品粮有效供给的核心区域。但由于外部环境变化和现行政策不完善，当前粮食主产区面临的矛盾和问题日益增多。要从根本上解决问题，必须借助国家干预，对粮食主产区实行特殊的利益补偿。本文以全国第一产粮大省、重要的商品粮基地黑龙江省为考察区域，结合两大平原现代农业综合配套改革试验，系统探讨粮食主产区利益补偿问题。

## 一 粮食主产区利益补偿现状

2004年以来，国家实施了一系列惠农政策，加大了对粮食主产区和种

---

[*] 基金项目：2014年度黑龙江省社科规划项目"粮食主产区利益补偿机制研究"（14B076）。
[**] 赵勤，黑龙江省社会科学院农村发展研究所。

粮农民的支持力度。这些普惠性和区域性的相关政策措施，初步构成了黑龙江省粮食主产区利益补偿的基本框架。

## （一）对粮食生产者的利益补偿

对粮食主产区生产者的补偿，主要包括对普通农户的收入类补贴、生产投入类补贴、价格支持、生态补偿和对种粮大户财政试点补贴等。

**1. 收入类补贴**

收入类补贴是针对所有农户实行的具有普惠性的补偿政策。黑龙江省按照计税面积对农户进行粮食收入类补贴，具体补贴耕地范围包括：2003年实际缴纳农业税的耕地，农民二轮承包地，农、林、牧场等单位采取"以地顶资"方式分配给职工的工资田。2014年，全省粮食补贴面积为17864万亩，粮食直补标准为13.91元/亩，补贴资金达24.84亿元；农资综合补贴标准为56.1元/亩，补贴资金达100.21亿元。2015年，为调整完善农业补贴政策，黑龙江省在对现有农资综合补贴资金集中统筹20%后，将其余80%资金和粮食直补资金合并为"农业支持保护补贴—粮食补贴"，按现行补贴面积测算后将补贴标准确定为57.58元/亩。

**2. 生产投入类补贴**

一是农机具购置补贴。黑龙江省对直接从事粮食生产的个人和组织（不含农业企业）购置动力机械、耕整地机械、种植机械、种植收获机械、收获后处理机械等实行最高限额补贴。2004~2013年，中央财政共安排给黑龙江农村农机购置补贴资金68.26亿元，其中农户购机补贴35.16亿元，享受补贴的农户达18.7万户。2014年，购机补贴资金为18亿元，其中13亿元被用于现代农机合作社补贴，5亿元被用于散户购机补贴。二是良种补贴。良种补贴实行"有种有补、不种不补、谁种补谁"，补贴标准国家统一：水稻15元/亩，小麦、玉米、大豆10元/亩。三是农业保险补贴。水稻、玉米、小麦、大豆四大粮食作物享受保险补贴。保费补贴为15元/亩，其中，中央财政补贴40%，省财政补贴25%，县级财政补贴15%，农户自缴20%。而针对黑龙江垦区的粮食保险补贴比例则不同，其中，中央财政补贴65%，农（牧）场、北大荒农业股份有限公司补贴10%，农户自缴25%。

**3. 价格支持政策**

一是最低收购价政策。2005年，国家启动了水稻最低收购价预案，黑龙江省是中晚稻最低收购价执行区域。2010~2015 年，黑龙江省水稻最低收购价分别为标准品 1.05 元/斤、1.28 元/斤、1.40 元/斤、1.50 元/斤、1.55 元/斤、1.55 元/斤。二是临时收储政策。2008 年，国家启动实施了玉米、大豆临时收储政策。2010~2015 年，黑龙江玉米（国标三等）临储价格分别为 0.89 元/斤、0.98 元/斤、1.05 元/斤、1.11 元/斤、1.11 元/斤、1.00 元/斤，2015 年玉米临储价格首次下调。2010~2013 年，黑龙江大豆（国标三等）临储价格分别为 1.90 元/斤、2.00 元/斤、2.30 元/斤、2.30 元/公斤。2014 年，国家取消了东北地区大豆临储政策。三是目标价格政策。2014 年，国家启动了东北和内蒙古大豆目标价格补贴试点，《黑龙江省大豆目标价格改革试点工作实施方案》确定大豆目标价格为 2.40 元/斤。依据中央财政核定拨付的大豆目标价格补贴总额与黑龙江大豆合法种植面积进行测算，2014 年大豆目标价格补贴标准为 60.50 元/亩。

**4. 农业生态补偿**

一是退耕还林补助。2000 年，黑龙江省在尚志市和穆棱市开展了退耕还林试点，2002 年正式启动了退耕还林工程。到 2015 年初，全省共有 22.9 万农户、75.4 万人获得退耕还林政策补助，平均每户得到现金补助 928 元，约占退耕农户总收入的 18%。2015 年，黑龙江省开始实施新一轮退耕还林还草工程，相关方案已上报国家发改委、财政部等部委审核。二是提升土壤有机质补贴。2006 年，中央财政启动土壤有机质提升试点补助项目。2010 年以来，黑龙江省先后有 22 个县（市、区）实施了秸秆还田腐熟补贴项目，累计面积 169 万亩，每亩补贴 15~20 元。2015 年，黑龙江省对 20 个县（市、区）秸秆有机肥还田给予补贴，补贴总额 2000 万元。此外，国家还对黑龙江省示范推广大豆接种根瘤菌剂技术的农民合作社、种粮大户及农户给予 5 元/亩的补贴。

**5. 对新型经营主体的支持**

一是种粮大户补贴。2012 年，财政部在 5 个省开展种粮大户补贴试点。黑龙江省补贴对象是实际粮食种植面积在 1000 亩以上且单块连片种植面积不低于 500 亩的个体粮食生产者。补贴项目包括：①种粮大户贴息奖励。黑龙江省建立了种粮大户贷款贴息奖励机制，种植面积为 1000~2000 亩的种粮大户的贷款额度为 30 万元，2000~3000 亩的为 40 万元，3000 亩以上的为 50 万元，贷款最长期限为 1.5 年，贷款产生的利息由财政贴息 50%。②超级种粮大户补贴。对于种植面积在 5000 亩以上的超级种粮大户从事的农业基础设施建设项目，采取以奖代补方式给予补贴，具体项目一年一定，原则上每户每年补贴总额最高不超过100万元。2014年，黑龙江省对60户超级种粮大户的77个储粮仓、烘干塔、地坪建设项目给予了4564万元的财政补助。③深松整地补贴。黑龙江省秋季深松整地补助对象为安装深松检测仪的现代农机合作社和农机大户，2014年补助标准为每亩10元。此外，个别超级种粮大户还会获得国家奖励。二是对合作组织的倾斜政策。例如，允许农业综合开发财政补助资金直接投向符合条件的合作社；对土地流转规模大、农民股份合作经营体系较健全的合作社，支持其作为项目申报主体直接实施高标准农田建设；优先支持农民专业合作社联合社建设高标准农田。

## （二）对粮食主产地的利益补偿

对粮食主产地的补偿主要包括对产粮大省、产粮大县的奖励以及对小型农田水利重点县的补助。

### 1. 产粮大省奖励政策

为调动粮食主产区重农抓粮的积极性，中央财政自2011年起对13个粮食主产区按照粮食商品量、产量、播种面积等因素进行测算，对排名前5位的产粮大省通过转移支付的方式予以重点奖励，其他省给予适当奖励。2012年，黑龙江省共获得2.97亿元的奖励资金，2013年获得4.26亿元的奖励资金。

### 2. 产粮大县奖励政策

2005年起，中央财政对产粮大县进行奖励。常规产粮大县奖励资金可作为财政性转移支付，由县财政统筹安排，既可解决地方财政困难，也可用于保障粮油安全；超级产粮大县奖励资金则主要用于扶持粮食产业发展，完善粮食收购、仓储、流通、加工。2013年，黑龙江省有66个粮（油）大县获得中央财政奖励资金50.98亿元，其中，产粮大县奖励资金44.44亿元（包括常规产粮大县奖励资金36.72亿元、超级产粮大县奖励资金7.72亿元）。

### 3. 小型农田水利重点县补助

为提高农业抗御自然灾害的能力，自2009年起国家选择了1200个县（市、区）分批次、分阶段开展小型农田水利重点县建设。中央每年向每个重点县投入800万元资金，省级财政按1∶1配套，县级财政出资不低于中央和省级投入资金的20%，剩下部分则由农民出资或投劳折资不低于中央和省级投入资金的30%。2009~2011年，黑龙江省共有66个县被列为全国小型农田水利重点县，主要产粮大县均被纳入重点县建设，累计获得中央财政资金补助15.84亿元。

### （三）产销区之间粮食产销合作

随着粮食生产重心的北移，主销区粮食产需缺口不断扩大，粮食供求的区域性矛盾突出。为解决区域粮食安全，主产区与主销区采取了多种形式的产销合作。

粮食产销合作主要有四种模式：一是产销区粮食购销合作。目前，黑龙江省已与京、津、沪、苏、浙、闽、滇等19个省市签订了《粮食购销合作协议》，每年粮食合作销售量超过1000万吨。二是储备粮异地代购代储合作。为更好地保障粮食安全、降低储备成本，北京、上海、浙江等主销区开展了储备粮异地代购代储合作，委托黑龙江当地储加销企业有偿保管，并在保证一定库存量的前提下，适时轮换，常储常新，需要时运回主销区。黑龙江省还与云南省开展了动态储备合作。三是互建生产、储存、加工、销售基地。一方面，主产区企业在主销区建立粮食生产加工基地，如北大荒粮食集团在十多个销区省市建立了加工、销售基地。另一方面，主销区部分省市也在主产区建立粮食生产基地，搞"订单农业"和产地加工，并通过股份制、租赁和买断等方式，参与当地加工企业的改造。例如，上海良友集团与虎林绿都集团合资组建了新绿都集团公司，实现了产销区以资产为纽带的深层次合作。四是产销区联合举办展销活动。产销区联合举办粮油商品展销会、贸易洽谈会，促进双方企业购销合作。

总体上看，主产区与主销区之间的产销协作关系更多集中在销售领域，销区对产区粮食生产支持力度尚不足，缺乏粮食产销区之间的横向利益补偿。

## 二 现行粮食主产区利益补偿存在的问题

不可否认，国家现行利益补偿政策对粮食主产区的粮食增产、农民增收发挥了一定的激励作用。但总体来看，补偿政策尚没有考虑到粮食主产区的特殊性，不能将粮食生产与主产区可持续发展的目标有效耦合，还存在着一些不容忽视的问题。

### (一) 忽视了粮食主产区的特殊性

现行利益补偿政策大多针对种粮农户，以粮食生产和粮食产业发展为重点，多属于普惠性的粮食产业政策。虽然也有产粮大省、产粮大县奖励等区域性政策，但这些政策仍局限于生产性政策范畴，忽视了粮食主产区经济社会发展的特殊性，忽视了粮食主产区除粮食产业之外的其他区域性政策需求（魏后凯、王业强，2012），没有将稳定粮食生产与促进粮食主产区可持续发展有效耦合。随着农资、土地、劳动力等生产要素成本的不断上升，粮食生产比较利益下降的压力越来越大，主产区长期积累的各种矛盾日益增多，正面临着经济发展缓慢、财政包袱沉重、公共服务滞后、生态环境恶化、发展能力不足等困境。因此，迫切需要建立起独立、完善的粮食主产区利益补偿机制，以从根本上解决粮食主产区的可持续发展问题。

### (二) 政策指向性不强、精准性不高

由于一家一户的粮食播种面积、产量、商品量等指标很难核算，各地在实际操作中，多是按照承包耕地面积对农户进行补贴。这种补贴方式测算简单、发放简便，但指向性不强、精准性不高，出现了不管种不种粮、种多少粮、种好种坏都能得到补贴的不合理现象，对种粮农民的"特惠"补贴演变为对所有农民的"收入型福利"。此外，现行补贴方式并未考虑到土地流转，粮食补贴没有随着土地经营权流转而转移，仍补给了原土地承包户，真正种粮者与补贴无缘，而且还要支付不菲的流转费用。这就与国家"谁种粮谁受益"政策初衷相悖，难以激励种粮大户等新型经营主体的种粮积极性，也影响了土地流转的长期性和粮食生产的规模经营，造成社会资源和效率的损失。

### (三) 针对新型经营主体补偿不足

当前，种粮大户、专业合作社、家庭农场等新型农业经营主体已逐渐成为粮食主产区稳粮增粮的主力军。2014年中央一号文件提出"新增补贴向新型农业经营主体倾斜"，明确了新型经营主体合理获取补贴的收益权，但现行粮食生产补偿主要针对散户，新型经营主体可享受的利益补偿十分

有限。黑龙江是全国5个种粮大户补贴试点省，但目前针对种粮大户的利益补偿政策偏少，覆盖面偏窄，补贴额度偏低，多数种粮大户得不到利益补偿。全省享受项目补贴的超级种粮大户仅有百余名，获得国家奖励的种粮大户仅有30余名。因缺少特惠性补偿政策，新型农业经营主体获得的补偿少，承担的风险高，因而不利于主产区粮食生产的规模化、集约化。

### （四）利益补偿政策效果下降

虽然国家对农民的补贴额逐年上升，但由于农资价格、人工费用和土地流转费用大幅上升，而且增长幅度远远超过前者，国家粮食生产利益补偿政策效果下降。2013年，黑龙江省水稻、玉米、大豆的粮食直补、农资综合补贴、良种补贴亩均合计均为85.05元，而同期平均成本分别达到1312.31元/亩、867.19元/亩、803.00元/亩，补贴仅占成本的6.48%、9.23%和9.97%。2009~2013年，黑龙江省粮食作物亩均补贴标准提高了13.66元，但水稻、玉米、大豆亩均成本却分别上升了492.54元、409.28元、418.19元，亩均利润分别减少了34.02元、1.77元、110.37元，粮食补贴资金的增长幅度远远低于种粮成本的快速上涨。

### （五）尚未建立粮食主产省利益补偿机制

全国粮食产量的75%、增量的90%是由13个粮食主产区实现的。但粮食主产省特别是粮食调出省在承担粮食安全责任的同时，仅能得到很少的奖励，无法获得相应的利益补偿。虽然中央财政取消了主产区粮食风险基金地方配套，但为促进粮食生产的良性循环，主产省每年仍需要投入大量资金，如水利投资、种植业保险保费补贴的省级配套。此外，国家为确保18亿亩耕地红线，对主产区土地限制非常严格，这在某种程度上不利于主产区发展其他产业。最近10年来，除辽宁、江苏、山东3个沿海省外，其余10个主产省（区）的人均收入仅为全国平均水平的88%，人均财政收入仅为全国平均水平的77%（齐海山、宋振远、孙彬，2013）。13个粮食主产省（区）人均财政支出仅相当于全国平均水平的80%，粮食主产省陷入"产粮越多，财政负担越重""贡献越大，义务越多"的困境。

### （六）产粮大县粮财倒挂困境难破解

粮食大县奖励政策可在一定程度上缓解粮食主产县的财政支出困窘，

但粮财倒挂困境仍然存在。一方面，粮食大县的奖励资金规模偏小。尽管中央财政对产粮大县奖励资金逐年增加，但多数县获得的奖励资金并不多。2013年，黑龙江省有66个产粮县获得中央财政奖励，其中有34个县获得的奖励资金低于平均水平（6733万元），最少的县（市、区）只有600万元，发展粮食生产仍存在较大的资金缺口，更无法弥补主产区发展权利丧失导致的机会成本。另一方面，县级财政配套负担重。发展粮食生产需要县级政府在多方面进行资金配套，如农村基础设施、政策性农业保险等配套资金等。由于多数粮食主产县财力困难，又要配套资金，财政支出压力大，政府抓粮的积极性并不高。此外，大部分粮食主产县在教育、医疗卫生、社会保障和就业、住房保障和文化等方面的民生投入有限，人均基本公共服务支出与全国平均水平存在较大差异，更严重落后于发达地区的非产粮县。

### （七）未充分考虑资源环境因素

农业资源和生态环境直接关系到粮食的品质和粮食生产的可持续问题。随着粮食生产的发展，主产区农业生态环境问题也日益突出。目前，黑龙江省现有寒带黑土和湿地等资源环境优势正受到不同程度的威胁，松嫩平原地下水快速减少，地下水位不断降低。同时，长期施用农药、化肥，也在一定程度上污染了土壤和地下水，造成土壤品质退化。现行粮食生产利益补偿尚没有充分考虑到生态环境因素，缺少对粮食主产区农业生态环境监控与补偿的内容。而农资综合补贴、产粮大县奖励政策则有可能刺激农民使用更多的化肥、农药来提高粮食产量；良种补贴、最低收购价政策主要按品种进行利益补偿，并没有考虑当地的资源环境。这些问题的存在，就对粮食质量安全、农业生态环境和农业持续发展产生了负效应，威胁到主产区的粮食生产与国家的粮食安全。

### （八）缺乏产销区横向补偿机制

粮食主产区为确保粮食生产，承担着种粮的自然风险、市场风险和政策风险。由于粮食的非完全市场性、社会效益性、政治目标性，主产区所承担风险的报酬不能通过市场获得，而需要政府通过政策手段给予经济补偿。从表面上看，粮食调出区可以多得中央的粮食补贴和农业投入，但得到的补贴越多，地方政府配套基金也就越多。由于缺乏产销区域横向利益补偿机制，当粮食由主产区调往主销区时，粮食补贴和利益也转移到主销区。主销区不但没有承担其应有的补偿任务，而且还享受到主产区所创造的价值和利益，由此形成了"穷省"补贴"富省"的不合理现象（赵波，2011），进一步加大了区域发展差距。

## 三　完善粮食主产区利益补偿的思路与建议

基于以上调查分析，我们认为，现阶段必须从中国的具体国情和主产区的发展实际出发，进一步探索完善粮食主产区的利益补偿机制。为此，提出以下对策建议。

### （一）完善对粮食生产者的利益补偿

要适应农业经营方式和农民组织方式的变化，"稳定存量，在增量上做文章"，改进补偿方式，完善补偿政策，增强补偿的指向性和精准性，提高利益补偿效率。一是改进直接补贴方式。建议将目前所有农户的普惠制直补改为对农户的收入补贴，按照其承包地面积进行发放，而对于新增补贴，要建立与农民实际种粮面积挂钩的补偿机制。二是建立专项补贴政策。对于粮食耕作面积在一定范围内却又达不到种粮大户标准的种粮农户，按照耕种面积给予补贴。在种粮大户补贴试点基础上，建议中央财政从粮食直补资金中划拨一部分作为种粮大户专项资金，通过适度累进补贴、无偿派发农业保险、提供低息贷款、基础设施建设补贴等方式对种粮大户进行"特惠"补贴。三是完善价格支持政策。完善最低收购价政策，统筹考虑国内外多种因素，合理制定小麦、稻谷的最低收购价格，加快建立制度化的最低收购价政策启动与退出机制。在东北大豆试点的基础上，逐步推进粮食目标价格制度，使粮食价格形成与政府补贴脱钩。可以东北主产区为试点，探索建立玉米稳定价格带制度（程国强，2011），当市场价格低于最低保证价格时，政策执行机构按最低保证价格挂牌收购；当市场价格高于最高干预价格时，政策执行机构将玉米储备投放市场，增加供给、平抑价格；当市场价格处在稳定价格带以内时，政府不干预，由市场机制自发调节价格。四是改革农业保险制度。建议实施差异化农业保险补贴政策，适度提高对粮食主产区特别是中西部粮食主产区的中央财政保险保费补贴比例，同时调减农户承担比例；扩大补贴范围，将种粮大户、农业合作社等新型经营主体转入土地也纳入农业保险保费补贴范围；探索种粮目标收益保险，在现代农业综合改革试验区黑龙江，开展以种粮收入为保险标的物的粮食产量指数保险、粮食价格指数保险试点。

### （二）健全对粮食主产省的利益补偿

一是调整奖励测算因素。建议中央财政调整对超级产粮大省奖励资金分配的考虑因素，除考虑粮食播种面积、粮食产量、商品量之外，还应增加粮食净调出量，且奖励资金应与省级财力状况挂钩，不同地区采用不同的奖励系数。二是提高奖励力度。考虑到种粮成本增加、产区与销区工农业比较利益、公共服务利益均等化等实际情况，建议中央财政继续增加对产粮大省的奖励资金规模，特别是提高对粮食产量在千亿斤以上的粮食主产省的奖励力度，以促进粮食生产的良性循环。三是实施差别化的财税政策。借鉴美国经验，对粮食主产省特别是中西部粮食主产省实施有差别的财税政策，适当减少上解支出，提高粮食加工行业税收地方分享比例，培育其自身财力，增强其可持续发展能力。

### （三）加大对产粮大县的利益补偿

一是减少或取消产粮大县涉农资金配套。鉴于粮食主产县财政承受能力有限，建议国家逐步减少或取消粮食主产县直接用于粮食生产等建设项目及相关政策（如农业保险保费补贴等）的资金配套要求，切实减轻产粮大县对农业和粮食生产投资的财政负担。二是完善产粮大县奖励政策。在现有产粮大县奖励政策基础上，建议中央财政继续加大奖励资金规模，提高常规产粮大县奖励资金，同时设置垫底资金，以调动粮食主产县政府重农抓粮的积极性，稳定粮食生产，促进粮食增产。三是设立产粮大县补助。建议国家设立产粮大县补助专项，对低全国县级人均财力的粮食主产县，通过一般性财政转移支付予以补偿，逐步使其人均财力达到全国县级平均水平，以保证各地区享有均衡的公共服务能力。

### （四）建立产销区横向利益协调机制

一是设立商品粮调销补偿基金。维护粮食安全是全社会共同的责任。国家应从顶层设计着手，以提高主产区的粮食生产供应能力和区域可持续发展能力为目的，设立主销区补偿主产区的商品粮调销补偿基金。遵循

"多调多补偿、少调少补偿、不调不补偿"的原则,以省为单位,以年度粮食净输入量为依据,由主销区地方财政按一定比例提取,中央财政统筹转移支付给输出粮食的主产区省级政府,用以弥补主产区因主要进行粮食生产而产生的财政损失。商品粮调销补偿基金主要用于加强粮食主产区的农田基础设施建设、粮食生产者补贴、农业产业化等。二是建立粮食产销合作基金。建议在中央粮食风险基金中安排部分资金作为引导资金,主销区政府从省级粮食风险基金中调整出部分资金、从土地出让金收入中提取一定比例资金作为基金主要来源。产销合作基金一方面可作为履约风险基金,当市场粮食价格上涨时,补贴卖方,以保证和维护粮食主产区的利益;当粮食市场价格下跌时,补贴买方,以保证粮食主销区的利益。另一方面,产销合作基金可作为扶持奖励资金,对参与产销合作的企业给予适当补贴和相应奖励,如对销区经营者到产区建立粮食生产基地的给予专项补贴,对销区经营者在产区建立粮食收购、加工基地并运回销区的给予一定的运费补贴和奖励,对产区粮食经营者在销区年经营粮食达到一定规模并常年保持一定数量库存的给予奖励和周转粮库存补贴。

## (五) 建立农业生态补偿机制

一是将产粮大县纳入生态补偿范围。目前,我国生态补偿的重点领域主要集中在禁止开发区中的自然保护区、重要生态功能区、矿产资源开发区和流域水环境。在《全国主体功能区规划》中,粮食主产区被列为限制开发区,是不允许进行大规模高强度工业化城镇化开发的,将粮食主产区纳入生态补偿扶持范围已具备政策基础。建议国家在粮食核心产区选择部分主产县开展生态补偿试点,采取与禁止开发区补偿政策近似的补偿政策,并在试点基础上逐步扩大推广。二是实施休耕计划试点。耕地质量退化、土壤污染是当前粮食主产区农业可持续发展面临的突出问题。涵养、修复耕地最常见的做法是休耕。可借鉴美国、欧盟经验,以黑龙江省为试点,实行农地休耕计划,将土壤退化、水土流失较严重的地块纳入休耕计划,将休耕比例控制在全省耕地面积的10%以下,休耕期限为5~10年,由政府与土地承包者签订休耕合同,规定休耕期限内不得耕种农作物,不得使用化肥、农药,按照主产区粮食平均亩产、储备粮存储费、收购费、利息支出、粮食直补等,测算补贴标准,给予农民休耕补贴。同时,鼓励休耕农户种植有益于改良土壤和恢复地力的牧草。三是启动绿色粮食生产补偿。积极转变粮食发展思路，从"保供增收"拓展到"生产生态共赢"上来，启动绿色粮食生产补偿。重点开展低毒低残留农药补贴试点、重金属污染耕地修复补贴试点，对采用环境友好型方式进行粮食生产的生产者给予生态补贴，对粮食合理轮作给予耕地转型补贴。

## （六）建立境外商品粮生产基地补偿机制

尽管我国粮食产量在逐年增加，但庞大的国内需求让粮食贸易逆差不断攀升。在国内农业自然资源有限的情况下，我们应鼓励和支持有条件的农业企业"走出去"，开辟境外粮食生产基地，这也是我国稳定海外粮食供应、减少对外依赖的有效途径。为支持国内企业实施"走出去"战略，建议国家以租赁土地面积、粮食返销量为标准，加快制定对粮食主产区在境外建设商品粮生产基地的扶持政策。一是对于在境外特别是俄罗斯远东地区租赁土地进行粮食种植的企业，按照国内标准给予补贴，以鼓励有条件的省（区）"走出去"，开辟境外粮食生产基地。二是对于境外生产、返销国内的粮食企业，给予一定补贴，鼓励境外粮食回流。这样做将极大地调动众多农业企业走出国门建设商品粮战略后备基地的积极性，也将为我国稳定粮食生产、促进粮食增产加上"双保险"。

**参考文献**

［1］魏后凯、王业强：《中央支持粮食主产区发展的理论基础与政策导向》，《经济学动态》2012 年第 11 期。

［2］齐海山、宋振远、孙彬：《粮食安全基层"遇冷"》，《瞭望》2013 年第 42 期。

［3］赵波：《中国粮食主产区利益补偿机制的构建与完善》，《中国人口·资源与环境》2011 年第 1 期。

［4］程国强：《中国农业补贴：制度设计与政策选择》，中国发展出版社，2011。

# 农户参与农业环境政策意愿的实证研究[*]

王 哲[**]

**摘　要**：本文在农户行为理论分析基础上，利用河北省实地调查数据，采用 logistic 模型对农户参与农业环境政策意愿的影响因素进行实证研究。模型结果显示，粮食作物占用耕地的比例、农户对农业污染危害的认知程度、农业补贴（直接补贴、良种补贴、农资补贴）对购买化肥农药的影响、对当前农业环境政策趋势判断对于农户参与农业环境政策的意愿有显著影响。

**关键词**：农业环境政策　参与意愿　农户

## 一　引言

近年来，我国农业在取得显著发展成就的同时，面临着越发沉重的资源环境压力和污染防控挑战。化肥、农药残留、废旧薄膜、畜禽公害成为土壤、地下水污染的主要来源，这些污染物伴随着食物链进入农产品，进而直接或间接影响到食品安全、人类健康、农产品出口竞争力甚至国家粮食安全。但是长期以来，我国农业支持政策出发点是粮食安全和农民增收，很少关注环境保护。政策导向致使农业生产过程中伴随的环境污染日益严重。2014 年中央一号文件特别提出了对于农业环境可持续发展的关注。未来农业环境政策机制如何设计？农户是最直接的受益者和政策的接

---

[*] 本研究得到河北省科技厅计划项目（课题编号：15457012D）、河北省教育厅人文社科项目（课题编号：SD151066）、河北省社会科学基金项目（项目编号：HB15YJ054）的支持。

[**] 王哲，河北农业大学经济贸易学院。

受者或者约束者，政策制定必须要考虑农户的政策反应：农户对于农业环境政策的反应如何以及行为选择的影响因素。

## 二 农户参与农业环境政策的理论评述

### （一）研究进展

目前，有关农户对农业环境政策反应的研究尚处于探索阶段，大多数的研究局限于我国农业环境政策的必要性。王华巍（2005）指出农业功能的多元性成为世界农业发展的重要趋势，基于生态保护计划的收入补贴将成为农业支持体系中的重要部分。姬亚岚（2007）运用多功能农业的理论，粗略地构建中国农业环境政策的基本理论框架，但仅仅是理念的提出。由于国外的农业环境政策实施时间较长，关于农户对农业环境政策反应的研究文献较丰富，特别是关于欧盟的环境计划项目的实施政策评价的研究，更多的是从农户角度进行，这也为本文的研究奠定了较好的理论和文献基础。

Edi Defrancesco 等（2006）指出欧洲农民参与农业环境项目决定因素的研究已受到越来越多的关注，同时由于欧盟农业环境政策支出份额日益增长和需要反馈数据，这方面的研究进展迅速。早在 2000 年，Falconer 坦言，"政策制定者只有关于农民应对环境激励方案有限经验，特别是在欧盟国家南部的一些成员国"。Vanslembrouck 等（2002）表示"农民的参与意愿分析是一个比较新的研究领域"。

### （二）影响农户参与农业环境政策的因素

本文基于已有研究和实际，选取农户的区域特征、农户户主的个人特征、农户的家庭和生产经营特征、农户对农业污染危害的认知程度、农户对当前农业支持政策认知特征等变量，作为影响农户参与农业环境政策行为选择的待检验因素。

①农户的区域特征。农户参与农业环境政策的意愿与农户的区域特征相关，其中包括农户所在行政区域、地理环境和村子的主导产业。理论上，不同行政区域的农业环境政策实施有所差异，会影响农民对此的认知；村所在的地理环境决定了农户所在地区的生态环境有所差异，种植作

物和种植习惯有所不同；所在村的农业主导产业不同，在生产过程中对农业环境影响不同，采用环保的生产方式对收益的影响也会不同。但是这些变量对于农户参与农业环境政策意愿的指向不明确。

②农户户主的个人特征。农户参与农业环境政策的意愿与户主的个人特征密切相关，其中包括户主的年龄、性别、教育程度等。年龄大多被当作一个重要的变量，青年农民被认为是更愿意承担风险。这个假说被 Bonnieux 等 1998 年的研究结论证实。教育程度作为一个人素质因素的一项关键指标，一般认为其对于参与农业环境政策具有正向的影响（Wilson，1996；Dupraz 等，2002）。农户的特点在确定农业环境的反应时发挥了作用。理论上认为，户主在家庭的生产决策中具有决定地位，一般来说，年龄越大，其对于新事物的接受能力会越差，更愿意按照传统的方式进行生产，农户参与农业环境政策的意愿可能性会比较小；通常男性对于新事物的接受能力比女性强，因而男性户主参与农业环境政策的意愿较强。

③农户的家庭和生产经营特征。Mann 指出，"农场规模与农业环境计划吸纳之间有着一定的关联"；然而，研究结果存在争议。Thessaly、Damianos 和 Giannakopoulos 在他们对环境计划参与的分析中发现，农场规模越大，参与率越高。有学者研究发现，在比利时的佛兰德地区和瓦隆，参与程度表现出相反的态势，小而平均规模的农户的参与率高于大规模农户。Mann 在瑞士的粗放计划的研究证明，扩张性农场比萎缩的农场更不易于参与。而 Wynn 等（2001）和 Dupraz 等（2002）得出结论：农业总规模不是一个解释参与的重要变量。耕作类型已被证明对参与有影响：如 Wynn 等（2001）强调的拥有高份额的种植土地作物的农场是不太可能参加 ESA 粗放计划的。

④农户对农业污染危害的认知程度。农户对于农业污染及其危害的了解程度越高，认为农业环境政策实施越有必要，对于参与农业环境政策的意愿就会越强烈。针对农民对环保的态度，莫里斯和波特提出了"参与频谱"的分类，把农民分为四组：①积极的参与者，出于环保和经济原因自愿采取农业环境项目；②被动采纳者，主要是出于经济原因采取农业环境计划措施；③条件非采用者，将在某些情况下参加（如更容易适应措施和更高的支付）；④抵制非采用者，抵制农业环境项目采用。这种分类在没有给定固定最高支付上限的情况下被批评。然而，调查影响农户对于可观察到的一定农业环境项目的低参率因素，提供给决策者们关于可以制定什

么样的措施以更加吸引前三个群体中至少一个的参与，在这方面它仍然是有用的。

⑤农户对当前农业支持政策认知特征。有学者认为由农民接受的有关信息的数量应该支持他/她的参与，而且会模仿邻居的参与行为。还有学者强调，农业环境项目的农户特色的拟合越容易，参与可能性越大。

总之，文献证实了经济因素、农业结构、农民特性、农民的态度和农民情境因素都会影响农业环境政策效应。但是，差距仍然存在，因为已发表的研究在不同因素的影响的方向上没有统一而明确的结果。

## 三 模型选取和数据来源

### （一）模型选取

为分析农户参与农业环境政策的意愿影响因素，本文研究将农户是否愿意参与农业环境政策（使用有机肥等给补贴的政策）作为因变量，农户愿意参与农业环境政策用"$Y=1$"表示，农户不愿意参与农业环境政策用"$Y=0$"表示，将 $Y$ 表示为 0~1 型的二值因变量。二元的 logistic 回归模型是一种对因变量数据假设要求不高，并可以用来预测具有二分特点的因变量概率的统计方法。因此，本文选取了二元的 logistic 回归模型分析农户参与农业环境政策的意愿受哪些因素影响。设 $Xi$ 是自变量，表示影响农户参与农业环境政策的意愿因素，$p$ 为模型的响应概率，建立相应的 logistic 回归模型如下：

$$\ln\left(\frac{p}{1-p}\right) = \alpha + \sum_{i=1}^{k} X_i \beta_i \tag{1}$$

（1）式中，$\alpha$ 为截距，$\beta i$ 为斜率，事件 $Y=1$ 发生的概率是一个由解释变量 $Xi$ 构成的非线性函数，其表达式如下：

$$p = \frac{\exp(\alpha + \beta_1 X_1 + \beta_2 X_2 + \cdots + \beta_n X_n)}{1 + \exp(\alpha + \beta_1 X_1 + \beta_2 X_2 + \cdots + \beta_n X_n)}$$

$$= \frac{\exp\left(\alpha + \sum_{i=1}^{k} X_i \beta_i\right)}{1 + \exp\left(\alpha + \sum_{i=1}^{k} X_i \beta_i\right)} \tag{2}$$

## （二）数据来源

数据调查采取调查者入户一对一的访谈方式，调查对象随机选择。为了减少被采访者对问卷理解的偏差，问卷由调查员负责填写。调查是在2012年暑假进行的，调查员为河北农业大学的本科学生。在调查开始前，先在保定市清苑县进行了预调查，对问卷进行了修改和完善；并同时对调查员进行了专门的培训。本次调查选取了保定、沧州、承德、邯郸、廊坊和石家庄6个地区，共发放问卷180份，回收180份，剔除关键信息缺失的问卷28份，最终获得有效问卷152份，问卷有效率为84.4%。

## （三）样本的描述统计

根据调查数据，利用SPSS17.0，研究的主要变量数据的统计量摘要如表1所示，描述计量如表2所示。

表1 调查农户的基本特征统计

| 项目 | 年龄 | 性别 | 教育程度 | 家庭人口数 | 常年在家务农人数 | 农户收入水平 | 务工收入比例 | 收入在村中水平 | 粮食生产用地 | 污染危害 | 技术培训 | 技术指导 | 参与意愿 |
|---|---|---|---|---|---|---|---|---|---|---|---|---|---|
| 均 值 | 42.76 | 1.20 | 2.95 | 4.46 | 1.69 | 2.17 | 0.5609 | 2.09 | 3.7171 | 2.09 | 0.22 | 0.67 | 0.67 |
| 标准差 | 8.052 | 0.399 | 1.025 | 1.206 | 0.863 | 1.078 | 0.21103 | 0.722 | 1.42084 | 0.845 | 0.418 | 0.471 | 0.471 |
| 极小值 | 25 | 1 | 1 | 2 | 0 | 1 | 0.30 | 1 | 1.00 | 1 | 0 | 0 | 0 |
| 极大值 | 50 | 2 | 5 | 7 | 4 | 4 | 0.85 | 3 | 6.00 | 5 | 1 | 1 | 1 |

表2 描述统计量

| 项目 | N | 极小值 | 极大值 | 均值 | 标准差 |
|---|---|---|---|---|---|
| 农户收入水平 | 152 | 1 | 4 | 2.17 | 1.078 |
| 粮食作物占用耕地比例（粮食生产用地） | 152 | 1.00 | 6.00 | 3.7171 | 1.42084 |
| 农户对农业污染危害的认知程度 | 152 | 1 | 5 | 2.09 | 0.845 |
| 农业补贴（直接补贴、良种补贴、农资补贴）对购买化肥农药的影响 | 152 | 0 | 1 | 0.48 | 0.501 |
| 对"减少化肥农药使用是一个必然的趋势"的评价 | 152 | 0 | 1 | 0.67 | 0.471 |
| Y | 152 | 0 | 1 | 0.72 | 0.449 |

## 四 模型模拟结果分析

### (一) 实证结果

本研究使用极大似然估计方法,采用 SPSS17.0 软件对模型进行回归和检验。具体结果如表 3 所示。

从估计结果来看,模型拟合度较好,该回归方程有效,该模型具有统计意义。

表 3 影响农户参与农业环境政策意愿的因素分析模型测算结果

| 项目 | B | S.E. | Wals | df | Sig. | Exp(B) |
|---|---|---|---|---|---|---|
| 文化程度 | 0.151 | 0.228 | 0.437 | 1 | 0.508 | 1.162 |
| 年龄 | 0.026 | 0.027 | 0.950 | 1 | 0.330 | 1.026 |
| 性别 | 0.116 | 0.566 | 0.042 | 1 | 0.838 | 1.123 |
| 家庭人口数 | 0.132 | 0.195 | 0.457 | 1 | 0.499 | 1.141 |
| 常年在家务农人数 | 0.035 | 0.274 | 0.017 | 1 | 0.897 | 1.036 |
| 收入 | -0.402 | 0.248 | 2.633 | 1 | 0.105 | 0.669 |
| 收入来自外出务工的比例 | 0.055 | 1.132 | 0.002 | 1 | 0.961 | 1.057 |
| 收入在村中的水平 | 0.430 | 0.326 | 1.746 | 1 | 0.186 | 1.537 |
| 粮食作物占用耕地比例 | 0.276 | 0.149 | 3.442 | 1 | 0.064 | 1.318 |
| 是否接受过化肥使用技术培训 | 0.017 | 0.582 | 0.001 | 1 | 0.976 | 1.017 |
| 农药经销商是否给技术指导 | 0.328 | 0.468 | 0.490 | 1 | 0.484 | 1.388 |
| 对农业污染危害的认知程度 | 0.700 | 0.302 | 5.368 | 1 | 0.021 | 2.014 |
| 目前的农业补贴(直接补贴、良种补贴、农资补贴)对购买化肥农药的影响 | 0.857 | 0.434 | 3.894 | 1 | 0.048 | 2.356 |
| 对"减少化肥农药使用是一个必然的趋势"的评价 | 1.168 | 0.454 | 6.606 | 1 | 0.010 | 3.214 |
| 常量 | -5.039 | 2.083 | 5.849 | 1 | 0.016 | 0.006 |
| -2 对数似然值 | | | 144.26 | | | |
| Cox & Snell $R^2$ | | | 0.205 | | | |
| Nagelkerke $R^2$ | | | 0.296 | | | |
| $\chi^2$ | | | 34.924 | | | |
| 自由度 | | | 14 | | | |
| 显著性概率 | | | 0.002 | | | |

## (二) 模型结果分析

从模型估计的结果来看，粮食作物占用耕地比例、农户对农业污染危害的认知程度、目前的农业补贴（直接补贴、良种补贴、农资补贴）对购买化肥农药的影响、对"减少化肥农药使用是一个必然的趋势"的评价对于农户参与农业环境政策的意愿有显著影响；户主的年龄、性别、教育程度、家庭人口数、常年在家务农人数、技术培训和技术指导对于农户参与农业环境政策的意愿影响不显著，但是影响方向为正。农户收入水平对农户参与农业环境政策的意愿影响不显著，但是影响方向为负。

### 1. 被调查农户户主特征

年龄的系数为正，说明随着被调查者年龄的增长，其愿意参与农业环境政策的意愿是在提高的，这与预期相反。但是年龄不是显著影响农户参与农业环境政策的变量。这与张利国（2011）得出的结论（随着被调查者年龄的增长，其愿意参与环境友好型农业生产的意愿是在下降的）是相反的。原因多在于，本研究关注的是农业环境政策的参与意愿，而非农业生产本身，可能结论会有所差异。在实际的调研中，从事农业生产的大多是留守老人，这些老人对于农业环境政策的关注度要更高，期望从中得到更多的补贴；青壮年劳动力大多在外打工，对于农业环境政策关注度不够，原因是农业收入对其影响很小。

性别的系数为正，说明与男性相比，女性更愿意参与农业环境政策，实证结果表明，女性比男性参与农业环境政策的概率高出 1.123 倍，但性别不是显著影响参与农业环境政策意愿的变量。

农户文化程度的系数为正，说明文化程度越高，农户参与农业环境政策的意愿越强，实证结果表明，文化程度每提升一个等级，农户从事环境友好型农业的概率上升 1.162 倍，但文化程度不是显著影响农户参与农业环境政策意愿的变量。该结论与以往的研究结论基本一致。秦文利等（2004）基于对河北临漳县 100 户农户调查数据的实证研究表明，农户素质对新技术的采纳过程有着重要影响，应该构建高水平的农户素质培训工程，提高农业新技术的采纳可能性。

### 2. 农户的家庭特征和生产经营特征

被调查者家庭人口数和常年在家务农人数系数为正，说明农户的家庭人口数越多，农业劳动力越多，越倾向于参与农业环境政策，能很好地安排家庭的就业，增加家庭的总收入，但是这两个变量对参与农业环境政策意愿的影响不显著。该结论与以往研究结论基本一致。张云华、马九杰等（2004）认为农户家庭人口数越多、耕地规模越大，农户越容易采用无公害及绿色农药。吕美晔等（2004）认为由于区域的差异，经营规模变量也可能不具有相关性，经营规模变量并不是一个有效变量，未能进入模型。

农户收入水平系数为负，说明随着农户收入水平提高，参与农业环境政策的意愿减弱。实证结果表明，收入水平每提升一个高度，农户参与农业环境政策的概率下降0.669倍，但收入水平不是显著影响农户参与农业环境政策的变量。

粮食作物占用耕地比例系数为正，说明粮食作物占用耕地比例越大，农户能够得到的补贴越多，参与农业环境政策的意愿就越高，但该变量不是显著影响农户参与农业环境政策意愿的变量。

### 3. 农户对农业污染危害的认知程度

农户对于农业污染危害的认知程度系数为正，而且是影响参与农业环境政策意愿的显著变量，说明对农业污染危害认知程度较高的农户相对于认知程度较低的农户来说，更愿意参与农业环境政策。实证结果表明，认知程度每提升一个等级，农户参与农业环境政策的概率上升2.014倍。农户对农业污染危害认知得越深，就越容易接受有利于环境保护的农业支持政策。农户是否接受过农药使用的技术培训的系数为正，说明接受过农药使用的技术培训的农户相对于未接受过农药使用的技术培训的农户来说，更愿意参与农业环境政策，但该变量影响农户参与农业环境政策的意愿不显著。

购买农药时经销商是否对农药使用给予技术指导系数为正，说明接受过农药使用技术指导的农户相对于未接受过农药使用技术指导的农户来说，更愿意参与农业环境政策，但该变量影响农户参与农业环境政策的意愿不显著。

### 4. 农户对当前农业支持政策认知信息

目前的农业补贴（直接补贴、良种补贴、农资补贴）对购买化肥农药的影响对于农户参与农业环境政策的意愿有显著影响，而且是正向的影响。现有的农业补贴政策对其化肥农药的使用影响越显著，农户参与农业环境政策的意愿越强烈。这说明若我们的农业环境政策与农业支持政策一体化，其效果会更显著。

对"减少化肥农药使用是一个必然的趋势"的评价对于农户参与农业环境政策的意愿影响显著，而且是正向的影响。农户对未来环境的预期会直接影响其参与农业环境政策的意愿。这与欧盟国家的研究结论是一致的。

## 五　结论与启示

基于上述研究结果，显著影响农户参与农业环境政策意愿的因素有，被调查者粮食作物占用耕地比例、农户对环境污染危害的认识程度、目前的农业补贴（直接补贴、良种补贴、农资补贴）对购买化肥农药的影响、对"减少化肥农药使用是一个必然的趋势"的评价。实证分析结果具有以下政策含义。

第一，加大农民环境污染宣传教育，增强农民的环境保护危机意识，有利于我国农业环境政策的实施和执行。调查发现，很多农业技术人员的环境保护意识也很淡薄。

第二，以粮食作物的种植大户为政策改革的试点，结合我国2013年的中央一号文件精神，新增补贴要向专业大户、家庭农场、农民合作社等新型经营主体倾斜。转变"撒芝麻盐"的补贴办法，更好地发挥补贴对激励粮食生产的引领和导向作用。这些粮食生产大户更加关注农业生产环境和农业的长远和可持续发展，也是未来农业的真正经营者。这将直接提升农业环境政策的实施效率。

第三，在现有的农业支持政策框架下纳入环境目标。现有的农业补贴政策对其化肥农药的使用影响越显著，农户参与农业环境政策的意愿越强烈。这说明若农业环境政策与农业支持政策一体化，其效果会更显著。在未来的制度设计时，应将农业环境的绿色补贴纳入现有的农业支持政策体系中来。

**参考文献**

［1］高雷：《水稻种植户生产行为研究——基于要素投入视角》，中国农业科学院博士学位论文，2011。

［2］沈宇丹：《环境友好农业技术创新激励政策研究——基于创新系统理论的视

角》，华中农业大学博士学位论文，2009。
- [3] 尚宇红：《治理环境污染问题的经济博弈分析》，《理论探索》2005年第6期。
- [4] 孙淼：《欧盟农业环境政策评估——欧洲经验对我国农业环境政策的启示》，首都经济贸易大学博士学位论文，2012。
- [5] 宋铁锋：《美欧农业谈判前景及对我国农产品贸易的影响》，黑龙江大学硕士学位论文，2007。
- [6] 王晋斌：《转型时期我国农业环境的退化及其经济学研究：从农业"公共品"和农户预期角度所作的探讨》，中国人民大学，1999。
- [7] 吴连翠：《基于农户生产行为视角的粮食补贴政策绩效研究——以安徽省为例》，浙江大学博士学位论文，2011。
- [8] 张辉等：《不同类型农户对于畜牧业污染认知差异研究》，《山西农业大学学报》（社会科学版）2010年第3期。
- [9] 王华巍：《世界主要发达国家农业政策的比较研究》，吉林大学博士学位论文，2005。
- [10] 姬亚岚：《多功能农业与中国农业政策研究》，西北大学博士学位论文，2007。
- [11] 张利国：《农户从事环境友好型农业生产行为研究——基于江西省278份农户问卷调查的实证分析》，《农业技术经济》2011年第6期。
- [12] 秦文利、王慧：《农民素质对农业技术扩散的影响》，《河北农业科学》2004年第1期。
- [13] 张云华、马九杰：《农户采用无公害和绿色农药行为的影响因素分析——对山西、陕西和山东15县（市）的实证分析》，《中国农村经济》2004年第1期。
- [14] 吕美晔、王凯：《山区农户绿色农产品生产的意愿研究——皖南山区茶叶生产的实证分析》，《农业技术经济》2004年第5期。
- [15] Edi Defrancesco, Paola Gatto, Ford Runge and Samuele Trestini, "Factors Affecting Farmers' Participation in Agri-Environmental Measures: Evidence from a Case Study", University of Padova, University of Minnesota Conference Paper, 2006.
- [16] Vanslembrouck, G. V. Huylenbroeck, W. Verbeke, "Determinants of the Willingness of Belgian Farmers to Participate in Agri-environmental Measures", *Journal of Agricultural Economics* (3) 2002.
- [17] Wilson, G. A, "Farmer Environmental Attitudes and ESA Participation", *Geoforum* (2) 1996.
- [18] Wynn, G., Crabtree, B. and Potts, J., "Modelling Farmer Entry into the Environmentally Sensitive Area Schemes in Scotland", *Journal of Agricultural Economics* (52) 2001.
- [19] Dupraz, P., Vanslembrouck, I., Bonnieux, F. and Van Huylenbroeck, G., "'Farmers' Participation in European Agri-environmental Policies", Zaragoza, Spain: EAAE Congress on Exploring Diversity in the European Agri-Food System, 2002.

# 安徽转变农业发展方式问题研究

谢培秀[*]

**摘　要：** 在分析安徽农业发展面临新型农业经营主体发育不足、农业效益效率不高、农村基础设施薄弱、农业社会化服务能力不强、现代农业发展融资难及农产品营销渠道单一六个方面突出问题的基础上，本文探讨了转变农业发展方式的思路与途径，提出需要推动安徽农业发展方式向适度规模化、市场化、优质特色化、资本集约与现代化、信息化方向转变。

**关键词：** 转变农业发展方式　现代农业　农村改革

"十三五"时期，是安徽传统农业向现代农业转型升级的关键时期。2015年中央一号文件和国办《关于加快转变农业发展方式的意见》指出，要以提高质量效益为主攻方向、以可持续发展为重要内容、以改革创新为根本动力，加快转变农业发展方式。

## 一　当前安徽农业发展存在的突出问题

### （一）新型农业经营主体发育不足，辐射带动力弱

截至2015年6月底，安徽土地流转面积达到3578.7万亩，占全省土地面积约57.3%，注册登记农民专业合作社57760个，家庭农场24846个，规模以上农产品加工企业5745家，实现加工产值3501.34亿元。虽然新型农业经营主体发展数量可观，但据基层反映，农民专业合作组织数量众多

---

[*] 谢培秀，安徽省社会科学院城乡经济研究所。

但规模偏小，凝聚力强的合作社偏少，部分合作社财务管理和市场运营不规范，整体运营管理水平有待提高；种植大户和家庭农场也普遍存在资金规模小、市场竞争力弱的问题；多数农业企业规模偏小、加工原料不足、加工能力弱、产品技术含量低，与农户的利益联结机制较为松散，部分企业与农民之间利益分配不公平，带动农户发展的订单农业、保底收购、股份分红等机制还有待完善。总之，新型农业经营主体的经营规模与效益、辐射带动能力还有待提高。

### （二）农业产业结构层次低，效益效率仍待提升

安徽种植业占农业较大比重，畜牧业和渔业占比重较小，种植业内部经济和饲料作物占比不高；无公害、绿色和有机农产品生产规模偏小，认证数量偏少，农产品质量结构还不优；农产品加工业发展仍然不足，农业龙头企业阵容还不够强大；农业经营主体层面的一、二、三产业融合发展程度还不高，农业社会化服务业还有待完善，这些都制约了安徽农业效益进一步提高。受气候异常、病虫灾害及市场行情影响，2015年承包农户收益不容乐观。受农业结构欠优及种粮效益下降影响，皖北地区农民增收堪忧。受牲畜疫病风险、畜产品价格波动等影响，许多养殖户生产成本上升、资金链紧张。

### （三）农村基础设施薄弱，制约现代农业发展

安徽仍有一半以上耕地为中低产田，主要分布在沿淮淮北的低洼地和砂姜黑土地区、江淮丘陵易旱地区、皖南的红黄壤土区、山区坡耕地和山洼冷浸田，突出问题是缺乏水利灌排设施。江淮丘陵地区渠道、涵闸等小型水利工程年久失修，田间沟渠淤塞。淮北地区农田灌溉机电井淤积损毁严重，原先水利设施多针对防洪排涝需求建设，重排轻蓄、轻灌，现在面对上游来水蓄灌能力不足，无法应对近年来气候总体偏旱情况。农村生产性道路建设滞后，"村村通"到村不到组。农村物流系统建设滞后，山区因道路不便快递包裹送达难、取件难，加上劳动力成本贵，深山区茶叶竹木弃采现象时有发生。农村电力设施相对薄弱，难以充分满足农业用电需求。农业科技推广基础设施落后，信息化基础设施薄弱，高效农业基地水、电、路等基础设施建设滞后，畜禽养殖业污染处理设施仍然薄弱。水产基地缺乏预冷库，冷链、加工体系建设滞后，水产品耗损大、增值低。

农业装备水平仍然落后。育秧工厂发展不足，水稻机械插秧率偏低，玉米、棉花、油菜的耕种收机械化程度仍然不高。在粮油主产区，先进实用的农机装备普遍不足。目前使用的收割机许多还是老式的，马力小、功能弱，无法在收获同时承担脱粒、粉碎秸秆、复茬等作业，也缺少深耕深松与植保机械，高能耗、低效率、低技术含量的机具仍在大量使用。丘陵山区盛产竹木、茶叶和各种干鲜果品，平原地区盛产花生、甘薯和小品种杂粮等，目前普遍缺乏专业采收机械。

### （四）农业科技水平低，社会化服务能力不足

由于农技推广机构缺经费、任务杂，农技人员待遇低、条件差、任务重、晋升难，专业技能长期得不到提高，进人难，安徽农技人员老龄化严重，农业科技推广力量薄弱，农业综合高效配套技术到位率低，标准化技术、无公害技术、防治病虫害技术、防疫技术应用率低，林副产品深加工、畜牧兽医、水产养殖、农村生态环境保护、农产品加工等行业技术人才紧缺，农业科技贡献率、农业劳动生产率还有较大提升空间。农业社会化服务能力不足，主要表现在公益性组织服务覆盖不到位，经营性组织服务发育不充分，农业社会化服务内容少，不能充分满足新型农业经营主体需求。现代农业急需的农产品保鲜、供求信息、金融保险、小型水利工程建管、农村规划设计等服务内容还处于严重缺失状态，利益联结较为紧密的订单式、托管式、全程式服务还较少，农户对市场化服务的心理承受价位较低，农村社会化服务环境有待改善。

### （五）农业资金筹措困难，制约现代农业发展

农业产业化发展缺乏资金，政府扶持农业资金缺乏连贯性，发展特色农业存在投入不足和资金整合力度不大问题。商业银行信贷门槛较高，农产品加工企业贷款难现象突出，新型农业经营主体融资困难，不续贷的"死得快"，高利贷"一沾就死"，农产品加工企业经营压力增大。少数新型农业经营主体存在抵押贷款失信问题，导致金融机构不愿意再贷款，形成了新的贷款难。

### （六）农产品营销渠道单一，市场开拓能力不足

近年来，安徽特色农业发展很快，而农产品流通与营销远远不能满足

市场开拓的需要，市场营销主体培育不足，多数农产品加工企业销售渠道单一，优势特色农产品被动销售局面未得到根本改变。当前农村商品流通主要为商品流和资金流，尚缺乏信息流的加入，未能和互联网联系起来。商品流仅限于由城至乡（村）的生活用品、农业生产资料等工业品，由乡（村）至城市的特色农产品流通主渠道尚未形成。由于农村商品流通体系不健全，商业设施不完善，小型便利店商品种类不全，质量管理滞后，假冒伪劣商品充斥其间，难以满足农村市场消费需求。农村人口居住比较分散，交通条件也相对较差，这不利于"集中揽投"的快递业开展业务。安徽快递业务目前仅在农村部分乡镇和人口规模大的村落开设了网点，偏远乡镇和村庄收寄件均需要到中心乡镇去办理，农村物流配送存在着工业品"下乡难"和农产品"进城难"的双重难题。

## 二 关于转变农业发展方式：理论层面的探讨

从已有文献研究来看，对转变农业发展方式的内涵、方法及途径探讨得比较充分，但缺陷在于联系实际不够，在提出符合实际、具有可操作性的措施方面比较薄弱。此外，侧重于生产关系方面改革措施的探讨还未深入，如农村土地制度、农村集体资产产权制度改革方面的文献还非常缺乏，这方面制度与政策不改变，实现农业发展方式转变将十分困难。

### （一）转变农业发展方式的必要性和意义

陈锡文、韩俊等认为，我国经济发展进入新常态后，农业发展面临着严峻的挑战：一方面国际农产品价格下行的"天花板"封顶效应及国内农业生产成本持续上升的"地板"顶托效应开始显现，我国主要农产品国际竞争力下降，农业发展空间趋向收窄；另一方面长期靠拼资源、拼投入的粗放增长方式，导致农业资源过度开发，生态环境不堪重负，形象地来讲，就是农业生产和价格补贴已经接近入世承诺的补贴上限不超过农业产值8.5%的"黄线"，国内资源环境的"红灯"开始亮起。我国农业要应对内外压力和挑战，必须加快转变农业发展方式。陈锡文认为，"新常态"反映在农业领域为农村经济发展的速度变化、结构优化和动力转化，要从主要追求产量增长和拼资源、拼消耗的粗放经营，转变到数量和质量效益并重，注重提高竞争力、注重农业技术创新、注重可持续的集约发展上来，走产出高效、产品安全、资源节约、环境友好的现代农业发展道路。韩俊认为，转变农业发展方式就是从过去那种拼资源、拼环境，主要追求产量增长，转变到数量和质量效益并重的轨道上，在保证粮食等主要农产品产量稳定的同时，更加重视提升农产品质量，提升农业发展的质量和效益，更加注重提高农业的国际竞争力，更加注重农业的技术创新，更加注重农业的可持续发展。

我们认为，安徽农业综合生产能力已经有了明显提高，但受农业经营规模小、农资价格昂贵且投入量大、农村基础设施薄弱、农业抗风险能力低、农民素质不高的国情影响，农业效益、效率不高的情况也十分突出，农业发展"一条腿长"（谷物单产高）和"一条腿短"（劳动生产率低）的情况在短期内尚难改观。其主要原因如下。①受农村土地及集体产权制度制约。我国农村土地实行家庭承包制度，农民只有土地使用权而无处置权。长期以来，集体土地产权虚置抑制了土地要素按市场化配置的资本属性，虽然起到了保护农村弱势群体免于遭受失地的生存风险，但的确同时造成了农业经营规模小、集体资产管理水平不高、农业要素使用效率效益不高的现实。如受农村基础设施薄弱、农业社会化服务不健全、农业自然灾害频繁、农资价格不断上涨、农产品流通环节多费用高等不利因素影响，新型农业经营主体经营成本高、效益低的情况十分突出。②受务农劳动力素质不高制约。受青壮年劳动力进城打工影响，安徽务农劳动力素质下降情况十分明显。据估算，农村目前50%的家庭是"空巢"老人守家，种田的大都是"40后""50后"，"60后"是少数。对于"空巢"户来讲，种田成了"副业"。由于缺乏劳动力和种田比较效益低，江淮丘陵南部和两大山区不少粮田已变成抛荒田，原来的高产田现在一年仅种一季，冬、春季节变成了"空闲田"，土地资源利用率低、产出率低，农业可持续发展存在隐患。

在农产品成本构成中，农资投入、人工费用和政府补贴是主体。安徽工业化、城镇化快速发展，带动了劳动力、土地等要素价格快速提升，对农产品成本形成全面推力。为了保护农民种粮积极性，政府一直采取最低收购价和临时收储价等政策来支持农产品收购，但这也同时扭曲了粮食市场价格。受粮棉油高成本、高价格顶托影响，目前省内粮棉库存、粮棉进口、财政补贴、加工企业原料成本等居高不下，农产品加工企业经营困难，加工产品价高滞销，所谓"稻强米弱、麦强面弱、棉强纱弱"是反映这一状况的真实写照。另一方面，受国际市场粮棉油低价格及进口农产品压制，市场上粮棉油等大宗农产品收购价格也提不上去，农民增收困难，日子也不好过。在农业发展面临高成本、高补贴、高价格的情况下，政府支持农产品收购补贴政策的增产效应已经下降，各级政府财政也不堪重负。对于保护农民利益来讲，指望国际大宗农产品价格上涨不现实，增加农民收入只剩下一条路可走，那就是转变农业发展方式，提高农业效率和效益，增强安徽大宗农产品市场竞争力。

### （二）转变农业发展方式的方法与途径

从国内讨论转变农业发展方式的大多数文献看，主要有三个视角：一是从低碳经济及可持续发展角度展开，如讨论怎样加快低碳农业、生态农业发展来转变拼资源、拼投入的高碳农业发展模式；二是从加快农业科技创新包括提高务农劳动力素质的视角来展开，着重讨论如何通过提高农业要素生产率来提高农业生产效率和效益；三是从农业经营体系及制度变革展开，由改革农村土地制度、农村集体资产产权及管理制度入手，探讨适应农业发展的生产方式转变。

如石爱虎认为，农业发展方式包括农业要素配置方式、农业结构状态与特征、制度对农业发展的作用与影响三个方面。与此相对应，转变农业发展方式就是要提高农业生产效率、调整农业结构和推动制度变革。危朝安认为，转变农业发展方式主要在五个方面：一是促进农产品供给由注重数量增长向总量平衡、结构优化和质量安全并重转变；二是促进农业生产条件由主要"靠天吃饭"向提高物质技术装备水平转变；三是促进农业发展由主要依靠资源消耗向资源节约、环境友好型转变；四是促进农业劳动者由传统农民向新型农民转变；五是促进农业经营方式由一家一户分散经营向提高组织化程度转变。

我们认为，转变农业发展方式首先要解决农村集体所有土地产权缺陷问题。由于农村集体土地产权主体不明确或所有权虚置，土地的可交易性受到限制，作为最重要的生产要素还无法主要由市场机制配置，导致农村集体土地资源配置效率长期低下，农村经济市场化进程受阻，农民难以成为真正的市场主体，集体建设用地的市场价值和农民享有的不动产财产权益难以充分体现，村集体经济难以获得土地增值收益，农民也难以享受到改革开放的丰硕成果，村级组织因经费困难影响到开展工作的积极性，很多行政村拿不出钱来搞公益事业建设，最终造成农业萎缩、农村凋敝。近年来，有关农村土地产权制度改革的呼声日益高涨。尽管中央一再要求"建立和完善各类要素市场"，但时至今日，城乡土地要素市场仍然未能建立起来，归根结底是因为长期受计划经济制度影响，思想观念上还没能真正解放，农村土地制度改革滞后，跟不上时代的要求。

其次要解决农村"贷款难、难贷款"问题。近年来，安徽金融服务"三农"的能力明显提升，但农村金融仍然存在着抵质押难、征信系统不完善、中介服务发展滞后等问题。调研表明，缺乏合法有效的抵质押物，使当前农村贷款难和难贷款的矛盾并存。受法律法规限制，农村土地承包经营权、房屋所有权及宅基地使用权、林木所有权及林地使用权等不动产，在实际办理抵质押贷款时还存在许多操作上的困难。例如，房屋所有权人应当有权卖掉属于他的房屋，只要他能提供合法有效的证明。但是由于这类不动产牵涉集体土地而变得复杂起来，农村房屋坐落在划拨的集体土地上，按规定这一集体土地使用权仅限于本村村民，不能转让给村外人。用这类不动产申请抵押贷款时，就会遇到发生违约而清偿抵押物时，身为"外村人"的银行不能将房屋使用权过户到自己名下，因为其脚下的土地使用权不允许对外村人转让。而土地承包经营权、林木所有权及林地使用权等不动产，在办理抵押贷款时存在着估值难、变现难等障碍。使用不动产作为抵押物先要按照市场价估值，以便确定贷款额度。而当前这两类不动产交易的市场均处于幼稚阶段，价值发现困难，加上估值中介机构发育滞后，实际操作起来难度不小。即使这两个障碍都解决了，仍然存在着违约清偿时的变现困难：如果没有下家接手，银行将违约的抵押物收储到自己名下就会变成接手了"烫手山芋"。解决当前农村贷款难和难贷款的双重矛盾，考验着国内智库的"顶层设计"智慧与政府的执政能力。

再次要解决集体资产管理制度创新问题。截至2014年，安徽在16个市各选择若干村进行集体产权制度改革试点，以集体经营性资产为重点，推进资产资本股份化并折股到户，明晰产权关系，盘活农村集体资源资金，促进股份合作制经营，借以加强农村集体"三资"管理，起到增强村集体经济实力目的。但是由于农村集体资产管理制度改革与农村土地制度改革密切相关，在后者尚未全面突破的情况下，目前安徽农村集体资产管理制度改革效果尚待观察。小型农田水利工程管理制度创新也面临同类问题。20世纪80年代以前,农村小型水利工程一般是以村级集体组织为主进行管理的,实行农村家庭承包经营后,经过撤区并乡、下放水利站至乡镇管理等几轮机构改革,农村水利设施建管受到较大冲击,管理主体曾一度缺失,大量的农田水利工程设施被侵占和破坏。截至2009年,全省仅有乡镇水利站390个,按流域设中心站42个,不足农业乡镇数的1/3,其余大多被撤销或并入农业综合服务中心,人才流失严重。农村村级水利服务组织基本没有设立,农民用水合作组织发展滞后,农田水利设施损毁、沟渠淤堵等情况普遍存在。"十一五"时期,安徽对小型农田水利设施建设实施"民办公助",开展村级公益事业建设一事一议财政奖补,鼓励建立"农民用水户"协会,推进小型水利工程建管制度改革。2011年中央关于加强农田水利建设的一号文件发布后,安徽推广了一些有代表性的成功管理模式,开始积极探索小型水利工程产权制度改革。总体上看,我国农村基层水利服务体系建设取得了一定成绩,但仍存在不少问题,如农田水利工程政府包揽代建制弊端丛生,小型农田水利设施缺乏管护组织,大多存在产权不清、责任不明、重建轻管的现象,仅靠乡镇水利站、村级水管员的薄弱力量难以把具体的工程管护工作全部承担起来。村民自建、自管、自用组织化程度不高,适应不了农业生产发展需要,亟须发展防汛抗旱社会服务组织等。

最后要完善种粮补贴及农产品价格形成制度。2015年,财政部和农业部已选择在安徽等5个省试点农业"三项补贴"(指种粮农民直接补贴、农资综合补贴、农作物良种补贴)改革,通过将三项补贴合并为"农业支持保护补贴",支持耕地地力保护和粮食适度规模经营。针对农产品供求形势变化,国务院已决定试点农产品目标价格制度,对于退出临储政策(如玉米、油菜等)地区,应做好应对农民收入波动预案。

## 三 安徽转变农业发展方式的思考与建议

转变安徽农业发展方式,就是要走数量与质量效益并重、注重提高农业竞争力、注重农业技术创新、注重可持续发展的道路,走产出高效、产品安全、资源节约、环境友好的现代农业发展道路。

### (一)培育新型农业经营主体,促进农业向适度规模化转变

应对农业国际化竞争,农户小规模经营在获取贷款、资本、技术、人

才及生产成本等方面的确处于劣势。发展家庭农场、种养大户、农民专业合作社等新型农业经营主体，可以促进农业适度规模经营，弥补以农户家庭承包为主的农业经营结构内在缺陷或"短板"，为现代农业发展添加"主心骨"，有利于促进农业大国向农业强国转变。培育新型农业经营主体，要引导工商资本进入规模化养殖业、丘陵山区特色农林业开发、高产优质高效农业、农产品加工流通、农业社会化服务等领域，干那些单家独户农民干不了的大事。对待工商资本下乡，地方政府不能越位，也不能缺位，更不能强迫农民流转土地；对待广大承包农户，包括传统农区的"老人妇女"农业，可以通过加强农业基础设施建设与农业科技服务、提高农业综合机械化水平、实施农业生产全程社会化服务等方式，在家庭经营基础上实现农业的规模化发展。

发展适度规模经营，还需要加强农业基础设施建设，改造中低产田、建设高标准农田、增加有效灌溉面积等。需要提高农业装备水平，需要发展大马力拖拉机，增加秸秆处理、精量播种、高性能插秧等新型农业机械。沿淮淮北地区粮食生产优势明显，应落实好耕地开发、提高灌溉率和复种指数、改造中低产田、建立健全农业技术推广服务体系等措施，增强粮棉油等大宗农产品生产能力。

### （二）深化农村产权制度改革，加快农业向市场化转变

转变农业发展方式首先要转变人的观念。可采取混合所有制来改革当前的农村集体土地制度，抓好当前的农地确权登记颁证工作，推进集体林权制度配套改革，依法保障农民享有的不动产用益物权和财产增收权。建立多元统一的城乡土地交易市场，扩大农村产权交易品种和范围，培育围绕土地等不动产交易服务的价值评估、典当、担保、拍卖、会记、律师等中介组织。秉持务实态度深化农村集体产权制度改革，创新农村基础设施及集体"三资"建管运营新机制，统筹规划农村公共基础设施建设，改革政府代建制。完善农产品补贴和价格政策，做好农产品价格预测及农民收入变化应对工作。让农村村组织回归到管理职能上去，农业发展与农村管理"统"的职能也包括当前快速发展的新型农业经营主体。

### （三）大力调整农业结构，促进农业向优质特色化转变

要以农业效益为核心、市场需求为导向加快安徽农业结构调整。按

照主体功能区划要求，调整农作物种植的区域布局。大力发展畜牧业和渔业，加快推广农牧结合农业或实现种养一体化，将传统的粮经二元种植调整为粮经饲三元种植结构，提高经济和饲料作物比重。要按照"五大示范行动"要求推进生态农业产业化发展，大力发展设施农业和工厂化农业，扩大无公害农产品、绿色食品、有机食品及地理标志产品等安全优质农产品生产。要以特色农业开发推进山库区农业发展，在地理环境特殊地区发展适应型农业，解决当前特色农产品产量、质量、效益不高问题，加快农民致富步伐。促进农业经营主体层面的一、二、三产业融合发展，利用"互联网+"技术和农业电子商务创新农产品流通方式，将各地特色农产品与全国城乡大市场连接起来。总之，要挖掘农业发展的接续力量，以农业结构优化、农村改革的内生动力接替受"天花板"制约而减弱的外部拉力。

### （四）创新农村金融制度，支持农业向资本集约与现代化转变

发展现代农业需要增加资本投入，安徽农业发展正处于一个资本深化过程中，急需金融"血液"的注入。要解决农村金融组织体系不健全、金融产品不敷需要等问题，通过改革农村金融制度来满足农业转型升级的需要。要鼓励国有商业银行网点下沉，支持发展农村商业银行、村镇银行、农民信用合作社及小额贷款公司，发育土地金融机构，构建多元化、适度竞争的农村金融组织体系。要加快农村征信系统建设，成立担保公司发放保险保证贷款，大力发展农业保险，创新土地权益类抵质押融资产品，解决广大农户及新型农业经营主体的融资需求，缓解农业发展的资金困局。发展普惠金融，加强乡村金融标准化网点建设，开展金融服务"村村通"建设，加强对贫困地区发展特色农业的贷款支持。

### （五）引入"互联网+农业"技术，推动农业向信息化转变

发展农产品电子商务是促进农业提质增效转方式的重要途径。特色农产品流通具有"小、散、多"特点，需要借助"互联网+农业"技术走向城市大市场。为此，要创新农产品流通方式，加强农村宽带网络基础设施建设，提高农户家庭宽带接入能力。要加快发展农村物流业，加强偏远乡村公路建设，建设乡村物流配送系统，建立乡村电子商务服务站，增加快递业在乡村和农民集中居住社区的服务点布局，通过网购平台和电子商务

实现特色农产品与城市市场的对接。方便广大农户网购工业品与农资，网销农产品。未来几年，安徽传统农业将向以信息化、标准化、品牌化为特点的现代农业转型升级。应针对新型农业经营主体需求开展电子商务技能培训，组织其与电商企业对接，搞好农业电子商务试点示范工作。发展农产品电子商务，要把特色农产品卖得好、卖上价，还要解决农产品品牌化、标准化问题。要培育从事农业产后处理的社会化服务组织，承担农产品整理、分拣、包装、添加条形码等初加工工作，方便上线销售及与现代物流业对接。在供应链管理中，要做好农产品标准化工作，推广商品编码在农产品电子商务中的运用，还要大力推行身份认证、网站认证和电子签名等网络信任与支付服务工作。

# 河北省农村社会资本存量及其对农民合作的影响

## ——基于720个农户的调查

张素罗 赵兰香[*]

**摘 要:** 农户间能否建立良好的合作关系主要取决于农民的合作意愿和合作能力等因素。本文基于河北省720个农户的调查,从信任、互惠互助、团结合作、公共参与4个维度对农村社会资本的存量进行分析。现有农村社会资本既表现出信任、互惠互助以及团结合作等方面的传统社会资本优势,又存在公共参与、公共责任、人际信任及普遍化互惠理念等现代社会资本弱化的劣势。农村社会资本中虽然外部信任度低,但血缘社会资本浓厚,家族成员内部信任度非常高;合作能力虽不足,但合作意愿较强;农户中已经形成了良好的社会规范,并有着稳定的社会声望体系。这种农村社会资本结构对农民合作有着积极的影响。一方面,它能激发农民的合作意愿,为合作组织的建立提供心理基础、现实途径及精神动力。另一方面,运用"能力社会资本"能提升农民能人的组织能力、领导协调能力、应变能力;运用较为稳定的社会声望体系能克服"搭便车"问题,解决农民组织的集体行动困境,从而增强农民的合作能力。

**关键词:** 农村社会资本 农民合作 信任 互惠互助 公共参与

社会资本是20世纪70年代以后形成的,作为与物质资本和人力资本并列的第三种"资本",罗伯特·D.帕特南开了政治学领域社会资本分析范畴的先河。帕特南(2001)在《使民主运转起来》一书中指出:"社

---

[*] 张素罗、赵兰香,河北农业大学人文社会科学学院。

资本是指社会组织的特征，诸如信任、规范以及网络，它们能够通过促进合作行为来提高社会的效率。"这既为提高农民进入市场的组织化程度提供了理论支持，又在"市场—政府失灵"理论、"契约失灵"理论及"志愿失灵"理论下，为民间组织参与农村公共产品供给找到一剂良方。本文基于社会资本视角，对河北省农村社会资本的结构及存量进行调查，并分析农村社会资本对农民合作的积极影响，以期为政府相关政策的制定提供理论依据和实证参考。

## 一 农村社会资本结构及测量维度

### （一）农村社会资本的含义及结构

社会资本的本质就是参与网络所具有的信任、互惠和合作等特征，社会资本作为一种公共精神影响着经济社会发展和民主治理的进程。信任、互惠、合作等是构成社会资本的三大基本要素。中国社会资本的主要表现形式是体现深厚的中国传统文化背景的参与网络，如因血缘、地缘、业缘、学缘等因素而构成的关系网络（周红云，2004）。

本文研究的农村社会资本主要是指村民在长期相互交往、互惠合作过程中形成且能够促进村民合作的关系网络，以及维持这种关系网络的信任、互惠、团结、合作、参与、规范等价值理念和行为规范（罗小锋，2006）。

### （二）农村社会资本的测量维度

本文根据农村社会资本的界定和构成要素，参考相关研究所采用的测量指标并结合农村实际情况，将从以下4个维度对农村社会资本存量及分布状况进行测量。一是信任。测量村民普遍信任的状况。主要通过村民对不同社会关系的信任程度（包括血缘、亲缘、地缘、学缘等社会关系网络，如家庭关系、宗族关系、邻里关系、朋友关系、同事关系、组织关系等）、村民的安全感和归属感、对村民给予帮助的期望等进行测量。二是互惠互助。既包括人际交往中的经济支持，也蕴含着同情、关心、宽容等方面的精神互助。主要通过对村民的互惠互助理念以及互助行为等进行测量。三是团结合作。农民公民精神的重要体现，是将分散的农民个体凝聚成高效、有机整体的黏合剂。主要通过农民间合作共事的意愿以及参与农民合作组织的意愿及行为进行测量。四是公共参与。村民参与社区公共活动和参与公共事务管理的倾向与频率。主要通过村民参与公共事务、承担公共责任的意愿及行为进行测量。

## 二　河北省农村社会资本存量及分布状况

### （一）数据来源

本研究的数据来源于河北农业大学78名学生在2014年暑假之际的问卷调查。问卷以农村社会资本为主题，以社会关系网络中的交往、信任、互助、合作、参与、规范等为调查重点，设置了涵盖面较为广泛的8类相关问题："您愿意和他们交往吗""您信任他们吗""您得到过他们的帮助吗""您愿意在生产经营等方面与他们合作共事吗""您是这样做的吗""您愿意参与吗""您同意以下说法吗""对于农民合作组织，您同意以下说法吗"。

本次调查共发放并回收780份问卷，实际有效样本720份，有效率为92.3%。调查覆盖了河北省11个设区市、77个县（市、区）、121个乡镇、181个行政村的720个农户，从村庄地理位置、农户收入水平、家庭主要收入来源、受访者文化程度、身份（是否村干部）以及性别、年龄等方面体现了调查农户的差异。由于被调查农户及区域的分布基本上涵盖了河北省不同地貌类型、不同经济发展水平、不同区位布局的县（市、区），所以，调查资料能够比较客观地反映农村社会资本的现实状况，具有较强的代表性。

### （二）农村社会资本存量分析

社会资本是经济资本和人力资本的黏合剂，有利于将各种力量联合起来，推动社会的发展。就一个村庄而言，农村社会资本总量的多少与分布状况，很大程度上影响着该村的活力和凝聚力，对其发展起着明显的促进或制约作用。

在问卷调查的8类问题中，除第5类"您是这样做的吗"为2个选项之外，其他7类均利用五分度法进行测量。为准确测量并对比分析农村社会资本存量及分布，本文采用赋值方法对调查结果进行统计分析。如对"您信任他们吗"中5个选项的赋值分别为：非常信任5分、信任4分、一般3分、不信任2分、非常不信任1分。信任度的计量方法是各选项被选频次乘以其相应分值与受访者总数之比，信任度从高到低依次被划分为高信任度（4分以上）、较高信任度（3.5~4分）、中等信任度（3~3.5分）、低信任度（3分以下）。其他同类项目统计以此类推。

**1. 信任**

信任是社会关系的一种重要形式，是维持社会秩序和社会协作的基础。本文主要通过村民与不同社会关系（如家庭、家族、邻里、朋友、同学、同事、乡村干部及其他关系等）的交往和信任度以及村民的安全感和归属感来测量信任这一农村社会资本的存量及分布状况。

（1）传统的"差序格局"居于主导地位，社会关系理性化趋势显现。

人际关系的构建较大程度上以信任为基础，对村民社会关系网络的考察可以反映农村的信任水平。费孝通的"差序格局"理论认为，中国乡村社会关系是按亲疏远近的差序原则来建构的，这种关系就"像水的波纹一般，一圈圈推出去，愈推愈远，也愈推愈薄"。作为差序格局基础的血缘关系和地缘关系，仍然是当代中国乡村社会主导性的人际关系。

调查显示，根据不同社会关系交往意愿的强烈程度（认可度）将村民社会关系网络划分为4个层次（见表1）。第一个层次为高认可度关系网络。包括家人、家族成员、亲戚、朋友、邻居，主要体现为传统的血缘、亲缘、邻里和朋友关系。情感成为这一网络层次交往的主要标准。第二层次为较高认可度关系网络。包括同村村民、同小组村民、一般同学、同事或同行，主要体现为地缘、业缘及学缘关系。这一层次的交往标准为人情加利益。第三层次为中等认可度关系网络。包括村干部、乡镇干部、不熟悉但可能对自己有帮助的人、外村村民。交往标准的选择更倾向于利益。第四层次为低认可度关系网络。主要指陌生人。在不存在情感且利益关系未知的情况下，农民显然将陌生人置于社会关系网络的最外围。可见，农民主要依据亲疏远近由内及外地构建社会关系网络，网络中心由亲情感情联结，越远离中心，感性因素越少，理性因素随之增加。另外，对"人与人的关系就是一种人情（感情+利益）的交换关系"的调查结果显示，69.89%的受访者赞同这一观点，这进一步证实了人际交往中的理性选择趋向。

表 1  村民的社会关系网络

单位：%，分

| 项　目 | 非常愿意 | 愿意 | 一般 | 不愿意 | 非常不愿意 | 认可度 | 排序 |
|---|---|---|---|---|---|---|---|
| 家人 | 71.91 | 25.31 | 2.50 | 0.14 | 0.14 | 4.69 | 1 |
| 家族成员 | 50.35 | 39.32 | 9.62 | 0.57 | 0.14 | 4.39 | 2 |
| 亲戚 | 42.34 | 44.15 | 12.53 | 0.84 | 0.14 | 4.28 | 3 |
| 邻居 | 30.07 | 47.27 | 20.98 | 1.54 | 0.14 | 4.06 | 5 |
| 同小组其他村民 | 17.93 | 45.24 | 32.91 | 3.22 | 0.70 | 3.76 | 7 |
| 同村村民 | 19.94 | 44.21 | 31.80 | 3.07 | 0.98 | 3.79 | 6 |
| 朋友 | 31.15 | 48.88 | 17.88 | 1.40 | 0.70 | 4.08 | 4 |
| 一般同学 | 14.80 | 48.46 | 31.98 | 4.61 | 0.14 | 3.73 | 8 |
| 同事（工作伙伴）或同行 | 16.43 | 45.13 | 31.34 | 6.69 | 0.42 | 3.70 | 9 |
| 外村村民 | 10.71 | 23.37 | 47.71 | 16.27 | 1.95 | 3.25 | 13 |
| 村干部 | 11.27 | 32.41 | 38.94 | 14.46 | 2.92 | 3.35 | 10 |
| 乡镇干部 | 10.06 | 30.59 | 41.62 | 13.55 | 4.19 | 3.29 | 11 |
| 不熟悉但可能对自己有帮助的人 | 9.60 | 32.13 | 37.97 | 16.83 | 3.48 | 3.28 | 12 |
| 陌生人 | 5.44 | 10.60 | 32.78 | 42.68 | 8.51 | 2.62 | 14 |

（2）人际信任"差序格局"明显，特殊信任依然是农村的主要信任模式。

人际互动与信任基于对"自家人"和"外人"的认同，情感的亲疏远近直接决定着人际信任水平，调查结果如表2所示。村民对不同社会关系选择了不同的信任水平并呈现出显著的"差序格局"特征。信任水平最高的社会关系为基于血缘和亲缘的家人、家族成员、亲戚；以友谊、地缘和学缘联结而成的朋友、邻居、同村村民、同小组村民以及一般同学等社会关系被纳入较高信任度网络。其中，朋友和邻居在这一网络层次中拥有高信任度；同事或同行、村干部、乡镇干部、外村村民构成信任关系网络中的第三序列；不熟悉但可能对自己有帮助的人和陌生人则处于低信任水平。在人际信任网络中，道德及社会舆论等非制度因素有较为重要的地位和作用，70.73%的受访者认为道德是约束村民行为的重要力量，88.02%选择"对违背道德操守的人和事深恶痛绝"，74.79%选择"要面子，讲义气"，很在意其他村民对自己的评价。

因此，从根本上说，基于血缘、亲缘、地缘并以道德、社会舆论等非制度性因素为保障的特殊信任依然是农村社会的主要信任模式。另外，对农民合作问题普遍信任则是以正规的规章、制度和法律为保障的社会信任制度（杨林峰，2008）。

表2 村民的社会关系信任度

单位：%，分

| 项目 | 非常信任 | 信任 | 一般 | 不信任 | 非常不信任 | 信任度 | 排序 |
| --- | --- | --- | --- | --- | --- | --- | --- |
| 家人 | 75.63 | 21.03 | 2.09 | 0.70 | 0.56 | 4.70 | 1 |
| 家族成员 | 46.52 | 45.40 | 7.66 | 0.42 | 0.00 | 4.38 | 2 |
| 亲戚 | 36.07 | 49.44 | 13.23 | 1.25 | 0.00 | 4.20 | 3 |
| 邻居 | 17.27 | 48.33 | 31.48 | 2.79 | 0.14 | 3.80 | 5 |
| 同小组其他村民 | 9.60 | 37.55 | 47.84 | 4.31 | 0.70 | 3.51 | 7 |
| 同村村民 | 10.20 | 37.71 | 47.77 | 4.33 | 0.56 | 3.54 | 6 |
| 朋友 | 17.55 | 52.65 | 26.74 | 2.92 | 0.14 | 3.85 | 4 |
| 一般同学 | 7.70 | 39.44 | 47.97 | 4.48 | 0.42 | 3.50 | 8 |
| 同事（或工作伙伴）或同行 | 6.27 | 36.77 | 47.49 | 8.50 | 0.97 | 3.39 | 9 |
| 外村村民 | 4.03 | 18.22 | 54.66 | 20.86 | 2.23 | 3.03 | 12 |
| 村干部 | 4.44 | 27.36 | 49.86 | 14.86 | 3.47 | 3.14 | 10 |
| 乡镇干部 | 4.60 | 20.36 | 54.40 | 17.57 | 3.07 | 3.06 | 11 |
| 不熟悉但可能对自己有帮助的人 | 3.89 | 16.41 | 51.74 | 25.03 | 2.92 | 2.93 | 13 |
| 陌生人 | 2.65 | 8.38 | 31.28 | 49.58 | 8.10 | 2.48 | 14 |

**2. 互惠互助**

互惠互助是协调社会关系的一项规则，也是社会资本的构成要素，既包括人际交往中的经济支持，也蕴含着同情、关心、宽容等方面的精神互助。帕特南的社会资本理论认为，互惠包括均衡的互惠和普遍化的互惠。均衡的互惠指人们同时交换价值相等的东西，而普遍化互惠是指一种持续进行的交换关系，这种互惠在特定时间里是无报酬的和不均衡的，但它使人们产生"现在己予人，将来人予己"共同的期望（帕特南，2001）。

本文主要通过对村民的互惠互助理念以及互助行为的考察来测量互惠互助这一农村社会资本的存量及分布状况。

（1）特殊性的互惠互助资本丰富。

本文的特殊性互惠互助是指基于血缘、亲缘及地缘的村民间互惠互助行为。调查表明，特殊性互惠互助资本存量较为丰富（见表3）。在日常生产生活中村民获得的帮助主要来源于家人、家族成员和亲戚；邻居和朋友的帮助频次居于第二序列；同村村民、一般同学、同小组其他村民、同事或同行也因地缘、学缘及业缘关系提供一定帮助；村干部、外村村民、乡镇干部、不熟悉但曾有过交往的人以及陌生人给予的帮助较少。

表3 村民的互助行为

单位：%，分

| 项 目 | 帮助最多 | 经常帮助 | 一般 | 偶尔帮助 | 从来没有帮助 | 认可度 | 排序 |
| --- | --- | --- | --- | --- | --- | --- | --- |
| 家人 | 78.55 | 17.27 | 2.79 | 1.11 | 0.28 | 4.73 | 1 |
| 家族成员 | 40.14 | 43.75 | 13.19 | 2.64 | 0.10 | 4.21 | 2 |
| 亲戚 | 29.17 | 46.81 | 19.17 | 4.72 | 0.14 | 4.00 | 3 |
| 邻居 | 15.30 | 42.80 | 28.93 | 11.27 | 1.53 | 3.59 | 4 |
| 同小组其他村民 | 6.68 | 25.31 | 45.06 | 17.52 | 3.62 | 3.0848 | 8 |
| 同村村民 | 7.24 | 27.86 | 40.67 | 18.38 | 3.76 | 3.14 | 6 |
| 朋友 | 11.25 | 42.92 | 33.06 | 11.25 | 1.53 | 3.51 | 5 |
| 一般同学 | 3.76 | 25.45 | 52.57 | 15.16 | 3.06 | 3.12 | 7 |
| 同事(或工作伙伴)或同行 | 5.43 | 27.72 | 41.78 | 19.78 | 5.29 | 3.08 | 9 |
| 外村村民 | 2.37 | 11.72 | 34.31 | 33.75 | 17.85 | 2.47 | 11 |
| 村干部 | 2.93 | 12.97 | 38.08 | 30.68 | 15.34 | 2.57 | 10 |
| 乡镇干部 | 1.67 | 11.25 | 34.31 | 29.03 | 23.75 | 2.38 | 12 |
| 不熟悉但曾经有过交往的人 | 1.82 | 7.40 | 29.05 | 38.69 | 10.31 | 2.26 | 13 |
| 陌生人 | 1.53 | 6.69 | 20.19 | 34.12 | 37.47 | 2.01 | 14 |

（2）普遍化互惠理念增强。

虽然村民间的互惠互助行为更多的是基于朴素的亲情、感情关系，但村民普遍化的互惠互助理念也日益增强。95.21%的受访者具有"滴水之恩，涌泉相报"的信念；60.4%的认为"本村村民如果有困难（如急需人力、物力、财力帮助等），多数村民都会帮助他"；53.24%的受访者认为大部分村民会自愿参与村里开展的多数村民受益的项目（如修路、修桥、建学校等），持明确否认态度的仅有8.88%；69.89%的受访者赞成"人与人的关系就是一种人情（感情＋利益）的交换关系"的观点，这与非均衡地持续进行交换的普遍化互惠理念相符合（见表4）。

表 4　村民互惠互助理念

单位：%，分

| 项目 | 非常同意 | 同意 | 一般 | 不同意 | 非常不同意 | 认可度 |
| --- | --- | --- | --- | --- | --- | --- |
| 滴水之恩，涌泉相报 | 61.55 | 33.66 | 4.51 | 0.28 | 0.00 | 4.56 |
| 人与人的关系就是一种人情（感情＋利益）的交换关系 | 24.09 | 45.80 | 18.77 | 9.80 | 1.54 | 3.81 |
| 本村大多数村民只顾自己不顾别人 | 7.33 | 23.84 | 28.91 | 34.56 | 5.37 | 2.93 |
| 本村大多数村民都担心别人占自己的便宜，担心其他村民在共同受益的项目中不出资，"搭便车" | 8.27 | 31.14 | 29.17 | 26.37 | 5.05 | 3.11 |
| 本村村民如果有困难（如急需人力、物力、财力帮助等），多数村民都会帮助他 | 11.94 | 48.46 | 32.58 | 6.60 | 0.42 | 3.65 |
| 本村多数村民能做到拾金不昧，物归原主 | 9.85 | 30.66 | 42.76 | 13.92 | 2.81 | 3.31 |
| 本村开展一个多数村民受益的项目（如修路、修桥、建学校等），大部分村民会自愿参加 | 10.42 | 42.82 | 37.89 | 7.75 | 1.13 | 3.54 |

**3. 团结合作**

团结合作是一种民主精神、公民精神的重要体现，它能反映公民的社会责任感，能有效解决"搭便车"等集体行动难题。研究表明，团结合作同社会资本呈正相关关系，团结合作的意愿越高，社会资本存量就越高；相反，团结合作的意愿越低，社会资本存量就越低。本文的团结合作主要指农民间合作共事的意愿以及参与农民合作组织的意愿及行为。

（1）农民团结合作呈现差序性。

对"您愿意在生产经营等方面与他们合作共事吗"的调查结果表明，在生产经营方面，农民合作的意愿及倾向呈现出较为明显的"差序格局"。农民与家人、家族成员、亲戚有着高度的合作意愿；与朋友、邻居、同村村民合作共事倾向较为明显；与同小组其他村民、一般同学、同事或同行、村干部和乡镇干部有着中等程度的合作意愿；而与外村村民、不熟悉但曾有过交往的人以及陌生人的合作意愿很低（见表5）。由此可见，农民的合作意愿较强，但因血缘、亲缘及地缘关系影响而呈现倾向性及差序性。

表 5　村民团结合作理念

单位：%，分

| 项目 | 非常愿意 | 愿意 | 一般 | 不愿意 | 非常不愿意 | 认可度 | 排序 |
| --- | --- | --- | --- | --- | --- | --- | --- |
| 家人 | 69.48 | 25.32 | 3.09 | 1.55 | 0.56 | 4.62 | 1 |
| 家族成员 | 44.15 | 41.78 | 10.58 | 3.20 | 0.28 | 4.26 | 2 |
| 亲戚 | 32.87 | 44.29 | 17.55 | 4.74 | 0.56 | 4.04 | 3 |
| 邻居 | 18.94 | 40.11 | 33.84 | 6.41 | 0.70 | 3.70 | 5 |
| 同小组其他村民 | 11.19 | 33.85 | 45.73 | 8.67 | 0.60 | 3.46 | 7 |
| 同村村民 | 11.33 | 37.34 | 43.78 | 7.13 | 0.42 | 3.52 | 6 |
| 朋友 | 17.27 | 47.08 | 30.64 | 4.74 | 0.28 | 3.76 | 4 |
| 一般同学 | 9.41 | 36.66 | 44.52 | 8.71 | 0.98 | 3.456 | 8 |
| 同事（工作伙伴）或同行 | 8.65 | 35.98 | 42.54 | 11.85 | 0.98 | 3.39 | 9 |
| 外村村民 | 5.31 | 18.46 | 44.48 | 29.10 | 2.66 | 2.95 | 12 |
| 村干部 | 5.86 | 22.87 | 46.58 | 20.64 | 4.04 | 3.06 | 10 |
| 乡镇干部 | 5.58 | 20.92 | 46.72 | 21.62 | 5.16 | 3.00 | 11 |
| 不熟悉但曾有过交往的人 | 3.91 | 18.99 | 46.79 | 24.86 | 5.45 | 2.77 | 13 |
| 陌生人 | 3.63 | 8.37 | 28.31 | 46.30 | 13.39 | 2.43 | 14 |

（2）农民合作意愿与合作行为存在矛盾性。

对"您愿意与其他人合作，积极参加农民合作组织吗"的调查显示，81.8%的受访者表示"非常愿意"和"愿意"参加农民合作组织，进一步表明农民有较强的合作意愿（见图1）。但相关研究以及本次调查显示，农民强烈的合作意愿并未转化为普遍的实际合作行为，致使农民合作呈现两面性和矛盾性的特点。因此，培育农民公共精神，强化普遍化合作理念，是将农民的合作意愿和合作倾向转化为实际合作行为的关键所在。

在公共事务活动中，村干部是促成农民合作这一过程的重要力量。调查显示，大部分农民表现出对村干部的不信任和不合作态度。新农村建设离不开村干部的组织、管理和推动，村干部的道德素质、管理能力以及服务意识等都影响着农民对村干部的态度。培养村干部的公共精神、提高村干部的专业能力和服务水平，是培育农民普遍化合作理念的重要途径。

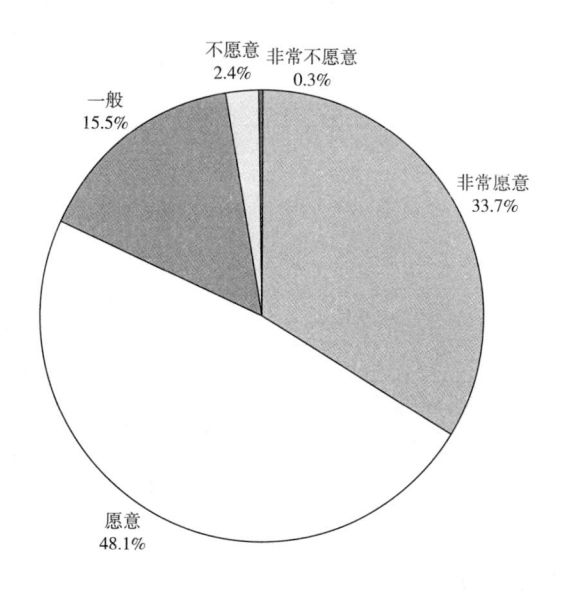

不愿意 2.4%
非常不愿意 0.3%
一般 15.5%
非常愿意 33.7%
愿意 48.1%

**图 1　参加农民合作组织的意愿**

### 4. 公共参与

一般而言，公共参与是居民参与社区公共活动和参与公共事务管理的倾向与频率。本文的公共参与是指村民参与公共事务、承担公共责任的意愿及行为。

（1）农民公共参与程度较低。

新农村建设就是农民主动参与农村事业的建构和管理并致力于公共生产生活改善的过程，也是需要发挥公共精神强大作用的过程。

本次调查设置了"您愿意投入时间、金钱等参与解决村里公益性的事业吗""本村开展一个多数村民包括自己受益的项目（如修路、修桥、建学校、建卫生室等），您会愿意参加吗""即使村庄有不直接对自己有利的公益项目您也会愿意为此付出时间和资金吗"等问题，用以考察农民的公共参与程度。针对第一个问题选择"非常愿意"和"愿意"的分别为12.8%和33.1%，也即45.9%的受访者愿意参与公益事业；对于自己受益的公益项目表示愿意参与的受访者为58.5%；而仅有32.8%的受访者表示愿意参与自己不直接受益的公益项目（见表6）。调查表明，对于村里公益性的、能给自己带来利益或使自己直接受益的公共事务，部分农民参与意愿比较强烈；但对于不直接对自己有利的公共事务，大部分农民不愿意为此浪费时间、金钱和精力，参与程度比较低。

表6 农民对是否有利于自己的项目的参加意愿

单位：%

| 项　　目 | 非常愿意 | 愿意 | 一般 | 不愿意 | 非常不愿意 |
| --- | --- | --- | --- | --- | --- |
| 即使村庄有不直接对自己有利的公益项目，您也会愿意为此付出时间和资金吗 | 9.2 | 23.6 | 43.1 | 16.4 | 7.7 |
| 本村开展一个多数村民包括自己受益的项目，您会愿意参加吗 | 12.7 | 45.8 | 33.9 | 6.5 | 1.1 |

新农村建设中农民既是建设主体又是受益主体，农民理应积极参与农村公共事业的建设与发展。通过此项调查可以看出，在农村公共生活中，农民关注更多的是与个人利益直接相关的活动，其公共参与意愿及行为弱化。培育农民的公共精神，就是培育农民主动参与公共事务的意识和能力，使其真正成为新农村建设的主体。

(2) 农民公共责任意识相对淡薄。

公共责任在社会公共生活中具体体现为公民的世界观、人生观、价值观，是公民在社会实践中逐步形成的，作为社会成员对社会生活应承担的责任和义务。新农村建设不仅要使农民共享改革开放和社会发展的成果，同时也要求农民分担社会公共责任。

对于"如果村庄出现问题，您会主动发动村民一起解决吗"这一问题的调查结果显示，仅有28.0%的受访者表示"愿意"主动解决公共问题，承担公共责任。在被问及"如果有人发动村民来解决村庄问题，您会自愿参加吗"时，选择"非常愿意"和"愿意"的受访者达到67.5%（见表7）。从这两组数据的对比可以看出，在村庄出现问题时，大部分农民不愿意主动发动村民解决问题，承担相应公共责任，但当有人牵头发动村民解决问题时，大部分村民的参与意识又较为强烈。可见，农民对于村庄公共事务和公共生活表现出一定的公共关怀和公共参与的意愿与倾向，但他们勇于承担公共责任的意识和能力较弱，使自己的公共关怀和公共参与处于被动状态。

村干部选举关系到农村社会的发展及每个农民的切身利益，农民参加选举也是农民应尽的义务和责任。在"您愿意参加村委会选举吗"这项调查中，仍有40%的农民表示不在乎或者不愿意参加。在问及"您愿意向村委会提意见和建议吗"时，仅有 36.7% 的农民表示"非常愿意"和"愿意"。这进一步表明农民没有把自己的切身利益和村庄集体利益联系起来，缺乏主动承担公共责任的意识。

表7 村民公共参与意愿

单位：%

| 项　目 | 非常愿意 | 愿意 | 一般 | 不愿意 | 非常不愿意 |
| --- | --- | --- | --- | --- | --- |
| 如果村庄出现问题,您会主动发动村民一起解决吗 | 6.2 | 21.8 | 30.1 | 34.3 | 7.6 |
| 如果有人发动村民来解决村庄问题,您会自愿参加吗 | 18.3 | 49.2 | 27.8 | 4.1 | 0.6 |

## 三 农村社会资本对农民合作的积极影响

农户间能否建立良好的合作关系主要取决于两个因素：一是农民的合作意愿，即农民为什么选择合作；二是农民的合作能力，即如何有效地保证合作的顺利进行。社会资本既能激发农民的合作意愿，又能增强农民的合作能力，对农民合作有着积极的作用。

### （一）激发农民的合作意愿，建立合作组织

**1. 为农民合作提供心理基础**

博弈论告诉我们，相互合作可以取得最大的效益。但往往是相互的不信任导致了不合作，合作是从信任开始的。在现有农村社会资本中，虽然保障农民普遍信任的制度资本尚待完善，但血缘资本浓厚，居民间的特殊信任构成了合作的基础。这是因为在农村，家族、宗族和邻里之间基于一定的纽带联系在一起，大家相互了解，在长期的交往中形成了这种信任，而且这种信任具有持久性，形成了良性效应，信任使人彼此更熟悉，打消顾虑，为农民合作提供良好的心理基础。

**2. 为农民合作提供现实途径**

人际关系网络是社会资本的另一种重要表现形式。农村社会基于"熟人社会"的性质，人们之间普遍交往，形成了一个由无数网络交汇而成的错综复杂的网络系统。而且"当合作在熟人之间开展时，双方合作得越

多，可操作性越强，交易成本越低，具有报酬递增效应"（江旺龙，2012），这种效应又进一步促使人们交往，加强了信息的沟通、资源的共享，正是在这种不断的交往中大家资源共享并最终促成了某种合作组织的建立。

**3. 为农民合作提供精神动力**

在农村社会中，存在一种固有的使农民结合在一起的社会纽带，它是建立在某种共同情感、道德、信仰或价值观念基础上的个体与个体、个体与群体、群体与群体之间的联系。正是靠着这种联系，能够形成一种互惠机制。在互惠机制下，人们产生了共同的期望："现在己予人，将来人予己"。即我这样对你，希望你能够相应地回报我；你那样对我，我也能够相应地回报你。正是这种心理期待激发了农民的合作意愿，建立合作组织。

## （二）增强农民的合作能力，发展合作组织

农民的合作能力是指"农民实现村民自治、组织农业生产、利用农村资源和规避共同的市场风险以实现农村政治、经济和社会发展，而采取的协同解决问题的全部方法、手段和措施"（王云飞，2010）。现有的中国农民虽有合作的意愿，但往往被认为是一群"土豆"，"善分不善合""缺乏合作能力"。不过社会资本理论却为我们提供了另一种思路。它认为：社会资本是培育农民合作能力的重要动力源。因为通过日常生活交往、处理农民组织内部事务，以及谈判、协商、妥协、平衡等机制，农民的合作能力得到提高。

**1. 有利于增强农民组织的行动能力**

在农村，社会资本中的关系网络通过普遍的交往可以发现其他成员的特点，使用其资源，从而有利于增强农民对于资源的控制能力、社会行动能力和利益表达能力，进而获取更多的经济支持、人力支持及政策支持；社会资本尤其是"血缘社会资本"极大地促使熟人间通过合作的方式来保护自己，提高自己与其他行为主体讨价还价的能力，降低交易成本，增强抵御风险的能力。而"能力社会资本"更提升了农民能人的组织能力、领导协调能力、应变能力，从而有利于整个农民组织能力的提升，提高农民组织的行动能力。

**2. 有利于摆脱农民组织的集体行动困境**

在关系紧密、互动频繁的农村居民之间，能够形成一种较为稳定的社会声望体系：一个总想贪图便宜的人，会给自己带来坏名声；而一个想为

大家做点好事的人能够为自己带来好声誉。互动越频繁，这种社会声望体系就越有可能促进农民为了共同利益而合作。这种持续的合作能够抑制成员的投机行为，因为在以信任、互惠规范和关系网络等形式存在的社会资本的引导下，违反者将面临来自组织内成员的压力和社会排斥，成为一个"边缘人"，而成为"边缘人"的滋味并不好受。正是这种通过其成员直接惩罚其他成员的"反社会"行为能很好地摆脱集体行动的困境，克服"搭便车"问题。正如奥斯特罗姆所言："当人们生活多年以后，会形成许多共同的互惠规范和模式，这就是他们的社会资本，利用这一资本，他们能够建立起制度来，以解决共同资源使用中出现的困境"（埃莉诺·奥斯特罗姆，2000）。

当然，农村社会资本具有特定的群体性、历史性和继承性，其培育与发展受到历史、经济、政治、文化等各方面的影响。现有的农村社会资本还存在诸多弊端以及对农民合作的消极影响。培育农村社会资本，既需要通过加强教育、开展公民文化建设提升农民自身的素养，又需要一定的制度引导与规范，以充分发挥农村社会资本在农民合作中的积极效应。

**参考文献**

[1] 周红云：《村级治理中的社会资本因素分析——对山东 C 县和湖北 G 市等地若干村落的实证研究》，清华大学博士学位论文，2004。

[2] 罗小锋：《社会资本：理解农民合作的新视角——以马坪村为例》，福建师范大学硕士学位论文，2006。

[3] 杨林峰：《社会资本视域下的农民政治参与研究——以福建省仙游县阳谷村为例》，福建师范大学硕士学位论文，2008。

[4] 江旺龙：《社会资本变迁视角下的农村合作机制创新路径分析》，《商业时代》2012 年第 13 期。

[5] 王云飞：《论农民的组织能力和合作能力》，《安徽农业大学学报》2010 年第 11 期。

[6] 埃莉诺·奥斯特罗姆：《公共事务的治理之道：集体行动制度的演进》，余逊达、陈旭冬译，上海译文出版社，2000。

[7] 罗伯特·D. 帕特南：《使民主运转起来》，王列、赖海榕译，江西人民出版社，2001。

# 农村深化改革的区域实践

# 成都试验区推进城乡要素自由流动体制机制改革的探索与思考[*]

郭晓鸣　张克俊　高　杰[**]

**摘　要**：成都作为全国统筹城乡综合配套改革试验区，在推进以农村产权制度改革为核心促进城乡要素自由流动方面做出了卓有成效的探索，形成了一批具有首创意义的改革思路和改革模式，取得了一系列具有推广价值的经验，但由于环境的制约也存在需调适的内容，必须继续深化城乡要素自由流动改革，才能巩固已经取得的改革成果和适应新形势、经济"新常态"的要求。从全国整体来考虑，继续深化城乡要素自由流动改革，必须加快修改相关法律，破除法律上的不适条文；必须更加注重改革的系统性、整体性、协同性，才能取得更好的效果；必须花大力气破解深层次的难题，才能使改革有实质性的进展；必须鼓励基层创造，才能释放巨大的改革活力。

**关键词**：城乡要素　自由流动　改革创新

## 一　引言

资本、技术、劳动力等资源要素在城乡之间的自由流动是市场经济的内在要求和实现城乡要素相互结合、优化配置的前提，是推动二元经济结构转化和城乡发展一体化的内在动力。已有研究表明，我国诸生产要素均存在明显的城乡分割的二元体制特征，要素市场的分割直接降低了资源在

---

[*]【基金项目】国家社科基金重大项目"健全城乡发展一体化的要素平等交换体制机制研究"（批准号：14ZDA033）的阶段性成果。

[**] 郭晓鸣、张克俊、高杰，四川省社会科学院。

城乡间配置的效率,对我国统筹城乡发展来说是很大的障碍(曹飞,2013);城乡要素错配显著阻碍了中国城乡二元经济结构转化(王颂吉、白永秀,2013),从而使得城乡间经济收敛的内在机制无法发挥作用。因此,优化城乡生产要素资源配置,促进城乡要素市场一体化是城乡统筹发展、实现城乡一体化的关键(方杰,2006);必须建构城乡劳动力双向流动保障机制、资本要素自由流动激励机制、土地要素流转机制、技术扩散传导机制、优秀人才引进机制和信息交流互动机制(张国献,2012)。

近年来,成都作为全国统筹城乡综合配套改革试验区,针对土地、劳动力、资本等关键性要素,坚持以培育城乡统一的要素市场为目标,联动推进土地制度改革、劳动力转移、金融机制创新,在全国率先探索建立城乡要素自由流动的体制机制。成都试验区在统筹城乡发展的管理体制、市场体制和投入体制方面的创新,使之成为中国在加快缩小城乡差距、促进城乡平衡中"大城市带小农村"的典型"样本",为全国统筹城乡改革发展提供了经验(程又中、李睿,2011)。由于成都试验区在探索要素自由流动体制机制改革等方面的先行先试,引起了不少学者的关注和研究,如贺雪峰(2013)讨论了成都市以土地为媒介、以城乡建设用地增减挂钩为主要政策工具的城乡统筹模式;严金明、王晨(2011)总结了成都统筹城乡综合配套改革试验区土地管理制度改革创新的城乡用地"一张图"模式、集体建设用地使用权流转模式、城乡建设用地增减挂钩模式、土地综合整理模式、宅基地承包地"双放弃—退出"模式、生态搬迁模式和耕地保护基金创设模式;严冰(2009)通过对成都统筹城乡改革实践的分析,得出了很有价值的结论,即在国家现有土地制度框架下,在"确权"的基础上,通过适时、有针对性地进行政策调整与改革,农用地、农地转用以及农地经营权的让渡都可逐步采取市场定价途径,从而实现土地资源的有效配置;孙超英、刘博(2012)对成都市统筹城乡中农村投融资机制的创新性实践进行了分析,提出了充分保障权能、寻求退出机制、发展非正规金融等政策建议。然而,这些学者基本上是从某一方面对成都试验区城乡要素自由流动体制机制改革进行分析和研究,缺乏系统和全面的视角。

对成都试验区推进城乡要素自由流动体制机制改革进行全面、系统分析和总结,有利于为全国其他地区的实践提供经验和借鉴,更重要的是,随着我国经济发展进入"新常态",城乡一体化进程进入新阶段,城乡要素自由流动面临新的问题和障碍,必须继续深化体制机制创新才能巩固已有成果,把城乡发展一体化引向更高水平。本文站在新的起点上,对全国统筹城乡综合配套改革试验区——成都市的主要探索进行总结,指出存在的问题和障碍,提出新的宏观改革思路,以巩固前期成果,促进城乡要素自由流动。

## 二 成都试验区推进城乡要素自由流动体制机制改革的主要探索

成都市在探索城乡要素自由流动方面是以落实农民财产权利为基础,以破除体制机制障碍为关键,以城乡统一的市场体系为平台,突出土地、资金、劳动力等要素的联动而逐步扩展的。

### (一)以落实农民财产权为指向推进农村产权制度改革

成都市以落实农民财产权为指向,大力推进了以还权赋能为核心的农村产权制度改革。在确权颁证上,成都市不仅起步早,而且开展的是"多权同确""全域确权",也就是说对农村集体土地所有权、承包经营权,集体建设用地使用权,宅基地使用权,农民房屋所有权,林权等一起确权,并且确权的范围不是局限在一些点上,而是覆盖全域,其创立的土地确权"七步工作法",已成为全国土地确权颁证的基本步骤。成都市在前期开展确权的基础上,积极扩大成果,启动了新一轮农村产权登记颁证工作,探索开展养殖水面经营权、农业生产设施所有权、小型水利设施所有权等确权颁证试点。成都市在确权颁证的实践中逐步发现,仅有确权颁证还不能完全解决产权稳定问题,为此成都市积极鼓励和引导农民集体通过"自主、自愿、自治"的方式,讨论通过长久不变的农村产权关系,规范签订"长久不变"协议,实现农村各类产权的"长久不变"。目前,全市共有32001个村民小组各类产权达成"长久不变"协议。成都市在推进农村集体土地确权颁证过程中很重要的举措就是创新耕地保护机制,主要是利用耕地占用税、市县两级新增建设用地土地有偿使用费、一定比例的土地出让收入以及财政资金设立耕地保护基金,给予基本农田400元/亩·年、一般耕地300元/亩·年的耕地保护补贴,并把耕地保护与健全农村社会养老、医疗保险体系和完善农业保险、防范农村产权流转风险结合起来。成都市把建立健全农村产权管理服务体系作为推进农村产权制度改革的重要内容，在市、区（市）、县三级建立了农村产权管理服务中心，在乡镇（街道）成立农村产权管理服务中心，在村（社区）组建标准化管理服务站，从而构建了农村产权管理服务乡镇、村（社区）标准化平台。同时，建立和完善了市、区（市）县、乡镇（街道）和村（社区）四级农村产权制度改革纠纷调处机制，在全国率先把农村产权保护纳入法律援助范围。

## （二）以"同地同权同价"为目标推进集体建设用地入市

为推进城乡土地要素自由流动，成都市积极探索集体建设用地流转的有效途径。与全国其他许多地区一样，成都市也主要是以土地综合整治为支点探索城乡建设用地增减挂钩的路子。但是，成都市特别注重根据不同地区的社会、经济、区位情况，采取引入社会资金、村民自治管理、政府平台公司投资等多种有效模式来开展土地综合整治，形成了成都锦江区"大整理、大集中、大配套、大流转"模式、金堂竹篙镇的产村相融模式、郫县"自主融资、自主整理、自主建设、自主开发、自主收益"的"五自"模式、龙泉驿区的"生态移民"模式等。成都市的土地综合整治兼顾了农民生活条件、农村风貌、土地集约利用三重目标，并将农村零星、分散、闲置的集体建设用地整理复耕，留足农民新居建设用地和本乡、本村产业发展用地后将节余的建设用地指标，按照土地利用总体规划调剂到县城和集镇的产业集聚区使用。成都市在集体建设用地的流转制度上大胆创新，明确提出凡是合法取得并经过确权、登记的集体建设用地，包括乡村工业用地、乡村公益用地、农村房屋用地，可以出让、转让、出租、抵押、作价入股和合作等方式流转使用，流转的集体建设用地依照规划可以用于兴办工业、商业、公益事业、旅游业、服务业，也可以用于集体经济组织兴建租赁性房屋。

## （三）以放活经营权为突破口推进农村土地适度规模经营

成都市在产权制度改革成果的基础上，积极推进土地向家庭农场、种养大户、农民合作社、农业企业等新型农业经营主体流转，探索出土地股份合作、家庭适度规模经营、"大园区+小农场"等土地适度规模经营模式，总结出"农业共营制""土地托管经营制"等现代农业发展方式；还探索以"三权分置"为核心的农村承包地产权制度改革，明确经营权与承包权的权能边界，鼓励经营权流转，为提出需求的农户或新型经营主体办理单独的土地经营权证，搭建银农对接的桥梁。截至 2014 年底，全市家庭农场 2143 家，其中工商注册 482 家；种养业大户 18915 户，农民专业合作社 6190 家，其中土地股份合作社 752 家；市级以上重点龙头企业 535 家，全市龙头企业产值或销售收入（含交易额）突破 2200 亿元，全市土地流转规模经营率达 55.7%。成都市土地规模流转形成了明显的以发展特色优势农业为导向的格局，蔬菜、粮油、花卉、水果、休闲观光农业、中药材、畜禽、茶桑等各项产业适度规模经营发展较快。

**（四）以打破城乡户籍壁垒为重点推进城乡人口流动**

城乡户籍壁垒是阻碍城乡人口流动的核心要素，成都市根据"政策制度城乡统一，公共服务城乡一体，就业机会城乡均等"的思路，着力推进户籍制度改革，建立了城乡一元化户籍管理制度，较早实行了户口登记地与实际居住地一致的新体制。城乡就业服务的差异是影响城乡人员流动的重要因素，成都市建立了覆盖城乡的就业援助工作机制，并通过整合劳动和社会保障、财政、人事、农委、建委、经委、旅游、商务、妇联、团委、总工会等部门资源，构建起城乡多层次、大培训的就业培训体系。成都市在改善就业培训方面率先发放就业培训券、强化中高级培训、充分发挥和调动社会力量培训产业工人，提高了职业技能培训的针对性和实效性。社会保障制度的城乡差异是城乡不平等的重要体现，而成都市建立了"有档次之差，无身份之别"的社会保障制度体系，已经实现城乡人员自由流动的"一个突破、三个全覆盖、一个无缝衔接"的格局。此外，成都市率先实施城乡教育均衡发展战略，制定由区县教育主管部门在城乡学校之间均衡配置教师资源的"县（区）管校用"政策，并通过组建义务教育名校集团，带动新建学校、农村学校、薄弱学校快速发展，全市 20 个区县组建"一对一"的教育联盟，整体推动教育资源的跨区域流动。

**（五）以城乡二元金融制度为突破口推进农村金融改革**

城乡金融二元制度是城乡二元结构的重要方面，严重制约了现代农业发展和农村建设。成都市一方面深化地方金融体制改革，推动信用社完成股份制改革，将改制后的信用社改组为成都农商银行，推进成都商业银行改组为成都银行；另一方面积极发展新型农村金融组织，引导和争取商业银行在成都设立村镇银行，争取政策支持，扩大小额贷款公司试点，并鼓励和支持村镇银行及小额贷款公司利用农村产权制度改革成果创新农村金融产品和服务。成都市把农村金融发育与加强保险统筹起来，推进农村政策性保险试点，相继开展水稻、玉米、油菜、商品猪、能繁母猪、奶牛、马铃薯以及食用菌、猕猴桃、水产养殖等特色农业品种政策性保险。成都市最有特色的改革是创新农业和农村投融资模式，通过成立小城镇投资有限公司、现代农业发展投资有限公司、城乡商贸物流发展投资有限公司，搭建以推动现代农业、新型城镇建设和配套服务业为目标的投融资平台，改变了以往财政直接投入的方式，撬动了社会资本。开展农村产权制度改革的目的是成果的运用。成都市充分利用产改成果开展集体建设用地使用权、农村土地承包经营权、农村房屋、林权抵押融资，建立了农村产权抵押融资、土地流转收益保证贷款等，扩大了农村有效担保物范围。为规避农村产权融资新模式的风险，成都市设立了农村产权抵押融资风险基金、农村产权担保和保险风险补偿专项资金，制定了农村产权流转抵押担保管理办法、操作流程和实施细则，构建了农村产权抵押融资风险分担机制和农村产权价值评估机制，从而使成都市的农村产权抵押融资发展较快，在一定程度上缓解了农村发展的资金需求矛盾。

### （六）以交易平台为载体推进农村产权交易体系建设

为使城乡要素顺畅流动，成都市在全国率先成立了首个农村产权交易所，制定了一整套农村产权流转交易的程序、规则、流程，初步搭建了市、县、乡三级服务体系，形成了交易规则、交易鉴证、服务标准、交易监管、信息平台、诚信建设"六统一"管理模式。成都市建立了系统化的投资人信息库和项目信息渠道以及短信宣传服务平台，实现了电子交易和信息管理系统市、县、乡三级覆盖，推进农村产权交易管理系统实现从项目信息登记、审核、发布，到组织项目交易、结算、签约、出具交易鉴证、公示成交结果等全过程在信息系统内部完成，极大地提高了交易效率。同时，以成都农交所为核心，引导法律、评估、担保、公证等专业中介机构入场，通过与产权登记管理机构、产权评估机构、产权仲裁机构、公证机构、担保机构、保险企业、银行机构广泛合作，建立以农村土地综合整治项目、林权抵押融资、农业产业项目融资、资产融资、仓单质押融资为主体的一站式产权交易服务平台，还与巴中、南充、宜宾等 20 多个市州、县进行了信息联网，探索搭建四川省共同的农村产权交易市场体系。

## 三 成都市推进城乡要素自由流动体制机制改革的总体评价

通过改革创新，成都市突破经济社会发展中的诸多体制瓶颈，把城乡一体化进程向土地等要素市场纵深推进，扩展了要素流动的空间、激发了要素自身活力、提高了要素配置效率，在更大空间范围内实现了以市场为基础的城乡要素集聚和积累，为全市实现圈层融合、城乡协同发展奠定了基础。

### （一）成都市推进城乡要素自由流动改革是突破城乡二元壁垒的破冰之举

在我国前期改革红利递减、城乡矛盾日趋尖锐的背景下，如何破除城乡壁垒、激发要素活力成为各地城市化过程中所要解决的首要问题。但是，在传统体制惯性和潜在风险威胁的双重压力下，各地对改革普遍心存疑虑，迫切需要一个具有一定代表性的地区扮演探路者的角色。此时，成都等地率先启动了以建立城乡要素自由流动体制机制为目标的改革，成为突破城乡二元壁垒的破冰之举。成都所进行的城乡要素流动改革，其意义不仅仅在于实施的政策措施和取得的成效，而且在于成都的改革拉开了全国城乡要素流动改革的序幕，使城乡统筹改革的重点从产品流动向要素流动转变。更为重要的是，成都通过改革实践证明了，减少对要素流动的城乡限制不会对城市发展和农村稳定造成冲击，反而能够通过要素自由流动带动城乡资源在更广阔的空间范围内实现更加合理、高效的配置，在推动城市发展的同时实现农村的快速发展。成都的改革实践消除了对放开城乡界限后可能出现种种不可控风险的担忧，全国其他地区的相关改革逐渐启动，消除二元户籍制度、促进土地产权确认与流转等国家层面的改革也渐次推进，可以说，正是成都等地在城乡要素流动领域的破冰之举使全国城乡领域的改革进入新阶段。

## （二）成都市推进城乡要素自由流动改革是适应经济发展新阶段的前瞻性部署

经济发展进入"新常态"阶段，发展方式出现根本性变化，结构调整替代总量增长成为经济发展的首要任务，从生产要素角度看，则表现为由依靠要素投入数量支撑产出转变为依靠全要素生产率提高生产效率和产品质量。而要激发全要素生产率，首先要保证要素能够遵循市场规律实现高效配置，特别要破除人为设置的阻碍要素流动的各种制度壁垒。而这一改革，成都早在 21 世纪初已然启动，可以说，成都在城乡要素流动领域的改革是对经济发展新阶段的主动适应，是具有前瞻性和战略意义的重大举措。改革之初，成都市还是一个发展相对滞后的西部人口大市，从空间经济学角度看，其最基本的特征是"大城市 + 大郊区"。在此空间格局下，可以选择走城市优先战略，即通过大规模征地拓展城市空间、压缩农村范围，通过行政干预强制农村要素向城市集中，以牺牲农村和农业支撑城市扩张。但是成都市却选择了城乡统筹发展的道路，以农村产权制度改革为切入点，有序推进了城乡土地、劳动力、资本等要素的市场化进程，通过不断引导制度创新、完善市场机制，力图实现城乡要素的自由流动和高效配置。实践证明，成都市的城市化道路选择更加符合现代经济发展方式的需要，在城市发展的同时带动农村和农业的发展，避免了大城市病和城乡二元结构对发展的阻碍。

## （三）成都市推进城乡要素自由流动改革形成了一批具有首创意义的改革思路和改革模式

成都市的城乡要素自由流动改革是在前无历史借鉴、后无经验学习的背景下启动的。从经济发展史看，无论是欧美老牌资本主义国家还是亚洲新兴工业化国家，其发展基础、发展环境等都与我国实际情况相去甚远。从国内各地经济发展情况来看，部分地区在某些领域开始着手推进改革，如广东的城乡人力资源市场建设、集体建设用地入市改革等，但是东部发达地区的改革多为满足城市和工业发展的需求，而广大西部地区既无很好的工业基础，又必须承担起保障国家粮食安全的重任，这意味着，中西部地区的改革目标和路径与东部地区必然存在差异，国内既有的改革经验对中西部地区改革的借鉴作用非常有限。在此背景下，成都市首先准确地把握了自身作为西部大城市的实际，提出城乡、圈层、产业间协同发展的改革目标，在此基础上探索形成了一批具有首创性的改革思路和模式。如形成以股份制改革为基础的集体经济改革路径，构建了一种新的集体经济模式；在土地经营权流转方面，新津、邛崃等地探索形成农业"职业经理人""六加一"模式等农地流转与规模经营的多种模式；在集体经营性建设用地流转方面，龙泉的"拆院并院"、郫县的集体经营性建设用地流转改革等探索了城乡一体集体建设用地市场构建的可行性；在城乡劳动力流动方面，户籍制度改革在全国大城市率先突破了城乡居民的身份壁垒；在城乡资本要素流动方面，首创农村集体建设用地使用权、农村房屋、农村土地承包经营权和林权直接抵押融资模式和农村"金融仓储"模式。可以说，成都市在城乡要素流动各个领域均进行了谨慎而大胆的创新，形成了一批具有首创性的改革思路和模式，虽然部分尝试仍不成熟，但正是这种在风险可控前提下的积极探索使成都市城乡要素流动体制机制改革具有更加深刻的历史意义和现实作用。

### （四）成都市推进城乡要素自由流动改革取得了一系列具有推广价值的经验

改革开放以来，我国的工业化和城市化进程实现了跨越式发展，用三十年时间在很大程度上完成了西方用上百年时间完成的历程，特别是中国的大城市，在十几年时间内就成为高楼林立、设施现代的国际化大都市。但是，这一过程实际上是一个城市对周边农村资源集聚和吸纳的过程，必然累积起大量城乡矛盾。当城市发展到一定阶段，需要从简单的要素堆积向激发要素内生活力转变时，这些矛盾会集中显现和爆发出来，成为阻滞城市化进程的首要因素。如何解决这些矛盾以保证我国的城市化持续、健康地发展？成都市在城乡要素自由流动改革方面取得的丰富经验为各地破解这一难题提供了可借鉴的答案。从2003年改革启动至今，成都市的城乡要素流动改革已进行了十多年，部分改革成效已经显现，改革经验也被证明具有较强的可复制性和现实指导性。如以还权赋能为核心的农村产权制度改革已在全国启动，其中土地确权"七步工作法"已经成为全国土地确权颁证的基本步骤；首创的三级农村产权交易平台被全国各地广泛借鉴，成为多地农村产权交易体系建立的模板；以户籍制度改革为牵引，渐次缩小城乡公共服务差距，为全国破除城乡二元户籍制度提供了新的改革视角和思路。

### （五）成都市推进城乡要素自由流动改革仍存在需调适的内容

在城乡要素自由流动改革领域，成都市取得了显著成效，但是随着宏观形势的变化和新问题、新情况的不断出现，一些改革推进的环境、对象和目的发生了变化，需要对改革自身内容或配套改革措施进行相应的调整。一是对改革成果的固化重视程度不足。成都市的许多改革都是以"先试先行"方式推进的，部分改革内容与现行法律政策相冲突，在改革取得成效后，并没有通过权威的法规或政策给予认可和保护，致使改革推进者面临的风险较高，动力弱化。随着改革的深入推进，土地制度改革、农村金融改革等面临的法律法规约束越来越明显，部分改革已经步入瓶颈区，面临举步维艰、难以推进的尴尬局面。二是部分改革需要实现突破。在前期改革中，受法律法规限制或基于风险考虑，部分领域的改革推进得过于谨慎，但是城乡经济的发展又亟须相关改革的有效推进，如农村宅基地跨区域流转、农村土地承包经营权与宅基地的有偿退出机制等改革。在深化改革阶段，成都应发挥"先行先试"作用，在全国率先实现突破。三是部分遗留矛盾亟须得到妥善解决。在改革过程中，成都市采取了"先易后难、循序渐进"的改革方式，确保了改革的有序平稳推进，但也存在部分矛盾复杂、困难突出的内容被搁置的问题，如农村争议土地的确权问题、土地产权"长久不变"的具体解释问题、小产权房问题、农村产权融资抵押物的处置问题等，部分问题看似一个个孤立的小问题，却是一些深层次矛盾的现实反映，因此改革遗留问题如果无法得到妥善解决，可能会引发更大的矛盾。

## 四　继续深化城乡要素自由流动改革的进一步思考

城乡要素流动改革是一项涉及多方利益、事关城乡发展前景的重大系统性改革，需要分步骤地渐次推进。目前全国不少地方在农村产权的确认与保护、土地等要素市场的初步建设等方面取得了显著成效。然而，作为一项涉及全局的重大改革，城乡要素自由流动改革一经启动，必须持续、深入地进行下去，一旦停滞不前，不仅无法完成改革任务，甚至会使前期改革成果尽毁。如成都市的农村产权制度改革，前期投入亿元资金和大量人力基本完成确权颁证工作，但此时又出现了产权"虚置""铁证不铁"等趋向，部分村庄甚至开始半公开地调地，如果不在土地流转和配套制度建设方面进行突破性的改革，前期确权成果将很快消失。在劳动力、资本要素领域也出现了类似的问题，唯有以改革巩固改革、以改革推进改革，才能够全面完成城乡统筹改革目标。在我国经济发展进入"新常态"后，经济发展更加注重结构调整和优化，作为经济结构的重要内容，城乡关系的调整和优化必将成为重点。通过这些年的不断探索，我国在统筹城乡发展方面取得成效的同时也出现了一些新的问题和矛盾，加之经济增速放缓，结构调整使过去被较高经济增速掩盖的深层次矛盾显现出来，如不断加剧的人地矛盾、劳动力流动受阻、城市"回波效应"下产生的农村空心化问题等。从根本上看，这些问题和矛盾的出现原因在于城乡间要素流动不畅造成的城乡资源配置效率低下，进而阻滞了城乡的协调发展。解决新阶段存在的新问题、新矛盾，必须通过深化改革，全面消除城乡间要素流动的阻碍因素，建立起促进城乡要素自由流动的体制机制。从宏观层次思考，继续深化我国城乡要素自由流动体制机制改革，需要注意以下方面。

### （一）继续深化城乡要素自由流动改革必须加快修改相关法律

从我国地方要素流动改革实践看，面临的制度阻碍和政策冲突比较多，其中法律限制十分明显，如土地承包经营权、集体建设用地使用权、农村房屋所有权的流转仍然受到《农村土地承包法》《土地管理法》《物权法》《担保法》等相关法律的限制；农用地、宅基地在法律法规上不是金融机构认可的合法抵押担保物；要素流动的主体模糊，集体经济组织、成员的法律地位、权利边界都面临"无法可据"的尴尬，集体所有权的权益也不明确。政策不明、缺乏可操作性也对实践探索产生了不利影响，如农村产权"长久不变"的实现形式、途径缺乏操作办法，导致新增人口基于自身利益的需求与产权固化的矛盾开始显现；农村产权权能还不完整，确权后农村产权流转的办法、种类、范围都尚未统一；集体经营性建设用地入市相对范围过小，对建立城乡统一的建设用地市场作用有限；农业转移人口的居住变化与身份转变没有统一，享受的公共服务存在较大差别等。因此，必须加快修改《农村土地承包法》《土地管理法》《物权法》《担保法》等相关法律的步伐。

## （二）继续深化城乡要素自由流动改革要更加注重系统性、整体性、协同性

我国有的地方已经开展的要素自由流动改革实践，总体而言在某一方面的单一突破较多，如土地确权颁证、土地承包经营权流转等，而系统性、整体性、协同性不足，表现为：农村产权制度改革与金融制度改革不协调，造成农村产权仍不被作为金融机构认可的抵押物；土地制度改革与户籍制度、社会保障制度改革不协调，仍在相当程度上承担社会保障功能，严重制约土地规模化流转；推进农业转移人口城镇化与土地有偿退出机制构建不协调，严重削弱了农业转移人口市民化动力；城乡之间金融体制改革不协调，农村金融抑制现象十分突出，导致农业和农村发展缺乏现代金融的有效支撑；人口要素流动与公共服务配置不协调，错位现象突出，造成公共服务的浪费与闲置并存等。推进城乡要素体制机制改革的目的是通过要素自由流动促进优化配置，最大限度地提高要素使用效率，如果只是某一要素的单兵突进，显然难以取得叠加的效果。经过多年的改革发展，我国城乡经济社会结构已经发生了深刻变革，城乡要素自由流动改革涉及的利益关系更加复杂、目标更加多元、影响因素更加多样、任务更加艰巨。应该看到，城乡要素自由流动改革不仅仅涉及要素本身的问题，还涉及公共服务、社会保障、城镇化、乡村治理等一系列问题，改革的综合性强。同时，当前我国经济发展进入了速度放慢、结构调整、动力转换的新常态，城乡要素改革必然面临更为突出的挑战，靠单兵突进更难以奏效。必须树立系统性思维，做好整体谋划和顶层设计，加强各项改革之间的衔接配套，才能提高城乡要素改革的效果。

## （三）继续深化城乡要素自由流动体制机制改革必须聚焦破解深层次的难点和重点问题

推进城乡要素自由流动改革走到今天，浅层次的改革大多已经充分展开，碰到的更多的是深层次的难题，在土地要素方面有：农村土地承包经营权"长久不变"的实现形式，农村土地承包经营权确权登记颁证的法律效力，土地集体所有权、农户承包权、土地经营权如何实行"三权分置"，宅基地使用制度改革与有偿退出机制如何构建，土地流转价值如何评估，农村集体经济组织法人地位确定、集体经济组织成员认定办法、程序和进

退机制，集体建设用地入市的收益如何在国家、集体、个人之间分配。人口、劳动力、资本方面的难题有：农业转移人口市民化的成本分担机制如何确定，如何与财政转移支付挂钩，如何引导资本、技术、人才等要素向农村流动，与农业农村发展相结合，农村人口集中居住后的社会治理机制如何创新等。这些难题不能绕过去，也不能长期处于探索试点阶段，必须聚焦深层次的难点和重点问题一个个地破解。

**（四）继续深化城乡要素自由流动改革应在加强顶层设计的条件下大胆鼓励地方和基层创造**

20世纪八九十年代，面对计划经济的体制困境和传统的条条框框，政府鼓励解放思想、开动脑筋，打破条条框框，创造了很好的改革氛围，才建立了今天形成市场经济体制的良好局面，解放和发展了生产力。现在改革的环境已经与八九十年代不一样，市场经济体制和相关法律已经建立，深化改革不仅面临已有法律的制约，而且还要求改革必须得到授权才能进行。同时，现在的改革越来越难以使各方面都满意，其效果也可能不如我国改革之初所进行的家庭联产承包制、扩大企业自主权等改革明显，但出现的风险概率越来越大。为了促进改革的有序规范运行、防范风险，中央政府加强了各方面改革的顶层设计，出台了各种实施方案，但当前的主要问题是地方和基层干部群众推动改革的动力不足。如何激励地方和基层干部群众支持改革、参与改革成为当前需要解决的问题。中央政府应当在把握方向、坚守底线的前提下，鼓励基层积极探索、大胆创新，在创新的过程中要允许失败，失败了要形成宽容的气氛。要建立鼓励地方和基层创新的激励机制，使在改革"深水期"能够按照"三个有利于"标准大胆改革、敢于担当的干部得到认可。应当强调的是，在深化城乡要素改革的过程中，要把实现好、维护好、发展好广大农民的根本利益作为出发点和落脚点，切实保障农民合法经济利益，尊重农民民主权利。

**参考文献**

［1］曹飞：《城乡统筹进程中的要素整合机制研究》，《贵州社会科学》2013年第3期。

［2］王颂吉、白永秀：《城乡要素错配与中国二元经济结构转化滞后：理论与实证

研究》,《中国工业经济》2013年第7期。

[3] 方杰:《统筹城乡生产要素资源配置促进城乡要素市场一体化》,《商场现代化》2006年第10期。

[4] 张国献:《利益协调视域下城乡生产要素双向自由流动机制研究》,《当代经济科学》2012年第6期。

[5] 程又中、李睿:《城乡统筹发展经验:成都"样本"考察》,《华中师范大学学报》(人文社会科学版)2011年第1期。

[6] 贺雪峰:《统筹城乡路径研究——以成都统筹城乡实践调查为基础》,《学习与实践》2013年第2期。

[7] 严金明、王晨:《基于城乡统筹发展的土地管理制度改革创新模式评析与政策选择——以成都统筹城乡综合配套改革试验区为例》,《中国软科学》2011年第7期。

[8] 严冰:《城镇化的"土改"路径——以成都统筹城乡改革实践为例》,《城市发展研究》2009年第1期。

[9] 孙超英、刘博:《统筹城乡背景下农村投融资机制创新研究——成都案例》,《西南金融》2012年第2期。

# 新疆新型农业合作经济组织发展探析

宋建华[*]

**摘　要：** 构建新型农业经营体系，培育新型农业经营主体，是新时期深化农业和农村改革，转变农业经营方式，推进城乡一体化进程的重要举措。大力发展新型农业合作经济组织，实现集约化、专业化、组织化、社会化相结合的转变，将有利于推动现代农业整体向更高层次发展。本文着重分析新疆新型农业合作经济组织发展的现状，指出新型农业合作经济组织发展的现实困境，提出新型农业合作经济组织发展必须以维护农民的根本利益为前提，不断探索与生产力发展水平相适应的新型农业合作经济组织的实现形式，加强法律保障和政策扶持，提高组织发育程度，加大人才培养和引进力度，完善运行机制等对策建议。

**关键词：** 新型合作组织　农民专业合作社　对策建议　新疆

## 一　新疆新型农业合作经济组织发展现状

近年来，随着农业和农村市场化改革的加快，国家支持合作社发展的利好政策不断出台，新疆作为一个农业大区，在粮食、棉花、林果、畜牧、区域特色农业和设施农业六大产业方面进行一系列政策扶持，新型农业合作经济组织得到较快发展，合作社实力明显增强，管理运作不断规范，带动农民增收作用进一步加大。

---

[*] 宋建华，新疆社会科学院经济研究所。

## （一）合作主体多元化，利益联结更加紧密

新疆各地积极引导和鼓励农村能人，以及乡村集体经济组织、基层供销社、龙头企业、农机、农技服务部门等组织，牵头创办农民专业合作社。同时，通过创新和完善自身机制，引导成员与其建立利益共享、风险共担的利益共同体，合作社得到了较快的发展。

**1. 主体更加多元**

新疆各级政府通过政策引导、资金扶持，鼓励农村一部分种植、养殖大户和一些有经济头脑的农村能人建立合作社，利用自身技术、资金等优势，借助现代网络营销模式组建新型合作组织。根据自治区农经局2014年统计数据，由农村能人、种养大户、农民经纪人牵头带动的合作社达11246个，占总数的92.7%；由企业牵头的有80个，占总数的1.5%；由基层农技服务组织牵头的55个，占总数的0.5%；其他类型634个，占总数的5.3%（见图1）。目前新疆合作社领域不断拓宽，合作的范围向纵深不断延伸，对解决当前家庭联产承包责任制中"小农户"和"大市场"的问题作用颇大，已经成为推进农业经营体制机制创新、转变农业发展方式的突出亮点。

**2. 利益联结更加紧密**

通过创新完善机制，让成员的利益和风险进行挂钩，从而有效地发挥合作社的作用，取得很好的效果，主要体现在以下两个方面。一是提升财务管理水平。大部分合作社聘用专职或兼职专业会计人员，建立会计账本，使用规范的会计方法，从而对合作社的资金进行有效的监管控制。二是逐步实现了二次利益分配。发展效益比较好的合作社根据章程和股权分配原则，对盈余进行了合理的分配，让成员享受到合作社的红利，使成员的利益和风险紧密联结起来。全疆提取公积金、公益金及风险金的农民专业合作社1009个，占全疆合作社总数的8.4%；实行可分配盈余按交易量（额）返还的合作社1214个，占总数的10.1%。

## （二）合作社发展迅速，带动能力增强

进入21世纪以来，新疆的合作组织发展迅速，数量明显增加，合作的类型多样化，经营范围广泛，带动能力增强，农户可持续增收效果明显。

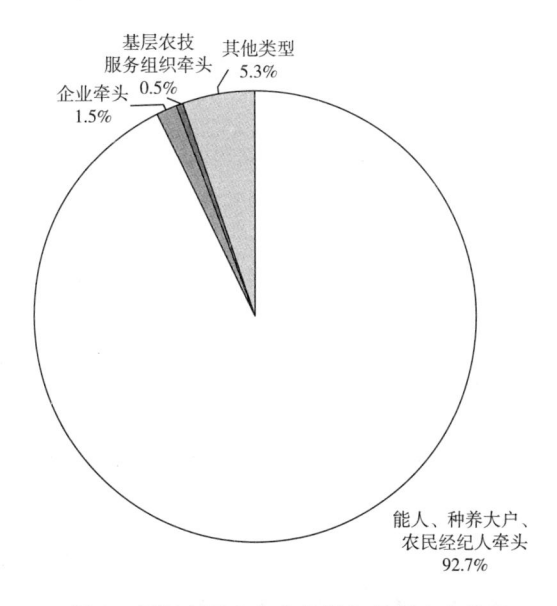

**图 1　新疆农民专业合作社组织领办人情况**

资料来源：新疆维吾尔自治区农经局 2014 年统计资料。

**1. 合作组织数量明显增加**

2007 年，新疆仅有农民专业合作社 510 个，但到 2013 年底就上升至 12071 个，7 年里全疆合作社的数量就增加了约 23 倍（见图 2）。其中，从事产加销综合服务的合作社 5009 个，占总数的 41.5%；以生产服务为主的 2989 个，占 24.8%；以农产品购买服务为主的 1184 个，占 9.8%；以仓储、运销、农机加工服务为主的 764 个，占 6.3%；其他 2125 个，占 17.6%。仅 2013 年，被农业部门认定为示范社的就达到 636 家，总数比 2012 年底增长 190%。

**2. 带动农户能力明显增强**

合作社作为一种新型集体经济组织形式，有效解决单个农民、农户办不了的事情，同时也弥补了政府和有关部门服务不到位的问题，已成为当前农村解决"三农"问题的"生力军"，在农业现代化发展、新农村建设和农民增收方面发挥不可替代的作用，对非合作成员的农户带动作用也日益凸显，主要体现在技术支持、产品销售等环节。2007 年带动非成员农户数量是 10.9 万户，到 2013 年就增加了 68.7 万户，达 79.6 万户，带动农户数量占全疆农户比重也由 2007 年的 7% 上升至 2013 年的 31%。合作组织成员人均收入比全疆农民人均纯收入高出 30%。

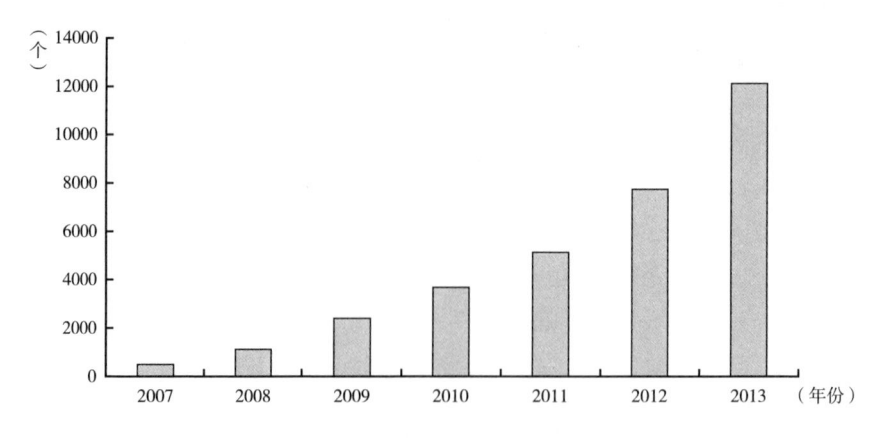

图 2　2007~2013 年新疆农民专业合作社数量变动情况

资料来源：新疆兴农网及自治区农经局统计资料。

## （三）合作组织规模化，联合优势逐步显现

通过建立配送中心、直销点及网上交易等形式加强联合，提高合作水平。2013 年全疆农民合作社统一组织销售农产品总值 71.4 亿元，比上年增长 30%；统一购买农业生产投入资料总值 21.8 亿元，比上年增长 40.2%。采取有效措施大力拓宽合作社销售渠道，不断提高合作社产品的市场竞争力。2010~2013 年，在财力紧张的情况下，拿出 820 多万元，共扶持"农超对接"合作社项目 36 个，先后组织 100 余家合作社参加国家和自治区组织的农产品交易会。2013 年，自治区又确定乌鲁木齐等 4 个试点城市开展"农社对接"，截至 2013 年底，开展农社对接的合作社达到 362 个，在 1084 个社区开设合作社产品直销店，门店总面积达 7 万平方米，覆盖消费人群 430.77 万人，合作社直销店销售额达 5 亿元，销售额占总销售额的四分之一强。

新疆陆续出现了多种形式的农民专业合作社联盟，促进新疆合作社不断"做大、做优、做强"。塔城地区组建合作社联盟 12 家，带动成员合作社 60 家，建立标准化生产基地 22 万亩，通过联盟组织签订生产合同 19.4 万亩，签约金额 3.6 亿元，合作社成员收入比非成员收入高 3000 元，合作社联盟在构建合作社发展特色、生产优质农产品方面发挥了巨大作用。昌吉州实行土地联营的合作社 112 家，面积达 65 万亩；实行土地租赁的合作社 95 家，面积 8.61 万亩。全疆各地以合

作社为载体，加大推广节水、机播机采技术，实现规模化经营，取得较大成效。

### （四）合作机制规范化，合作层次逐步提升

通过创新决策机制、分配机制和组织机制，使合作社与社员之间建立起紧密的责、权、利益、风险联结关系，新疆合作组织进入规范化发展阶段，合作层次逐步提升，呈现健康、快速的发展势头。

**1. 运行机制规范**

按照合作社规范要求，进一步建立健全章程、组织机构、财务管理、民主决策、盈余分配等管理制度和程序，改变发展初期存在的制度不健全、财务混乱、少数人说了算和分配不均等现象，运行中不断优化治理结构和股本结构。全疆近十分之一的合作社将所得利润按社员交易量或交易额进行盈余分配，有的合作社建立了公益金和公积金、风险基金，用于风险防范和公益事业。据自治区农经局数据，2013 年，提取公积金、公益金及风险金的农民合作社 1009 个，实行可分配盈余按交易量或交易额返还的农民专业合作社 1214 个，金额达 4.67 亿元，开展成员内部信用合作的农民合作社 2522 个。为进一步规范合作机制，昌吉州研发了合作社管理与监测体系软件，涵盖了合作社运行、动态监测和管理全过程等 420 项指标，初步建立了农民专业合作社电子档案信息库。

**2. 合作层次逐步提升**

合作社由最初的单一的技术支持、劳动互助发展到信息共享、资金互助，合作范围也从生产领域逐步向仓储、流通、加工、购买服务等经营领域扩大，从简单的购销环节合作向产前、产中、产后一系列的配套服务合作发展。合作层次不断提升，内在功能不断完善。截至 2013 年底，全疆拥有注册商标的合作社 796 个，占合作社总数的 6.6%；通过农产品质量认证的农民专业合作社 311 个，占合作社总数的 2.6%。

### （五）扶持力度明显加大，发展环境更加优化

当前，新疆农民合作社的发展进入一个新阶段，面临的外部环境变化很大，有关农民专业合作社发展的政策和法制体系逐步完善。特别是从 2009 年起，自治区财政每年安排 2000 万元用于农民专业合作社示范社建设，2011 年又将中央财政扶持的 1190 万元资金捆绑使用，4 年累计投入

1.11亿元，先后扶持了503个农民专业合作社示范项目。2011~2012年，自治区人民政府相继出台了加快农民专业合作社发展的意见和办法，各地方政府也相继出台了一系列有利于合作组织发展的政策和制度。2013年10~11月，自治区共组织35家合作社参加了第二届新疆农产品（北京）交易会、第九届中国国际农产品（成都）交易会和商务部、农业部西安农超对接进万村活动，合作社销售农产品金额达443.4万元；签约及达成意向金额13.5亿元。有效地拓宽了区外市场，宣传了地区示范社和农产品品牌。同时，各级党委政府把大力培养合作社人才作为一项重要基础工作来抓，2010~2013年共安排地、县农经部门合作社培训项目119个，培训资金785万元，共培训示范社带头人、合作社辅导员3080人次，为新疆合作社发展提供了强有力的人才支撑。

## 二 新疆新型农业合作经济组织发展中存在的主要问题

### （一）优惠政策落实较难

近年来，国务院、自治区人民政府相继出台了关于加快农民经济合作组织发展的改革文件。2011年自治区人民政府出台了《关于加快农民专业合作社发展的意见》。2012年6月，经自治区人大审议通过的《自治区实施〈农民专业合作社法〉办法》开始施行，明确了农业行政主管部门和农经部门指导、协调和服务农民专业合作社发展的具体职责。2014年7月，自治区农业厅、农业银行新疆分行共同出台了《新疆维吾尔自治区农民合作社信用评价实施意见》；8月，自治区财政厅、自治区农业厅、自治区信用社联合社联合下发《新疆维吾尔自治区财政扶持农民合作社贷款担保资金管理办法（试行）》；10月，自治区财政厅、农业厅、林业厅、水利厅、畜牧厅共同下发了《自治区财政支持农民合作社发展的意见》。进一步健全了农民合作社财政扶持、税收优惠、金融支持、用地用电等优惠政策，自治区财政厅每年拿出2000万元的财政专项资金支持合作社的发展，部分县市也拿出相应配套资金加以支持。据统计，2013年获得财政扶持资金支持的合作组织有153个，获得扶持资金3001万元，占全区合作组织总数的1.3%，发挥了示范引路的作用。但扶持力度与新疆农民专业合作组织发展的需求矛盾突出，2000多万元的扶持资金相对于12000多家合作社而言，是杯水车薪。目前，部分地州落实合作社组织用地、用电、税收等优惠政策还不坚决，执行力还不强，资金扶持尚未落实，合作社贷款难的问题比较普遍，发展后劲乏力，一定程度上影响了农民创办合作社的积极性。

### （二）服务带动能力较弱

新疆大多数的新型农业合作经济组织以弱势群体联合为主，起步阶段组织规模偏小，配套设施建设相对落后，市场竞争力较弱，影响力有限，多数合作社以鲜活农产品生产、购销为主，仍然局限在产中环节为成员提供技术、信息服务。整体看真正涉足农副产品深加工的合作社不仅数量少而且组织程度低，大部分合作组织仅有几名或十几名成员，辐射带动农户20～50户，主要从事简单粗加工工作，科技含量低，产业链条短，产品附加值不高，很难适应竞争日趋激烈的市场。目前，全疆有12000多个新型农业合作经济组织，70%的合作社仅开展了简单的生产、技术、信息服务，大部分合作组织很少开展紧密型的经营活动，虽然有些合作社注册了商标，但因缺乏运营资本、营销策略，品牌影响力小，市场竞争能力不强，对促进合作组织的自我发展和向产业化方向发展的作用极其有限，获利空间有限，服务带动能力弱。

### （三）带头人素质亟待提升

一方面，许多农民受教育水平低，思想观念落后，农牧民合作意识和市场竞争意识都极低，成为新型农业合作经济组织发展的障碍。另一方面，农业劳动生产率低，农业经营收入不高，很难吸引优秀人才加入，既懂管理又懂经营的人才匮乏。缺乏能力强的带头人，已经成为制约新型农业合作经济组织发展壮大的最大瓶颈。

在全疆12000多个新型农业合作经济组织中，理事长、监事会成员，大多只有初高中文化程度，个别有大专学历，但作为新型农业合作经济组织的领导者和管理者，不但要有过硬的技术和企业管理知识，还要具备适应市场经济的意识和能力。虽然近几年来新疆加强了短期的集中培训，但是培训没有制度化，规范化，加上培训层次和水平不一，培训效果和持续性都有待进一步提高。

## （四）运行机制不健全

目前新疆大多数新型农业合作经济组织在组织结构、民主决策、管理制度、利益分配等方面尚不规范，内部管理制度流于形式，合作社与成员之间合理的利益分配机制尚未完全建立。许多合作组织在成立时只有股东出资成立，会员不用交会费和股金，因此，股东和普通会员在职权上相互分离，造成组织内部"责权利"不清，产权关系模糊，合作组织的公共财产与"领头人"、农户个人的资产所属不清，造成组织内部动力不足，影响了合作组织的稳定发展。多数合作社未建成员账户，建立成员账户的也仅限于出资额和财政补助资金量化份额等内容，与成员的交易量、交易额及盈余返还等未作登记。成员大多是通过合作社购买种子、化肥、农药等生产资料，或通过合作社销售产品时享受价格上的优惠，真正实现二次返利的合作社相对较少。

# 三 加快新疆新型农业合作经济组织发展的建议

## （一）新型农业合作经济组织的发展必须以维护农民的根本利益为前提

农村专业合作经济组织作为农民自己的组织，必须体现"民办、民管、民受益"的原则。新疆在培育和发展农民专业合作经济组织时，要突出以农民为主体的指导思想，尊重农民意愿，使其独立自主、进出自由地开展劳动合作、资本合作、技术合作和营销合作。任何地区新型农业合作经济组织的发展都要以切实维护农民的利益为前提，这样才能充分调动农民参与合作组织的积极性，真正实现新型农业合作经济组织发展的宗旨。各级政府部门应扮演好自己的角色，既要防止放任不管，又要防止管理过度，坚持"引导不领导、扶持不干预"的基本准则。

## （二）不断探索与生产力发展水平相适应的新型农业合作经济组织的实现形式

合作组织的发展必须与生产力发展水平相适应，任何违背合作组织历史发展规律的做法都将与其发展宗旨背道而驰，最终受到损害的是广大农民的根本利益。目前，新疆新型农业合作经济组织呈现出多种模式共同发展的格局，有龙头企业带动型、能人大户带动型、中介组织演变型、农技服务部门带动型和政府推动扶持型几个类型。不论选择哪一种实现形式，都要以新疆的现实情况为前提，只有这样，才能真正依托当地特色产业发展合作经济组织，逐步实现新疆农业经济的可持续发展。

### （三）加强法律保障和政策扶持，营造有利的发展环境

新型农业合作经济组织的创建和发展离不开法律保障和政策扶持。农民合作社涉及多产业、多领域，需要各级政府部门加强统筹协调力度，不断完善政策措施，在资金、税收、人才、土地、用电等方面给予大力支持。一是建议财政扶持资金实行差别化政策。东部地区合作社发展水平较高，地方财力情况较好，国家可以不投入或少投入。对西部特别是新疆南疆四地州，从国家层面上应加大资金扶持力度，提高新疆农民合作社整体运行质量和发展水平。二是建议相关金融部门制定支持新型农业经营主体的配套政策。尽快出台针对合作社、家庭农场贷款抵押、质押的具体办法，降低贷款门槛，扩大信贷额度，创新信贷支持方式，切实解决贷款难的问题。

### （四）加强联合，扩大规模，提高组织发育程度

要克服新疆各类合作组织"小、散、弱"的状况，必须突破地域和资金的限制，鼓励合作组织之间的合作、联合。既要加大地区内部的联合，又要加大与其他地区或部门的联合，通过纵向和横向的联合，逐步提升合作社的生存发展能力。针对新疆是农牧业大省的具体情况，加强农区和牧区之间的农民合作组织的联合很有必要。农区中以种植业为主的合作社与牧区中以养殖业为主的合作社的联合，在农区和牧区形成跨区域的联合，既节约了成本，又节省了时间，从而提高了合作组织的经营效率。新疆可充分借鉴各试点省区的成功经验，结合本地实际，以特色产品为主导建立生产、加工、销售一体化经济实体，在农民专业合作社中开展农村金融的互助合作，逐步实现农业产业化经营。

### （五）加大人才培养和引进力度，克服人才瓶颈

一是加强合作思想的宣传教育，增强农民的合作意识，使其从思想上

认识到合作的益处。二是大力开展合作组织成员的教育培训。应当将建立健全农民专业合作社教育培训机制纳入各项财政支农培训计划，按照分类指导、分级负责、注重实效的原则，每年制定合作社负责人、管理人员、业务骨干和成员的培训计划与目标，培养一批了解国内外市场信息、有眼光有胆识的农村经营人才，有效化解长期制约农业发展的买难、卖难问题。三是制定引进新型农业合作经济组织管理、技术人才的政策。建立利益激励机制，引进各类人才，以科技带动农业，不断推进新型农业合作经济组织的可持续发展。结合国家"西部计划"和"三支一扶"人才战略，出台高校毕业生到合作社工作列入大学生西部志愿者计划的政策，鼓励和支持大学生到合作社创业，享受国家规定的有关待遇补助。

### （六）完善运行机制，增强内在发展动力

一是健全民主管理制度。按照现代企业制度的要求将所有者、管理者和经营者的权力分开。二是建立风险控制机制。必须建立完善的自身积累与发展机制，以抵御市场竞争中的各类风险。第一类是设立风险储备金，主要用于抵御各类市场风险。第二类是建立农户之间的互助资金，即以会员的股本作为资金，使合作组织拥有固定的资本存量。第三类是合作组织吸引外来资金参与发展建设，鼓励非政府机构对合作组织给予资金和技术支持，从社会吸纳大量资金，大大提高抵御风险的能力。三是完善利益分配机制。建立科学合理的利益分配机制，实现多样化股权结构，逐步形成一个紧密型的经济利益共同体。

**参考文献**

[1] 郭艳芹、孔祥智：《新疆农民专业合作社发展案例分析》，《中国农民合作社》2010年第3期。

[2] 宋建华：《2014~2015年新疆"三农"形势分析与预测》，载《2014~2015年新疆经济社会形势分析与预测》，新疆人民出版社，2015。

[3] 黄祖辉、高钰玲：《农民专业合作社服务功能的实现程度及其影响因素》，《中国农村经济》2012年第7期。

[4] 石玉梅、张敏：《新疆农民专业合作社发展现状、存在的问题及对策探析》，《安徽农业科学》2010年第32期。

[5] 余国新、刘维忠：《新疆贫困地区产业化扶贫模式与对策选择》，《江西农业

学报》2010 年第 7 期。
［6］黄祖辉、扶玉枝：《合作社效率评价：一个理论分析框架》，《浙江大学学报》（人文社会科学版）2013 年第 1 期。
［7］陈锡文：《构建新型农业经营体系刻不容缓》，《求是》2013 年第 22 期。
［8］农业部：《农业部关于切实做好 2014 年农业农村经济工作的意见》，《中华人民共和国农业部公报》2014 年第 2 期。

# 重庆市农地"三权分离"环节中的
# 社会化服务问题研究[*]

朱莉芬[**]

**摘　要**：农业社会化服务体系是现代农业发展的重要支撑。当前农业社会化服务体系不完善，在农业社会化服务组织、服务内容、服务体系建设、服务方向和服务需求等方面还存在诸多问题。重庆市政府围绕农地"三权分离"改革问题进行了系列探索，创新服务体系取得了较好成效。针对重庆农地"三权分离"不同环节存在的农业社会化服务供给不足，提出了"三权分离"前加强信息服务、完善政策服务和健全评估服务；"三权分离"中做好中介服务和规范合同服务；"三权分离"后加强保险服务、拓宽农业信贷服务和加强农业科技服务的系列政策建议，以促进农地"三权分离"实现和现代农业的发展。

**关键词**：农地　三权分离　社会化服务　研究

农业社会化服务体系是在家庭承包经营的基础上，为农业产前、产中、产后各个环节提供服务的各类机构和个人所形成的网络（孔祥智等，2009），是农业生产力水平发展到一定阶段的必然产物。2008年以来，中央一号文件连续提出发展现代农业的要求，将构建和完善农业社会化服务体系作为当前现代农业经营体系发展的重要环节和现代农业发展的必然要求。在全面推进农业现代化建设的进程中，各类服务主体在"全局性"服务理念的指导下，为农业的产前、产中、产后提供优质、高效、全面、配

---

[*]【基金项目】国家社会科学基金项目："成渝经济区建设进程中的土地集约利用问题研究"（11CGL103）。
[**]朱莉芬，重庆社会科学院农村发展研究所。

套的公益性服务及经营性服务、专项服务及综合服务，通过沟通机制、激励机制、问题解决机制等形成合力机制，打造出以政府为主导，以合作经济组织为基础，以公共服务部门为依托，以其他社会力量为补充的现代新型农业社会化服务网络（楚国良，2013）。但是，学者们通过研究，发现当前农业社会化服务体系不完善，还存在如农业社会化服务组织不健全、服务内容与农民的需求差距大、服务体系建设和发展缓慢、服务方向忽视产后环节服务以及服务的供需矛盾突出等诸多问题（黎阳，2011；张江海，2010；王建增，2011；周泽宇，2014）。

随着城乡综合配套改革的进一步深化，农村集体土地产权制度要顺利裂变为农村集体土地所有权、农村集体土地承包权和农村集体土地经营权"三权分离"，建设和完善农业社会化服务体系是非常必要和关键的。本文以重庆市农地"三权分离"环节中社会化服务现状为切入点，深入分析农业社会化服务体系建设中存在的不足，提出促进重庆市农地"三权分离"的农业社会化服务的对策建议。

## 一 重庆市农地"三权分离"环节中的社会化服务现状

重庆市农业社会化服务组织包括基层农技推广服务组织、农资经营性服务组织、农业科技园、农民合作社、农业行业协会、专业服务公司、农民经纪人、涉农企业、供销系统组织等。据市农委统计，截至2013年底，全市农民合作社累计达1.86万家，农村股份合作社达到1845家。参加合作社的成员达295.7万户，农民参合率达到44.9%，高于全国平均水平。全市已有33个区县、869个乡镇建立了农村土地流转服务机构，30个区县建立了农村土地流转市场，37个区县成立了农村土地承包仲裁委员会，6个区县开展了农村土地流转管理和服务试点。

总体来看，近年来，重庆市政府围绕农地"三权分离"改革问题出台了系列相关文件。一方面，在机构建设方面抓紧建设乡镇或区域性公共服务机构，制定政府购买服务制度，提高农业社会化服务的公益性地位；另一方面，要求积极培育农业经营性服务组织，扶持农民专业合作社、专业服务公司、专业技术协会、农民用水合作组织、农民经纪人、涉农企业等社会力量广泛参与社会化服务体系建设。在创新服务体系方面，鼓励搭建区域性农业社会化服务综合平台，整合资源建设乡村综合服务社和服务中心，探索多种服务模式，已取得较好的成效。

## 二 重庆市农地"三权分离"环节中社会化服务存在的不足

通过对重庆市农地"三权分离"环节中的社会化服务现状进行调研，发现重庆市新型农业经营主体对农地"三权分离"环节中的社会服务需求旺盛，但当前服务体系还存在很多不足。

### (一)"三权分离"前

**1. 信息服务**

一方面，重庆市农地流转市场的交易平台尚未建立，缺乏农地流转信息中介服务平台。即使少数试点区县建立了网上信息平台，但也是各自独立，没有实现联通。同时，农地流转信息传播途径不顺畅，农户缺乏主动的信息掌控行为，导致想转出土地的农户难以转出，而想转入土地的企业疲于与分散农户谈判，无疑增加了交易成本，造成了大规模农地流转的困难。另一方面，缺乏一个面向公众、信息全面、覆盖面广的土地流转数据库。公众在农地"三权分离"前难以从网上获得较为全面的土地流转数据以及统计图表。

**2. 政策和制度服务**

一方面，农地"三权分离"所需要的社会化服务政策还不够明确。虽然当前的政策已经加大了对农业经营主体的关注度，但是政策规定多偏向农户经营主体产前的信息支撑、产中的生产技术服务、产后的产品流通，对农地"三权分离"环节中的农业社会化服务鲜有规定，已有的也只是寥寥数语，提出了工作目标和达成的愿景，缺乏切实可行的具体操作步骤，使得现有的实践都处于探索阶段，无准确的政策条文可循，社会化服务面临的问题部分也是相关政策滞后所带来的问题。另一方面，土地承包经营权流转的制度还不够健全。政府在为农地流转服务的过程中还没有建立完善的服务配套制度，使农地流转机制不活，如农地流转中的登记制度、交易制度、中介服务制度、价格制度、管理制度等都不完善，在实际操作中引发了不少纠纷。目前，对农村土地经营权的价值认定、土地经营权抵押登记都缺乏权威部门来规范操作，尤其是实践中各地对土地经营权价值认定标准不统一，具体的规章制度还不健全。

**3. 经营权评估服务**

一方面，评估服务机构不健全。由于缺乏土地流转价格评估机构，在流转过程中，往往没有考虑地域差异，也没有顾及土地升值和物价上涨等因素，容易产生纠纷。为防止农户盲目流转土地，让农户对土地流转的收益、土地转出后的责任、转出后的权利等有较全面的了解，亟须中介机构在承接农户土地转出申请或登记时，对其转出土地后的生活来源、劳动力转移等情况进行可靠的调查与初步的评估、判断，真正让农户通过土地流转实现农业生产要素的优化配置，充分发挥农业生产要素的效用。另一方面，对评估的操作规定太笼统。重庆市工商局出台的《关于农村土地承包经营权入股设立公司注册登记有关问题的通知》中，规定"以农村土地承包经营权或者其他非货币财产出资的，应由会计师事务所进行资产评估，并根据资产评估结果进行验资""登记机关在核定公司注册资本时，应当在公司营业执照的注册资本和实收资本栏目加注（农村土地承包经营权作价出资××万元）"，这种笼统性的规定只能在一定程度上规范土地经营权评估，而无法切实地解决这一问题。

**4. 农地确权服务**

一方面，在确权登记过程中一些深层次矛盾开始凸显。如土地在二轮承包后，中央明确了承包土地"三十年不变"。1996年以后出生的人口基本没有分到承包地，确权中不少农民提出要求，即新分承包地；再如一些地方擅自对土地进行"小调整"，给农地确权工作带来一定的困难。而且，目前实施的土地整理项目，改变了原先的沟、渠、路、坝，打破了村组之间的范围，地界也发生了新变化。少数农民仍要自己原来的承包地，造成新的矛盾，需要协调解决。此外，由于大量农民工外出务工，承包地权属确认找不到人签字，给工作带来了一定的难度。另一方面，确权证书资料不齐全，为"三权分离"埋下了隐患。重庆市的确权颁证工作从2010年开始，截至2013年底，新建农村土地承包经营权登记簿639.2万套，占总数的99.8%；新颁发农村土地承包经营权证633.7万册，占已确认农户的99.1%。已确权家庭承包方式承包面积3494万亩。土地承包经营权证的颁发为全市进一步开展"三权分离"工作提供了支持，但由于工作时间短、资金有限，在勘界和造册方面都采用了一些较为折中的方式，使得某些农户的承包地边界存在争议，为农地"三权分离"埋下了隐患。

## （二）"三权分离"中

### 1. 规范文本服务

重庆市农办 2006 年面向各区县（自治县、市）印发了《农村土地承包经营权流转文书格式》，规范重庆市土地流转中的 5 种合同文书（转包、出租、互换、入股、转让）和 4 种流转文书文本（流转委托书、转让申请表、变更登记本、流转登记簿）。三权抵押贷款方面则更为复杂，需要出具借款人及财产共有人的身份证明、借款人户口簿及结婚证、"三权"权证原件及复印件、借款人及财产共有人同意《抵押、处置的书面承诺》、所在地村（居）委会出具的允许贷款人的《依法处置、转让抵押物的承诺或决议》以及生产经营状况、家庭经济收入情况等文本材料。因此，提供专门规范的流转与抵押文本服务显得尤其重要，政府的某些职能部门虽然也提供以上服务，但服务的便利性不够，各类经营性服务机构又参差不齐，造成了农户在"三权分离"过程中常因为文本不规范而浪费时间。

### 2. 交易谈判服务

一方面，当前农地普遍平均分配给各农户，高度小块化、零碎化，要获得规模经营的农地势必需同大量的农户谈判，谈判成本相当高。而且，由于目前缺乏有效的农地流转价格发现机制，流转价格几乎是一户一价，这也提高了农地流转谈判的成本。高昂的谈判成本常常让需求方望而却步。另一方面，由于只有少数农民有充分的谈判机会以及大多数农民参与制度谈判的权利受到限制，现在自发的乡村农地制度变迁更多地体现出少部分阶层的利益，往往损害了大多数农民的利益，整体的效率损失远大于精英阶层的额外收益。而乡村精英阶层往往只会考虑自身的利益，易导致在乡村精英阶层操作下的所谓"制度创新"更多地体现出制度退化。

### 3. 流转中介组织

当前大部分地区的土地流转中介组织或是在政府的主导下进行运作，或是在村委会（社区）的主导下发展。政府主导的土地流转中介组织活动范围较小，往往倾向于执行国家的方针、政策，成为政府的"代言人"，而且乡镇土地流转中介组织的工作人员大多由政府工作人员或村干部兼职，缺乏专业人员，导致中介组织本身的专业化程度不高。除了少数农村土地流转承包服务中心和农村产权交易所拥有成熟的办事流程外，多数基层的中介组织并未形成系统的工作流程，因此诸如强行流转农民土地，对农民、业主参与土地流转的资格审查不严，土地流转纠纷无人调节等不良现象时有发生，直接或间接地损害了农民的权益。

**4. 农村公益性服务**

农村公益性服务体系建设滞后。随着农村体制的改革和发展，基层政府公共服务机构在乡镇机构改革中受到严重削弱，体制不顺等问题尚未根本解决，主动根据基层需求开展服务的导向机制尚不完善，与农民的实际需求不能有效对接。基层公共服务机构人员素质不高，受人员队伍老化、编制紧缩、人员精简、待遇偏低等因素的制约，公益性农业社会化服务有效供给不充分。目前的农业社会化服务主体多是在缺乏一定组织协调的情况下"各自为战"，服务难以覆盖不同的需求对象，且其自身的局限性使得服务水平难以达标。大部分民办服务组织特别是各行业协会尚处于自发发展状态，只针对单项的、现存的需要开展服务，缺乏配套性和前瞻性，没有制订系统的、长远的发展规划。

## （三）"三权分离"后

**1. 生产服务**

一方面，农技服务队伍不稳定，影响服务能力提升。农技人员在编不在岗，长期以来有的镇街的农技人员实行包村负责制，负责计划生育、社会治安综合治理等工作，而不能正常开展本职业务工作，随意安排非专业人员从事专业指导工作，从而大大地削减了农技服务力度。另一方面，基层农技服务人员的素质有待提高。近年来，多数区县农技服务机构由于编制和经费等方面的原因，没有吸纳正规农业大中专院校的新生力量，而且一些农技骨干长期没有机会参加培训，知识老化，思路不宽，导致该机构缺少具有特色作物、设施农业、农产品加工及营销示范推广技能的科技人员，缺乏懂市场、会经营、能管理、直接参与农业产业化进程的复合型、综合性的农业科技人才，适应不了当前现代农业发展的需要，更难适应产业结构调整和都市农业发展的需要。

**2. 金融服务**

一方面，企业进行农业社会化服务面临融资难的问题。由于农产品加工业的特殊性和季节性，在生产旺季，企业每天需要投入大量的流动资金，农产品的原料收购均为现金交易，故企业经常陷入流动资金紧张的境地，龙头企业总是感到有心无力。而且，银行贷款的程序比较烦琐，绝大多数企业都反映获得农商行的贷款太困难，政府的相关优惠政策（如资金补助或贴息贷款等）也很难落实。所以资金问题成为企业提供农业社会化服务的瓶颈。另一方面，农村金融机构配套制度缺位。尽管重庆市已逐步建立以农商行、农发行、邮政储蓄等涉农金融机构为主，村镇银行、农村资金互助社等为辅，贷款、担保、保险公司等金融机构参与的农村金融体系，农村贷款额的增幅很大，但在全市贷款额中所占比例太低，国有金融机构对农村信贷投入总量仍偏低。造成农村贷款少，不是因为银行缺钱，缺少的是配套制度和可以抵押的资本。

**3. 销售服务**

一方面，农超对接程度较低，未形成稳定的销售链。目前重庆市内大型超市到农村采购农产品，仍采取与当地商业、农业主管部门、村社负责人联系为主的方式，与农户或生产合作社直接联系并形成购销关系的比例偏低。由于农产品生产分散，种植农户与销售企业议价的能力较弱。另一方面，农产品的市场体系仍然不够完善。处于农产品流通链条中游的批发主体实力弱小，布局不合理，缺乏品牌效应，严重影响重庆农产品市场体系的建设。在交易过程中，批发商与农户基本没有建立契约关系，行情好就收，不好就不收，这些问题导致在农业结构调整中，若干新产品一旦形成规模，农户就很有可能陷入"卖难"的窘境。农产品批发流通环节现在基本上缺乏政府监管，购销双方经常没有建立契约关系，农民和商贩经常是现场议价，如果某项农产品供过于求，商贩就会趁机压价，逼得农民低价贱卖。

**4. 保险服务**

一方面，地方政府、监管部门与保险机构的关系未理顺。如在理赔上，政府组建的协调机构如农保推委会扮演了评估中介的第三方角色。在保险公司和农民之间出现较多争议时，农保推委会往往倾向于保护农民利益。在没有更科学的理赔方法时，农民更相信政府，而不相信保险公司和公估公司。而《农业保险条例》对政府具体的农业保险管理职能及其与保险公司、公估公司等市场主体的关系缺乏明确界定。另一方面，农保中介组织培育缺位，理赔到户难以有效落实。据了解，目前农民和保险公司之间最大的争议是受灾程度。主要因为，农村点多面广，承保标的小而分散，客观上给农险查勘定损带来困难，农险的日常理赔在受灾程度的界定方面往往会有较大争议；农业保险服务体系尚未建立，农保服务中介组织培育也尚未启动，而且缺乏巨灾风险的分散机制，无法有效分散经营风险。仅靠简单的政策性农业保险，难以有效分散保险公司的经营风险。同时，涉及农业保险的再保险机制也尚未有效建立，有关农业保险的再保险的分保模式、分保费率和税收优惠等政策也没有制定和出台。

## 三 促进农地"三权分离"环节中社会化服务的对策建议

农地"三权分离"是一个系统工程，社会化服务在其发展过程中是重要支撑。虽然当前重庆市已经进行了一些有益的探索，但与农地"三权分离"的发展与要求相比，社会化服务不论是发展速度还是服务质量都处于较低的水平，客观上制约了农地"三权分离"工作的开展。因此，提出以下对策建议。

### （一）"三权分离"前

**1. 加强信息服务**

一方面，健全信息交流机制。政府部门应加强土地流转信息机制建设，积极为农民土地流转提供信息服务与指导；适应信息化社会要求，完善土地流转信息收集、处理、存储及传递方式，提高信息化、电子化水平。各地应建立区域土地流转信息服务中心，建立由县级土地流转综合服务中心、乡镇土地流转服务中心和村级土地流转服务站组成的县、乡、村三级土地流转市场服务体系。在此基础上，逐步建立覆盖全市的包括土地流转信息平台、网络通信平台和决策支持平台在内的土地流转信息管理系统。另一方面，建立健全土地流转评估价格信息收集、处理与公开发布制度。建立包括流转土地基准价格、评估价格和交易价格等信息在内的流转土地价格信息登记册，反映流转价格变动态势，并通过网络及时公开发布。

**2. 完善政策服务**

一方面，明确土地承包权与经营权的内涵界定，用活经营权，提高农地资源配置效率。完善土地经营权权能，在坚持农地农用和自愿有偿的前提下，通过健全土地流转市场、规范流转中介服务、强化流转合同的法律保护等措施，稳定土地经营权主体的收益，为稀缺农地资源在更大范围内的优化配置创造条件，以利于发展农地适度规模经营。另一方面，针对"三权分离"制定专门的社会化服务条例。除了指导性意见以外还应提供具体的操作方案，包括服务主体、服务对象、服务方式、登记制度、交易制度、中介服务制度、价格制度、管理制度等。提出对农村土地经营权的价值认定和土地经营权抵押登记由权威部门进行，并完善现有的规章制度。

**3. 健全评估服务**

一方面，建立土地流转收益评估制度。流转土地收益评估由转出方或需求方提出申请，不申请评估的，乡镇农村土地流转服务中心不得强行评估。在农村土地流转中，以转让方式流转的一般可不进行收益评估，以互换、转包、租赁、股份合作等方式流转的，可按申请要求进行收益评估。进行评估时，乡镇农村土地流转服务中心评估员可吸收村干部、群众、流转双方共同参与，提高评估的准确度和质量。农村土地流转收益评估价是一种指导性价格，供流转双方参考。另一方面，农村土地流转评估，应依据流转地块的用途（不得从事非农产业）、流转的方式、使用年限、地质、利用率、区位、农业基础设施状况、获利能力及前三年农作物种植收益等情况综合确定。农村土地流转的评估资料要归档管理。

## （二）"三权分离"中

**1. 做好中介服务**

不断完善相关规章制度，保障中介组织参与土地流转的合法地位和权利，确定其在经济上的有效性，使之成为一个完整的市场主体。加强对中介机构的监督和管理。实行土地中介机构资质年审制度，根据其业绩、社会声誉、服务范围、违法违章记录、组织结构等指标对其进行考核，提高中介组织的业务能力和服务水平。加强中介组织信息网络建设，提高自身的土地测量评估、价格估算、政策法律咨询、合同管理等业务能力；强化法律教育、道德教育和诚信教育，确保按照市场规范进行土地流转的运作和交易，不断提高服务的规模和档次。

**2. 规范合同服务**

一方面，就地区土地流转的时间、流转地块、流转地价等，由土地流转中介机构为供需双方提供相关服务，促成土地流转交易成功；另一方面，由农户直接与中介机构签订土地流转合同，再由中介机构与承接个人或企业签订土地流转合同，若土地流转规模达到政府规定的规模，需到政府备案审定的需完成该程序，以最后确定流转的有效性。中介机构为合同的签订提供全程服务。

### （三）"三权分离"后

**1. 加强保险服务**

一方面，下放保险监管职能。可借鉴证监部门利用央行机构网络优势建立与央行间的保险监管合作的做法，采取备忘录形式授予地、县区域的央行分支机构一定的保险监管职能，以规范县域保险市场秩序。同时，保监部门加紧研究制定农保公估评价标准，适当降低农保市场准入门槛，积极培育中介服务体系，调整和降低专业保险公司的农险业务比例，帮助实现以险养险；探索农保的分保模式，研究制定分保费率，建立健全农保风险分散的再保险机制；研究制定农业巨灾风险分散机制的运行模式，探索建立灾前防范的跨部门合作机制。另一方面，加强财政对经济欠发达区县农业保险转移的支付力度，提高农业保险补贴标准，调控和平衡各县之间的农险公司盈利空间，建立多层次的巨灾风险保障基金体系，尽快出台专业农险公司、公估和经纪等中介机构的税收优惠政策；采取参照农险财政补贴的办法，对农险再保险公司给予适当的财政补贴。

**2. 拓宽农业信贷服务范围**

一方面，培育多元化的农村信贷体系。继续调整完善农业发展银行、农业银行、农村信用合作社、邮政储蓄银行等涉农金融机构在农村金融中的业务分工与市场定位。按照"低门槛、严监管"的原则，鼓励和支持在农村地区设立多种形式的新型金融组织与小额信贷公司，规定其将资金主要运用于当地，促进农村地区的发展。积极引导农村民间融资，规范民间融资，逐步允许民间融资在法律保护和规范下公开合法经营。另一方面，建立完善农业信贷风险补偿机制。建立公开化、透明化、科学化的涉农贷款贴息制度，综合测算涉农贷款损失率情况，给予适当比例的贴息。加强与财税部门的协调，探索对金融机构涉农贷款营业收入减免营业税，对农村金融机构减征所得税，以增强其防范风险的能力。

### 3. 加强农业科技服务

一方面，创新农业科技服务提供方式，推行农业科技特派员制度和农业院校的专业学生依托新型经营主体开展顶岗实习机制建设结合的有力举措。充分利用重庆市高校和农科所等科研单位的力量，加大力度推广农业新技术。面向农业新型经营主体，建立起新技术培训推广体系，拨出专项资金，选派专业人员向新型农业经营主体主动推广新技术。另一方面，创新现代农业科技人才服务激励机制。采取市场化服务方式，按小微企业等更优惠政策给予扶持。提高服务的积极性和便捷性，有效留住技术人才，切实为现代农业经营主体提供高效及时的科技服务。

**参考文献**

［1］孔祥智、徐珍源、史冰清：《当前我国农业社会化服务体系的现状、问题和对策研究》，《江汉论坛》2009年第5期。

［2］楚国良：《基于SWOT分析的财政支持新型农业社会化服务体系建设问题研究——关于湖南省新型农业社会化服务体系建设情况的调研报告》，2013－08－03，http：//wenku.baidu.com/。

［3］黎阳：《构建新型农业社会化服务体系思考》，《农村经营管理》2011年第10期。

［4］张江海：《海西新型农业社会化服务体系建设探析》，《内蒙古农业大学学报》（社会科学版）2010年第4期。

［5］王建增：《新农村建设背景下我国新型农业社会化服务体系建设研究》，《安徽农业科学》2011年第33期。

［6］周泽宇：《我国农业社会化服务组织现状及问题研究》，《中国农技推广》2014年第1期。

# 河北省"十三五"时期深入推进
# 农村改革重点问题研究

张 波[*]

**摘 要：**"十二五"时期，河北省农村土地改革、农村产权制度改革、农村集体股份制改革、农村新型农业经营主体培育和农村金融改革等重点领域改革取得显著成效。与此同时，农村改革面临顶层设计有待加强、改革支持力度有待加大、改革积极性和主动性有待增强等共性问题。"十三五"时期，河北省要紧跟党和国家重大部署，围绕京津冀协同发展重大国家战略，在农村土地、农村产权、新型农业经营主体培育和农村金融等重点领域改革方面率先突破，努力建设全国重要的新型城镇化和城乡统筹示范区。

**关键词：**河北省 "十三五" 农村改革 重点问题

河北是农业大省，也是国家重要的粮食主产省之一，辖县数量居全国第二位，"三农"工作历来是全省经济社会发展的重中之重。尤其是2014年以来，习近平总书记倡导的京津冀协同发展上升为重大国家战略，《京津冀协同发展规划纲要》进一步明确了河北省建设"全国新型城镇化与城乡统筹示范区"的发展定位，提出了多项战略任务，为今后一段时期全省深化农村改革提出了新的更高要求。

## 一 "十二五"时期河北省农村改革进展情况

"十二五"时期，全省深入贯彻中央和国家重要战略部署，尤其是全面落

---

[*] 张波，河北省社会科学院农村经济研究所。

实党的十八届三中全会关于"健全城乡发展一体化体制机制"的有关要求，积极谋划、明确重点、细化责任、扎实推进，农村重点改革取得了明显成效。

## （一）农村土地改革稳步推进

农村土地经营权流转方面。2014 年，全省农村土地经营权流转面积保持较快增长，土地流转面积 1783.82 万亩，占家庭承包耕地总面积的 21.4%，比 2013 年底增长 2.9 个百分点。在全国率先建成了省级流转管理与服务网络平台，全省 11 个市、67 个县、620 多个乡镇、20000 多个村和独立核算村民小组已正式入网，推动了农村土地流转信息共享、动态监控以及提供了便捷的服务。省政府办公厅印发了《关于加快农村土地经营权流转促进农业适度规模经营的意见》（冀政办〔2014〕6 号），石家庄、邯郸、衡水等地出台了市级流转意见。

农村土地确权颁证方面。2011 年河北省启动农村土地承包经营权确权登记颁证试点以来，全省共在 836 个乡镇 5040 个村开展了试点，涉及土地面积 989.68 万亩，占全省耕地总面积的 10.06%。根据省委、省政府最新安排部署，2015 年底前全省 50% 的耕地要完成农村土地承包经营权登记颁证工作。与此同时，全省农村集体土地所有权、农村集体建设用地使用权、宅基地使用权确权登记颁证工作加快推进，截至 2014 年底，全省集体土地所有权确权登记发证工作共确权登记发证 16524321.58 公顷、156304 宗，发证率为 96.74%；农村宅基地使用权确权登记发证 710175.74 公顷、14521997 宗，发证率实现 75.61%；集体建设用地确权登记发证 185322.10 公顷、331244 宗，发证率为 63.36%。

## （二）农村产权流转交易中心建设试点探索有序推进

由于农村产权类别较多，现阶段的流转交易品种主要包括农户承包土地经营权、林权、"四荒"使用权、农村集体经营性资产（不含土地）、农业生产设施设备、小型水利设施使用权、农业类知识产权、农村生物资产、农村建设项目招标、产业项目招商和转让等。

2014 年以来，河北省借助神州数码的信息平台和数字技术方面的优势，以张北、抚宁、玉田、枣强、平乡、邱县 6 个县为试点，围绕农村产权流转交易中心建设进行了探索。2015 年 7 月，河北省首批农村产权流转交易中心揭牌仪式在秦皇岛市抚宁县举行，首批农村产权流转交易中心挂牌成立，6个农村产权交易平台实现了统一交易环节、统一交易规则、统一平台建设标准、统一信息发布、统一收费、统一交易鉴证、统一软件管理"七统一"。

截至2015年上半年，平乡县农村产权交易中心已发布各种信息300多条，受理农村土地承包经营权产权交易项目25宗，挂牌15宗，涉及土地20973亩；完成合同鉴证项目10宗，涉及土地4500亩；农村土地承包经营权挂牌成功交易18家，涉及土地1500亩，价值1300万元。林权成功交易1家，涉及金额400万元。邱县农村产权交易中心累计发布产权挂牌出让、受让信息1356宗，完成农村产权交易鉴证项目880宗，完成农村产权交易进场成交项目73宗、土地面积4.1万亩。发放农村产权抵押贷款100万元，促成中国邮政储蓄银行邱县支行向46家新型农业经营主体发放贷款887万元。

### （三）农村集体股份制改革试点范围进一步扩大

根据省委、省政府农村工作领导小组出台的《关于开展农村集体经济股份制改革试点的指导意见》，河北省在11个设区市的11个村开展了省级农村集体经济股份制改造试点，邢台、承德等地开展了市级试点，全省先后有100多个村完成了改革试点，量化资产50亿元，累计分红5.9亿元。2015年，河北省稳步扩大试点，11个省级试点村的改革将全部完成。在此基础上，每个设区市要安排一定数量的村扩大试点范围，有条件的地方每个县（市、区）安排1个，每个省直管县选择1～2个村开展试点。

### （四）新型农业经营体系扶持培育工作陆续开展

按照国家统一部署，河北省以农村土地家庭承包经营为基础，引导农业发展的组织形式创新，大力扶持发展家庭农场（专业大户）、农民合作社、农业龙头企业等新型农业经营主体，增强自我服务和发展能力，加快农业的市场化、现代化进程。

石家庄、衡水、保定、邢台、秦皇岛等地陆续出台了扶持家庭农场发展的意见或登记办法，强化金融支持力度，将家庭农场纳入现有支农政策扶持范围。全省专项安排30亿元支农再贷款、20亿元支小再贷款资金，用于金融机构加大涉农、小微企业信贷投放。争取中央财政2014年农民合作社示范社转移支付项目资金240万元，省级扶持资金由2000万元增加到2500万元，修改完善《河北省农民合作社条例》，经河北省十二届人大常委会第十次会议审议通过，并已开始施行。

截至2014年底，全省依法登记的农民合作社达到81581家，实有入社成员546.1万户，加入农户占全省总农户的35.2%，覆盖全省94%的行政村；全省共有各类家庭农场29344个，经农业部门认定的723个，在工商部门注册登记的4388个，共经营土地面积356.8万亩，年销售农产品总值13.7亿元。其中，拥有注册商标的家庭农场299个，通过农产品质量认证的家庭农场79个；国家级龙头企业达到46家，省级龙头企业454家，企业新增品牌（商标）50个（其中驰名商标2个），新增上市企业（含挂牌交易）8家。

### （五）农村金融改革积极推进

当前，河北省农村金融体系主要包括农业发展银行、农业银行、农村信用社、邮政储蓄银行以及村镇银行、小额贷款公司、农村资金互助社等新型农村金融机构，基本建成了政策金融、商业金融、合作金融及新型金融机构相结合的"多层次，广覆盖，可持续"的农村金融服务体系。2014年，省政府出台了《河北省人民政府关于加快金融改革发展的实施意见》（冀政办〔2014〕113号），从发挥金融支撑作用、发展各类金融组织、加快金融创新、推动金融对外交流与合作、优化农村金融发展环境等方面，明确了农村金融改革的总体要求。

农村土地经营权抵押贷款方面。指导张北、平乡、邱县等地进一步完善以承包土地经营权预期收益为质押的经验做法，出台了《河北省农村土地经营权抵押贷款管理暂行办法》，就制约土地经营权抵押贷款的流转平台建设、确权颁证、抵押登记、评估和风险补偿等关键问题，给予政策支撑，引导鼓励金融机构全面参与，由点到面，在全省全面铺开。截至2015年6月，全省农村土地经营权抵押贷款近4000万元。

农业保险方面。积极鼓励各类保险机构开展特色优势农产品保险，制定出台了《关于调整我省政策性农险条款和费率的通知》，对14个政策性农险险种费率和条款进行了研究调整。2014年，全省农业保险保费收入17.9亿元，全国排名第7位，为1285.9万户次农户提供473.7亿元风险保障，承保各类农作物9698.5万亩，畜禽1009.1万头。

## 二 河北省深化农村改革面临主要的问题

综合来看,"十二五"时期,全省农村改革在取得显著成绩的同时,也面临一些共性矛盾和问题,制约了全省农村改革的深入推进。

### (一)改革的顶层设计有待进一步加强

随着国家改革步入深水区和攻坚区,完善法律法规是改革稳步推进的基础和前提。但是目前,一些相关法律法规没有及时修订,一些重要领域改革的总体实施方案出台时间较长,在推进农村改革进程中,碰到了不少障碍和制约。一是现行法律不完善。比如,土地制度改革要求落实农村土地集体所有权、稳定农户承包权、放活土地经营权,并按"三权分离"的原则,允许承包土地的经营权向金融机构抵押融资。但现行的法律法规是行不通的,包括《担保法》中规定,禁止"耕地(宅基地、自留地、自留山)等集体所有的土地使用权抵押";《农村土地承包法》规定"通过家庭承包取得的土地承包经营权可以依法采取承包、出租、转让或其他方式流转",回避了经营权抵押等问题,都需抓紧修改完善。二是具体指导政策缺乏。比如,十八届三中全会提出,允许有条件的合作社开展信用合作,但具体标准和实施细则一直未出台,造成了监管空白,致使有些个人或团体假借合作社名义进行非法集资,扰乱了地方金融秩序。

### (二)改革支持力度有待进一步加大

农村改革实际是工业反哺农业、城市支持农村的重大举措,需要推进改革的地区具备较强的财政经济实力,但是目前,河北省面临经济下行和转型升级巨大压力,公共财政对于改革支持力度不够。比如土地承包经营权确权和流转工作难度大,需要大量人力、物力,省级财政尚未设立鼓励规模流转的专项扶持资金,市级也只有石家庄、唐山、邯郸等少数市以及肃宁等部分县设立了专项资金,全省县级农经机构和人员不足,45%的乡镇没有专门的农经机构和人员,使得一些地方推进存在很大难度。

### (三)改革的积极性和主动性有待增强

与发达省市和先行省市相比,河北省农村改革进程总体滞后,从国家争取的试点示范政策相对较少。个别地方党委政府对农村改革工作重视不够，一些地方存在下边等上边，上边看下边，基层看左邻右舍的等待观望心理。例如，河北省农村土地承包经营权确权登记颁证和农村集体经济股份制改造工作经费没有保障，有的地方不给经费就不干活，给多少经费干多少活，"等靠要"的思维没有打破，工作进展较慢。还有一些基层干部担心影响稳定，开展改革工作的积极性不高。

## 三 "十三五"时期河北省农村改革重点举措

农村改革是一项复杂的系统工程，不可能一蹴而就，更不能停滞不前。农村改革关系经济社会发展大局和全面建成小康社会目标的顺利实现，必须认清形势、查找问题、总结经验、真抓实干，积极稳妥地推进各项工作。

按照中央和省委要求，"十三五"及未来一段时期，全省农村改革的总体要求是：深入学习领会习近平总书记系列重要讲话宗旨，全面贯彻党的十八届三中全会和近年来中央农村工作会议精神，按照推进"四化同步"、城乡发展一体化的要求，围绕农业要强、农村要美、农民要富的目标，主动适应经济发展"新常态"，积极融入京津冀协同发展大格局，全面深化农村重点领域、关键环节改革，加快推进体制创新、机制创新、组织创新和制度创新，进一步增强农业农村发展的内生动力，着力破除城乡二元结构，加快形成以工促农、以城带乡、工农互惠、城乡一体的新型工农城乡关系，加快建立促进农民增收、现代农业发展、美丽乡村建设、扶贫攻坚的长效机制，不断巩固和发展农业农村好形势，为全省经济社会发展全局提供有力支撑。

### （一）积极推进农村土地制度改革

**1. 加快推进农用土地流转**

稳定农村土地承包关系并保持长久不变，在坚持和完善最严格的耕地保护制度前提下，赋予农民对承包地的占有、使用、收益、流转及承包经营权抵押、担保权能。鼓励耕地、林地、草地经营权在公开市场向专业大户、家庭农场和农民合作社、农业企业流转。加快建立健全土地经营权流转市场，完善县、乡、村三级服务和管理网络，将土地流转服务纳入基层公益服务项目。规范土地流转程序，制发全省统一的土地经营权流转合同文本，颁发土地经营权流转证书。探索建立进城落户农民自愿退出土地承包经营权补偿机制，对本人申请且符合条件的农户，经村集体经济组织审查批准予以补偿，由集体经济组织出资收储或流转经营。土地流转和适度规模经营要尊重农民的意愿，不能强制推动。

**2. 完善农村宅基地管理制度**

改革农村宅基地制度，完善农村宅基地分配政策，在保障农户宅基地用益物权前提下，研究探索建立农民宅基地有偿退出机制，对自愿退出宅基地的农民给予一定的经济补偿。努力争取国家农村宅基地改革试点，认真研究和探索农民住房财产权抵押、担保、转让的有效途径和具体办法。

**3. 加大山区综合开发、治理与保护力度**

立足山区资源优势，按照开发、治理和保护并重原则，积极推行"政府＋企业＋银行＋合作社＋农户"五位一体荒山荒坡治理开发新模式。创新未利用地综合开发机制，完善支持山区资源综合开发和保护利用的政策措施，积极引导工商资本进行荒山荒坡治理。鼓励农户以荒山荒坡承包经营权出资成立合作社，与工商企业合作开发适合山地发展的产业。支持山区特色产业发展，培育壮大绿色林果、林下经济、生态养殖、乡村旅游等优势产业。

## （二）积极推进农村产权制度改革

**1. 全面推进农村资产确权登记**

加快推进农村集体土地所有权、农村土地承包经营权、农村集体建设用地使用权、宅基地使用权确权登记颁证工作。巩固集体林权制度改革成果，尽快完成林权登记颁证工作。积极争取国家农田水利设施产权制度改革和创新运行管护机制试点。加快建立较为完善的集体土地范围内农民住房登记制度。支持各地根据实际情况和农民意愿，采取确权确地、确权确股不确地等不同确权方式，将确权登记颁证工作经费纳入地方财政预算。

**2. 积极推动农村集体产权股份合作制改造**

因地制宜开展农村集体经济股份合作制改造试点，以清产核资、资产量化、股权管理为主要内容，保障农民集体经济组织成员权利，赋予农民对落实到户的集体资产股份占有、收益、有偿退出及抵押、担保、继承权。进一步加强农村集体资金、资产、资源管理，严格农村集体资产承包、租赁、处置和资源开发利用的民主程序，支持建设农村集体"三资"信息化监管平台。

**3. 健全完善农村资产评估体系**

抓紧研究制定农村集体土地经营权、集体建设用地（包括宅基地）使用权、房屋所有权及林木、农作物、农业机械、生产加工设备评估办法。积极鼓励有资质的社会资产评估公司参与农村资产评估。探索成立县级农村集体土地、主要农作物、农业机械等行业资产评估专家委员会，统筹指导、协调和监督农村资产评估工作。

**4. 积极拓展资产抵押渠道**

积极探索农村各类产权抵押担保的途径和方式，允许以承包土地的经营权向金融机构抵押融资，积极探索以承包土地经营权预期收益为质押的办法。鼓励在县一级设立农村产权抵押贷款风险担保基金，降低银行的风险预期和抵押品处置的难度。鼓励有实力的村集体为农户提供担保，农业产业化龙头企业为有订单关系的农户提供担保，实体型的农民合作社为其成员提供担保。

**5. 加快建立农村产权流转交易市场**

采取政府引导、财政补助、市场化运作方式，积极推进县级农村产权交易市场建设，把土地经营权、林地使用权、森林和林木所有权等纳入产权交易市场范围。制定和完善农村产权流转交易管理办法，健全产权交易规则和操作流程。推进城乡统一的产权交易市场门户网站和产权交易平台建设，推动农村产权流转交易公开、公正、规范地进行。

## （三）努力构建新型农业经营体系

**1. 鼓励发展家庭农场**

抓紧研究制定不同生产领域家庭农场的认定标准，按照自愿原则开展家庭农场登记，确认其市场主体资格。优先安排符合条件的家庭农场申报农业项目。对具有一定规模的家庭农场，在财政、金融、税收、保险、土地流转等方面给予重点支持。加大金融信贷支持，允许家庭农场以大型农用机械、农业设施等抵押贷款，鼓励有条件的地方政府和民间出资设立融资性担保公司，为家庭农场等新型农业经营主体提供贷款担保服务。

**2. 大力发展农民合作组织**

拓展合作内容，鼓励发展专业合作、股份合作等多种形式的农民合作存贷比和涉农贷款比例,将涉农信贷投放情况纳入信贷政策导向效果评估和综合考评体系。加大涉农信贷投放,落实金融机构涉农贷款增量奖励、农户贷款税收优惠、小额担保贷款贴息等政策,实现金融机构农村存款主要用于农业农村。增强农村信用社支农服务功能,保持县域法人地位长期稳定。支持由社会资本发起设立服务"三农"的县域中小型银行和金融租赁公司。积极发展村镇银行,逐步实现县(市)全覆盖,符合条件的适当调整主发起行与其他股东的持股比例。

**2. 大力发展新型农村合作金融组织**

在管理民主、运行规范、带动力强的农民合作社和供销合作社基础上,培育发展农民合作金融。坚持社员制、封闭性原则,在不对外吸储放贷、不支付固定回报的前提下,推动社区性农村资金互助组织发展。加强市、县(市、区)对新型农村合作金融组织的监管,鼓励地方建立风险补偿基金,有效防范金融风险。

**3. 加大农业保险支持力度**

提高省级财政对主要粮食作物保险的保费补贴比例,逐步减少产粮大县县级保费补贴,不断提高小麦、玉米、稻谷三大粮食品种保险的覆盖面和风险保障水平。鼓励保险机构开展特色优势农产品保险,有条件的地方提供保费补贴。鼓励开展多种形式的互助合作保险,争取国家粮食等农产品价格保险试点。扩大畜产品及森林保险范围和覆盖区域。

**参考文献**

[1] 中共河北省委、河北省人民政府:《中共河北省委河北省人民政府关于全面深化农村改革的若干意见》,2014年2月7日。

[2] 陈锡文:《当前我国农村改革面临的几个重大问题》,《农业经济问题》2013年第1期。

[3] 陈锡文:《关于农村土地制度改革的两点思考》,《经济研究》2014年第1期。

[4] 韩俊:《中国农村土地制度改革要守住"三条底线"》,《中国乡村发现》2015年第3期。

[5] 蔡昉:《农村改革三十年——制度经济学的分析》,《中国社会科学》2008年第6期。

[6] 党国英:《中国农村改革与发展模式的转变——中国农村改革30年回顾与展望》,《社会科学战线》2008年第2期。

社。支持农民在多领域、多项目开展合作，鼓励农民以土地经营权入股、转让、托管、租赁等方式开展土地合作。推进合作社规范发展，深入开展示范社建设行动，制定全省农民合作社示范社评定标准，做好省级示范社监测和评定工作。鼓励发展农民合作社联合社。加强对农民合作社理事长的教育培训。支持合作社发展农产品加工流通，促进合作社的实体化。开展财政支持农民合作社创新试点，鼓励财政项目资金向符合条件的合作社投放，农村土地整理、农业综合开发、农田水利建设、林业生态建设、农技推广等涉农项目由合作社承担的规模逐年提高，允许财政补助形成的资产转交合作社持有和管护。

**3. 培育发展农业公司**

支持各类市场主体兴办形式多样的农业公司，鼓励农民自办农业公司，鼓励工商企业投入资金发展现代农业，尽快培育一批独立的农业经营法人实体。重点支持发展一批以"农业公司+农民合作社+农产品生产基地"为主要形式的产加销一体化综合体。以产业园区、现代农业示范区为依托，加快引进资金、技术和先进管理经验，提高农业公司经营实力。在国家年度建设用地指标中，单列一定比例专门用于新型农业经营主体建设配套辅助设施。

**4. 积极推进农业产业化经营**

支持农业产业化龙头企业通过兼并、重组、收购、控股等方式组建大型企业集团，加快培养行业领军企业。抓好国家级和省级农业产业化示范基地建设，引导龙头企业入园进区，促进企业集群式发展。完善财政扶持政策，支持龙头企业建设原料基地、节能减排、技术研发、培育品牌。鼓励龙头企业上市融资，允许符合条件的企业发行债券，拓宽直接融资渠道。积极推行"现代农业示范区+龙头企业+农民合作社+农户"的经营模式，鼓励发展混合所有制农业产业化龙头企业，密切与农户、农民合作社的利益联结关系。

## （四）加快农村金融改革

**1. 强化金融机构服务"三农"职责**

稳定大中型商业银行的县域网点，扩展乡镇服务网络，根据自身业务结构和特点，建立适应"三农"需要的专门机构和独立运营机制。强化商业金融机构服务"三农"的能力，扩大县域分支机构业务授权，不断提高

# 河北省新型农业经营主体建设研究

唐丙元　赵然芬[*]

**摘　要**：随着工业化、城镇化的深入推进，传统家庭小规模分散经营模式已不能适应四化同步框架下农业农村发展面临的诸多新矛盾、新问题和新挑战，迫切需要创新建设新型农业经营主体以解决新形势下"谁来种地""如何种地"的难题。而河北新型农业经营主体尽管发展规模和经营能力不断壮大，发展能力持续增强，但却普遍存在发展水平不高、发展支撑能力不强、政策扶持效力不足等多种问题。当前及今后一段时期内，推进河北新型农业经营主体更好更快地发展，必须在深化农村土地制度改革、创新金融支农体制机制、完善农业支持政策、健全农业人才培养机制、强化基础设施支撑、提升社会化服务能力等几个方面加大建设力度。

**关键词**：新型农业经营主体　发展问题　政策建议

随着工业化、城镇化的深入推进，河北农村土地经营方式粗放、农业生产分散化、农村人才缺失、社会化服务供给不足等问题凸显，传统农业经营体系已难以适应现代农业发展需要。农业农村发展面临的诸多新矛盾、新问题和新挑战，客观需要培育壮大新型农业经营主体，以解决新形势下"谁来种地""如何种地"等难题。

---

[*] 唐丙元、赵然芬，河北省社会科学院农村经济研究所。

## 一 河北省新型农业经营主体发展分析

### (一) 新型农业经营主体规模和经营能力不断壮大

新型农业经营主体具有适应生产力发展需要和政策引导效应，主要包括专业大户、家庭农场、农民专业合作社、农业企业等。截至2014年底，全省有农业大户13.16万户，其中，种植业10.33万户、奶牛养殖2952户、肉牛养殖4297户、肉鸡养殖1425户、蛋鸡养殖3857户、生猪养殖12438户、羊养殖3330户；各类家庭农场30274个，其中，种植业15404个、畜牧业12228个、种养结合型1709个、渔业79个、其他类型家庭农场854个；农民专业合作社82926个，其中，种植业52579个、林业5662个、畜牧业16998个、渔业373个、服务业4755家、其他类2559个；龙头经营组织总数达到1974个，其中，龙头企业（集团）1703个、中介服务组织160个、专业市场111个。

### (二) 新型农业经营主体发展能力明显增强

新型农业经营主体以市场化为导向，在规模经营的基础上，持续加大现代农业生产要素投入力度，不断拓展农业产业链条，集约化、专业化、市场化、产业化水平进一步提高，发展能力持续增强。一是生产效益不断提高。2014年，农民专业合作社实现销售收入277.62亿元，盈余45.56亿元，返还成员可分配盈余的合作社有18636个，分别比上年增长0.79%、268.31%、45.32%；家庭农场实现销售收入24.28亿元，比上年增长77.4%；龙头经营组织实现销售总额3448.0亿元，比上年增长10.9%，实现利润372.2亿元，比上年增长15.3%。二是经营管理日趋规范。2014年，全省合作社示范社达到3943个，拥有注册商标的合作社达到2990个，通过农产品质量认证的农民专业合作社达到1650个，分别比上年增长40.67%、25.26%和56.55%。家庭农场示范场416个，拥有注册商标的家庭农场达到529个，通过农产品质量认证的家庭农场达到156个，分别比上年增长11.8%、76.9%、97.5%。三是产业化发展能力明显增强。截至2014年底，全省从事产加销一体化服务的农民专业合作社有37037个，1828个农民专业合作社创办了加工实体，同比增加44.66%和

31.7%。从事农产品生产、加工、销售的龙头经营组织达到1974个，比上年增加140个，增长7.1%。全省产业化经营总量达到6666.1亿元，提前一年完成"十二五"规划的6000亿元既定目标。

## 二 河北省新型农业经营主体存在的主要问题

在引领地区经济发展的同时，河北省新型农业经营主体自身也面临诸多问题的困扰。

### （一）新型农业经营主体发展水平不高

近年来，全省新型农业经营主体取得了一系列发展成就，发展规模和能力持续提高，但总体来说，发展质量和水平仍处于较低水平。一是规模经济不明显，68.8%的种植大户种植规模在100亩以下，78.1%的粮食类家庭农场的种植规模在50~200亩。二是"接二连三"能力不强，全省仅有44.66%的合作社能为社员提供产加销一体化服务，55.34%的合作社仅为社员提供生产、加工、运销、技术、购买等单一服务；全省年销售额在2000万元以下的龙头企业有340个，65.71%的龙头企业年销售额在1亿元以下。三是风险抵御能力较弱，规避农业风险的手段和方法较为缺乏，农业保险作为最重要的规避风险的手段由于经营主体认知不足，农业保险保费高、理赔难、赔付低等现实，覆盖农业生产范围较窄，对新型农业经营主体规避自然灾害的帮助不大。

### （二）新型农业经营主体发展支撑能力不强

一是资金短缺。大多数由传统农户转化而来的新型农业经营主体自身经济实力不强、资金积累不够、财政资金扶持力度有限，并且缺乏有效抵押物，除已发展到一定规模的龙头企业外，其他新型农业经营主体都很难从正规金融机构获得足够的信贷支持。二是人才匮乏。农业比较效益低，农村生活条件差，生产条件艰苦，使得农村具有较高科学文化知识的青壮年不愿务农，而城市受过高等教育、具有较高知识技术水平的劳动者也不愿从事农业生产经营管理等工作，从事农业生产经营的多为40岁及以上的中老年人。三是土地流转制约。土地流转困难、交易成本高、流转期限短、流转纠纷多等制约了新型农业经营主体的发展，导致其扩大经营规模受限。四是社会化服务体系不完善。农业服务仍然主要依赖农业部门，但农业服务机构职能不清、经费不足、农技服务人员缺乏，无法满足农业规模化、专业化、市场化发展需要。

### （三）农业生产的政策扶持效力不足

一是政策扶持体系不够健全。国家及省出台的多项扶持政策尽管涵盖了金融、保险、税费等农业生产中的众多领域和方面，但对于信息、技术、职业教育、市场、质量安全等经营主体急需，社会效益大、经济效益见效慢，有利于农业长期发展的项目的扶持政策较少。二是政策扶持目标不够精准。绝大多数新型农业经营主体的土地是通过农户流转而来的，流转出土地的农户已不再从事农业生产经营活动，但国家涉农补贴却是通过财政一卡通直补到农户个人，真正从事农业生产的新型农业经营主体却得不到相应补贴。三是政策扶持力度小，效果不显著。2014年全省扶持新型农业经营主体的各级财政资金28442.16万元，平均每个主体获得扶持资金0.25万元，政府投入占经营主体资金投入的比例，家庭农场为0.26%，农民专业合作社为0.47%，龙头企业为0.076%。

## 三 推进河北省新型农业经营主体发展的对策建议

### （一）深化农村土地制度改革

加快农村土地承包经营权确权登记颁证，扩大整县推进试点范围，严格按照有关政策、程序、步骤、要求等确地到户，定地、定权、定心，全面消除农民尤其是外出务工农民的流转顾虑，激发土地流转动力。将土地承包经营权确权登记颁证工作经费纳入省市县财政预算，力争2016年底完成全省承包耕地的确权登记颁证工作。引导各地因地制宜建立土地流转扶持资金，奖励农户或新型农业经营主体流转土地，促进农村土地依法、规范流转。健全农村土地流转机制，规范土地流转程序，使土地流转信息登记发布、土地价格评估、法律政策咨询、合同签订鉴定、档案资料保管、纠纷调处仲裁等各项工作有章可循、有制可依。完善县、镇、村三级土地流转服务体系，强化对土地流转的指导、监管和仲裁，引导农户和农业新型经营主体在农村产权交易中心进行土地经营权流转交易。研究制定工商资本租赁农地的准入和监管办法，探索建立保证金制度，严禁擅自改变农地用途，严防农民利益受损。

## （二）创新金融支农机制

落实金融机构涉农贷款增量奖励和定向费用补贴、农户贷款税收优惠、小额担保贷款贴息等政策，促进金融支持新型农业经营主体优惠措施落到实处。积极争取国家农民住房财产权抵押担保转让试点和大型农机具融资租赁试点，加快完成对新型农业经营主体的征信体系建设，推进承包土地经营权、林权抵押贷款工作，引导鼓励金融机构与农业主管部门合作，加大信贷投放力度，推动金融资源向新型农业经营主体倾斜。培育发展多种形式的新型农村金融机构，推动农村金融机构对新型农业经营主体分类支持，发展适合新型农业经营主体生产特点和需要的各种金融服务，提升服务水平。引导符合条件的农民专业合作社规范开展信用合作，支持供销社创建农村合作金融服务体系。整合财政扶持各类新型农业经营主体的专项资金，组建担保公司，为新型农业经营主体提供信贷担保。加强对农村金融市场的监管力度，明确各类金融行为的监管责任主体，防范金融风险。健全农业保险制度，鼓励保险机构围绕新型农业经营主体的特色优势农产品开展保险业务，不断提高林果、畜牧、蔬菜等特色农业保险覆盖面和风险保障能力。扩大政策性农业保险覆盖面，加大财政对新型经营主体的保费补贴比例，逐步将全省特色优势农产品纳入政策性保险范围。创新粮食生产保险方式，加快研究探索种粮目标收益保险，逐步实现粮食生产规模经营主体愿保尽保。探索建立农业保险救济基金，用好农业产业化引导股权投资基金，支持新型农业经营主体发展。

## （三）完善农业支持政策

梳理相关部门的涉农政策，理顺政策体系，确保各项支持新型农业经营主体发展的优惠政策落实到位。整合涉农资金，支持新型农业经营主体兴建生产服务设施、建设原材料生产基地、扩大生产规模、推动技术改造升级、创建科研机构等。整合支农项目，土地整理、农业综合开发、农田水利建设、农技推广等项目重点向新型农业经营主体倾斜，尽快扶持壮大新型农业经营主体。加快制定完善信息、技术、职业教育、市场、质量安全等新型农业经营主体急需、社会效益大、经济效益见效慢、有利于农业长期发展的扶持政策，夯实新型农业经营主体发展基础。加大新型农业经营主体扶持专项资金使用的监督管理，杜绝层级截留，确保扶持资金使用效率。开展新型农业经营主体规范化建设，推动扶持政策实施与规范建设相结合，促进新型农业经营主体规范有序发展。统筹新型农业经营主体扶持政策，确保扶持政策在各新型农业经营主体之间的公平、公正和效率。

### （四）健全农村人才培养机制

以专业大户、家庭农场、农民专业合作社等新型农业经营主体为载体，组织实施新型职业农民培育工程，培育一批新型职业农民。加强农业产前、产中、产后培训，重点对家庭农场主、农民专业合作社带头人、龙头企业负责人开展农产品销售、农业生产管理、农产品品牌化培育等培训。鼓励农业企业、农民专业合作社与农技校、农广校、农技推广机构合作，根据农业生产季节弹性安排培训内容、形式和场地，提高培训效率。大力发展面向农业现代化的职业技术教育，在高校、职业技术学校增设涉农专业，积极探索将新型农业经营主体纳入中高等职业教育范围的机制和方式，研究建立农民职业技术规范，让符合条件的农民获得相应职业资格。鼓励涉农高校毕业生到农村就业和创业，引导高层次创新创业人才与新型农业经营主体合作，鼓励企业培养自己的科技队伍，提高新型农业经营主体的科技水平。

### （五）强化基础设施支撑

加大力度进行农业综合开发、土地整理、高标准农田建设、中低产田改造、农田水利设施建设等，在灌溉排水、土壤改良、道路整治、机耕道路、电力配套等工程建设方面重点向规模经营主体倾斜。大力推进农产品仓储物流等基础设施建设，继续开展公益性农产品批发市场建设试点，支持电商、物流、商贸、金融等企业参与涉农电子商务平台建设，加快构建跨区域冷链物流体系。以新型农业经营主体为载体，通过政府购买、财政奖补、贷款贴息等方式加快农产品质量安全检验检测设施建设、粮食烘干储藏设施建设等。提高农业机械设施补贴力度，鼓励新型农业经营主体着力提高机械化水平。

## （六）提升社会化服务能力

健全乡镇农业公共服务机构，完善公共服务设施，加大对农技推广站、畜牧兽医站、农机站等基层农业服务组织投入力度，明确服务职能，确定考核指标，切实发挥其支农效能。建立基层农业服务组织村级服务站点，延伸公共服务网络。加强部门协作，整合公共资源，提高服务效率，促进部门协同服务。大力扶持新型农业经营主体依托自有资源，开展互助型服务和经营性服务，参与提供社会化服务。支持引导乡村能人组建、领办相对单一、分工更细的经营性、专业化服务公司，开展劳务组织、田间管理、统防统治、农业设施安装等有偿服务。抓好农业生产全程社会化服务机制创新试点，重点支持为农户提供代耕代收、统防统治、烘干储藏等服务。加强信息平台建设，建立完善种苗、农机、植保、劳务、销售、气象预测、土地流转、金融保险、产业政策等服务供求信息发布，提升新型农业经营主体决策水平。

**参考文献**

[1] 孙中华：《大力培育新型农业经营主体夯实建设现代农业的微观基础》，《农村经营管理》2012 年第 1 期。

[2] 倪慧：《新型农业经营主体培育实践中的几个关键问题》，《农业经济》2015 年第 8 期。

[3] 林乐芬：《新型农业经营主体融资难的深层原因及化解路径》，《南京社会科学》2015 年第 7 期。

[4] 赵永柯：《现代农业发展背景下新型农业经营主体培育问题研究》，《农村经济与科技》2015 年第 7 期。

[5] 马改菊：《新型农业经营主体的培育和发展——以河北省为例》，《河北工程大学学报》2015 年第 3 期。

# 深化农村改革背景下山东农业发展研究

许英梅[*]

**摘 要**：近年，山东农业经济发展绩效显著，农业综合生产能力持续增强，新型农业经营体系和新型农业社会化服务体系日益健全，农民人均纯收入快速增长。但是，与深化经济体制改革的要求相比，山东农业与农村发展还面临一些问题，如农业基础比较薄弱、土地流转陷入困局、农村新形势倒逼经济改革等。针对这些问题，本文就加快培育新型农业经营主体、构建新型农业经营体系，完善农业支持保护制度改革，加快农村土地制度改革步伐，深化城乡发展一体化改革，等等，提出了山东农业与农村经济发展对策建议。

**关键词**：深化农村改革 山东农业 发展

## 一 山东农业农村经济发展态势

### （一）农业深化经济体制改革方面的发展态势

**1. 农业综合生产能力持续增强**

2015年，山东省粮食生产再次获得丰收，实现历史上首次"十三连增"，成为全国唯一的保持连续13年增产的省份。

山东现代种业发展基金在济南成立。作为山东省种子产业领域的第一只政府引导基金，初期规模为3.72亿元，存续期10年，今后将

---

[*] 许英梅，山东省社会科学院农村发展研究所。

继续吸引社会资本扩大募集资金规模，主要用于支持山东省内的种子产业发展①。农业经营主体发生深刻变革。近年，山东省农业经营主体已经开始分化，除了一般的小农经营主体外，农业龙头企业、农民专业合作社、种植大户等现代农业经营主体在推动农业农村发展、促进农民增收等方面也发挥了十分重要的作用。

**2. 在深化经济体制改革的大背景下，农业生产方式发生重大转变，农业发展的内生力量不断提升**

（1）农机化综合水平显著提升。2014 年，山东省农业装备水平不断改善，科技支撑和组织创新能力不断增强。2014 年山东省农机合作社达到 5400 个，合作社成员 10 万人，服务农户 500 万户，资产总额 110 亿元，拥有农机具 45 万台，承担了全省 40% 以上的机械化作业量②。2014 年国家安排山东的购机补贴资金总额为 17.3 亿元，全省通过实施购机补贴政策，发展各类机械 21 万多台，16 余万农户受益。

截至 2014 年底，全省农机总动力 1.29 亿千瓦，农机总值 788 亿元，种植业耕种收综合机械化水平近 80%，农机化经营总收入 490 亿元。实现了粮食生产全程机械化新突破，全省玉米收获和秸秆还田机械化程度达 83%，水稻机插秧率达 26%。实现了经济作物生产机械化新突破，全省经济作物耕种收综合机械化水平达 47%。实现了牧渔林业全面机械化新突破，全省畜牧养殖机械化水平达 36%；水产养殖机械化水平达 31%；林果生产机械化水平达 27%③。农机化已成为推动山东省农业农村乃至整个国民经济和社会发展的重要力量。

（2）农业社会化程度显著提高。2012 年与 2013 年的中央一号文件，均提出要发展农业社会化服务。2014 年，山东省依旧把提高农业社会化程度作为提升农业综合生产能力、保障农民增收的重要工作来抓，重点推进农民专业合作社规范发展，着力提升农业产业化龙头企业竞争力和带动能力。目前，山东省农民合作社达 13 万家、家庭农场 3.8 万家；规模以上龙头企业达 9200 家，销售收入 1.5 万亿元，新评定农民合作社省级示范社

---

① 资料来源：《山东现代种业发展基金成立》，http：//scitech.people.com.cn/n/2015/0105/c1057-26322362.html。
② 资料来源：《农机合作社领跑山东农业机械化》，http：//www.sdnj.gov.cn/xwzx/snmt/11/1723487.shtml。
③ 以上数据来源于山东省农机局。

706 家，推荐国家级示范社 213 家。

（3）农业科技取得新的进展。山东通过技术的集成创新与示范，着力打造了一批农业科技示范园区。目前已建设国家农业科技园区 6 家，在全国数量最多；建设省级农业高新技术产业示范区 10 家。山东已建立 19 个现代农业科技创新团队，基本覆盖了全省农业、畜牧、水产等优势主导产业，专家已超过 1800 人，吸纳了 93 个农业科研、教学和龙头企业广泛参与，全省农业科技进步贡献率接近 60%。

（4）农业标准化体系进一步完善。山东省通过标准化体系建设推动现代化农业发展，打造山东农业农产品品牌。目前已经创建了 270 个国家级农业标准化示范区，在现行有效的 2121 项地方标准中，仅农业地方标准就有 1079 项，占比在 50% 以上。这些农业地方标准覆盖了粮食、棉花、油料作物等大宗农产品以及畜牧养殖、水产养殖、蔬菜果茶、苗木花卉、农业机械、农机作业、食用菌等各领域。

**3. 农业保险种类日益丰富**

2014 年山东省新增 9 个政策性农业保险品种，新增保费补贴品种包括种植业的花生保险，养殖业的能繁母猪、育肥猪、奶牛保险，森林业的公益林、商品林（仅指用材林）保险和日光温室、苹果保险、桃保险。目前，山东省政策性农业保险品种已达 12 个，山东当前政策性农业保险险种小麦、玉米、棉花的投保面积都在种植面积的 80% 以上[①]。

## （二）农村土地制度方面的改革

**1. 承包经营权确认登记即将完成**

开展农村土地承包经营权确权登记颁证是完善农村基本经营制度的重要基础，是加快发展现代农业的重要措施，也是维护农民利益的重要保障。中央财政下达山东省 2014 年农村土地承包经营权确权登记颁证补助资金 5.61 亿元，占全国总资金规模的 41.3%，居全国首位。

山东省集体耕地确权情况：山东省集体所有耕地面积 1.12 亿亩，目前，已确权登记到户的耕地面积 7586.2 万亩，占全省集体所有耕地面积的 67.7%（见图 1）。2015 年基本完成农村土地承包经营权确权登记颁证工作。

---

① 资料来源：《山东政策性农业保险品种已 12 个 新增花生险等》，http://www.sdny.gov.cn/art/2014/11/4/art_602_380192.html。

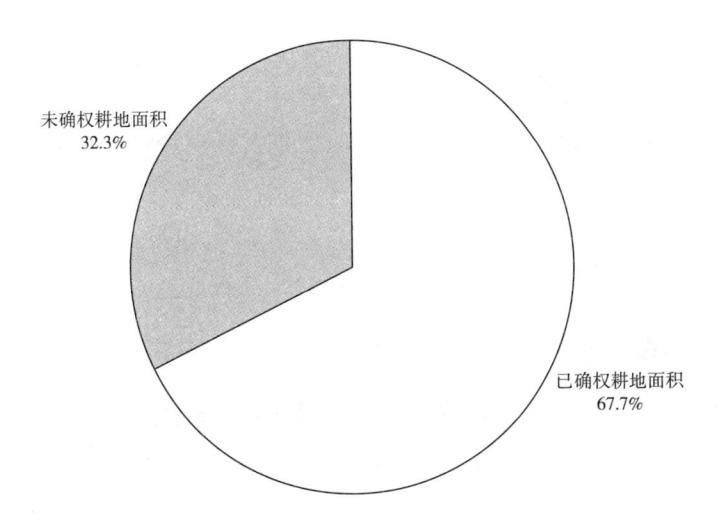

**图1 确权登记到户的耕地面积比重**

（未确权耕地面积 32.3%；已确权耕地面积 67.7%）

土地流转情况：土地确权后，农民可以放心地流转土地。目前，全省土地流转面积2155.8万亩，占家庭承包面积的23.3%，比2012年提高了近11个百分点（见图2）。

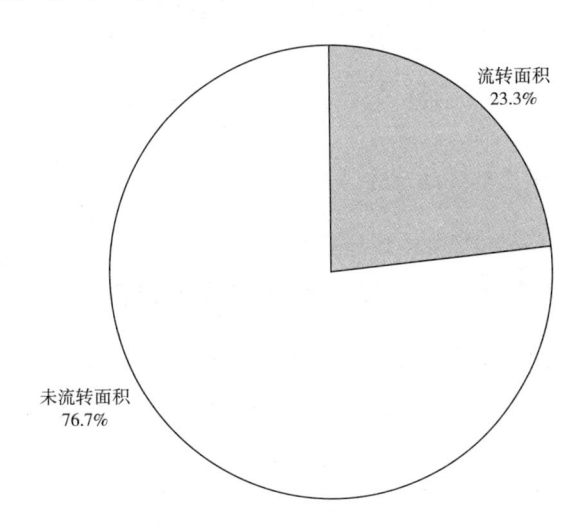

**图2 山东省土地流转情况**

（流转面积 23.3%；未流转面积 76.7%）

### 2. 农村产权融资渠道越来越宽

2013年底在潍坊市设立齐鲁农村产权交易中心。齐鲁农村产权交易中心已落地的服务项目有农村产权资产评估、农村产权抵押及质押贷款登记、农产品信息发布、农业生产性工具及设施交易、农村劳动力信息发布。土地经营权实现贷款。资金短缺是阻碍农业企业继续发展的最大难题，扩大规模必须有资金，但是农业企业的主要资产就是土地和塑料大棚，但都不能确权，没有其他抵押物，找银行贷款很难。潍坊光合庄园农产品科技有限公司就遇到此类难题，该公司流转了1000多亩土地，在新的政策环境下，用了10个工作日，获得贷款60万元。

### （三）惠农补贴政策力度不断加大

山东已连续多年向种粮大户提供财政补贴，对引导提高粮食种植面积、促进粮农队伍基本稳定起到积极作用。2012年补贴力度为每亩230元。2015年1月4日山东省财政厅、山东省农业厅联合推出补贴新政，为粮食种植面积300亩及以上（含小麦、玉米、水稻等粮食作物，其中，小麦或水稻种植面积150亩及以上）的种粮大户提供每亩40元、最高额度2万元的财政补贴[①]。

## 二 山东农业与农村经济发展面临的体制机制问题

我国2004~2015年连续12年发布以"三农"（农业、农村、农民）为主题的中央一号文件，凸显了"三农"问题在我国社会主义现代化时期的重要地位。在深化经济体制改革的大环境下，山东农业与农村经济发展还存在一些体制机制问题。

### （一）农业基础薄弱，农业生产形势不容乐观

在国内外整体经济形势复杂多变的大背景下，农业发展也面临诸多压力和严峻挑战，仍受到一些深层次的体制矛盾的制约，仍是国民经济中最薄弱的环节。

**1. 农业生产形势不乐观**

山东省面临耕地面积不断减少、整体生态环境不断恶化、水资源供应更加紧缺的严峻挑战。从山东省目前的农业资源禀赋来看，多年平均年水资源总量303亿立方米，人均水资源量334立方米，人均淡水资源仅为全

---

① 该数据来源于山东省农业厅。

国平均水平的 1/6，为世界平均水平的 1/24。目前，全省耕地 1.12 亿亩，而人口有 9417 万人，人均耕地只有 1.19 亩。即使全省城市化率达到 80%，农村仍有 2000 万人，人均耕地也只有 5 亩多，一个四口之家不过有耕地 20 亩，仍然难以形成土地的规模经营。

**2. 农业环境污染依然严重**

一是环境有限的承载力受到挑战。山东省近年化肥每亩用量处于全国较高水平，农业环境污染严重。农药实际利用率较低，真正用于作物的只有 30%；每年使用的薄膜中，40% 多的碎片遗留在土壤中。化肥使用量大，且流失量较大，致使大量耕地和地下水等受到污染。40% 以上的农作物秸秆未能被充分有效的利用，这也是农村生态环境污染的主要因素之一。畜禽养殖业方面污染面广量大。农村居民的生活污水目前全部采用直排方式。工业和城市的各类污染逐步转移到农村，设置在农村地区的工业园区"三废"排放量及污染面呈逐年增加的趋势。

**3. 粮食安全面临挑战**

目前我国主要农产品的价格显著高于国外。谷物总体价格比国外高 15%~20%，例如从越南进口的籼米价格为 3300 元/吨，我国同类产品价格为 3800~3900 元/吨；小麦进口价为 1800~2000 元/吨，国内价为 2400 元/吨。农民没有生产积极性，就没有粮食安全。要进一步支持和保护农业，除了要考虑消费者的承受力外，政府还受到 WTO 补贴规则的限制，使得政策运用空间越来越有限。

**4. 农业保险发展缓慢**

山东省农业保险发展受制约，政府、保险公司和投保主体都存在一定问题。第一，从政府角度说，对农业保险的关注目前存在"层层衰减"现象，政府各相关部门权责不明。第二，对于保险公司来说，核损任务重，定损缺乏相应依据，各理赔环节衔接性差，都让其在与农户打交道的过程中困难重重。另外，目前农业保险费率较低，公司盈利困难，一旦出现较大灾害损失，亏损往往不可避免。第三，最复杂的是作为投保主体的农户。农民对政策性保险的认识不深，存在侥幸心理，多为被动式投保。

## （二）土地流转之困局

**1. 土地流转非粮化困局**

山东省虽然 2015 年实现了粮食生产的"十三连增"，但是受水土资源约束等诸多因素影响，在高基数、高平台上，山东粮食实现继续丰产仍面临多重挑战。

农场主、农业合作社，多数追求的是土地的高收益。论收益，种粮食肯定比不了种蔬菜、苗木。这是农业发展的一个现实问题。近年来，随着农资、生产作业环节和人工费用等成本的不断上涨，种粮效益非但没有提高，而且总体还是处于下降的趋势。2014年山东省小麦、玉米两季每亩纯收益仅为349元，再加上125元的粮食直补和农资综补资金，一亩粮食的净利润也就470多元，还比不上农民一个星期的打工收入。

**2. 土地流转之"新圈地运动"困局**

据调查，2014年流转入企业的土地面积比上年增长40%。而呈现的问题却令人担忧。"一两百亩不算什么，只有几千亩、上万亩的才算现代农业"。在这种片面认识下，有些地方政府盲目追求流转规模和流转比例：有的直接出台招商引资的"土政策"，给予企业流转土地大量补贴奖励；还有的干脆直接靠行政命令，用下指标、定任务的方式，人为制造虚高的土地流转率。

有的企业是为"政府补贴"而来，有的企业则为"土地生意"而来，企业从农民手中流转到土地便荒在那里等升值，或借休闲农业、临时仓储等名义改变土地用途。

### （三）农村新形势倒逼经济体制改革

**1. 农业劳动力短缺的结构性问题**

山东省农业劳动力已经呈现老龄化、受教育文化程度低等特征，出现了年龄性、季节性、区域性等结构性短缺，省内许多地方50岁以上从事农业的劳动力占比在50%以上。如今，年青一代农民工普遍不愿意从事农业劳动，农村未来"谁来种地"的问题值得担忧。

**2. 现代农业社会化专业性服务不足的问题**

"一家一户"单打独斗搞生产的"小农经济"仍然是山东省的农业现状，农村集体经济基础普遍薄弱。运营服务组织发展不充分，弱政策支持下的经济实力不够。

**3. 农业生产组织化程度偏低的问题**

目前，山东的家庭农场还处于起步阶段，并且多是由种粮大户转型而来；农民专业合作社还处在发展阶段，并且其中还存在一些为了享受各种配套优惠政策的"假"合作社①；农业龙头企业与农户间的利益联结机制尚未健全。山东省大多数农户家庭经营仍拘泥于分散经营，农产品的市场竞争力不足，农产品加工产业链短、农业附加值低等现象普遍存在。农业的"小生产"在面临"大市场"时，受到自然、市场、质量安全"三重风险"的约束。

**4. 山东土地"细碎化"现象仍然存在**

山东省人多地少、农业人口占多数、户均耕地规模偏小，加上简单化的平均主义分配方式更是加剧了农地的"细碎化"。同时，最近20多年对农业基础设施投入少，每年农户投入土地的生产性资金仅千元，扩大再生产能力严重不足。农村多由"386199"②留守，土地直接休耕或者干脆进行简单粗放型种植等时有发生。

## 三 深化改革促进山东农业与农村经济发展的对策与建议

### （一）加快培育新型农业经营主体，构建新型农业经营体系

十八大报告提出，"发展多种形式规模经营，构建集约化、专业化、组织化、社会化相结合的新型农业经营体系"。这些年，农村青壮年劳动力进城以后，农村空心化、农民老龄化、农业兼业化的趋势在一些地方非常明显。这就带来一个问题：今后谁来种地？因此扶持发展新型农业经营主体，构建新型农业经营体系是深化经济体制改革迫在眉睫的任务。

培育新型农业经营主体，是转变农业发展方式、提高农业综合效益和市场竞争力的迫切需要，也是构建现代农业发展支点、推进山东由农业大省向农业强省跨越的必然要求。未来的山东现代农业，需要以培养有文化、懂技术、会经营、高素质的新型职业农民为核心，以扶持培育专业种植大户和家庭农场为目标，以扶持发展农民专业经济合作社和农业龙头企业为重点。在深化经济体制改革的背景下，提高农业社会化服务水平，推进

---

① 假合作社，即没有按照国际上公认的合作社基本原则去组织运作，不能满足我国《农民专业合作社法》的基本要求，不符合我国农业部《农民专业合作社示范章程》的推荐标准。参见李尚勇《真假农民合作社辨》，http://www.zgxcfx.com/Article/46202.html。

② "386199"指的是妇女、儿童及老人。

农业生产向组织化、规模化经营转变,构建更具活力的新型农业经营主体。

第一,在深化经济体制改革的背景下,面向多元主体培育新型职业农民。农民的现代化才能创造农业的现代化。所以,在将来一段时间内,山东要把培养新型职业农民作为核心任务,以提升农民的科学素养、职业技能和经营能力为重点,探索各类培育模式,强化各级政策扶持力度,打造一支文化综合素质高、生产经营能力强的新型职业农民队伍。

第二,加快培育专业种植大户和家庭农场。在深化经济体制改革背景下,发展专业种植大户和家庭农场能够较好地促进山东省农户家庭经营专业化、集约化、规模化。山东可以通过如下途径培育。一是鼓励各地按照"有一定生产规模、有一定知名度标牌产品、有足够经营场地、有相关设施配套、有健全管理制度"的要求,制定各类生产领域专业种植大户、家庭农场的认定标准[①]。二是对已经认定的专业种植大户和家庭农场,给予资金、政策方面的扶持;对于达到规定生产规模的专业种植大户、家庭农场给予资金、政策等奖励;建议专业种植大户、家庭农场积极参加各类农业保险。三是加强对专业种植大户、家庭农场在生产、经营及风险意识等方面的指导,从而保障农产品质量安全、提高农产品附加值、增加农产品市场竞争力。

第三,加快发展农民专业合作经济组织。在市场经济的推动下,生产要素的流动和新的组合是大趋势,要求产生新的社会组织形式和运行机制,农民专业合作经济组织就是其中一个很好的方式。可通过以下途径发展:一是围绕山东当地主导产业和产品,发展多种类型的专业合作经济组织,提倡专业合作社之间、专业合作社与其他经济组织之间进行多层次、多形式的合作与联合,逐步建立起以社区合作为基础、专业合作为框架的农村合作经济体系;二是政府加大扶持力度,给予农民专业合作经济组织一定范围内的经营自主权,不过度干预其发展;三是促进农民专业合作经济组织的规范化建设,从管理人员、合作社理事长培训入手,培养一批懂经营、会管理的合作社带头人,潍坊建立的"职业农民讲习所"很有借鉴意义。

第四,支持农业产业化龙头企业的发展。鼓励农业龙头企业通过采取

---

① 参见贾广东《发展多种形式规模经营 大力培育新型农业经营主体》,http://blog.sina.com.cn/s/blog_ 871dbadf0101aj6x.html。

利润回报比例返还收益、订单农业、为农户提供信用担保等多种形式，建立与专业种植大户、家庭农场、农民专业合作社之间的利益共享链。引导工商资本下乡，鼓励农业龙头企业加大资金投入力度，有效延长农产品产业链条，促进农产品深加工，从而提高农产品的附加值，构建企业和农户的"双赢"模式。鼓励农业产业化龙头企业为专业大户、家庭农场、农民专业合作社提供农业基础资料、农业机械化作业、科学技术指导、动植物疫病预防和治理、产品营销等"一条龙"服务。

第五，发展多种形式的规模经营。从农业现代化的角度看，应当说农田的规模经营是农业发展的必由之路。一是探索适度规模化土地流转模式。适度规模化的土地流转有助于解决当前的土地"细碎化"问题，还可以对土地实施"小块并大块"或"大块不再分"政策等。二是健全农业社会化服务体系。面对深化经济体制改革的大环境，根据山东规模化土地经营发展方向，"家庭经营 + 社会化服务"道路比较适合。

### （二）完善农业支持保护制度改革

**1. 完善农业补贴政策，增加"三农"资金支出力度，完善财政资金引导作用**

贯彻落实中央农村工作会议精神，加大农业政策扶持力度，增加支农资金投入额度，总的方向是坚持农业支持保护力度不变，稳定粮食生产总量，增加粮食存量，利用政府和市场"两只无形的手"，发挥财政资金"四两拨千斤"的作用，引导更多的资金投入农业这一基础行业。新增补贴要向粮食等重要农产品、新型经营主体、主产区倾斜。

**2. 加强农业科技自主创新、深化基层农技推广体系改革**

农业科技创新是包括农业科学研究、发明、创造以及进行科技成果推广、应用、增强生产能力和获取最大效益的运动过程。农业科技创新的具体措施如下。

第一，强化农业高新技术的研究、开发与应用。在当前环境下，农业技术的研究、开发与利用面临巨大的资金、人才、设备、技术等问题。因此，政府部门要积极应对，加大研究经费投入，成为农业科研经费投入的主体。另外，政府应鼓励新型农业经营主体自主投资从事农业科研工作。

第二，建立完善的农业科技服务推广体系，加强农业科技人才队伍建设。充分调动新型职业农民、科技人员的积极性和创造性，实行新型职业农民组织与专业队伍相结合、政府主导与市场引导相结合的方式，走出一条符合山东省情的农业科技体系推广之路。

第三，培育发展中介服务组织，促进科技成果的转化。山东省要利用科研院所改革、改制的时机，建立和发展农业科技信息咨询服务组织；建立开放的科技成果项目库和科技成果交易网络；建立和完善技术市场、项目评估、知识产权认定和无形资产评估机构，发展技术经纪人队伍。各级科协和农村科普协会所属学会，要在农业技术咨询、技术服务和技术协作等方面，充分发挥桥梁和纽带作用。

### 3. 农产品市场体系建设

现代农业首先要做到农产品质量安全。不仅要让消费者吃饱吃好，而且还要吃得安心、放心。一方面，大力推进标准化生产；另一方面，不断强化监管。其次，提高农业竞争力。当今的农业已经处于开放的国际大环境、大市场中。因此，在推进农业"转方式、调结构"的过程中，要用世界的眼光看问题；着力构建农产品能"走出去""走得远"的政策体系，在全球化背景下制定山东农业发展战略。

### 4. 加大农业保险支持力度

一是扩大覆盖面。农业保险部门应尽力消除农村一些地方农业保险知识的盲区，让广大农户了解农业保险。保险公司应加强业务支持力度，及时回应农户对保险理赔方面的期待诉求。二是降低风险。农业保险部门应尽量使有限资金发挥最大功效。三是创新模式。探索完善农业再保险机制，尝试创新农业保险险种经营方式，营造和谐的农业保险、理赔环境，为农业生产保驾护航，让广大农户得到经济实惠。

## （三）加快农村土地制度改革步伐

深化农村土地制度改革，引导农村土地经营权有序流转，突破经营规模的限制。在坚持农村土地集体所有权、稳定农户承包权的情况下，实行农村土地集体所有权、承包权、经营权三权分置，使经营权有序流转、形成农业的适度规模经营。

### 1. 促进土地有效流转

在经济体制改革背景下，支持小农户联合起来走规模合作经营的道路。例如，当地农村劳动力转移就业良好、农户流转土地意愿明显、农业基础设施保障功能较强、本地农业保险跟得上的地区或者市场风险较小的产业，可适当推广土地股份合作社的做法。而对于地形高低不平、农业基础设施薄弱、不便统一耕种的地区和市场风险高的产业，则建议发展农业种植大户或者家庭农场，推广"大园区、小业主""大产业、小业主"的模式。

**2. 发展农地托管**

大力发展农地托管，推进农村土地规模化经营。农地托管是在坚持家庭承包经营制度不变，坚持农民土地使用权不变，坚持农民为投入和受益主体不变前提下的一种农地流转新形式、新做法。其做法主要是通过农业社会化服务组织提供产前、产中和产后服务，解决无人和无力种地问题。从全国情况看，农地托管是从农地自发流转向规模经营过渡的有效形式，能够较好地适应农地流转新形势，可较好地避免用行政命令推动农地流转带来的诸多不利，应予以规范引导并扶持推广。

### （四）城乡发展一体化改革

城乡一体化的基本概念是随着生产力的发展而促进城乡居民生产方式、生活方式和居住方式变化的过程，使城乡人口、技术、资本、资源等要素相互融合，互为资源，互为市场，互相服务，逐步达到城乡之间在经济、社会、文化、生态上协调发展的过程。

城乡一体化的根本在于废除原有的城乡二元体制，改革户籍制度等[①]。要实现城乡一体化，必须对城乡体制进项改革。回顾30多年的农村改革发展历史，可以看到农村的第一步改革是实行家庭联产承包责任制，农民得到了实惠，城乡差距在一定程度上缩小了；但是进入20世纪中后期，农村的第二步改革受到城乡二元体制问题的强大阻滞，改革没能继续下去。

农村户籍制度改革，可以促进有能力在城镇稳定就业和生活的常住人口有序实现市民化，稳步推进城镇基本公共服务常住人口全覆盖[②]。农业人口不断转移，加快农民市民化是农村户籍改革的重要途径。一是要深化农村户籍登记制度改革，实行城乡统一的户籍登记制度。简化现有的农村人口登记制度，逐步在进城务工人口中大规模推行居住证制度，使有能力

---

① 参见"城乡一体化"，http://baike.haosou.com/doc/1802074-1905675.html。
② 参见《关于进一步推进户籍制度改革的意见》，http://news.xinhuanet.com/politics/2014-07/30/c_1111860597.htm。

的农民逐步市民化，实现公民身份的平等，这是实现城乡一体化的基本前提条件。二是要进一步进行科学规划的引导，按照当今山东省工业化程度与农业现代化的需求来引导山东省城乡人口的合理布局。山东加快形成省会城市群经济圈与山东半岛蓝色经济区和黄河三角洲高效生态经济区遥相呼应、与西部经济隆起带紧密衔接、与京津冀和中原经济区联动融合的战略发展态势①，在城市圈以外的农业县进行适度合并，支持农业人口大规模转移。

① 参见《山东省会城市群经济圈发展规划》，http://news.iqilu.com/shandong/yaowen/2013/0829/1648724.shtml。

# 河北省农地流转现状、问题及对策分析[*]

马彦丽　窦丽琛[**]

**摘　要：** 土地流转和规模经营成为大势所趋，河北省农地流转规模与推进力度高度相关，流转示范区地方政府多深度参与，流转价格较高，经营主体渴求政府扶持政策，但规模经营效率并不明显。土地流转中存在许多问题：大规模粮食种植风险较小但收益很低；非粮化种植引致更大经营风险；农户对流转风险估计不足，政府可能面临很大问题；针对规模经营主体的社会化服务匮乏；雇工管理困难；"农地股份合作社"缺少合作内涵；还出现一些未曾预料的社会稳定问题。因此，必须正视当前土地流转蕴藏的经济、社会和政治风险，因势利导，培育适度规模经营主体，完善农业社会化服务。

**关键词：** 农地流转　存在问题　对策　河北省

在土地细碎化和劳动力加速转移背景下，土地流转和规模经营成为大势所趋，被认为是促进农业产业化、提升农业劳动生产率、促进农民增收的有效途径。2013 年，河北省发布了《河北省农村土地承包条例（草案）》，2015 年又出台了《农村土地经营权流转的意见》，支持和引导农村土地（承包耕地）经营权有序流转，发展农业适度规模经营，加快农业现代化进程。然而，我们通过对河北省多地农村土地流转情况的专题调研发现，在农地流转过程中存在一些问题，尤其是在流转示范地区，存在许多潜在风险，亟须从体制机制上进行探索和创新，促进全省农地流转工作的顺利推进。

---

[*] 基金项目：河北经贸大学 2015 年暑期社会实践项目；2015 年度河北省人才培养工程资助项目（A201500165）；河北省社会科学基金一般项目（HB15YJ067）。

[**] 马彦丽、窦丽琛，河北经贸大学经济研究所。

## 一 河北省农地流转的主要特点

### （一）流转规模与推进力度高度相关

在各地土地流转工作中，政府推与不推效果差别很大。在政府推进力度较小的地方，大规模的土地流转较少出现；而在政府推进力度较大的地方，土地流转规模大，流转率高，很多地方甚至是整村土地流转，如衡水冀州市。该市有37个千亩以上规模经营主体、541个家庭农场，土地流转率达到45.3%；引进了江苏煜禾公司、坤胜公司、日鑫公司、昆泽公司、聚美康公司、阳光小镇公司等一批工商企业和社会资本，有8个村3万亩耕地实现了整村流转，经营主体由1830个农户分散经营变为8个规模经营主体经营（杨万宁，2015）。伴随土地流转，该市转移农业劳动力约5万人，约占2015年农村人口的24%。值得注意的是，如此规模的土地流转大多数是在最近两三年内由政府推动完成的，速度可谓飞快。

### （二）示范区地方政府多深度参与

为了更好地完成当地农地流转工作，示范区村委会、乡镇政府甚至县级政府部门采取了多项措施来大力推进，有的地方还制订了推进计划表，每年都有额定的推进任务。由于村情、民情复杂，并不是所有的农户都愿意流转土地，为了动员大家流转土地，部分村委会和乡政府做了很多工作，在土地流转合同的签订过程中也深度参与，如要求农户首先与村委会签约，将土地委托给村委会流转，然后由村委会与承租人签订合同，乡政府、农牧局、律师共同见证，合同一式五份，各存一份。

### （三）流转价格高，出租收益大

在华北平原典型的冬小麦+玉米种植区，由于耕地、播种、收割、秸秆还田等环节的机械化作业普及，全部可以通过市场上的农机服务公司获得，农户投入到土地上的劳动力很少，种地没有很大困难。除人工外，扣除各种耕种的投入（种子、化肥、农药等）和机械化服务成本，在没有自然灾害的情况下，每亩地的纯盈利约1500元。而政府对土地流转的鼓励政策在短期内吸引了大量资金进入土地流转市场，竞价激烈，导致土地流转价格高企现象，尤其是在示范区。据调研，农地大规模流转地区的土地年租金一般在 1000 元左右，有的为了连方成片甚至高达 1300 元以上。这样的出租价格比起农户自种少不了多少，还不用劳作，不承担自然灾害风险，因此多数农户比较满意。

## （四）经营主体渴求政府扶持政策

媒体对规模经营的宣传，促使短期内大量资金进入农业领域，既有种粮能手、专业大户、专业合作社，更重要的是工商资本进入农村大规模承包土地。这些经营主体大多数对政府的扶持政策有很高的预期，表现出强政策依赖倾向。目前看，各类主体获得的政策扶持主要有农机购置补贴、"一喷三防"实物补助、土地深松作业补贴、省级专项涉农资金、优质小麦专项补贴、病虫害同防同治补贴、田间喷灌设施建设等。除希望政府补贴更加公开、透明、手续简便外，多数公司、农场的希望是更多、力度更大的补贴，如田间路建设、晾晒场建设、谷仓建设等资金需求大的项目，对低息或贴息的贷款更是渴求。

## （五）规模经营效率并不明显

政府推进农业规模化经营的逻辑起点是通过发展多种形式的适度规模经营，获得规模经济效益，达到保障国家粮食安全和提高农民收入的双重目标。那么，规模经营是否能降低生产成本，从而实现规模经济效应呢？国内外已有大量的实证研究证实，以土地面积为衡量指标的农场规模的扩大，在提高劳动生产率方面的效果是显著的，但通常并不导致土地生产率的提高，尤其是在发展中国家，农场规模的扩大往往导致土地生产率下降。美国农业部的杰·麦得安分析了大量不同规模农场生产费用的资料后认为，单人或双人经营的机械化家庭农场效率最高，规模扩大不能带来规模经济效应（吴钟海，2007）。大量国内的实证研究也指出，我国粮食生产中几乎不存在显著的规模收益递增，也就是说，增加农场的耕种面积不能增加粮食单产（许庆等，2011）。

本次调研的大多数规模经营主体认为，农场的土地亩产比不上之前农户分别耕种时的产量，与上述研究一致。在河北特别是平原地区，多数农场不需要进行土地整理，少数整理出来的田间路和浇地的沟渠其实原本占地不多，现在只是将较多较窄的田间路让位于较少、较宽的田间路，除非特殊情况，农场通过土地整理得到的耕地几近于无。规模经营所采取的机械化生产会带来一定的效率提高，但是生产过程中有必须人工完成的环节，而雇工管理困难又会导致生产效率降低，综合来看，规模经济效应并不明显。因此，农场规模并非越大越好，上千亩的农场相比一两百亩的农场并没有显著的规模经济效应，增加农场的耕种面积不能增加粮食单产。

### （六）"三金"农民之说并不可靠

一些媒体宣传说土地流转后农民收入由单纯的农业经营收入变为"三金"收入，即所谓的"租金、股金、薪金"①，这通常是站不住脚的。无论租金还是股金，都是转让土地经营权的收益，有租金无股金，有股金无租金，不可能二者兼得。"薪金"则看情况，如果下乡的工商资本继续种粮，一般采取机械替代劳动的形式（在更高的程度上全过程地机械化是工商资本大规模种粮能够成功的前提），会最大可能减少对劳动的雇用，因此，他们能够提供的农业就业机会很少，长期来看会越来越少。对于非粮化经营的企业，种植劳动密集型经济作物需要大量雇工，然而正如陈锡文所讲，"全世界的农业雇农都不行"，如果没有政府的补贴，这类农业公司很难经营下去，从长期看，这些就业机会不稳定。如果指望农民能够转移到非农领域挣得一份工资收入，那么这个是在土地经营权流转政策之外的事情了，农民向非农业的转移、向城市的转移与该地区的城镇化进程和二、三产业对劳动力的吸纳能力相关，主要吸纳的人群是年轻的新一代劳动力，不会是留守妇女和中老年人，并且将是一个长期的过程。调研发现，能获得非农就业机会的人少之又少。一个村庄内如果大量存在有精力而无工作的人是什么样的景象？思之不寒而栗。

## 二 河北省土地流转中存在的问题

### （一）大规模粮食种植风险较小但收益很低

农业本质上是微利行业，如前所述，排除自然灾害和价格波动，农户

---

① 见《盘活"碎片化"土地 培育"新三金"农民》，《贵州日报》2016年1月4日。

1亩地的纯收入也不会超过1500元，而示范区高额的流转价格给规模经营主体留下的利润空间已经很小，如果赶上自然灾害或粮食产品价格大幅下滑，他们的利润几近于无。规模经营最典型的特征是以资本替代劳动，随着种植规模的扩大，固定资产投资数额庞大。调查发现，每个规模经营主体购买收割机、播种机、深松机等必需设备至少需要20万元，此外，建设仓库、晾晒场和购买烘干机等存储设施还需要几十万元的投资。为了更加彻底地替代人工以及节水节电，很多农场都有灌溉设施建设计划。微薄的利润，再加上大规模投资而又没有渠道获得银行贷款，不少规模主体经营困难，进退两难。

### （二）非粮化种植引致更大经营风险

由于种植粮食作物利润很小，一些规模经营主体大力投资引进高收益的经济作物，如彩色观赏苗木、中草药作物、蔬菜等。然而由于种植经验和技术缺乏，加之这类作物前期投资大、受市场波动影响更大，经营主体面临很大的经营风险。调研中发现，种植经济作物的规模经营主体普遍经营困难，尚未见盈利，有的损失惨重，尤其是在工商资本下乡经营规模农场的情况下非常突出。一旦资金链断裂，这类主体将难以履行流转合同。

### （三）农户对流转风险估计不足，政府可能面临很大问题

农户对土地流转合同的法律效力认识不足，加之政府部门的深度参与，使得农户忽略了流转的风险，认为出现问题政府一定会管。而无论是种粮还是经济作物，规模经营都面临很大风险，因此流转合同随时会出现履约难的情况。假如承租人由于经营不善而要撤资，土地如何处理？重新分包还是转包他人？以现在的价格很难找到接手的公司，重新给农民分地也会有很大的麻烦，要花费大量的人财物力。更麻烦的是，一些公司改变了土地的用途，种植经济林、苗木、压采林等，不能重新改为耕地。此时县、乡政府，特别是村委会可能会麻烦缠身。

### （四）针对规模经营主体的社会化服务匮乏

规模农场对晾晒场、烘干机和仓库的需求凸显。在人民公社时代，每个生产队都有晾晒场和仓库，实行家庭承包经营制度以后，农户的庭院、屋顶、配房等承担了谷物晾晒和存储的功能，但是，土地集中大规模经营

以后，农户庭院不能满足要求，农场单独投资晾晒场、烘干设备以及仓库又需要大量投入以及占用耕地，一些农场由于缺乏这些设备不得不在地头销售青玉米穗，从而可能遭受价格损失。此外，对农场的机械化服务、农资供应以及技术服务的社会化也亟须解决。

### （五）雇工管理困难

这一点对于靠雇工经营的规模主体非常明显。由于大多数工人都是临时雇用，责任心仍难以保证，需要大量的管理和监督。例如，农田浇地需要大量雇工，采用按时计酬的办法，出现农民一天8小时只能浇两三亩地的情况，改用按照浇地面积计酬的办法，一个农民一天就可以浇10亩地，水漫过地皮就算，浇不透，影响产量①。如何解决团队劳动的计量和监督问题，从而避免搭便车——偷懒问题的出现，是规模经营尤其是公司制经营必须面临的问题，而这一问题被认为是人民公社制度瓦解的重要原因之一。

### （六）"农地股份合作社"缺少合作内涵

本次调研考察的规模经营主体，有的注册为"合作社"，但是与"有限公司"或"家庭农场"的经营模式没有本质区别，少数农户有机会为"合作社"打工，完全按照市价付工费，并无合作生产的含义。按照合作社的概念，合作社应当是独立的生产经营主体在某些业务环节上的合作。目前登记的"农地股份合作社"中，农户完全脱离合作社的经营管理，只是土地的出租者而已，并无生产合作的内涵。即使是少数地方实行土地托管给公司经营，土地上的产出扣除生产经营成本和管理费后全部返还给农户的情况，也只是租地者（即传统上讲的佃农）和土地出租者（即地主）之间的收益分享方式不同而已，一种是地租定额制，一种是分成制。因此，这类土地股份合作社实际上没有合作内容，没有惠顾环节，不管是不是叫作"合作社"，绝大多数均不是合作社。

### （七）出现一些未曾预料的社会稳定问题

调研中发现，在工商资本大规模流转土地的地区，流转出土地的中老

---

① 据有经验的农民估计，正常的情况下，一个农民一天应该浇地5~6亩。

年农民赋闲在家，由于农户与租地者很少有亲缘和地缘联系，许多地方出现农民在收获季节偷盗农作物的现象，有些地方，偷盗并不是在夜间、小规模、偷偷地进行，而是大白天的哄抢，给公司造成很大损失。据说某农场种植的 500 亩土豆在两天内被哄抢一光，还有一个农场 1000 亩玉米被偷光。在收获季节，为防止偷抢，一些专业公司需要每天派十几个人巡查，许多农场用丝网将全部土地围起来，这无形中又增加了很多成本。

## 三 促进河北省土地合理化流转的对策建议

中国人多地少，资源有限，中国的土地政策不仅是一项产业政策，更重要的还是一项社会政策。土地流转政策的核心是人而不是土地，土地流转必须与劳动力的转移相匹配，不可一蹴而就。总体来看，工商资本雇工经营的农场问题明显，不是发展的主要方向，对土地规模经济效应的研究还有待深入。因此，必须正视当前的土地流转蕴藏的经济、社会和政治风险，政府应因势利导，培育适度规模经营主体，完善农业社会化服务，不可强力干预。

**1. 徐图缓进，土地流转应当与劳动力转移相适应**

土地流转不仅转移了生产资料，还影响了收入分配以及人的生产和生活模式。在中国，土地流转政策不仅是一项产业政策，还是一项社会政策，涉及农业安全和农村稳定，其核心是人不是地。从长远看，土地的流转和集中趋势必须与劳动力的转移相匹配，不可一蹴而就。现在一批 40~60 岁的农民还是中国农业生产的主力，在他们没有退休之前推进土地流转非常难，预计再有五年到十年，土地流转不推自流。各级政府既要未雨绸缪，又不可贪功冒进。各级政府应当在规范流转行为、创建流转平台方面努力工作，因势利导，不可过度介入其中。

**2. 重视适度规模的家庭农场在新型农业经营主体中的主流作用**

由于家庭农场在有效的激励机制方面有无可比拟的优势（可以有效解决雇工的监督问题），由职业农民经营的规模适度的家庭农场应该成为未来农业发展的微观基础，大型工商资本涉足农业生产领域只能是一种补充。由于农业生产领域并不存在明显的规模经济效应，要破除对大规模农业的盲目偏好，也不能将农业现代化简单等同于大型机械化。注意不同行业适度规模的差异，不搞一刀切。

### 3. 重视对职业农民的培训

人力资本是走向现代农业最活跃的要素，有能力、有知识、对技术敏感、有管理经验的新型农民是现代化农业的前提。应当通过普通教育以及职业培训加强对新型职业农民的培养。一方面鼓励接受过高等教育的大学生发挥专业特长在农业领域创业、就业；另一方面制订科学的在职培训计划，组织力量对年富力强的新型农民进行有针对性的培训；同时，要加强对新型职业农民的宣传，推动各界对农民这一职业印象的转变，农民不再意味着贫穷、落后，而是有文化、有胆识、年富力强的农业企业家，让职业农民感受到阳光，感受到在社会上是受尊重的[①]。

### 4. 完善针对规模农场的农业社会化服务提供体系

农业是弱势产业，但又不能单单依靠政府补贴和优惠政策来生存，因此需要发达的农业社会化服务体系与之相适应，向规模农场提供金融、保险、技术、联合采购、农产品储运销售以及深加工等全方位的服务。其中，建立在职业农民经营的家庭农场基础上的合作社是提供农业社会化服务的重要力量之一，他们对合作的需求是有效需求，要将这种合作社与当前存在的大量的虚假合作社区别开来，加以扶持和引导。独立的、脱离官方背景的、以为成员服务为生的协会组织在提供社会化服务方面的贡献不可低估，应当促进这些协会组织的发展。

## 参考文献

[1]《河北省〈农村土地经营权流转的意见〉全文》，《河北日报》2015年8月26日。

[2] 杨万宁：《冀州土地流转规模经营主体唱主角》，《衡水日报》2015年4月28日。

[3] 吴钟海：《农业生产组织的变迁机理——美国农业现代化历程的经验研究》，东北财经大学硕士学位论文，2007。

[4] 许庆、尹荣、梁章辉：《规模经济、规模报酬与农业适度规模经营——基于我国粮食生产的实证研究》，《经济研究》2011年第3期。

[5]《盘活"碎片化"土地　培育"新三金"农民》，《贵州日报》2016年1月4日。

[6]《京津冀协同创新　促进现代农业发展》，《中国经济时报》2015年11月13日。

---

① 见《京津冀协同创新　促进现代农业发展》，《中国经济时报》2015年11月13日。

# 甘肃现代农业体系中新型农业经营主体的培育与发展

李振东　潘从银[*]

**摘　要**：本文通过对甘肃现代农业和新型农业经营主体发展现状的分析，指出基础薄弱、新型农业经营主体规模小、带动能力弱、产业链条短、产品附加值低、人才缺乏和资金不足是制约甘肃发展现代农业的瓶颈。提出了培育和发展新型农业经营主体的建议：积极创新投融资机制，破解新型农业经营的融资瓶颈；加快人才培养，提高新型农业经营主体的技术创新能力；强化整合提升，增强新型农业经营主体的市场竞争力；稳步推进土地流转，加大新型农业经营主体的拓展空间；加强规范管理，提升新型农业经营主体的自身发展水平。

**关键词**：现代农业　经营主体　新型　培育

2014年中央一号文件指出，当前我国农村改革发展面临的环境更加复杂、困难挑战增多。必须全面贯彻落实党的十八大和十八届三中全会精神，全面深化农村改革，坚决破除体制机制弊端，推进中国特色农业现代化，要始终把改革作为根本动力，立足国情农情，坚持家庭经营为基础与多种经营形式共同发展，加快构建新型农业经营体系，扶持发展新型农业经营主体，深入推进农业发展方式转变（农业部，2014）。

新型农业经营主体是具有相对较大的经营规模、较好的物质装备条件和经营管理能力，劳动生产、资源利用和土地产出率较高，以商品化生产为主要目标的农业经营组织，主要包括专业种养大户、家庭农场、农民专业合作社、龙头企业和经营性农业服务组织等。

---

[*] 李振东、潘从银，甘肃省社会科学院农村发展研究所。

甘肃是我国西部经济欠发达省份，农业在国民经济中的基础地位更为明显。2013年农业增加值879.4亿元，同比增长5.6%，占国民生产总值的14.0%，与上年相比上升0.2个百分点[①]，比全国平均水平（10.0%）高4个百分点，农业在国民经济中的比重较高，位列全国第6。因此，加速培育和发展甘肃新型农业经营主体对于甘肃经济转型升级有着重要意义。

## 一 新型农业经营主体发展现状

### （一）龙头企业发展现状[②]

**1. 龙头企业持续快速发展**

截至2013年底，甘肃省各类农业产业化龙头企业达到2377家，同比增长3.9%，其中国家重点龙头企业有27家，省级重点龙头企业有365家，市级重点龙头企业有772家，县级重点龙头企业有652家，县级以下龙头企业有561家。同时，有84家龙头企业销售收入超过1亿元，同比增长21.7%，其中有5家超过10亿元，较上年增加3家；有761家龙头企业销售收入超出2000万元，同比增长31.9%；有1231家龙头企业销售收入在500万元以上，同比增长29.4%。全省龙头企业固定资产总值达到463.61亿元，同比增长11.5%，全年实现销售收入665.59亿元，同比增长19.6%，获得净利润67.31亿元，同比增长17.6%，缴纳税款16.96亿元，同比增长25.1%，出口创汇2.69亿美元，同比增长3.6%。

与2009年相比，2013年龙头企业总数增加了641家，国家重点龙头企业增加了7家，省级重点龙头企业增加了102家，年平均增长率分别为8.17%、7.79%和8.54%；年销售收入超过1亿元的龙头企业增加了43家，年销售收入超过500万元的龙头企业增加了458家，年平均增长率均突破个位数，分别为19.64%和12.34%。（见图1、图2）说明甘肃省农业产业化龙头企业在数量持续快速增长的同时实力也在不断壮大。

---

[①] 数据来源于：《2013年甘肃省国民经济和社会发展统计公报》，甘肃统计信息网，http://www.gstj.gov.cn/www/HdClsContentDisp.asp?Id=28329。

[②] 本部分数据来源于：2010年、2011年、2013年《全省农业产业化经营统计调查分析》，2010~2013年《甘肃发展年鉴》，《甘肃省农业产业化发展综述》，甘肃农业信息网，http://www.gsny.gov.cn/cyhjy/gssnycyhfzbg/2014/09/19/1411098671625.html#。

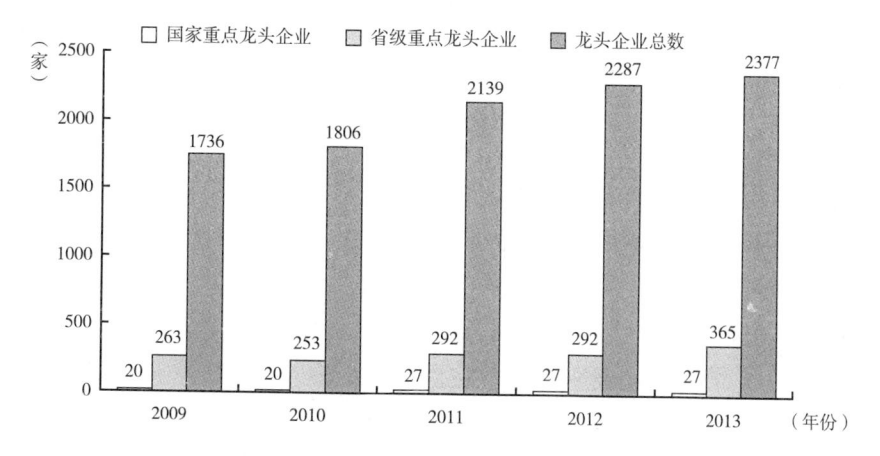

**图1  2009~2013年甘肃省农业产业化龙头企业数量发展情况**

资料来源：2010年、2011年、2013年《全省农业产业化经营发展统计调查分析》，2010~2013年《甘肃发展年鉴》，《甘肃省农业产业化发展综述》。

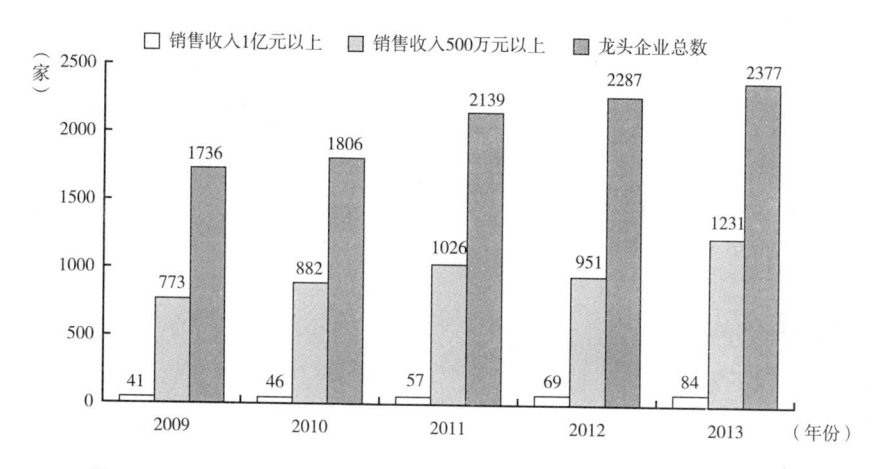

**图2  2009~2013年甘肃省农业产业化龙头企业年销售收入发展情况**

资料来源：2010年、2011年、2013年《全省农业产业化经营发展统计调查分析》，2010~2013年《甘肃发展年鉴》，《甘肃省农业产业化发展综述》。

**2. 龙头企业研发能力和质量安全意识不断增强**

截至2013年底，全省有246家龙头企业建有专门的研发机构，同比增长40.6%，拥有农业科技研发人员3714人，同比增长12.6%，全年投入研发资金6.45亿元，同比增长31.2%；有1666家龙头企业建有专门质检机构，同比增长22.2%；有498家龙头企业通过ISO9000、GAP、GMP、

HACCP等质量体系认证,同比增长4.4%;有306家龙头企业获得省以上著名(驰名)商标或名牌产品认证,同比增长4.8%;有325家龙头企业获得"三品一标"认证,同比增长2.2%;有783个产品获得"三品一标"认证,同比增长20.8%。在质检、认证、检疫等产品质量安全保障方面投入资金2.34亿元,同比增长14.5%。

### 3. 龙头企业带动能力逐步提高

2013年全省龙头企业带动基地农户增收59.98亿元,比上年同比增长3.5%,其中按高于市场价的合同价收购多支付的差价14.37亿元,同比增长5.7%。全省龙头企业职工总数达到27.78万人,同比增长11.5%,其中固定职工有10.26万人,同比增长4.5%,吸收城镇劳动力4.78万人,同比增长4.5%,农村劳动力5.48万人,同比增长4.5%;季节性用工17.52万人,同比增长16%,吸收城镇劳动力2万人,同比下降13.1%,农村劳动力15.51万人,同比增长21.3%。

### 4. 基地建设规模不断扩大

2013年全省龙头企业种植基地面积达2178万亩,同比增长9.5%,牲畜饲养量1950万头,同比增长20.4%,禽类饲养量3130万只,同比增长23.2%,其中龙头企业获得"三品一标"认证的种植基地面积743万亩、牲畜饲养量538万头,同比分别增长29.5%和71.3%。龙头企业对农产品原料生产基地的投入达到70.49亿元,同比增长32.4%,其中基础设施建设投入42.48亿元,同比增长48.8%,农民培训投入1.82亿元,同比增长27.8%,生产资料垫付19.76亿元,同比增长5.6%,其他投入6.42亿元,同比增长41.2%。龙头企业用于主要农产品原料采购额316.18亿元,同比增长5.4%,其中从自建基地采购值78.19亿元,同比下降32.7%,从订单基地采购值160.36亿元,同比增长26.6%,其他方式采购值77.62亿元,同比增长36%。

## (二)农民专业合作社发展现状[①]

### 1. 发展势头迅猛

甘肃省农民专业合作社的发展大体经历了四个阶段。第一阶段是从改革开放初期至20世纪90年代后期的自发阶段。在这一阶段,为了提高产量、增加收入,专业农户组成了各种科普性质的专业技术协会。第二阶段

---

① 本部分数据由甘肃省农牧厅提供。

是从20世纪90年代后期至21世纪初的2003年，属实体演变阶段。为了解决农产品"卖难"问题，合作社由产中科技服务向产后的销售服务扩展，实现了从技术型到实体型的转变。第三阶段是2004~2006年的加快发展阶段。截至2006年底，全省农民专业合作组织发展到4173个，成员总数100多万户，比2004年底合作组织总数增加了1166个，同比增长38.78%；成员总数增加了53万户，同比增长了1倍多。第四阶段是2007年至今的依法规范阶段。2007年7月1日《农民专业合作社法》实施后，甘肃省政府下发了《关于加快发展农民专业合作社的意见》，并将农民专业合作社发展列为全省促进农民增收"六大行动"的重要内容，制定了一系列扶持政策，促进了农民专业合作社的迅速发展（见图3）。农民专业合作组织的发展进入了依法发展阶段。截至2013年6月底，全省依法登记农民专业合作社21668个，较2012年同期增长了105.86%，比2012年底增长42.41%，是2007年底数量的近52倍。成员总数75.79万户，带动非成员农户204.30万户，发展数量居西部前列。按农民专业合作社行业划分：种植业9132个、畜牧业9205个、渔业120个、林业1098个、服务业854个、手工业54个、其他行业1205个，分别占合作社总数的42.15%、42.48%、0.55%、5.07%、3.94%、0.25%和5.56%。

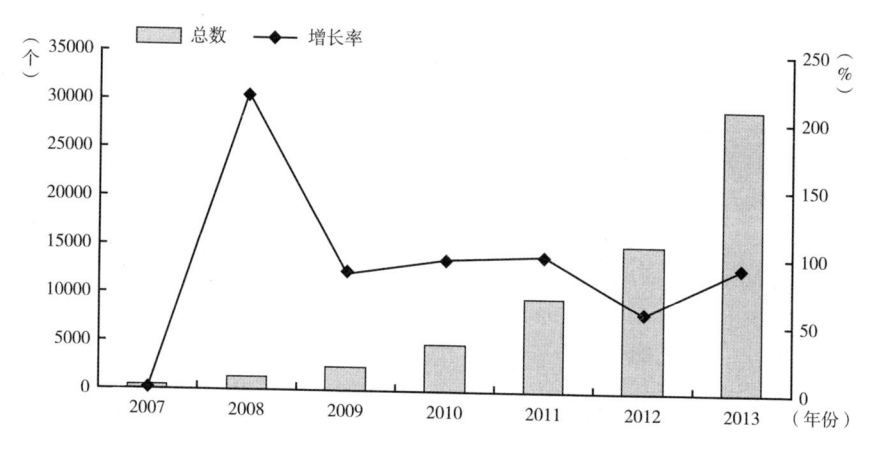

**图3 2007~2013年甘肃省农民专业合作社发展情况**

资料来源：甘肃省农牧厅。

### 2. 优势特色产业特征明显

甘肃省农民专业合作社大多数是围绕市场风险较大、专业化生产程度和商品率较高的优势特色产业组建的,围绕其生产、加工、销售等环节开展互助合作。在全省合作社中,马铃薯产业合作社 750 多个,蔬菜产业合作社 2200 多个,草食畜产业合作社 4300 多个,果品产业合作社 1500 多个,中药材产业合作社 1400 多个,以及百合、蜜瓜、茶叶、小杂粮等优势特色产业组建的合作社数占到全省合作社总数的 90% 以上,实现了特色产业的全覆盖。

**3. 多领域多元化发展**

甘肃省跨区域的合作社有 2554 个,其中,跨乡镇的合作社有 2492 个、跨市县的合作社有 47 个、跨省的有 15 个;合作社联合社(会)27 家。从行业分布来看,其广泛分布于种植业、畜牧业、渔业、林业、服务业、手工业、其他产业等多种行业。从合作服务内容看,从最初的提供产前、产中服务逐步拓展到产后的农产品加工、销售及品牌等多个环节,并从单纯的种、养业服务扩展到农机化、休闲农业等多领域服务。其中,农机化合作社有 297 个、休闲农业合作社有 45 个、拥有加工实体的合作社有 1122 个,产加销一体化服务的合作社占合作社总数的 66.52%。目前全省农民专业合作社的发展已初步呈现多领域合作、多元化发展的态势。

**4. 规范化发展水平逐步提升**

目前,全省合作社中有 971 个实施了生产质量安全标准,占全省合作社总数的 4.48%;有 7041 个按交易量(额)返还了可分配盈余,占全省合作社总数的 32.50%,有 3864 个返还额在 60% 以上,占全省合作社总数的 31.68%,提取公积金的有 4452 个,占全省合作社总数的 20.55%。拥有农产品质量认证的 354 个,占全省合作社总数的 1.63%,获得无公害农产品产地认定 113 个,占全省合作社总数的 0.52%,拥有注册商标 651 个,占全省合作社总数的 3.00%,与 2007 年底相比均增长 3~15 倍。全省农民专业合作社规范化发展水平正在逐步提升。

## (三) 其他新型农业经营主体发展现状[①]

2014 年 9 月,甘肃省政府发布了《甘肃省人民政府办公厅关于培育发展家庭农场的指导意见》。甘肃省家庭农场和种养大户等其他新型农业经营主体的培育正处于起步阶段,目前对于家庭农场和种养大户的具体界定全省还没有制定出统一的标准,甘肃地形狭长,东西长 1655 公里,地处青藏高原、

---

① 本部分数据除特别注释外均由甘肃省农牧厅提供。

内蒙古高原、黄土高原交汇处，分属长江、黄河、内陆河三大流域，地理环境复杂多样，农业发展水平各不相同，制定统一的家庭农场和种养大户界定标准也有一定的难度。类似于全国各地对种粮大户的认定，由于土地资源禀赋的差异，全国各地对种养大户认定的数量标准也不尽相同。例如，2012年国家对种粮大户的认定标准为粮食种植面积30亩以上，山东省的认定标准为种粮面积300亩及以上，黑龙江省的认定标准为种粮面积不低于1000亩。因此，甘肃省农牧厅没有提供种养大户和家庭农场具体的发展数据。据媒体报道，全省家庭农场达2458个，经营面积达85万亩，家庭农场劳动力9300人，同时已具备家庭雏形的种养大户达1万家以上（庄俊康，2014），平均每个家庭农场经营面积达到345.81亩。这说明2013年中央一号文件出台后，甘肃省家庭农场等新型经营主体在实践摸索中已经取得了一定的发展。这得益于全省土地流转进程的推进。截至2013年底，全省土地流转面积为743.3万亩，是2009年的5.3倍，占承包耕地面积的15.5%，2009~2013年全省土地流转面积稳步增长，每年的增长速度保持在40%以上，5年的平均增长率为51.50%（见图4）。全省土地经营面积50亩以上的主体达到15382个，其中，50~100亩的达8381个；101~500亩的达5166个；501~1000亩的达1163个；1000亩以上的达672个。截至2013年底，全省建立县级流转服务中心80个，乡级流转服务站1019个，村级流转服务点10878个；县级仲裁委员会81个；省级财政从2011年开始每年安排1000万元，用于扶持流转体系和流转经营主体建设，截至2013年共投入资金3000万元。

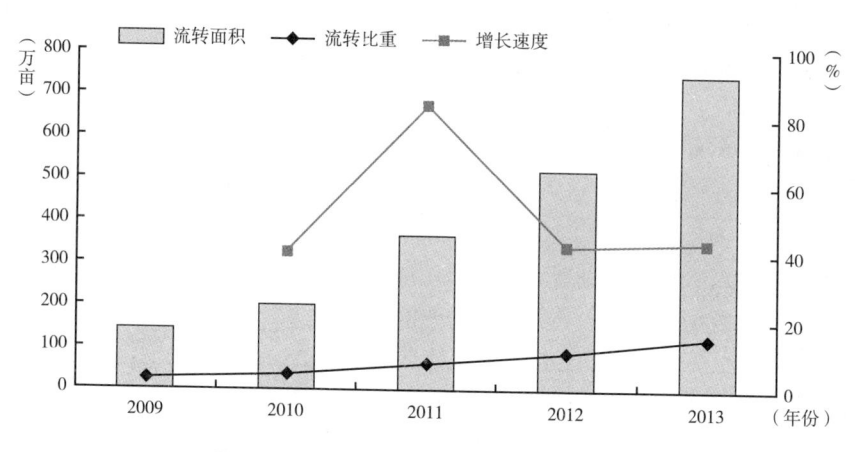

**图4　2009~2013年甘肃省土地流转情况**

资料来源：甘肃省农牧厅提供。

## 二 培育新型农业经营主体的难点及问题

传统家庭联产承包责任制在实行之初极大地解放和发展了我国农村生产力,促进了农业和农村发展。但是,随着工业化、城镇化的不断深入,农业科技的不断发展和农业现代化的逐步推进,以及农村劳动力的大量转移,由于生产规模小且分散、效益低下,传统家庭承包经营户在加速分化,许多从商品生产者逐渐衰退为生计型小农,农村出现了农户兼业化、村庄空心化、人口老龄化等一系列问题,制约了以规模化、集约化、专业化、组织化、社会化为特征的现代农业发展(罗丹、陈洁,2013)。甘肃现代农业发展是否存在以上问题制约新型农业经营主体发展?以及新型农业经营主体发展存在哪些自身问题?

### (一) 制约新型农业经营主体发展的外因[①]

#### 1. 耕地细碎化,严重制约了现代农业的发展

2012年甘肃农村居民人均家庭经营耕地面积为2.72亩,比全国平均水平高出0.38亩,位列全国第7,其中,山地为0.6亩,占人均家庭经营耕地的22.06%,略高于全国平均水平,位列全国第15(见表1)。在实施家庭承包经营制时,耕地承包数量按家庭大小均分,承包质量上按地力肥瘦搭配,兼顾距家远近的原则,以及后来兄弟分家时耕地被再次细分,导致甘肃省耕地零散、条块分割,不利于大型农业机械的使用和现代农业科技的推广应用,也严重制约着甘肃农业规模集约经营。

表1 2012年甘肃省农村居民人均耕地面积与全国比较

单位:亩/人,%

| 项 目 | 甘肃省 | 全国平均水平 | 排名 |
| --- | --- | --- | --- |
| 农村居民家庭经营耕地面积 | 2.72 | 2.34 | 7 |
| 农村居民家庭经营山地面积 | 0.6 | 0.48 | 9 |
| 人均家庭经营耕地中山地的比重 | 22.06 | 20.51 | 15 |

资料来源:国家统计局网站,http://www.stats.gov.cn/。

---

[①] 本部分数据除特别注释外均源自国家统计局网站,http://www.stats.gov.cn/。

## 2. 自然灾害频发，加速了农村的空心化

甘肃省自然灾害多发，2012年有24.79%的播种面积受灾，受灾面积比重高于全国平均水平9.52个百分点，位列全国第5名；成灾面积占播种面积的11.92%，成灾面积比重高于全国平均水平4.9个百分点，位列全国第7名，成灾率高达48.07%，高于全国平均水平2.12个百分点，位列全国第18名（见表2）。自然灾害严重冲击着农业生产和农民收入，特别是传统农户分散经营、规模小、物质基础薄弱，抗灾能力差，无力更是无心改善生产条件，外出务工是其最佳选择。耕地基本处于撂荒状态，加速了农村的空心化。

表2 2012年甘肃省农业受灾情况与全国比较

单位：千公顷，%

| 项目 | 甘肃省 | 全国平均水平 | 排名 |
| --- | --- | --- | --- |
| 受灾面积 | 1016.50 | — | 11 |
| 成灾面积 | 488.6 | — | 10 |
| 受灾面积占播种面积的比重 | 24.79 | 15.27 | 5 |
| 成灾面积占播种面积的比重 | 11.92 | 7.02 | 7 |
| 成灾率 | 48.07 | 45.95 | 18 |

资料来源：国家统计局网站 http://www.stats.gov.cn/。

## 3. 现代农业规模化和集约化程度低

2012年甘肃省耕地有效灌溉面积为1297.58千公顷，占耕地面积的27.85%，低于全国平均水平23.94个百分点，耕地有效灌溉率位列全国第29名。化肥使用量为197.76吨/千公顷，只有全国平均使用量的41.22%，位列全国第29名；农村用电量为102.71万千瓦/千公顷，仅是全国农村平均用电量的16.65%，位列全国第26名；农用机械动力为4892.02千瓦/千公顷，只有全国平均水平的58.06%，位列全国第24名（见表3）。甘肃现代农业在水利化、化学化、电气化和机械化四个方面都处在全国低水平集团，说明与其他省区相比，甘肃现代农业发展水平很低。农用大中型拖拉机和小型拖拉机拥有量分别是全国平均拥有量的62.56%和79.74%，但是农用机械动力只有全国平均水平的58.06%，说明甘肃省单个农用拖拉机的动力较小，小型或中型拖拉机更适合甘肃农业生产，也反映出甘肃现代农业规模化和集约化程度低。

表3  2012年甘肃省农业现代水平与全国平均水平比较

| 项目 | 甘肃省 | 全国平均水平 | 排名 |
| --- | --- | --- | --- |
| 耕地有效灌溉率(%) | 27.85 | 51.79 | 29 |
| 化肥使用量(吨/千公顷) | 197.76 | 479.71 | 29 |
| 农村用电量(万千瓦/千公顷) | 102.71 | 616.88 | 26 |
| 农用机械动力(千瓦/千公顷) | 4892.02 | 8426.09 | 24 |
| 农用大中型拖拉机(台/千公顷) | 24.94 | 39.87 | 19 |
| 农用小型拖拉机(台/千公顷) | 117.74 | 147.66 | 12 |

资料来源：国家统计局网站，http://www.stats.gov.cn/。

**4. 农村劳动力流失严重，制约农村发展后劲**

随着城镇化进程的不断加快，农村常住人口逐步减少，2012年甘肃省农村常住人口1579万人，占年末常住人口的61.25%，比上一年减少了33万人，下降了2.05%。2005~2012年的甘肃省农村常住人口持续下降，累计减少了202万人，平均年下降1.71%，同时城镇人口不断增长，由于甘肃省城镇人口基数小，其增速高于农村常住人口的下降速度，2012年城镇常住人口占年末常住人口的38.75%（见图5）。

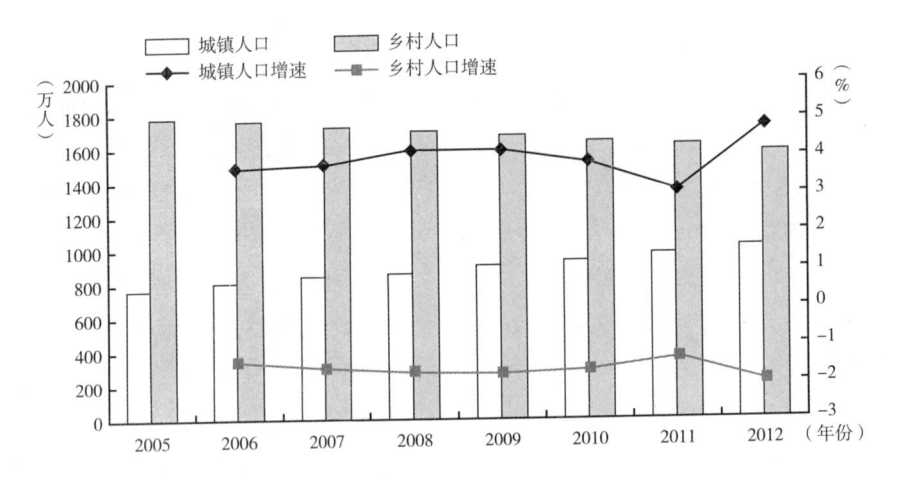

图5  2005~2012年甘肃省城乡常住人口变化

资料来源：国家统计局网站，http://www.stats.gov.cn/。

另外，劳务输出是甘肃省农民增收的重要来源，也是农村劳动力流失的重要因素。2011 年劳务输出 532.85 万人，劳务创收 515.66 亿元①。与 2005 年相比，输转人数和创收分别增长了 1.95 倍和 4.11 倍，平均年增速分别为 11.77% 和 31.26%②。2012 年是甘肃历史上少有的风调雨顺之年，全年粮食产量增幅达 9.4%，农民人均经营耕地（种植业）纯收入 1442.37 元，占全年纯收入的 32.00%，人均工资性纯收入 1787.70 元，占全年纯收入的 39.67%③。打工收入已经高于种地收入，这将激励更多的农民外出务工，加速农村空心化。

劳务输出也导致农村劳动力整体素质大幅下降。2012 年甘肃省农村居民家庭劳动力具有高中及以上程度的占 17%，略高于全国平均水平，位列全国第 15 名，具有初中文化程度的占 45.6%，低于全国平均水平 7.4 个百分点，位列全国第 25 名，具有小学及以下文化程度的占 37.5%，高于全国平均水平 6.1 个百分点，位列全国第 8 名。这说明甘肃省农村居民的文化程度整体水平较低（见表4）。

表4　2012 年甘肃省农村居民家庭劳动力的文化程度

单位：%

| 项　　目 | 甘肃省 | 全国平均水平 | 排名 |
| --- | --- | --- | --- |
| 大专及大专以上 | 2.8 | 2.9 | 16 |
| 中专程度 | 2.9 | 2.7 | 12 |
| 高中程度 | 11.3 | 10 | 12 |
| 初中程度 | 45.6 | 53 | 25 |
| 小学程度 | 26.8 | 26.1 | 14 |
| 不识字或识字很少 | 10.7 | 5.3 | 4 |

资料来源：《中国农村统计年鉴（2013）》。

---

① 由于统计口径变化，《甘肃发展年鉴（2013）》中缺农村劳动力转移人口创收的数据，沿用 2011 年的数据。数据来源于：甘肃发展年鉴编委会《甘肃发展年鉴（2012）》，中国统计出版社，2012，第 170 页。

② 数据来源于：甘肃发展年鉴编委会：《甘肃发展年鉴（2011）》，中国统计出版社，2011，第 188 页。

③ 数据来源于：甘肃发展年鉴编委会：《甘肃发展年鉴（2013）》，中国统计出版社，2013，第 169 页。

2010年甘肃劳务输转516.89万人[①],农村从业人员中具有高中以上文化程度和初中文化程度的分别输转了75.48%和60.27%;留守劳动力中具有高中以上文化程度的只占8.04%,具有初中文化程度的占30.18%,具有小学及以下文化程度的占61.78%(见表5)。劳务输出在提高农民收入的同时带给农业发展的却是劳动力老弱化。

表5  2010年甘肃省农村转移劳动力和留守劳动力构成情况*

单位:%

| 项　目 | 农村劳动力转移构成 | 留守劳动力构成 | 转移劳动力占农村从业人员比重 |
| --- | --- | --- | --- |
| 不识字或识字很少 | 2.73 | 23.15 | 9.25 |
| 小学程度 | 15.64 | 38.63 | 25.92 |
| 初中程度 | 53 | 30.18 | 60.27 |
| 高中以上程度 | 28.63 | 8.04 | 75.48 |

\* 由于统计口径变化,《甘肃发展年鉴(2013)》中缺农村劳动力转移构成的数据,沿用2010年的数据。

资料来源:《甘肃发展年鉴(2011)》《甘肃农村年鉴(2011)》。

### 5. 农业产出水平低

2012年甘肃省农业单位耕地面积农业增加值为16753.36元/公顷,只有全国平均水平的38.93%,位列全国第31名;单位面积粮食产量为3908.22公斤/公顷,是全国平均水平的73.72%,位列全国第28名,农业劳动生产率为11187.72元/人,只有全国平均水平的57.74%,位列全国第27名。这说明甘肃农业产出水平很低,这与前述自然灾害多发,水利化、化学化、电气化和机械化四个方面都在全国范围内处于低水平集团,高文化程度劳动力大量输转不无关系。

表6  2012年甘肃省农业产出水平与全国平均水平比较

| 项　目 | 甘肃省 | 全国平均水平 | 排名 |
| --- | --- | --- | --- |
| 单位面积粮食产量(公斤/公顷) | 3908.22 | 5301.76 | 28 |
| 单位耕地面积农业增加值(元/公顷) | 16753.36 | 43029.41 | 31 |
| 农业劳动生产率(元/人) | 11187.72 | 19374.50 | 27 |

资料来源:国家统计局网站,http://www.stats.gov.cn/。

① 数据来源于:甘肃发展年鉴编委会:《甘肃发展年鉴(2011)》,中国统计出版社,2011,第188页。

## （二）制约新型农业经营主体发展的内因

**1. 新型农业经营主体规模小，带动能力弱**

2013年甘肃省各类农业产业化龙头企业的总数是相邻的陕西省的1.07倍，省级以上龙头企业数量却只有陕西省的79.35%，年销售收入过亿元和过10亿元的龙头企业数量分别只有陕西省的45.16%和33.33%。甘肃省龙头企业的固定资产总值、年销售收入、净利润和出口创汇分别是陕西省的79.93%、60.78%、90.47%和40.76%（见表7）。

表7　2012年甘肃省和陕西省农业产业化龙头企业比较

| 项　　目 | 甘肃省 | 陕西省 |
| --- | --- | --- |
| 龙头企业数量（家） | 2337 | 2190 |
| 省级以上龙头企业数量（家） | 392 | 494 |
| 年销售收入10亿元以上龙头企业数量（家） | 5 | 15 |
| 年销售收入1亿元以上龙头企业数量（家） | 84 | 186 |
| 龙头企业固定资产总值（亿元） | 463.61 | 580 |
| 年销售收入（亿元） | 665.59 | 1095.1 |
| 净利润（亿元） | 67.31 | 74.4 |
| 出口创汇（亿美元） | 2.69 | 6.6 |

资料来源：①《新型农业经营主体引领现代农业发展》，《甘肃农牧简报》2014年第5期，甘肃农业信息网，http：//www.gsny.gov.cn/jblm/nmjb/2014/04/01/1396338880484.html#A1。
②元莉华：《我省186家农业企业销售收入迈入"亿元"级》，《陕西日报》2014年4月18日，第一版。

截至2012年底，甘肃省农民专业合作社社均成员数8.11户，仅为江苏省农民合作社社均成员数的4.91%（见表8）。这说明甘肃省新型农业经营主体规模较小，实力较差，对产业和农户的带动辐射作用不够强。

**2. 产业链条短，产品附加值低**

截至2013年底，全省龙头企业还有28.71%没有专门质检机构，只有21.31%的龙头企业通过ISO9000、GAP、GMP、HACCP等质量体系认证，只有13.09%的龙头企业拥有省以上著名（驰名）商标或名牌产品，只有13.91%的龙头企业获得"三品一标"认证。这说明全省龙头企业的产业链条短，农产品加工层次低；初级低档产品多，高档精加工产品少，产品附加值不高；品牌知名度低，缺乏竞争力；内销产品多，出口创汇产品少。

表8　2012年甘肃省和江苏省农民专业合作社比较

| 项　目 | 甘肃省 | 江苏省 |
|---|---|---|
| 农民专业合作社总数(个) | 15213 | 55312 |
| 成员总数(户) | 123302 | 9130000 |
| 社均成员数(户) | 8.11 | 165.06 |

资料来源：①《甘肃省工商行政管理局　甘肃省统计局2012年度全省市场主体信息统计分析报告》，甘肃企业登记网，http://qydj.gsaic.gov.cn/GSGG/2013/05/17/1368781446281.html。

②《一个经济大省的农民合作经济之路》，中国农民专业合作社网，http://www.cfc.agri.gov.cn/cfc/html/141/2013/20130708142325949104171/20130708142325949104171_.html。

### 3. 合作社规范化发展水平普遍不高

合作社制定的章程、制度等不切实际，并且没有得以有效执行；合作社虽然制定了"三会"制度，但普遍存在社长一人说了算的"一言堂"现象，议事、决策、管理的民主性不强。财务管理普遍薄弱，大部分合作社未按合作社财务会计制度核算，成员个人账户没有完全建立起来，财务管理比较混乱，利益联结不紧密，凝聚力不强，没有形成长效的合作机制。

### 4. 人才缺乏成为制约新型农业经营主体发展的重要因素

全省建有专门研发机构的龙头企业只占总数的10.53%，农业科技研发人员占职工总数的1.34%，并且技术人员的职称评定渠道不顺，职称待遇落实困难，研发队伍稳定性差，人才流动性大。龙头企业有不少是由农民企业家发展起来的，家族式企业较多，合作社绝大部分是由农村的能人带动组建的，农民企业家和能人都是农民，受教育程度不高，经营管理水平较差。高层次研发人才和优秀管理人才及营销人员的缺乏，导致企业对新产品、新技术的开发应用力度不够，产品竞争力不强；企业和合作社在瞬息万变的市场中灵活捕捉商机的能力不足。

### 5. 资金不足制约着新型农业经营主体的发展壮大

农业产业化龙头企业和农民专业合作社资金使用季节性强、需求量大。2000年龙头企业及产业化组织只有150多家①，因此大多数龙头企业正处于运营初级阶段，自身积累不足，内源性融资能力有限。合作社成员普遍出资较少或不出资，多数合作社又没有年度提取积累，内源性融资能力很弱。外源融资主要依靠金融机构、上市、政府以及民间借贷。目前民间融资利率

---

① 数据来源于：甘肃年鉴编委会《甘肃年鉴（2001）》，中国统计出版社，2001，第86页。

高、融资渠道不稳定，并且缺乏适当的法律保障；上市融资对于甘肃省大多数龙头企业来说是很难实现的；全国各省、市本级财政扶持合作社年预算资金平均为4300多万元，而甘肃省2013年省财政扶持合作社预算资金仅有1000万元，市县两级财政普遍没有预算安排，财政扶持资金投入不足。所以，外源性融资只能通过金融机构来实现，企业可以用有限的抵押物融资，但合作社注册资金少、缺乏有效的抵押物，存在授信不足等问题，普遍难以贷到款。农村金融发育迟缓，担保体系建设滞后，企业融资渠道单一，合作社融资艰难。融资难制约了龙头企业、合作社等新型农业经营主体的发展壮大。

## 三　对策建议

### （一）积极创新投融资机制，破解新型农业经营主体的融资瓶颈

认真落实2014年中央一号文件关于"发展新型农村合作金融组织"的精神，制定相关政策切实推动社区性农村资金互助组织发展。农业、工商、财政、银监等多部门联合健全和完善新型农业经营主体信用体系，加强信用等级评定，建立信用黑名单制度。鼓励金融机构针对农业生产经营特有的自然和市场属性，根据不同放贷对象的需求，创新金融产品，发放专项信贷，适当扩大信贷额度，优惠贷款利率，简化贷款程序。鼓励金融机构积极拓展有效抵押物领域，如土地承包经营权、林权、温室大棚和农民住房等作为抵押物，切实解决新型农业经营主体有效抵押物不足的问题。鼓励和引导工商资本投资农业。同时，加大财政扶持力度，整合各类财政支农资金，培育壮大现代农业经营主体。

### （二）加快人才培养，提高新型农业经营主体的技术创新能力

制定优惠政策鼓励高校毕业生到农业产业化龙头企业、农民专业合作组织、基层农技推广机构和农村公共服务机构就业，完善新型农业经营主体专业技术人员职称评定等政策，提升新型农业经营主体的技术创新能力，稳定新型农业经营主体的研发队伍。大力开展企业管理辅导培训，提升企业家管理水平，为企业做大做强提供智力支持。推进"阳光工程"转型升级，重点培训农民合作社带头人、家庭农场经营者、种养大户、科技示范户和返乡创业的农民工。加大指导和扶持力度，实施青年农民创业计

划，吸引青年流向农村，留在农业。鼓励和支持农业产业化龙头企业、农业高等院校和农民合作社组建农业生产实训基地，积极培养农业后备人才。

### （三）强化整合提升，增强新型农业经营主体的市场竞争力

针对甘肃省龙头企业和合作社规模小、市场竞争力不强的弱点，进一步完善扶持政策，促进龙头企业和合作社做大做强。加大力度重点扶持产品研发、技改投入、外向开拓等方面，促进龙头企业科技创新，提高辐射带动能力。积极引导龙头企业通过控股、重组、兼并、收购等方式，整合资源组建大型企业集团，提升产品质量，增加附加值；创立名牌。推动龙头企业与农户建立紧密型利益联结机制，采取保底收购、利润返还、股份分红等方式，让农户分享更多的加工销售收益。支持龙头企业建设原料基地，改善农产品贮藏、加工、运输和配送等冷链设施，帮助龙头企业扩大农产品出口，增强国际竞争力。

### （四）稳步推进土地流转，加大新型农业经营主体的拓展空间

加快农村土地流转服务体系和土地承包经营纠纷调解仲裁体系建设，健全土地流转价格形成机制，建立土地流转信息服务网络。在切实保护农户承包土地的合法权利、充分尊重农民意愿、不改变农村土地集体所有权、不改变土地用途的前提下，积极引导农民将承包土地的经营权向农林企业、农民合作社、家庭农场、专业大户等新型农业经营主体流转，以消除土地细碎化对土地集约化、专业化、规模化经营的制约，使其他生产要素也随着土地集中的"洼地效应"相应集中，为新型农业经营主体不断发展壮大提供足够的发展空间。

### （五）加强规范管理，提升新型农业经营主体的自身发展水平

加强农民专业合作社负责人的培训，强化负责人对市场营销、经济管理及《农民专业合作社法》和《农民专业合作社财务会计制度》等法律法规的认识，帮助完善合作社的规章制度，提高经营管理水平。引导合作社实行规范化运作、制度化管理。同时，向广大合作社成员和农民群众宣传有关合作社规范运作和各项扶持专业合作社的优惠政策相关知识，引导成员和农民监督及参与合作。提高农业、税务、工商、财政、审计等部门对农民专业合作社监管的认识，加强行政监管。促进农民专业合作社自身建设，规范组织和行为，保障合

作社及社员利益。加大扶持力度，抓好典型带动。扶持一批管理规范、示范带动作用强的农民专业合作社，通过示范带动作用促进合作社又好又快地发展。

**参考文献**

[1] 杜志雄、王新志：《中国农业基本经营制度变革的理论思考》，《理论探讨》2013年第4期。

[2] 黄祖辉、俞宁：《新型农业经营主体：现状、约束与发展思路——以浙江省为例的分析》，《中国农村经济》2010年第10期。

[3] 陈锡文：《构建新型农业经营体系刻不容缓》，《求是》2013年第22期。

[4] 邓磊：《中国共产党农业现代化理论演进初探》，《江汉论坛》2013年第12期。

[5] 杨林娟、王铁、陈瑜：《甘肃省农业产业化龙头企业发展问题调查分析》，《甘肃农业》2013年第21期。

[6] 嘉峪关市农牧局：《农业产业化龙头企业发展中存在的问题及对策》，《甘肃农业》2013年第21期。

[7] 王铁、杨林娟：《欠发达地区农业产业化龙头企业问题研究——基于甘肃省358家企业的调查》，《云南农业大学学报》（社会科学版）2014年第4期。

[8] 翟同宪、郎玉丽：《构建新型农业经营体系的紧迫性和路径选择》，《山东农业工程学院学报》2014年第2期。

[9] 农业部：《中共中央国务院关于加快发展现代农业进一步增强农村发展活力的若干意见》，《中华人民共和国农业部公报》2013年2月。

[10] 农业部：《农业部关于切实做好2014年农业农村经济工作的意见》，《中华人民共和国农业部公报》2014年2月。

[11] 魏翔、杨林娟：《甘肃省农民专业合作社的发展现状及对策分析》，《广东农业科学》2012年第19期。

[12] 李薇、陈秉谱：《甘肃省农业经营主体演变特点及制约因素初探》，《中小企业管理与科技》（下旬刊）2011年第10期。

[13] 钱克明、彭廷军：《关于现代农业经营主体的调研报告》，《农业经济问题》2013年第6期。

[14] 楼栋、孔祥智：《新型农业经营主体的多维发展形式和现实观照》，《改革》2013年第2期。

[15] 庄俊康：《全省家庭农场达2458个》，《甘肃经济日报》2014年5月20日，第二版。

[16] 罗丹、陈洁：《效益多元、地区差异与愿景诉求：3400个种粮户证据》，《改革》2013年第6期。

曾发表于《甘肃县域社会发展评价报告（2015）》
社会科学文献出版社，2015年1月

图书在版编目(CIP)数据

全面深化农村改革与小康社会建设/魏后凯,彭建强主编. -- 北京:社会科学文献出版社,2016.9
 ISBN 978 - 7 - 5097 - 9747 - 1

Ⅰ.①全… Ⅱ.①魏…②彭… Ⅲ.①农村经济 - 经济体制改革 - 中国 - 文集②小康建设 - 中国 - 文集 Ⅳ.①F320.2 - 53 ②F124.7 - 53

中国版本图书馆 CIP 数据核字(2016)第 228342 号

## 全面深化农村改革与小康社会建设

主　　编 / 魏后凯　彭建强
副 主 编 / 于法稳　耿卫新　谭秋成

出 版 人 / 谢寿光
项目统筹 / 恽　薇
责任编辑 / 王楠楠

出　　版 / 社会科学文献出版社·经济与管理出版分社 (010) 59367226
　　　　　　地址:北京市北三环中路甲29号院华龙大厦　邮编:100029
　　　　　　网址:www.ssap.com.cn

发　　行 / 市场营销中心 (010) 59367081　59367018
印　　装 / 三河市尚艺印装有限公司

规　　格 / 开　本:787mm×1092mm　1/16
　　　　　　印　张:25.25　字　数:422千字
版　　次 / 2016年9月第1版　2016年9月第1次印刷
书　　号 / ISBN 978 - 7 - 5097 - 9747 - 1
定　　价 / 98.00元

本书如有印装质量问题,请与读者服务中心 (010 - 59367028) 联系

版权所有 翻印必究